皮书系列

皮书系列

广视角·全方位·多品种

皮书系列

皮书系列

皮书系列

皮书系列

皮书系列为“十二五”国家重点图书出版规划项目

皮书系列

皮书系列

权威·前沿·原创

企业蓝皮书

BLUE BOOK OF ENTERPRISES

中国企业竞争力报告（2012）

ANNUAL REPORT ON CHINA'S ENTERPRISES COMPETITIVENESS (2012)

经济波动与企业竞争力

Economic Fluctuation and Enterprises Competitiveness

主 编／金 碚

社会科学文献出版社

SOCIAL SCIENCES ACADEMIC PRESS (CHINA)

图书在版编目（CIP）数据

中国企业竞争力报告. 2012，经济波动与企业竞争力/金碚主编.
—北京：社会科学文献出版社，2012.11
（企业蓝皮书）
ISBN 978 - 7 - 5097 - 3890 - 0

Ⅰ.①中…　Ⅱ.①金…　Ⅲ.①企业竞争 - 研究报告 - 中国 - 2012
Ⅳ.①F279.23

中国版本图书馆 CIP 数据核字（2012）第 253012 号

企业蓝皮书
中国企业竞争力报告（2012）
　　——经济波动与企业竞争力

主　　编／金　碚

出 版 人／谢寿光
出 版 者／社会科学文献出版社
地　　址／北京市西城区北三环中路甲 29 号院 3 号楼华龙大厦
邮政编码／100029

责任部门／皮书出版中心　（010）59367127　　　责任编辑／吴　敏　任文武
电子信箱／pishubu@ ssap. cn　　　　　　　　责任校对／张兰春
项目统筹／邓泳红　　　　　　　　　　　　　责任印制／岳　阳
经　　销／社会科学文献出版社市场营销中心　（010）59367081　59367089
读者服务／读者服务中心　（010）59367028

印　　装／北京季蜂印刷有限公司
开　　本／787mm×1092mm　1/16　　　　　印　　张／23.75
版　　次／2012 年 11 月第 1 版　　　　　　　字　　数／406 千字
印　　次／2012 年 11 月第 1 次印刷
书　　号／ISBN 978 - 7 - 5097 - 3890 - 0
定　　价／79.00 元

本书特别说明

本书是中国社会科学院中国产业与企业竞争力研究中心研究人员根据中国产业及企业的统计与调查数据所作的学术研究成果。本书内容及附录是对企业竞争力的研究及监测结果,而不是一般意义上的排行榜,也并非投资指南。

企业蓝皮书编撰委员会

主编简介

金　碚　经济学博士。中国社会科学院学部委员，工业经济研究所研究员，所长；中国社会科学院研究生院教授，博士生导师。中国经营报社社长。BMW中经智库专家。*China Economist*（英文·双月刊）主编，《中国工业经济》及《经济管理》主编。

已出版《宏观筹资与经济发展》、《中国工业化经济分析》、《中国工业国际竞争力——理论、方法与实证研究》、《何去何从——当代中国的国有企业问题》、《中国工业化的道路》、《产业组织经济学》、《国有企业根本改革论》、《报业经济学》、《竞争力经济学》、《新编工业经济学》、《竞争秩序与竞争政策》、*The International Competitiveness of Chinese Industry* 等学术著作 30 多部。主持编写中国社会科学院工业经济研究所《中国工业发展报告》（年度）、《中国企业竞争力报告》（年度）。科研成果中有 18 项获全国精神文明"五个一工程"著作奖、中国出版政府奖、中国社会科学院优秀成果奖、中国图书奖、孙冶方经济科学奖等国家级和部级优秀成果奖，并被授予多项个人奖励和荣誉。

兼任中国工业经济学会副会长，中国区域经济学会副会长，国家新闻出版总署报业管理专家顾问，中华人民共和国卫生部管理专家委员会委员。

摘　要

　　中国目前已经进入经济发展转型阶段，经济增长速度回落，经济转型的长期性问题正以周期波动的短期性现象表现出来，加上国内外形势的复杂多变，以及随之而动的宏观政策预调微调的力度不断加大，使得中国企业所面对的经济波动成为常态。能否根据复杂经济形势做出适应性调整，是企业竞争力的重要表现之一。特别是在经济增长的低谷时期，更是考验企业竞争力的关键时刻。

　　作为一个后发的工业化国家，改革开放 30 多年来，中国工业化基本上是沿着西方工业路线所获得的技术而实现产业扩散的，具有显著的创新性模仿特征，这一阶段的技术战略特征基本上是平推式的，即以"开阔地推进"的方式进入各产业的中低端，迅速扩大生产规模。这可以称之为"平推工业化"。而从现在开始，中国工业化将越来越具有"爬坡"和"登山"的性质，在每一个产业中我国都必须"向上走"。向各产业的高端攀登，占领产业高地和战略制高点，是中国经济发展不二的战略方向。这可以称之为"立体工业化"。由平推工业化向立体工业化的转变过程中，企业面临的竞争压力将更大，市场风险的性质也将发生变化。在当前中国经济增长下行阶段，企业不仅要应对经济周期性波动，更应做好适应中国经济转型的战略调整。其应对行为，将对企业的竞争力甚至长远发展产生重要影响。

　　根据上市公司 2011 年年报和 2012 年上半年报财务数据指标，《中国企业竞争力报告（2012）》对 1385 家上市公司的竞争力进行了跟踪和监测，发现 2012年中国上市公司的基础竞争力水平有所下降，体现为上市公司的规模竞争力、效率竞争力和增长竞争力水平与 2011 年相比均有小幅下降。这反映了在当前欧债危机不断加剧，美国经济复苏乏力，国内主动实施"稳经济、调结构、控通胀"等因素的叠加影响下，中国经济的各项指标开始在合理水平下回落，企业生产经营亦随之受到影响。令人欣慰的是作为各行业龙头的百强公司 2012 年的基础竞争力平均得分比 2011 年略有上升，这主要得益于百强公司规模竞争力的提升。

这些规模竞争力提升进而拉动经济指标上扬的百强公司往往是各行业领域的老牌大型公司，体现了大型公司在经济困难时期抵抗风险的能力和撬动经济增长的杠杆作用。

从行业竞争力来看，行业竞争力水平依然参差不齐。机械设备、金融保险、电煤水生产和供应等传统优势行业均保持较强竞争力，百强公司也主要集中在这几个行业。从区域竞争力来看，北京、上海、广东等发达省市的上市公司仍保持了较高的竞争力水平，新疆、四川、重庆、西藏等省份的基础竞争力明显提升，而湖北、浙江、福建、江西等省的基础竞争力相对下滑。

本书不仅对热点行业的产业竞争力进行了分析，还对格力电器、鲁泰集团的企业竞争力进行了深度的案例研究。

目录

B Ⅳ 附录

皮书数据库阅读**使用指南**

CONTENTS

B I General Remarks

B II Industry

B III   Enterprise

B IV   Appendix

总 论 篇

General Remarks

B.1

经济波动与企业竞争力

金碚 李钢

在市场经济条件下，市场是配置资源的基础方式，而市场（需要与供给）在不断地变化，难以用预测、计划等方式来完全把握其变化趋势，因而如何在波动的市场中不断提升企业的竞争力，是企业所必须面对的挑战。2008 年金融危机以来，中国宏观经济与宏观经济政策变化之快，出乎人们的意料。2009～2010年以"保增长"为目标，2011 年宏观经济政策调整目标为防通货膨胀，而 2011年下半年至 2012 年以来又将稳增长作为经济工作重心之一。在这种情况下，市场波动及政府的调控方向成为企业特别关注的问题，而企业的应对行为将对其竞争力产生重要影响，甚至可能决定企业长远的发展方向。由于市场经济的逐渐成熟，尤其是政府宏观经济政策所产生的"熨平经济波动"的效果，中国经济增长的波动性总体上是减弱的（波动幅度减小）。因此，企业有可能靠自身的努力在经济波动中生存和发展，并且不断增强竞争力，成为市场竞争中的强者。

一 经济波动与经济增长

任何一个国家的经济增长都不可能是绝对平稳的，一定程度的波动是经

济增长的本性。当然，过大的波动会产生一系列矛盾和困难，所以实现经济的相对平稳增长（将经济增长率控制在一定的波动幅度之内）是每个国家宏观经济政策的重要目标之一。一般而言，市场经济的自发性会导致甚至增强经济的波动性，因此，人们曾经试图以计划经济的方式来减少经济的波动性。但是，实行计划经济的结果总是事与愿违，即在计划经济体制下经济的波动性往往是非常大的。所以，中国从计划经济转变为市场经济，经济的波动性明显趋于减弱。从1953年以来中国的经济增长率看，如果以市场经济的元年（1992年）为分界线，1992年以后经济增长速度的波动性明显减小（见图1）。

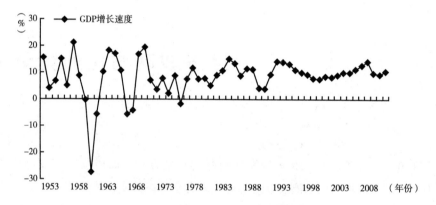

图1 中国从1953年以来的经济增长情况

资料来源：1953～2004年的数据参见《中国国内生产总值核算历史资料（1952～2004）》；2005～2010年的数据参见《中国统计年鉴2011》。

为了对这一问题进行进一步的定量分析，笔者将1953年以来的中国经济增长划分为四个时期。第一个时期从1953年到1978年，这一时段是中国传统计划经济时间；第二个时段从改革开放到1992年，是计划经济体制松动而市场经济因素开始注入的时期；第三个时段是从1993年到2001年，是计划经济开始向市场转轨的时期；第四个时期是从2002年开始到现在，其间中国加入了WTO，标志着中国经济开始全面融入全球化的市场经济体系。笔者分别计算了四个时期经济增长的速度与波动情况（见表1），可以看出，一方面经济增长的速度在不断加快，而另一方面经济波动的幅度却在不断减小，即经济增长的平稳性不断增加。由表1的数据可以得出如下结论。

表1 不同时期中国经济增长速度及波动性

单位：%

时　　期	平均经济增长率	方差	变异系数
1953～1978 年	6.7	10.32	1.55
1979～1992 年	9.4	3.58	0.38
1993～2001 年	9.9	2.30	0.23
2002～2010 年	10.7	1.70	0.16

资料来源：根据国家统计局历年《中国统计年鉴》数据计算。

第一，在市场经济条件下，企业所面对的不确定性并不必然比计划经济条件下大。虽然，从理论上我们一般认为，计划的"前瞻性"可以减小企业的"自发性"与"盲目性"所导致的经济波动性，保持经济的平稳性；但经济实践告诉我们，随着市场经济的推进，中国经济的稳定性却在不断增加，市场波动在不断减少。从这种意义上讲，尽管在市场经济条件下，企业所承受的竞争压力增强，必须自负盈亏，自担风险，但所面临的经济增长风险与不确定性，是可以承受的。除非发生严重的系统性风险，否则不必试图以政府干预完全取代市场的自我稳定机制。因为，政府宏观政策在一定限度内确实可以发挥"熨平经济波动"的作用，但过多的政府干预实质上是依赖于计划经济逻辑，结果反而可能导致更大的经济波动。

第二，对外开放程度的加大，并不一定意味经济波动程度会加大，对经济的掌控力会下降。经济理论一般认为，对外开放会增加经济运行中的不可控因素；一个经济体，特别是发展中国家，对外开放的过程往往意味着一部分经济主权的丧失，因而往往意味着经济运行中不确定性和外部冲击的风险加大，有可能表现为经济波动增大。但从中国实践来看，情况并非一定如此。1978 年改革开放前后的比较可以看出中国经济波动明显缩小；中国 2001 年加入 WTO，此后经济波动的幅度也明显减小。这表明，一个经济体融入全球经济，只要应对得当，也可以有效地减少由于外部冲击所带来的经济风险。

第三，至少是在一定的历史时期，一国经济总量的增大并不意味经济增长速度一定会显著下降。目前对于中国经济能否保持快速增长有所质疑的一个理由是中国经济总量已今非昔比，经济总量增大了就很难保持快速的经济增长。这一说法有一定的道理，因为一个经济体的人均收入水平与领先经济体（如美国）的

差距越大，其经济增长的潜力也会越大；而随着经济发展水平的提高，这样的增长潜力趋于减小，通常表现为经济增长率的显著下降。不过，中国经济总量规模尽管已经相当大，但尚没有达到经济增长率很快会显著下降到较低水平的发展阶段。中国目前人均 GDP 同美国尚有非常大的差距，① 仍旧不在一个量级上，后发优势尚没有发生根本性的变化，增长潜力仍然很大。中国经济增长的实践表明，1991 年的经济总量已经是 1978 年的 3 倍（不变价），但 1991 年以后的 20 年间，经济总量仍旧快速增长，到 2010 年为 1991 年的 7.3 倍，增长速度不仅没有放慢，反而有所加快。

第四，高速增长并不一定意味经济波动性会增大，经济稳定性会下降。一般认为大起必有大落；高速增长往往难以持续，因而经济的高速增长，往往要以经济波动增大为代价。但从中国经济增长的四个时期的情况来看，经济增长速度加快，而经济的平稳性也在增强。这表明经济的高速增长有可能保持相当长的时期，不能对经济的高速增长反应过度，将其简单地视为经济增长不可持续的代名词。当然，过高的增长速度确实是不可持续的，而且必然会导致各方面矛盾突出。20 世纪 90 年代以来，中国经济经历了一个长达近 20 年的年均增速高达近 10% 的高速增长期，而经济波动又远小于以往的时期。目前看来，中国经济增长再保持 10～15 年 8% 左右甚至更高一些的较平稳、较高速的增长率是可以实现的。

二　当前经济增长率下行反映了经济发展进入转型期

2011 年，中国经济在应对了 2008 年开始的国际金融危机冲击后，较快趋暖且大体回到较高位增长的轨道。全年总体上保持了经济平稳较快增长的基本态势，但也并没有"一路高歌猛进"，而是在实现良好开局的基础上，步入了矛盾凸显的深度调整期。

往前看三年，2008～2010 年，受到国际金融危机突如其来的冲击，中国经济形势十分严峻，但仍然达到了五年发展规划规定和预期的大多数主要目标。中

---

① 中国 2011 年人均国内生产总值为 34999 元，即 3.5 万元，按 2011 年年末人民币对美元 6.3 汇率折算，为 5555 美元，仅为美国人均 GDP 的 11%。

国经济在逆势飞扬中进入"十二五"时期。但国际国内经济形势仍然处于高度复杂和不确定状态，而且我国应对国际金融危机的经济刺激政策虽然取得显著效果，却也必然会产生一定的副作用。由于经济刺激政策所释放的较大流动性，使2011年遭遇越来越大的通货膨胀压力，出现了物价上升幅度超过控制目标的状况。因此，2011年上半年国务院提出，当年的"首要经济问题是防通货膨胀"，并基于这一判断，采取了一系列紧缩性的宏观调控政策措施，同时实行非常严格的商品房限购政策。

同时，宏观经济政策意向也转向弱化对GDP增长率的注重，宣称不必追求高增长率而应更注重结构调整。于是国家采取了多种调控增长率的措施，争取实现"稳中求进"的目标。这样的政策宣示向市场传递了一个指向性的明确信号：GDP增长率不再是政府所看重的主要的或第一位的宏观政策目标。

不过，天有不测风云，由于国际国内市场总体上需求不足，加之为应对通货膨胀采取了紧缩性宏观经济政策，在各种客观和主观因素的共同作用下，2011年的经济增长虽然仍保持在较高水平，但逐季逐月的增长速度显著下行。到2012年第一季度，中国经济增长放缓至8.1%，2012年第二季度下降到7.6%。全国经济增长率虽然没有超出调控区间，但一些主要经济指标加速回落，已经超出了预期。

经济增长速度与企业利润具有高度相关性。2011年，随着经济增长速度下行，全国工业企业的利润总额总体处于下滑态势。这一趋势继续向2012年延伸。2012年1~7月，全国规模以上工业企业实现利润26785亿元，同比下降2.7%。其中，7月当月实现利润3668亿元，同比下降5.4%。在41个工业大类行业中，25个行业利润同比增长，15个行业同比下降，1个行业由同期盈利转为亏损。企业生产经营比较困难的黑色金属冶炼和压延加工业利润下降60.8%，化学原料和化学制品制造业下降21.3%，计算机、通信和其他电子设备制造业下降1.6%。

经济增长和企业利润形势直接影响国家财政收入。从20世纪90年代以来，高速的经济增长使财政收入加速增长：1999年为1.14万亿元，2011年超过10万亿元。而随着经济增长率下降，全国财政收入增幅也出现了较大幅度的下降。2012年前8个月全国财政收入增长10.8%，较上年同期回落20.1个百分点，其中税收收入增幅同比回落19.4个百分点。8月财政收入增幅低至4.2%，中央财

政收入更是出现了罕见的负增长，同比下降6.7%。

从需求面看，同经济增长下行直接相关的是固定资产投资增速减缓、外贸增长乏力以致出现负增长。消费需求增长较平稳，但难以弥补投资和出口需求增长减缓所导致的总需求不足。在此形势下，国务院再次关注经济增长率，明确提出"把稳增长放在更加重要的位置"，并迅速提出应对经济增速下滑的措施，而短期宏观政策措施必然是需求管理。由于外需由国际因素决定，消费需求在短期内不可能有很大变化，所以，稳定增长的主要政策措施实际上仍然主要体现在稳定和增加投资上。

近年来经济形势变化以及宏观政策方向的短周期调整反映了在增长、结构和物价三个重要调控目标之间困难的政策选择。更深层次的经济实质是，中国经济发展已经渡过了规模快速扩张的阶段，必须摆脱传统路径依赖，走新型工业化的道路。现在，经济转型的长期性问题正以周期波动的短期性现象表现出来，即短期内宏观经济总供求矛盾的变化和与之相应的政府宏观政策调控方向的变换，实际上反映的是中国经济发展阶段和发展方式正在和必须发生重大变化。中国必须在稳定增长中探索经济发展方式转变的方向。

中国经济将从年均10%以上的高速增长，回落到年均8%左右的中高增长速度，这是大多数经济学家的共识（也有人认为中国经济很快会下降到7%甚至更低）。增速下行标志着中国经济发展走到了一个转折关头。在传统路径上取得了巨大的经济成就，但也产生了许多问题，"不平衡、不协调和不可持续"的矛盾十分突出。我们当然不能享受着工业发展和工业文明的福利，却诅咒工业化的合理性和伟大历史贡献。但是，也绝不能无视传统工业化道路的局限性和不可持续性。问题是，经济增长具有很强的路径依赖性，即技术、利益、观念、体制等各方面都具有顽固的路径锁定性和强大惯性，若不下大力气将不足以把运行了数十年的中国经济快速列车转向新的运行轨道。

在经济发展的一定时期，传统工业化道路具有合理性。粗放式增长可以利用低价格资源获得成本价格优势。利用低价格的资源，对于使用者可以提高其竞争力，而对于资源的供应者则是其需求的来源。也就是说，如果缺乏有效工业技术和未达到一定的工业发展水平，地球上的绝大多数物质都不是高价值的资源。此时，开发技术的昂贵性和耗时性，决定了技术的稀缺性。所以，在一定时期内用价格低廉的"资源"替代稀缺昂贵的"技术"，成为获得竞争力的重要手段。

粗放式增长尽管在一定的历史时期具有存在的理由，但毕竟是代价高昂的且不可持续的。目前，各种资源价格均快速上升。特别是，中国最丰富的劳动力资源，也几乎"突如其来"地发生了供求关系的显著变化。工资的增长幅度显著提高，企业普遍感受到工资成本上升的压力和面临"招工难"。这一情况不仅发生在东部沿海地区，甚至也在四川、河南等内陆人口大省中发生，可以说已经是一个普遍性现象。

这些情况证据确凿地表明，低价资源的时代正在走向终结，实现经济结构调整，特别是工业通过创新实现转型升级，是摆脱传统路径依赖的根本出路。

经济结构调整特别是产业转型升级需要有一定的条件，主要包括动力和能力两个方面，即当经济体具有较强的创新动力同时也具有创新能力时，结构调整和转型升级过程才会加速推进。但在现实中，这两方面的条件却往往难以同时具备。当经济高速增长时，企业面临很大的盈利机会和获利空间，虽然具有较强的结构调整转型升级能力（尤其是财力），但往往缺乏动力——日子很好过，为什么要着急进行结构调整和转型升级？而当经济增速下滑时，企业具有调整结构和转型升级的动力和压力，但往往因盈利状况不好而缺乏结构调整转型升级的能力（缺乏资金）——日子难过，最重要的是生存下去，尽管有实行创新的必要性和紧迫性，但心有余而力不足。

尽管中国政府的宏观调控政策水平已经非常高，可使用的调控手段也比一般市场经济国家有更多的可选择性，不仅可以采取经济性方式，也可以采取行政性方式，发挥"立竿见影"的调控效果。但是，宏观调控政策的可操作空间确实也变得越来越小，特别是对结构调整的效果往往不佳。这表现为任何调控政策特别是力度过强的调控方式，都会导致出现明显的副作用；力图以产业政策直接进行结构调整，势必加大政府干预市场的力度，很可能导致新的结构矛盾。所以，必须更审慎地运用宏观调控手段，特别是要避免采用很强烈的行政性调控方式。

从理想上说，我们不应再追求 GDP 的高增长率，而可以在增长率下降到 7.5% ~ 8.0% 的调控目标区间后，以更大的力量进行经济结构调整。问题是，当 GDP 增长率真的下行到接近 8% 时，如果不采取一定的宽松性宏观经济政策和稳增长的产业政策，增长率很可能加速下滑以致跌入调控目标区间的下限，甚至跌出调控目标区间，发生难以承受的经济衰退，而且，增长率的下行必然导致财政收入增长率下降。在财政收支趋紧，甚至导致一些地区政府财政困难的条件下，

政府财税部门一定会加大税费征收力度，使企业在本身的财务状况已经吃紧的时候还要面临税费征管力度加强的更大负担。总之，中国经济的各个方面都对经济增长有着高度依赖性，力求保持8%左右的增长率，是经济健康发展也是实现经济发展方式转变的必要条件。

三　各行业的增长波动性

1996～2010年中国分行业工业销售额如表2所示。根据表中数据，笔者计算了每个行业15年平均增长速度及增长速度波动（用增长速度的变异系数来衡量）情况。一般认为，增长速度快的行业往往有较大的波动性；如果是这样，增长速度就应与增长波动性呈现出正相关。但是从图2中可以看出，行业的波动性与行业的增长速度之间却没有明显的相关性。① 这表明高速增长的行业其波动性不一定高，高增长也不一定意味着高的不确定性。

哪些行业具有高的增长速度，而哪些行业具有高的波动性？笔者将工业主要分行业的成长性及波动性的排序列示在表3中，从中可以看出以下特点。

第一，按增长性排名的前十名分别是燃气生产和供应业，金属矿采选业，通信设备、计算机及其他电子设备制造业，煤炭开采和洗选业，金属冶炼及压延加工业，交通运输设备制造业，电力、热力的生产和供应业，电气、机械及器材制造业，石油加工、炼焦及核燃料加工业，通用、专用设备制造业。这些行业大部分都属于重化工业，这与中国从1996年以来重工业加速发展的态势一致。

第二，按波动性排名的前十名分别是石油和天然气开采业，水的生产和供应业，电力、热力的生产和供应业，石油加工、炼焦及核燃料加工业，煤炭开采和洗选业，非金属矿采选业，金属矿采选业，木材加工及家具制造业，金属冶炼及压延加工业，燃气生产和供应业。从直觉上判断，这些行业大部分是市场化程度较低行业。此处用该行业的国有企业的比例来衡量该行业的市场化程度，行业国有企业的产值、产值及国有企业比例如表4所示。

---

① 参阅《数学手册》第837页的表，样本量在22、信度在5%的情况下，相关系数应大于0.423（决定系类0.179），两个变量之间才有相关关系。而本文计算出来的决定系数仅为0.0666，因而可以判断从统计意义上讲行业的增长速度与行业的波动性没有关系。

表2 1996~2010年中国工业分行业销售额（当年价）

单位：亿元

年份	1996	1997	1999	2000	2001	2002	2003	2004	2005	2006	2007	2008	2009	2010
煤炭开采和洗选业	1429	1539	1236	1277	823	1003	2459	4735	5723	7208	9202	14626	16404	22109
石油和天然气开采业	1639	1875	2085	3130	702	645	3479	4630	6286	7719	8300	10616	7518	9918
金属矿采选业	494	555	509	570	484	544	932	1905	2139	3065	4430	6499	6631	9830
非金属矿采选业	464	532	342	357	336	376	487	1152	757	1029	1366	1869	2302	3094
食品制造及烟草加工工业	7251	8011	7829	8369	7278	8433	12911	18166	20324	24801	32426	42373	49570	61274
纺织业	4722	4760	4530	5149	5310	6142	7725	11655	12672	15316	18733	21393	22971	28508
服装皮革羽绒及其制品业	2889	3032	3237	3636	3787	4319	5700	7802	8437	10309	12754	15307	16870	20229
木材加工及家具制造业	973	1121	1015	1148	1196	1357	1713	3498	3255	4312	5945	7876	9191	11808
造纸印刷及文教用品制造业	2178	2309	2462	2825	2924	3422	4519	7144	7087	8501	10542	13057	13867	17132
石油加工、炼焦及核燃料加工工业	2212	2569	2706	4429	2008	2133	6235	9089	12000	15149	17851	22629	21493	29239
化学工业	8512	9071	9801	11486	13131	15437	17960	26689	30483	37786	48864	59926	65918	84394
非金属矿物制品业	3560	3828	3395	3693	3615	4136	5653	9951	9195	11722	15559	20943	24844	32057
金属冶炼及压延加工业	5170	5326	5891	6913	6317	7279	13571	23554	29409	38340	51735	65677	63203	79953
金属制品业	1944	2078	2215	2540	2699	3160	3857	6360	6557	8529	11447	15030	16083	20135
通用、专用设备制造业	4669	4884	4675	5240	5681	6923	9543	16096	16696	21688	29008	39209	44146	56695
交通运输设备制造业	3785	4123	4659	5365	6731	8866	11214	14538	15715	20383	27147	33395	41730	55453
电气机械及器材制造业	3060	3366	4022	4835	6088	6991	7916	12037	13901	18166	24019	30429	33758	43344
通信设备、计算机及其他电子设备制造业	3051	3921	5831	7550	13169	16390	15840	22594	26994	33078	39224	43903	44563	54971
仪器仪表及文化办公用机械制造业	529	600	706	868	1040	1170	1637	2409	2781	3539	4308	4984	5083	6399
电力、热力的生产和供应业	2805	3320	3997	4611	1976	2194	6859	14904	17786	21549	26463	30061	33435	40551
燃气生产和供应业	81	96	131	170	120	142	273	438	515	732	989	1507	1809	2393
水的生产和供应业	232	270	315	326	112	125	431	591	579	715	797	913	1012	1137

资料来源：历年《工业统计年鉴》和《中国统计年鉴》。

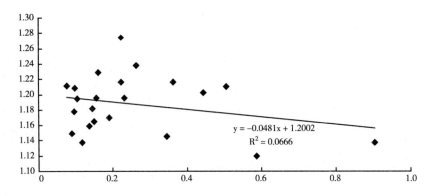

图 2　行业增长速度与行业波动性的关系

资料来源：笔者根据表2中数据进行计算。

表 3　行业的增长性与波动性排序

排序	增长性	波动性
1	燃气生产和供应业	石油和天然气开采业
2	金属矿采选业	水的生产和供应业
3	通信设备、计算机及其他电子设备制造业	电力、热力的生产和供应业
4	煤炭开采和洗选业	石油加工、炼焦及核燃料加工业
5	金属冶炼及压延加工业	煤炭开采和洗选业
6	交通运输设备制造业	非金属矿采选业
7	电力、热力的生产和供应业	金属矿采选业
8	电气、机械及器材制造业	木材加工及家具制造业
9	石油加工、炼焦及核燃料加工业	金属冶炼及压延加工业
10	通用、专用设备制造业	燃气生产和供应业
11	木材加工及家具制造业	非金属矿物制品业
12	仪器仪表及文化办公用机械制造业	通信设备、计算机及其他电子设备制造业
13	金属制品业	通用、专用设备制造业
14	化学工业	食品制造及烟草加工业
15	非金属矿物制品业	金属制品业
16	食品制造及烟草加工业	造纸印刷及文教用品制造业
17	造纸印刷及文教用品制造业	纺织业
18	服装皮革羽绒及其制品业	仪器仪表及文化办公用机械制造业
19	非金属矿采选业	电气、机械及器材制造业
20	石油和天然气开采业	化学工业
21	纺织业	服装皮革羽绒及其制品业
22	水的生产和供应业	交通运输设备制造业

表4 行业的市场化程度与波动性

单位：亿元

行业	产值	国有企业产值	国有企业的比例	波动性
造纸印刷及文教用品制造业	17132	1303	0.076	0.136
仪器仪表及文化办公用机械制造业	6399	645	0.101	0.104
通用、专用设备制造业	56695	9369	0.165	0.157
通信设备、计算机及其他电子设备制造业	54971	4339	0.079	0.161
水的生产和供应业	1137	781	0.687	0.586
食品制造及烟草加工业	61274	10061	0.164	0.151
石油加工、炼焦及核燃料加工业	29239	20737	0.709	0.445
石油和天然气开采业	9918	9392	0.947	0.905
燃气生产和供应业	2393	1057	0.441	0.224
木材加工及家具制造业	11808	284	0.024	0.234
煤炭开采和洗选业	22109	12484	0.565	0.364
金属制品业	20135	1105	0.055	0.146
金属冶炼及压延加工业	79953	28156	0.352	0.224
金属矿采选业	9830	1882	0.191	0.266
交通运输设备制造业	55453	25794	0.465	0.075
化学工业	84394	12320	0.146	0.096
服装皮革羽绒及其制品业	20229	191	0.009	0.090
非金属矿物制品业	32057	3183	0.099	0.193
非金属矿采选业	3094	345	0.112	0.346
纺织业	28508	687	0.024	0.119
电气、机械及器材制造业	43344	3859	0.089	0.099
电力、热力的生产和供应业	40551	37417	0.923	0.506

资料来源：《工业统计年鉴2011》。

　　一个行业国有企业占比越高，该行业的市场化程度越低。图3横轴是国有企业的比例，可以看出市场波动与国有企业比例正相关，而国有企业占比与行业的市场化程度负相关，因而市场波动与行业市场化程度负相关。简单地说，就是市场化程度越高的行业，行业的波动性越小。

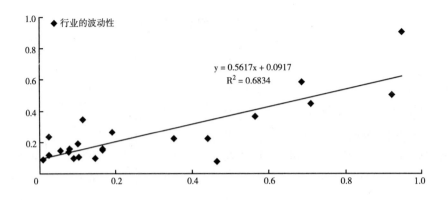

图3　行业的波动性与行业国有企业比例的关系

四　各省区域经济的增长波动性

由于中国区域发展的不平衡性，各地区经济增长及其波动也有所差异。1993～2010年中国分省的经济增长速度如表5所示。可以看出，一方面各省的经济增长速度呈现出一定的差异性，另一方面各省波动情况也较有差异。将各省经济的增长与经济的波动性绘制在图4中，可以看到，省域经济增长速度与波动性呈现出了一定的相关性，即经济增长较快的省份其经济的波动也较大。这其中的原因尚需要进一步深入分析。可能的原因之一是经济增长快的省份经济运行中对即有规则进行突破的成分较多，这一方面为经济较快的增长提供了可能性，另一方面也往往成为中央为防止经济过热而实施宏观调控时受影响较大的地区，从而经济增长的波动性就会表现得较大；而经济增长较慢的地区，往往没能"赶上"经济的热潮，因而中央调控时其所受的影响也会较小。

在此基础上笔者计算了各省经济增长率离散程度随时间的变化情况（见图5）。可以看出，总体而言，从1993年以来各省经济增长速度离散程度不断缩小。2007年以后中西部省份经济增长加速，而东部一些省份（如北京、上海）经济增长开始放缓。因而2007年以后各省经济增长离散程度的扩大很大程度是由于中西部省份经济增长加速所致，是中央致力于缩小东中西部差距的结果，因而可以说是一种合意的离散程度的扩大。笔者计算了1993～2010年17年间各省平均经济增长的变异系数，该数据明显小于17年来经济增长速度变异系数的平均值。

表 5　1993～2010 年中国分省的经济增长速度

单位：%

年份	1993	1994	1995	1996	1997	1998	1999	2000	2001	2002	2003	2004	2005	2006	2007	2008	2009	2010
北京	12.3	13.7	12.0	9.0	10.1	9.5	10.9	11.8	11.7	11.5	11.0	14.1	11.8	13.0	14.5	9.1	10.2	10.3
天津	12.1	14.3	14.9	14.3	12.1	9.3	10.0	10.8	12.0	12.7	14.8	15.8	14.7	14.7	15.5	16.5	16.5	17.4
河北	17.7	14.9	13.9	13.5	12.5	10.7	9.1	9.5	8.7	9.6	11.6	12.9	13.4	13.4	12.8	10.1	10.0	12.2
山西	13.1	10.3	12.0	11.8	11.3	9.9	7.3	9.4	10.1	12.9	14.9	15.2	12.6	12.8	15.9	8.5	5.4	13.9
内蒙古	11.7	11.2	10.1	14.4	10.8	10.7	8.8	10.8	10.7	13.2	17.9	20.5	23.8	19.1	19.2	17.8	16.9	15.0
辽宁	14.9	11.2	7.1	8.6	8.9	8.3	8.2	8.9	9.0	10.2	11.5	12.8	12.3	14.2	15.0	13.4	13.1	14.2
吉林	12.7	9.7	9.7	13.5	9.0	9.1	8.2	9.2	9.3	9.5	10.2	12.2	12.1	15.0	16.1	16.0	13.6	13.8
黑龙江	7.4	8.4	9.2	10.2	10.0	8.3	7.5	8.2	9.3	10.2	10.2	11.7	11.6	12.1	12.0	11.8	11.4	12.7
上海	15.1	14.5	14.3	13.1	12.8	10.3	10.4	11.0	10.5	11.3	12.3	14.2	11.1	12.7	15.2	9.7	8.2	10.3
江苏	19.8	16.5	15.4	12.2	12.0	11.0	10.1	10.6	10.2	11.7	13.6	14.8	14.5	14.9	14.9	12.7	12.4	12.7
浙江	22.0	20.0	16.8	12.7	11.1	10.2	10.0	11.0	10.6	12.6	14.7	14.5	12.8	13.9	14.7	10.1	8.9	11.9
安徽	18.6	14.5	14.3	12.7	11.7	8.3	9.1	8.3	8.9	9.6	9.4	13.3	11.6	12.5	14.2	12.7	12.9	14.6
福建	22.6	20.3	14.6	13.3	14.0	10.8	9.9	9.3	8.7	10.2	11.5	11.8	11.6	14.8	15.2	13.0	12.3	13.9
江西	13.7	8.8	6.8	11.7	12.3	7.1	7.8	8.0	8.8	10.5	13.0	13.2	12.8	12.3	13.2	13.2	13.1	14.0
山东	20.4	16.2	14.0	12.1	11.1	10.8	10.0	10.3	10.0	11.7	13.4	15.4	15.2	14.7	14.2	12.0	12.2	12.3
河南	15.8	13.8	14.8	13.9	10.4	8.8	8.1	9.5	9.0	9.5	10.7	13.7	14.2	14.4	14.6	12.1	10.9	12.5
湖北	13.0	13.7	13.2	11.6	11.9	8.6	7.8	8.6	8.9	9.2	9.7	11.2	12.1	13.2	14.6	13.4	13.5	14.8

续表

年份	1993	1994	1995	1996	1997	1998	1999	2000	2001	2002	2003	2004	2005	2006	2007	2008	2009	2010
湖南	12.4	10.6	10.3	12.1	10.6	8.5	8.4	9.0	9.0	9.0	9.6	12.1	11.6	12.8	15.0	13.9	13.7	14.6
广东	23.0	19.7	15.6	11.3	11.2	10.8	10.1	11.5	10.5	12.4	14.8	14.8	13.8	14.8	14.9	10.4	9.7	12.4
广西	18.3	15.2	11.4	8.3	8.0	10.0	8.0	7.9	8.3	10.6	10.2	11.8	13.2	13.6	15.1	12.8	13.9	14.2
海南	20.6	11.3	3.8	4.7	6.8	8.5	8.5	9.0	9.1	9.6	10.6	10.7	10.2	13.2	15.8	10.3	11.7	16.0
重庆	15.3	13.3	12.1	11.2	11.0	8.4	7.6	8.5	9.0	10.3	11.5	12.2	11.5	12.4	15.9	14.5	14.9	17.1
四川	13.1	11.3	10.7	10.6	10.5	9.7	6.6	8.5	9.0	10.3	11.3	12.7	12.6	13.5	14.5	11.0	14.5	15.1
贵州	10.4	8.4	7.5	8.9	9.0	8.5	8.8	8.4	8.8	9.1	10.1	11.4	11.6	12.8	14.8	11.3	11.4	12.8
云南	11.1	12.2	11.7	11.1	9.7	8.1	7.3	7.5	6.8	9.0	8.8	11.3	9.0	11.6	12.2	10.6	12.1	12.3
西藏	15.5	15.7	17.9	13.2	11.8	12.1	12.3	10.4	12.7	12.9	12.0	12.1	12.1	13.3	14.0	10.1	12.4	12.3
陕西	12.1	8.6	10.4	10.9	10.7	11.6	10.3	10.4	9.8	11.1	11.8	12.9	12.6	13.9	15.8	16.4	13.6	14.6
甘肃	11.6	10.8	10.4	12.0	9.1	9.7	9.0	9.7	9.8	9.9	10.7	11.5	11.8	11.5	12.3	10.1	10.3	11.8
青海	9.7	8.1	8.0	8.7	9.0	8.9	8.1	8.9	11.7	12.1	11.9	12.3	12.2	13.3	13.5	13.5	10.1	15.3
宁夏	10.3	7.7	9.5	10.9	7.9	8.8	9.1	10.2	10.1	10.2	12.7	11.2	10.9	12.7	12.7	12.6	11.9	13.5
新疆	10.2	12.1	9.1	6.5	8.4	7.5	7.4	8.7	8.6	8.2	11.2	11.4	10.9	11.0	12.2	11.0	8.1	10.6
全国	14.0	13.1	10.9	10.0	9.3	7.8	7.6	8.4	8.3	9.1	10.0	10.1	11.3	12.7	14.2	9.6	9.2	10.4

资料来源：历年《中国统计年鉴》。

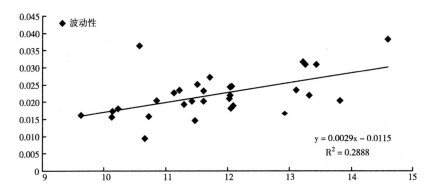

图4 省域经济波动性与增长率关系

这说明，经济增长速度较快地区在各省间是轮换的，也表明了中央致力于缩小东中西部差距的政策发挥了积极的效果。

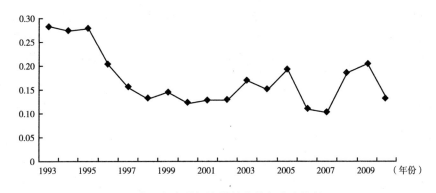

图5 中国各省份经济增长离散程度变化情况

五 在新形势下不断提升企业竞争力

前文从宏观与中观层面分析了市场的波动与增长。总体的判断是，随着市场经济体制的建立和不断成熟，企业所面临的市场波动系统性风险实际上并没有扩大，而是缩小了。当然，企业也必须认识，经济波动是经济增长的必然现象，市场经济大潮中会有大浪与暗流。能否根据复杂经济形势做出适应性调整，是企业竞争力的重要表现之一。特别是在经济增长的低谷时期，更是考验企业竞争力的关键时刻。在当前中国经济增长下行阶段，企业不仅要应对经济周期性波动，更

应做好适应中国经济转型的战略调整。

作为一个后发的工业化国家，60多年来，特别是改革开放30多年来，中国工业化基本上是沿着西方工业路线所获得的技术而实现产业扩散的，具有显著的创新性模仿特征。客观地说，就中国各产业所达到的现实技术水平而言，这一过程还没有完结，即引进技术仍然具有重要意义。从这一意义上说，中国产业发展60多年尤其是近30多年的技术战略特征基本上是平推式的，即以"开阔地推进"的方式进入各产业领域，尽管也有崎岖不平和艰难险阻，但基本上是走前人走过的路，在产业中低端，迅速扩大生产规模。这可以称之为"平推工业化"。

而从现在开始，中国工业化将越来越具有"爬坡"和"登山"的性质，即在每一个产业中我国都必须"向上走"。否则，中国庞大的产业大军将在低洼地中拥挤，处于眼界短浅和缺乏控制力的境地。所以，向各产业的高端攀登，占领产业高地和战略制高点，是中国经济发展不二的战略方向。这可以称之为"立体工业化"。

30多年来，中国工业几乎是单兵突进式地进行改革开放，工业化的平面推进，加之其他领域的改革开放相对滞后，导致经济结构过分偏重产业中低端，平推铺摊，发展空间必然受到限制（表现为重复投资、产能过剩）。而立体工业化，不仅表现为工业自身全方位"向上走"，实现绿色化、精致化、高端化、信息化和服务化，而且表现为新型工业化、农业现代化和现代服务业发展的相互结合和有机融合，立体工业化推动农业和服务业立体化，形成更加立体化的实体经济结构。这样，未来的产业发展就不再主要依靠发现可以大规模平面推进并迅速形成生产规模的产业领域，而是必须以创新精神向着各个产业高地攀登，即产业发展的技术路线指向从"平推型"变为"上推型"。

此时，三次产业结构变化也不是简单的此消彼长，而是工业、农业、服务业的相互渗透，合力创新，形成新的产业增长空间。尤其是发展战略性新兴产业，更要坚持立体工业化的方向，决不能再次陷入平推铺摊的传统路径。

立体工业化将有力地推动形成更加立体化的经济结构，表现为产业发展与城镇化的融合，使现代生产方式能够支持现代生活方式和良好的生态环境。经济发展的立体化将极大地拓展增长空间，中国保持较高经济增长率并不会有绝对的需求瓶颈和资源障碍。①

---

① 金碚：《在经济发展大趋势下把握经济形势》，《人民日报》2012年10月9日。

六　结语

中国经济发展仍然处于重要的战略机遇期，在未来 15～20 年，继续保持较高增长速度（国内生产总值年均增长 8% 左右）是完全可能的，对此，企业有充分的理由对增长前景持乐观态度。同时，也要看到，由于平推工业化向立体工业化的转变，企业面临的竞争压力将更大，市场风险的性质也将发生变化。因此，企业更应实行保守的（或更稳健）财务策略。关于世界各国长寿公司的研究表明，长寿公司应对市场波动和进行风险控制的一个重要特征就是都实行保守财务策略，即：资产负债率较低，企业有较稳定的现金流；企业发展的资金主要依靠企业的内源性融资来取得。企业只有在繁荣之时想到冬天，才能顺利渡过冬天，并抓住冬天中的机遇。总之，既可以保持对中国经济增长的信心，顺应经济转型升级的趋势，又要保持更稳健的财务策略，是企业应对经济增长波动的重要对策之一。

B.2
企业竞争力监测结果分析总报告

黄群慧 邵婧婷

2012 年中国社会科学院中国产业与企业竞争力研究中心企业竞争力检测体系对 1385 家上市公司的规模竞争力、效率竞争力、增长竞争力进行了跟踪与监测，并采用动态指数作为参数对上市公司的基础竞争力进行了调整，得到综合竞争力。本文对 1385 家上市公司的竞争力状况进行了总体分析，并在此基础上对中国区域竞争力状况和行业竞争力状况进行总结和评述。

一 上市公司竞争力总体状况

（一）上市公司基础竞争力分析

根据 2012 年竞争力监测结果，1385 家上市公司的基础竞争力继续呈现明显的梯队结构。从得分情况来看，基础竞争力得分排在前 10 名的依次是：铁岭新城投资控股股份有限公司（1.3811）、国机汽车股份有限公司（1.3653）、金科地产集团股份有限公司（1.3251）、徐工集团工程机械股份有限公司（1.3152）、

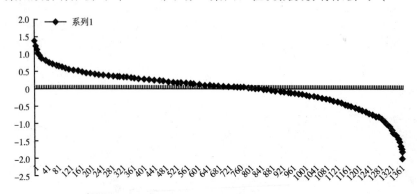

图1 1385 家上市公司的基础竞争力得分曲线

新希望六和股份有限公司（1.1861）、国电电力发展股份有限公司（1.1691）、山煤国际能源集团股份有限公司（1.1568）、中国石油化工股份有限公司（1.1548）、中国石油天然气股份有限公司（1.1442）、三一重工股份有限公司（1.0622）。

监测结果显示，铁岭新城投资控股股份有限公司（1.3811）、国机汽车股份有限公司（1.3653）、金科地产集团股份有限公司（1.3251）、徐工集团工程机械股份有限公司（1.3152）的基础竞争力得分和排在第5位的新希望得分的落差较大，4家上市公司基础竞争力平均得分为1.3467。从第5名新希望六和股份有限公司（1.1861）到第13名上海申华控股股份有限公司（1.0115），基础竞争力得分都在1以上，这9家上市公司基础竞争力平均得分为1.1086。从第14名中国船舶重工股份有限公司（0.9882）到第100名新兴铸管股份有限公司（0.5798）共有87家上市公司，基础竞争力平均得分为0.7397。从第101名TCL集团股份有限公司（0.5772）到第807名青岛双星股份有限公司（0.0009），基础竞争力得分都在0以上，基础竞争力平均得分为0.2444。从第808名四川方向光电股份有限公司（-0.0011）至最后一名广夏（银川）实业股份有限公司（-2.0007），基础竞争力得分都在0以下，基础竞争力平均得分为-0.4427。根据上市公司基础竞争力得分表现出来的特征，1385家上市公司被划分为5个集团，如表1所示。

表1 五集团划分

集　团	第一集团	第二集团	第三集团	第四集团	第五集团
分类标准	第1~4名	第5~13名	第14~100名	第101~807名	第808~1385名
平均得分	1.3467	1.1086	0.7397	0.2444	-0.4427
最高得分	1.3811	1.1861	0.9882	0.5772	-0.0011
最低得分	1.3152	1.0115	0.5798	0.0009	-2.0007

第一集团共包括四家上市公司，分别是铁岭新城投资控股股份有限公司（简称"铁岭新城"）、国机汽车股份有限公司（简称"国机汽车"）、金科地产集团股份有限公司（简称"金科股份"）、徐工集团工程机械股份有限公司（简称"徐工机械"）。第一集团上市公司的基础竞争力、规模竞争力、增长竞争力和效率竞争力得分如图2所示。

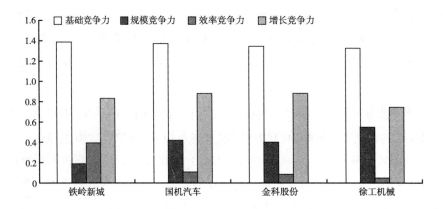

图2 第一集团上市公司竞争力得分

铁岭新城的规模竞争力、效率竞争力和增长竞争力在 1385 家上市公司中分别排在第 395 位、第 9 位和第 5 位，在社会服务行业 41 家上市公司内分别位列第 13、第 2 和第 1。国机汽车的规模竞争力、效率竞争力和增长竞争力在 1385 家上市公司中分别排在第 100 位、第 167 位和第 1 位，在批发和零售贸易行业 101 家上市公司中分别排在第 7 位、第 21 位和第 1 位。金科股份的规模竞争力、效率竞争力和增长竞争力在 1385 家上市公司中分别排在第 113 位、第 237 位和第 2 位，在房地产业 119 家上市公司内分别排在第 7 位、第 33 位和第 1 位。徐工机械的规模竞争力、效率竞争力和增长竞争力在 1385 家上市公司中分别排在第 44 位、第 378 位和第 8 位，在制造行业 717 家上市公司内分别位列第 16、第 153 和第 3。

第二集团共包括 9 家上市公司，依次是新希望六和股份有限公司（简称"新希望"）、国电电力发展股份有限公司（简称"国电电力"）、山煤国际能源集团股份有限公司（简称"山煤国际"）、中国石油化工股份有限公司（简称"中国石化"）、中国石油天然气股份有限公司（简称"中国石油"）、三一重工股份有限公司（简称"三一重工"）、深圳华侨城股份有限公司（简称"华侨城A"）、黑牡丹（集团）股份有限公司（简称"黑牡丹"）、上海申华控股股份有限公司（简称"申华控股"）。从规模竞争力来看，国电电力、中国石化、中国石油、三一重工、华侨城A和新希望的规模竞争力位于 1385 家上市公司前 100 强之内，其中，中国石油、中国石化、华侨城A分列第 1 位、第 2 位和第 6 位。山煤国际、黑牡丹和申华控股的规模竞争力都在百名之后，但仍属 300 强之内。

从效率竞争力来看，山煤国际和申华控股的效率竞争力排名在 1385 家上市公司的百强之内，其中，山煤国际的效率竞争力排名第 1。国电电力、三一重工和华侨城 A 的效率竞争力排名在 300 名以内，但是新希望、中国石化、中国石油和黑牡丹的效率竞争力排名都在 300 名之外。从增长竞争力来看，新希望、国电电力、三一重工、华侨城 A、黑牡丹、申华控股的增长竞争力都在前 100 名内，其中黑牡丹的增长竞争力排名第 7。中国石化和中国石油的增长竞争力排名在 200 名以内，山煤国际的增长竞争力排在 300 名以外。第二集团上市公司竞争力得分如图 3 所示。

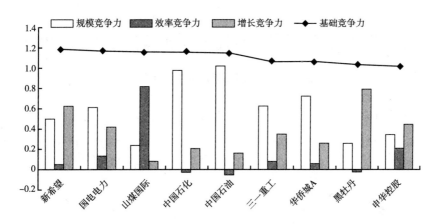

图3　第二集团上市公司竞争力得分

第三集团包括从第 14 名中国船舶重工股份有限公司（简称"中国重工"）到第 100 名新兴铸管股份有限公司（简称"新兴铸管"）的 87 家上市公司。由图 4 可以看出，第三集团内的上市公司增长竞争力、规模竞争力和效率竞争力起伏较大。

具体来看，第三集团中有 51 家上市公司的规模竞争力位于规模百强之内，占到了第三集团上市公司的半数以上。有 21 家上市公司位于效率百强之内，占到了第三集团上市公司总数的 24.14%。有 31 家上市公司位于增长百强之内，占到了第三集团上市公司总数的 35.63%。整体上来看，第三集团内上市公司规模竞争力优势明显，但也有规模竞争力比较落后，靠增长竞争力和效率竞争力提升基础竞争力的上市公司，典型的如浙江刚泰控股（集团）股份有限公司（简称"刚泰控股"），规模竞争力排在了 700 多名，但是增长竞争力和效率竞争力都在前 50 强。图 4 描绘了第三集团上市公司按照基础竞争力得分排序的规模竞争力、效率竞争力和增长竞争力得分趋势。

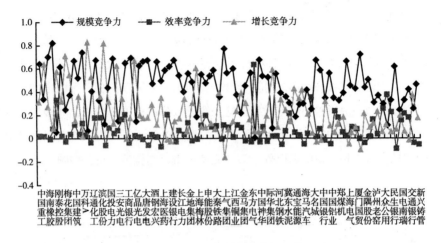

图4 第三集团上市公司竞争力得分

第四集团包括从第101名TCL集团股份有限公司（简称"TCL集团"）到第807名青岛双星股份有限公司（简称"青岛双星"）共707家上市公司，基础竞争力得分在0~0.577，总体竞争力比较落后。其中，只有40家上市公司的规模竞争力位于规模百强之内，占到了第四集团上市公司总数的5.66%；有56家上市公司的效率竞争力位于效率百强之内，占到了第四集团上市公司总数的7.92%；有56家上市公司的增长竞争力位于增长百强之内，占到了第四集团上市公司总数的7.92%。

第五集团包括从第808名四川方向光电股份有限公司（简称"＊ST方向"）至第1385名广夏（银川）实业股份有限公司（简称"＊ST广夏"）共578家上市公司。这578家上市公司总体上规模落后，增长乏力，规模竞争力排名都在300强之后。第五集团中共有18家上市公司的效率竞争力排在效率百强之内，分别是四川方向光电股份有限公司、百视通新媒体股份有限公司、宁波建工股份有限公司、北方国际合作股份有限公司、北京电子城投资开发股份有限公司、辽宁时代万恒股份有限公司、上海宽频科技股份有限公司、中水集团远洋股份有限公司、安信信托投资股份有限公司、深圳市深信泰丰（集团）股份有限公司、永泰能源股份有限公司、深圳市太光电信股份有限公司、万鸿集团股份有限公司、上工申贝（集团）股份有限公司、三联商社股份有限公司、河北宝硕股份有限公司、深圳中华自行车（集团）股份有限公司、广东盛润集团股份有限公司。有 2 家上市公司的增长竞争力排在增长百强之内，分别是泰复实业股份有限公司、西南证券股份有限公司。

五大集团基础竞争力平均得分如图 5 所示。其中，第一集团、第二集团和第三集团是 1385 家上市公司中的百强企业，在规模竞争力、效率竞争力和增长竞争力三大指标方面的得分均有不俗表现，是上市公司中的佼佼者。相较之下，第四集团和第五集团的基础竞争力排名落后，在企业规模、经营效率和增长能力等方面都需要上市公司做进一步改进，从而提升公司竞争力。

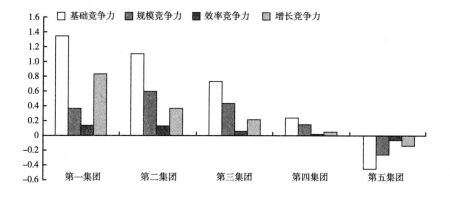

图 5　五大集团竞争力得分比较

从近三年监测结果看，我国上市公司的基础竞争力水平有所下降，2012 年得分从 2011 年的正得分转负，逼近 2010 年金融危机、欧债危机过境时的水平，如表 2 所示。具体来看，与 2011 年监测结果相比，上市公司的规模竞争力、效率竞争力和增长竞争力水平均有所下降。这说明全球性金融危机所带来的冲击仍不容小觑。在国际形势复杂多变和国内通胀的双重压力下，我国企业面临着原材料价格上涨、生产成本上升、融资环境恶化、外部需求下降等诸多方面的挑战，在企业规模、经营效率和产业结构实现平稳增长方面仍面临巨大的压力。

表 2　上市公司整体竞争力平均得分比较

年份	规模竞争力平均得分	效率竞争力平均得分	增长竞争力平均得分	基础竞争力平均得分
2012	0.0081	− 0.0049	− 0.0057	− 0.0024
2011	0.0170	− 0.0045	− 0.0034	0.0091
2010	0.0102	− 0.0056	− 0.0081	− 0.0035

企业蓝皮书

（二）上市公司基础竞争力百强分析

基础竞争力排名的百强公司均是各自行业中的龙头企业，是中国上市公司的核心及代表，因此其基础竞争力水平均位于前列。基础竞争力百强公司中，有社会服务类上市公司5家、批发零售贸易业上市公司6家、房地产业上市公司6家、制造业上市公司43家、电煤水的生产和供应上市公司8家、采掘业上市公司5家、综合类上市公司9家、交通运输仓储业2家、农林牧副渔业上市公司3家、信息技术业上市公司3家、建筑业上市公司3家、金融保险业7家。传播与文化产业没有上市公司进入基础竞争力百强。

基础竞争力百强的上市公司中，有58家的规模竞争力同时位于1385家上市公司的规模百强内，占到了百强公司的半数以上，典型的有中国石油化工股份有限公司、中国石油天然气股份有限公司、深圳华侨城股份有限公司、海南天然橡胶产业集团股份有限公司、中国化学工程股份有限公司、中国建筑股份有限公司、万科企业股份有限公司、保利房地产（集团）股份有限公司、广东美的电器股份有限公司、黑龙江北大荒农业股份有限公司、大唐国际发电股份有限公司、中国北车股份有限公司、珠海格力电器股份有限公司、中国南车股份有限公司、上海汽车集团股份有限公司、中国神华能源股份有限公司、宝山钢铁股份有限公司、上海电气集团股份有限公司、华能国际电力股份有限公司，这19家上市公司占了规模竞争力的前19强。有24家上市公司的效率竞争力同时位于1385家上市公司的效率百强之内，其中较为典型的包括铁岭新城投资控股股份有限公司、山煤国际能源集团股份有限公司、河南大有能源股份有限公司、天津广宇发展股份有限公司，这4家上市公司的效率竞争力得分位于1385家上市公司的效率前十强之内。有41家上市公司的增长竞争力位于1385家上市公司百强之内，其中较为典型的包括铁岭新城投资控股股份有限公司、国机汽车股份有限公司、金科地产集团股份有限公司、徐工集团工程机械股份有限公司、黑牡丹（集团）股份有限公司、梅花生物科技集团股份有限公司、西王食品股份有限公司、华映科技（集团）股份有限公司、亿晶光电科技股份有限公司，这9家上市公司的增长竞争力分占了1385家上市公司前十强。

和2011年监测结果相比，2012年百强公司基础竞争力平均得分比2011年略有上升，如表3所示。百强公司效率竞争力和增长竞争力平均得分均低于2011

年，但相差均不大，而规模竞争力平均得分则相较 2011 年有所提高。因此，2012 年部分的百强公司是一些老牌的规模很大但是效率不是太高或增长势头不是很强劲的公司，如中国石油化工股份有限公司、中国石油天然气股份有限公司、广东美的电器股份有限公司、黑龙江北大荒农业股份有限公司、华能国际电力股份有限公司的效率竞争力都在 300 强以外，但它们的规模竞争力却位列 1385 家上市公司的前十强。中国化学工程股份有限公司、万科企业股份有限公司、上海汽车集团股份有限公司、华能国际电力股份有限公司的增长竞争力都在 300 强以外，但它们的规模竞争力却位列 1385 家上市公司的前十强。

表 3　上市公司百强竞争力平均得分比较

年份	规模竞争力平均得分	效率竞争力平均得分	增长竞争力平均得分	基础竞争力平均得分
2012	0.4566	0.0811	0.2595	0.7972
2011	0.3560	0.1013	0.2848	0.7420
2010	0.3922	0.1217	0.2477	0.7615

二　上市公司竞争力区域视角分析

（一）区域竞争力总体分析

2012 年监测结果显示，31 个省（直辖市、自治区，以下简称省）上市公司基础竞争力平均得分排名依次为安徽、甘肃、浙江、福建、重庆、西藏、新疆、辽宁、上海、江苏、黑龙江、江西、山东、山西、河北、湖南、天津、四川、北京、广东、湖北、青海、海南、内蒙古、吉林、广西、河南、云南、贵州、陕西、宁夏。其中，前 19 个省上市公司基础竞争力平均得分都为正，而后 12 个省上市公司的基础竞争力平均得分都为负，安徽、甘肃和浙江名列区域基础竞争力得分前 3 位。安徽上市公司有 46 家，其中，有 2 家上市公司位于基础竞争力百强之内，10 家上市公司位于基础竞争力 300 强之内（2 家基础百强公司除外）。甘肃上市公司有 18 家，其中，有 2 家上市公司位于基础竞争力百强之内，1 家上市公司位于基础竞争力 300 强之内。浙江上市公司有 85 家，其中，有 3 家上市公司位于基础竞争力百强之内，14 家上市公司位于基础竞争力 300 强之内。

广东、湖北、青海、海南、内蒙古、吉林、广西、河南、云南、贵州、陕西、宁夏等省上市公司基础竞争力平均得分都在 0 以下，特别是宁夏，上市公司基础竞争力平均得分远在其他省份之下，区域整体的规模竞争力、效率竞争力和增长竞争力也落后于其他省份。各省份基础竞争力平均得分如图 6 所示。

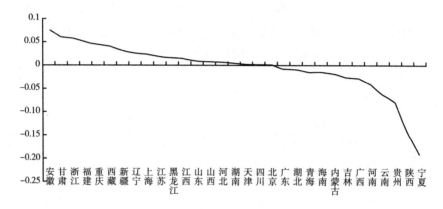

图6　各省份基础竞争力平均得分

从规模竞争力平均得分来看，各省份排名依次为安徽、甘肃、浙江、福建、重庆、西藏、新疆、上海、辽宁、黑龙江、江苏、江西、河北、山东、山西、湖南、北京、天津、四川、湖北、青海、广东、海南、内蒙古、吉林、广西、河南、云南、贵州、陕西、宁夏。其中，前 24 个省份上市公司规模竞争力平均得分都为正，而后 7 个省上市公司的规模竞争力平均得分都为负。安徽、甘肃、浙江、福建、重庆、西藏和新疆的规模竞争力平均得分分别为 0.0588、0.0516、0.0480、0.0441、0.0378、0.0371 和 0.0345，远高于其他省份。吉林、广西、河南、云南、贵州、陕西和宁夏规模竞争力平均得分较低，尤其是陕西和宁夏的得分远远落后于其他省份。

从效率竞争力平均得分来看，各省份排名依次是安徽、甘肃、浙江、福建、重庆、西藏、新疆、上海、辽宁、江西、黑龙江、江苏、河北、山东、山西、天津、湖南、四川、北京、湖北、广东、内蒙古、海南、吉林、广西、青海、河南、云南、贵州、陕西、宁夏。其中，前 6 个省份上市公司效率竞争力平均得分都为正，而后 25 个省份上市公司的效率竞争力平均得分都为负。安徽的效率竞争力平均得分排在第 1 位，合肥百货大楼集团股份有限公司、安徽水利开发股份有限公司、中弘控股股份有限公司的效率竞争力排在上市公司百强之内，为安徽提升了区域竞争力。甘肃和浙江得分比较接近，重庆和西藏得分比较接近，云南、贵州、陕西、宁夏等省份上市公司效率竞争力整体较差，远远落后于其他省份。

从增长竞争力平均得分来看，各省排名依次为安徽、浙江、甘肃、重庆、福建、西藏、辽宁、上海、江苏、新疆、天津、山西、湖南、山东、江西、四川、北京、黑龙江、河北、广东、海南、湖北、青海、内蒙古、吉林、湖北、河南、云南、贵州、陕西、宁夏。其中，前7个省上市公司增长竞争力平均得分都为正，而后24个省上市公司的增长竞争力平均得分都为负。各省上市公司竞争力平均得分和排名如表4所示。

表4　各省份竞争力平均得分和排名

区　域	规模竞争力		效率竞争力		增长竞争力		基础竞争力	
	得分	排序	得分	排序	得分	排序	得分	排序
安　徽	0.0588	1	0.0039	1	0.0119	1	0.0746	1
甘　肃	0.0516	2	0.0026	2	0.0060	3	0.0601	2
浙　江	0.0480	3	0.0022	3	0.0077	2	0.0578	3
福　建	0.0441	4	0.0014	4	0.0043	5	0.0498	4
重　庆	0.0378	5	0.0007	5	0.0049	4	0.0434	5
西　藏	0.0371	6	0.0004	6	0.0028	6	0.0404	6
新　疆	0.0345	7	− 0.0005	7	− 0.0031	10	0.0310	7
辽　宁	0.0257	9	− 0.0015	9	0.0014	7	0.0256	8
上　海	0.0267	8	− 0.0012	8	− 0.0005	8	0.0249	9
江　苏	0.0235	11	0.0124	12	− 0.0016	9	0.0196	10
黑龙江	0.0239	10	− 0.0559	11	− 0.0063	18	0.0156	11
江　西	0.0226	12	− 0.0019	10	− 0.0060	15	0.0146	12
山　东	0.0178	14	− 0.0032	14	− 0.0059	14	0.0088	13
山　西	0.0168	15	− 0.0035	15	− 0.0050	12	0.0083	14
河　北	0.0184	13	− 0.0025	13	− 0.0081	19	0.0077	15
湖　南	0.0143	16	− 0.0041	17	− 0.0056	13	0.0046	16
天　津	0.0120	18	− 0.0041	16	− 0.0047	11	0.0032	17
四　川	0.0119	19	− 0.0042	18	− 0.0061	16	0.0016	18
北　京	0.0125	17	− 0.0048	19	− 0.0061	17	0.0015	19
广　东	0.0067	22	− 0.0053	21	− 0.0086	20	− 0.0073	20
湖　北	0.0084	20	− 0.0052	20	− 0.0117	26	− 0.0085	21
青　海	0.0075	21	− 0.0068	26	− 0.0142	23	− 0.0135	22
海　南	0.0034	23	− 0.0061	23	− 0.0110	21	− 0.0137	23
内蒙古	0.0027	24	− 0.0058	22	− 0.0148	24	− 0.0179	24
吉　林	− 0.0023	25	− 0.0066	24	− 0.0158	25	− 0.0248	25
广　西	− 0.0033	26	− 0.0067	25	− 0.0177	29	− 0.0277	26

区　域	规模竞争力		效率竞争力		增长竞争力		基础竞争力	
	得分	排序	得分	排序	得分	排序	得分	排序
河　南	− 0. 0114	27	− 0. 0079	27	− 0. 0199	27	− 0. 0392	27
云　南	− 0. 0240	28	− 0. 0113	28	− 0. 0270	28	− 0. 0623	28
贵　州	− 0. 0343	29	− 0. 0128	29	− 0. 0309	29	− 0. 0780	29
陕　西	− 0. 0719	30	− 0. 0222	30	− 0. 0478	30	− 0. 1419	30
宁　夏	− 0. 1008	31	− 0. 0277	31	− 0. 0606	31	− 0. 1890	31

（二）上市公司竞争力百强区域分布分析

在 31 个省份中，广东、上海和北京的上市公司数量最多，分别为 144 家、139 家和 124 家，其后依次为江苏 97 家，浙江 85 家，山东 73 家，湖北 61 家，四川 57 家，安徽 46 家，辽宁 45 家，湖南、福建各 44 家，河北、河南各 32 家，山西 31 家，吉林 30 家，黑龙江、新疆、天津各 27 家，重庆、陕西各 26 家，江西、广西各 24 家，海南 21 家，云南 20 家，甘肃、内蒙古各 18 家，贵州 15 家，宁夏 11 家，青海 9 家，西藏 8 家。

从基础竞争力百强区域分布来看，北京、上海排在前列，分别有 25 家、11 家上市公司入围基础竞争力百强。广东有 8 家，福建有 6 家，江苏、辽宁有 5 家，河北有 4 家，浙江、山东、山西、湖南、四川各有 3 家，安徽、甘肃、重庆、黑龙江、天津、海南、河南各有 2 家，西藏、江西、湖北、内蒙古、吉林、广西各有 1 家，新疆、青海、云南、贵州、陕西、宁夏没有上市公司入围基础竞争力百强。

从规模竞争力百强区域分布来看，北京、上海、广东位居前列，分别有 33 家、14 家和 12 家，其后依次是河北、四川各 4 家，福建、安徽、湖南、辽宁、山东各 3 家，甘肃、广西、海南、内蒙古、山西各 2 家，贵州、黑龙江、湖北、吉林、江苏、江西、天津、新疆各 1 家，河南、重庆、宁夏、青海、陕西、西藏、云南、浙江没有上市公司入围规模竞争力百强。

从效率竞争力百强区域分布来看，北京、上海、广东、浙江位居前列，分别为 17 家、14 家、12 家和 10 家，其后依次是江苏 8 家，福建、四川各 5 家，湖北 4 家，安徽、辽宁各 3 家，河南、山东、山西、天津、新疆、重庆各 2 家，海南、河北、黑龙江、湖南、吉林、江西、西藏各 1 家，甘肃、广西、贵州、内蒙古、宁夏、青海、陕西、云南没有上市公司入围效率竞争力百强。

从增长竞争力百强区域分布来看，江苏有 10 家上市公司跻身增长百强，排在首位，其后依次是广东 9 家，安徽 8 家，黑龙江、浙江各 6 家，北京、湖南、上海、重庆各 5 家，湖北、山东各 4 家，福建、江西、辽宁各 3 家，甘肃、海南、河北、河南、吉林、四川、新疆、云南各 2 家，广西、内蒙古、宁夏、青海、山西、陕西、天津、西藏各 1 家，贵州没有上市公司入围增长竞争力百强。上市公司竞争力百强区域分布如表 5 所示。

表 5　各省份竞争力百强比较

单位：家，%

区　域	公司总数	规模竞争力百强		效率竞争力百强		增长竞争力百强		基础竞争力百强	
		数量	比例	数量	比例	数量	比例	数量	比例
北　京	124	33	26.61	17	13.71	5	4.03	25	20.16
上　海	139	14	10.07	14	10.07	5	3.60	11	7.91
广　东	144	12	8.33	12	8.33	9	6.25	8	5.56
江　苏	97	1	1.03	8	8.25	10	10.31	5	5.15
福　建	44	3	6.82	5	11.36	3	6.82	6	13.64
山　东	73	3	4.11	2	2.74	4	5.48	3	4.11
浙　江	85	0	0	10	11.76	6	7.06	3	3.53
湖　北	61	1	1.64	4	6.56	4	6.56	1	1.64
安　徽	46	3	6.52	3	6.52	8	17.39	2	4.35
辽　宁	45	3	6.67	3	6.67	3	6.67	5	11.11
湖　南	44	3	6.82	1	2.27	5	11.36	3	6.82
陕　西	26	0	0	0	0	1	3.85	0	0
江　西	24	1	4.17	1	4.17	3	12.50	1	4.17
河　南	32	0	0	2	6.25	2	6.25	2	6.25
河　北	32	4	12.50	1	3.13	2	6.25	4	12.50
山　西	31	2	6.45	2	6.45	1	3.23	3	9.68
新　疆	27	1	3.70	2	7.41	2	7.41	0	0
广　西	24	2	8.33	0	0	1	4.17	1	4.17
四　川	57	4	7.02	5	8.77	2	3.51	3	5.26
吉　林	30	1	3.33	1	3.33	2	6.66	1	3.33
重　庆	26	0	0	2	7.69	5	19.23	2	7.69
黑龙江	27	1	3.70	1	3.70	6	22.22	2	7.41
天　津	27	1	3.70	2	7.41	1	3.70	2	7.41
海　南	21	2	9.52	1	4.76	2	9.52	2	9.52
内蒙古	18	2	11.11	0	0	1	5.56	1	5.56
贵　州	15	1	6.67	0	0	0	0	0	0
青　海	9	0	0	0	0	1	11.11	0	0
西　藏	8	0	0	1	12.50	1	12.50	1	12.50
云　南	20	0	0	0	0	2	10	0	0
甘　肃	18	2	11.11	0	0	2	11.11	2	11.11
宁　夏	11	0	0	0	0	1	9.09	0	0

（三）区域竞争力变化分析

与 2011 年监测结果相比，各省份竞争力平均得分均出现了不同程度的变化，如表 6 所示。从基础竞争力来看，有 17 个省份的基础竞争力平均得分有所上升，分别是重庆、西藏、新疆、辽宁、上海、江苏、黑龙江、甘肃、山东、山西、天津、四川、海南、内蒙古、吉林、广西、宁夏；有 14 个省份的基础竞争力平均得分有所下降，分别是安徽、浙江、福建、江西、河北、湖南、北京、广东、湖北、青海、河南、云南、贵州和陕西。

从规模竞争力来看，有 16 个省份的规模竞争力平均得分有所上升，分别是甘肃、重庆、西藏、新疆、辽宁、黑龙江、山东、山西、河北、四川、青海、海南、吉林、广西、陕西、宁夏；有 15 个省份的规模竞争力平均得分有所下降，分别是安徽、浙江、福建、上海、江苏、江西、湖南、天津、北京、广东、湖北、内蒙古、河南、云南、贵州。

从效率竞争力来看，有 21 个省份的效率竞争力平均得分有所上升，分别是安徽、甘肃、重庆、西藏、新疆、辽宁、江苏、江西、山东、山西、河北、天津、湖北、青海、海南、内蒙古、吉林、广西、云南、贵州、宁夏；有 10 个省份的效率竞争力平均得分有所下降，分别是浙江、福建、上海、黑龙江、湖南、四川、北京、广东、河南、陕西。

从增长竞争力来看，有 15 个省份的增长竞争力平均得分有所上升，分别是甘肃、重庆、辽宁、上海、江苏、山东、山西、宁夏、海南、内蒙古、吉林、天津、四川、北京、广东；有 16 个省份的增长竞争力平均得分有所下降，分别是安徽、浙江、福建、西藏、新疆、黑龙江、江西、河北、湖南、湖北、青海、广西、河南、云南、贵州、陕西。

2012 年各省份上市公司入围竞争力百强的公司数量与 2011 年相比均有不同程度的变化。从各省份进入基础竞争力百强的上市公司数量来看，与 2011 年监测结果相比，北京、辽宁、河北、山西、四川、重庆、黑龙江、天津、海南、甘肃入围基础竞争力百强的上市公司数量有所增加，其中北京增加 4 家，位居第一。辽宁、河北、四川、甘肃各增加 2 家，山西、重庆、黑龙江、天津、海南各增加 1 家。甘肃实现了从无到有的突破。福建、浙江、河南、湖南、吉林、内蒙古、西藏、云南和宁夏入围基础竞争力百强的上市公司数量没有变化，其他各省

表6　各省份竞争力平均得分变化情况

省　份	规模竞争力平均得分	效率竞争力平均得分	增长竞争力平均得分	基础竞争力平均得分
安　徽	下降	上升	下降	下降
甘　肃	上升	上升	上升	上升
浙　江	下降	下降	下降	下降
福　建	下降	下降	下降	下降
重　庆	上升	上升	上升	上升
西　藏	上升	上升	下降	上升
新　疆	上升	上升	下降	上升
辽　宁	上升	上升	上升	上升
上　海	下降	下降	上升	上升
江　苏	下降	上升	上升	上升
黑龙江	上升	下降	下降	上升
江　西	下降	上升	下降	下降
山　东	上升	上升	上升	上升
山　西	上升	上升	上升	上升
河　北	上升	上升	下降	下降
湖　南	下降	下降	下降	下降
天　津	下降	上升	上升	上升
四　川	上升	下降	上升	上升
北　京	下降	下降	上升	上升
广　东	下降	下降	上升	下降
湖　北	下降	上升	下降	下降
青　海	上升	上升	下降	下降
海　南	上升	上升	上升	上升
内蒙古	下降	上升	上升	上升
吉　林	上升	上升	上升	上升
广　西	上升	上升	下降	上升
河　南	下降	下降	下降	下降
云　南	下降	上升	下降	下降
贵　州	下降	上升	下降	下降
陕　西	上升	下降	下降	下降
宁　夏	上升	上升	上升	上升

份则都出现了减少。从入围基础竞争力百强上市公司占本省份上市公司的比例来
看，北京、福建、辽宁、湖南、河北、山西、四川、重庆、黑龙江、天津、海

南、内蒙古、西藏和甘肃各省份基础竞争力百强公司比例有所提高,云南、宁夏没有变化,其他省份则出现了不同程度的下降。各省份入围基础竞争力百强上市公司占本省市上市公司的比例变化情况如图7所示。

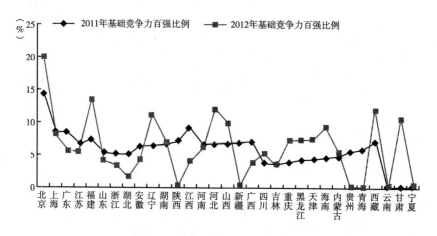

图7　各省份基础竞争力百强比例变化

从各省份进入规模竞争力百强的上市公司数量来看,与2011年监测结果相比,北京、福建、河北、四川、内蒙古、贵州入围规模竞争力百强的公司数量有所增加。其中,北京增加最多,增加了7家。福建、河北、四川、内蒙古、贵州各增加了1家,其中,贵州实现了从无到有的突破。山东、湖北、安徽、辽宁、山西、新疆、广西、吉林、黑龙江、天津、海南、青海、西藏、云南、甘肃和宁夏各省份入围规模百强的上市公司数量没有变化,其他省份则出现了不同程度的下降。从入围规模竞争力百强上市公司占本省份上市公司的比例来看,北京进入规模百强的上市公司占比提高最多,其后依次是贵州、内蒙古、福建、河北、广西、山东、新疆。安徽、海南、青海、西藏、云南、宁夏各省份没有变化,其余各省份则出现了不同程度的下降。各省份入围规模竞争力百强上市公司占本省上市公司的比例变化情况如图8所示。

从各省份进入效率竞争力百强的上市公司数量来看,与2011年监测结果相比,北京、浙江、湖北、河南、新疆、四川、吉林、重庆、西藏各省份入围效率百强的上市公司数量有所增加。其中,浙江入围效率百强的上市公司数量增加最多,增加了4家。其后依次是北京、湖北各增加3家,新疆、四川各增加2家,

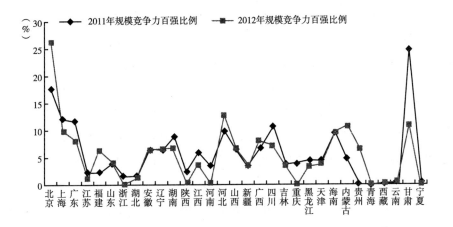

图8 各省份规模竞争力百强比例变化

河南、吉林、重庆、西藏各增加1家。福建、安徽、陕西、江西、河北、山西、广西、天津、海南、内蒙古、贵州、青海、宁夏各省份入围效率百强的上市公司数量没有变化，其他省份则有不同程度的减少。从入围效率竞争力百强上市公司占本省份上市公司的比例来看，西藏、新疆有较大提高，其实现了从无到有的突破。北京、浙江、湖北、江西、河南、吉林、重庆各省份也有所提高。福建、安徽、陕西、广西、海南、内蒙古、贵州、青海、宁夏没有变化，其他各省份则出现了不同程度的下降。各省份入围效率竞争力百强上市公司占本省上市公司的比例变化情况如图9所示。

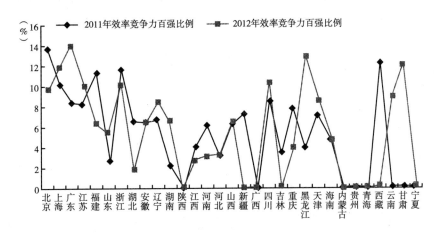

图9 各省份效率竞争力百强比例变化

从各省份进入增长竞争力百强的上市公司数量来看，与 2011 年监测结果相比，北京、江苏、浙江、安徽、辽宁、四川、吉林、重庆、黑龙江、海南、云南、甘肃、宁夏等省份入围增长百强的公司数量有所提高。其中，江苏提高最多，比 2011 年增加了 6 家，北京、重庆各增加了 3 家，安徽、吉林、黑龙江各增加了 2 家，浙江、辽宁、四川、海南、云南、甘肃、宁夏各增加 1 家，其中宁夏实现了从无到有的突破。湖南、江西、河北、山西、新疆和西藏没有变化，其他省份则出现不同程度的减少。从入围增长竞争力百强上市公司占本省份上市公司的比例来看，重庆、宁夏、吉林提高最多，其后为江苏、安徽、西藏、江西、海南、黑龙江、北京、辽宁、湖南、新疆、云南、福建，其他省份则出现不同程度的降低。各省份入围增长竞争力百强上市公司占本省上市公司的比例变化情况如图 10 所示。

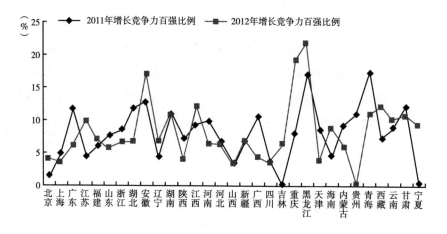

图 10　各省份增长竞争力百强比例变化

三　上市公司竞争力行业视角分析

（一）行业竞争力总体分析

根据 2012 年监测结果，共有 8 个行业的基础竞争力平均得分都为正，其中食品饮料、电煤水的生产和供应业、综合类、采掘业、机械设备的基础竞争力平均得分排在前 5 位，其后依次是房地产业、农林牧渔业和批发零售贸易业。有 14 个行业基础竞争力平均得分都为负，分别是木材家具、社会服务业、金融保险业、信息技术业、交通运输仓储业、其他制造业、金属非金属、电子、建筑业、石油化学塑胶塑料、纺织服装、医药生物制品、传播与文化产业、造纸印刷。

从各行业规模竞争力平均得分来看，共有 18 个行业的规模竞争力平均得分为正，其中食品饮料、电煤水的生产和供应业、综合类、木材家具、采掘业的规模竞争力平均得分排在前 5 位，其后依次为机械设备、房地产业、农林牧渔业、批发零售贸易业、金融保险业、其他制造业、社会服务业、信息技术业、交通运输仓储业、金属非金属、电子、建筑业、石油化学塑胶塑料。规模竞争力平均得分为负的行业有纺织服装、医药生物制品、传播与文化产业和造纸印刷。

从各行业效率竞争力平均得分来看，仅有 2 个行业的效率竞争力平均得分为正，分别是食品饮料和电煤水的生产和供应业，其余 20 个行业的效率竞争力平均得分均为负，依次为综合类、采掘业、机械设备、房地产业、农林牧渔业、批发零售贸易业、社会服务业、其他制造业、金融保险业、信息技术业、交通运输仓储业、金属非金属、木材家具、电子、建筑业、石油化学塑胶塑料、纺织服装、医药生物制品、传播与文化产业和造纸印刷。

从各行业增长竞争力平均得分来看，仅有 2 个行业的增长竞争力平均得分为正，分别是食品饮料和电煤水的生产和供应业，其余 20 个行业的增长竞争力平均得分均为负，依次为综合类、采掘业、机械设备、房地产业、批发零售贸易业、社会服务业、农林牧渔业、交通运输仓储业、信息技术业、金融保险业、电子、建筑业、其他制造业、石油化学塑胶塑料、金属非金属、木材家具、医药生物制品、纺织服装、传播与文化产业和造纸印刷。各行业竞争力得分如表 7 所示。

（二）上市公司竞争力百强行业分布分析

22 个行业中，各行业上市公司总数依次是机械设备类 206 家、石油化学塑胶塑料 134 家、房地产业 119 家、金属非金属 106 家、批发零售贸易业 101 家、医药生物制品 88 家、电煤水的生产和供应业 69 家、信息技术业 67 家、交通运输仓储业 66 家、食品饮料类 59 家、综合类 51 家、电子类 45 家、纺织类 44 家、

表7　各行业竞争力平均得分

行　业	基础竞争力平均得分	规模竞争力平均得分	效率竞争力平均得分	增长竞争力平均得分
采掘业	0.0149	0.0212	−0.0028	−0.0034
传播与文化产业	−0.0808	−0.0362	−0.0131	−0.0314
电煤水的生产和供应业	0.0388	0.0359	0.0003	0.0027
电　子	−0.0149	0.0037	−0.0060	−0.0126
房地产业	0.0060	0.0141	−0.0040	−0.0041
纺织服装	−0.0294	−0.0047	−0.0062	−0.0185
机械设备	0.0098	0.0171	−0.0034	−0.0039
建筑业	−0.0166	0.0022	−0.0062	−0.0126
交通运输仓储业	−0.0077	0.0068	−0.0053	−0.0092
金融保险业	−0.0064	0.0105	−0.0051	−0.0118
金属非金属	−0.0146	0.0048	−0.0056	−0.0138
木材家具	−0.0005	0.0213	−0.0058	−0.0160
农林牧渔业	0.0024	0.0138	−0.0043	−0.0071
批发零售贸易业	0.0019	0.0112	−0.0044	−0.0049
其他制造业	−0.0083	0.0096	−0.0048	−0.0130
社会服务业	−0.0010	0.0090	−0.0046	−0.0054
石油化学塑胶塑料	−0.0180	0.0015	−0.0062	−0.0134
食品饮料	0.0888	0.0674	0.0053	0.0161
信息技术业	−0.0070	0.0079	−0.0052	−0.0097
医药生物制品	−0.0324	−0.0067	−0.0076	−0.0181
造纸印刷	−0.0910	−0.0423	−0.0152	−0.0336
综合类	0.0209	0.0239	−0.0021	−0.0009

采掘业43家、社会服务业41家、金融保险业39家、建筑业30家、农林牧渔业26家、传播与文化产业20家、造纸印刷类19家、其他制造业8家、木材家具类4家。

从各行业进入基础竞争力百强的上市公司数量来看，机械设备排在首位，共有21家机械设备类上市公司进入基础竞争力百强，其后依次是金属非金属12家，综合类9家，电煤水的生产和供应业、金融保险业各7家，房地产业、批发零售贸易业各6家，社会服务业、食品饮料、信息技术业各5家，采掘业4家，建筑业、农林牧渔业各3家，电子、交通运输仓储业、石油化学塑胶塑料各2家，医药生物制品1家。传播与文化产业、木材家具、纺织服装、造纸印刷和其他制造业没有上市公司进入基础竞争力百强。

从各行业进入规模竞争力百强的上市公司数量来看，机械设备和金属非金属位于前列，各有 19 家和 16 家上市公司进入规模竞争力百强，其后依次是电煤水的生产和供应业、金融保险业、批发零售贸易业各 7 家，房地产业、建筑业、交通运输仓储业各 6 家，社会服务业 5 家，采掘业、食品饮料各 4 家，农林牧渔业、石油化学塑胶塑料各 3 家，电子、信息技术业、综合类各 2 家，医药生物制品 1 家，其他制造业、传播与文化产业、木材家具、纺织服装、造纸印刷没有上市公司进入规模竞争力百强。

从各行业进入效率竞争力百强的上市公司数量来看，房地产业、批发零售贸易业和金融保险业分列前三，各有 18 家、14 家和 12 家上市公司进入效率竞争力百强行列，其后依次是电煤水的生产和供应业、信息技术业、综合类各 7 家，机械设备 6 家，建筑业、社会服务业各 5 家，农林牧渔业 4 家，采掘业、交通运输仓储业各 3 家，传播与文化产业、纺织服装、石油化学塑胶塑料各 2 家，其他制造业、食品饮料、医药生物制品各 1 家。金属非金属、木材家具、造纸印刷和电子没有上市公司进入效率竞争力百强。

从各行业进入增长竞争力百强的上市公司数量来看，机械设备位于首位，共有 21 家上市公司进入增长竞争力百强行列，其后依次是石油化学塑胶塑料、综合类各 9 家，金属非金属、食品饮料各 8 家，电煤水的生产和供应业 7 家，批发零售贸易业 4 家，电子、房地产业、纺织服装、建筑业、交通运输仓储业、农林牧渔业、社会服务业、信息技术业、医药生物制品各 3 家，传播与文化产业、金融保险业、其他制造业各 2 家，采掘业 1 家，造纸印刷和木材家具没有上市公司进入增长竞争力百强。竞争力百强在各行业分布如表 8 所示。

表 8　各行业竞争力百强比较

单位：家，%

行　业	公司总数	规模百强		效率百强		增长百强		基础百强	
		数量	比例	数量	比例	数量	比例	数量	比例
机械设备	206	19	9.22	6	2.91	21	10.19	21	10.19
石油化学塑胶塑料	134	3	2.24	2	1.49	9	6.72	2	1.49
交通运输仓储业	66	6	9.09	3	4.55	3	4.55	1	1.52
电煤水的生产和供应业	69	7	10.14	7	10.14	7	10.14	7	10.14

续表

行 业	公司总数	规模百强		效率百强		增长百强		基础百强	
		数量	比例	数量	比例	数量	比例	数量	比例
建筑业	30	6	0.20	5	16.67	3	0.10	3	0.10
金融保险业	39	7	17.95	12	30.77	2	5.13	7	17.95
房地产业	119	6	5.04	18	15.13	3	2.52	6	5.04
批发零售贸易业	101	7	6.93	14	13.86	4	3.96	6	5.94
采掘业	43	4	9.30	3	6.98	1	2.32	4	9.30
金属非金属	106	16	15.09	0	0	8	7.55	12	11.32
信息技术业	67	1	1.49	7	10.45	3	4.48	5	7.46
食品饮料	59	4	6.78	1	1.69	8	13.56	5	8.47
医药生物制品	88	1	1.14	1	1.14	3	3.41	1	1.14
社会服务业	41	5	12.20	5	12.20	3	7.32	5	12.20
传播与文化产业	20	0	0	2	0.10	2	0.10	0	0
综合类	51	2	3.92	7	13.73	9	17.65	9	17.65
农林牧渔业	26	3	11.54	4	15.38	3	11.54	3	11.54
电 子	45	2	4.44	0	0	3	6.67	2	4.44
其他制造业	8	0	0	1	12.50	2	25	0	0
木材家具	4	0	0	0	0	0	0	0	0
纺织服装	44	0	0	2	4.55	3	6.82	0	0
造纸印刷	19	0	0	0	0	0	0	0	0

四 小结

通过将1385家上市公司按照基础竞争力水平划分为五大集团，以及对上市公司的竞争力水平进行区域和行业视角分析，可以看出：2012年我国上市公司的基础竞争力水平有所下降，体现为上市公司的规模竞争力、效率竞争力和增长竞争力水平与2011年相比均有小幅下降。这反映了在当前欧债危机不断加剧，美国经济复苏乏力，国内主动实施"稳经济、调结构、控通胀"等因素的叠加影响下，中国经济的各项指标开始在合理水平下回落，国民经济运行继续朝着宏观调控预期方向发展。但是经济下行的风险不容小觑。当前世界经济增速的放缓使得外需无法迅速恢复；国内房地产市场、投融资平台、民间借贷等领域潜在风险的加大使得大规模投资难以实现；国内通胀的压力使得内需难以撬动。拉动经济的"三驾马车"同时遭遇困境，为中国经济形势的发展带来了很多难以预测的不确定性因素。

值得欣慰的是，作为各行业龙头的百强公司在2012年的基础竞争力平均得分比2011年略有上升，这主要得益于百强公司规模竞争力的提升。而这些规模竞争力提升进而拉动经济指标上扬的百强公司往往是各行业领域的老牌大型公司，典型代表有中国石油化工股份有限公司、中国石油天然气股份有限公司等。这体现了大型公司在经济困难时期抵抗风险的能力和撬动经济增长的杠杆作用。

从区域竞争力来看，北京、上海、广东等发达省市的上市公司仍保持了较高的竞争力水平，新疆、四川、重庆、西藏、辽宁、江苏、山东、山西、天津、甘肃、宁夏、海南、内蒙古、吉林、广西等省的竞争力得到了明显提升，湖北、浙江、福建、江西、湖南、安徽、河南、云南、陕西、贵州等省的竞争力水平则相对下滑。

从行业竞争力来看，行业竞争力水平依然参差不齐。机械设备、金融保险业、电煤水的生产和供应业等传统优势行业均保持较强竞争力，百强公司也主要集中在这几个行业。

如前所述，欧美债务危机、国内通胀压力和经济结构调整的综合作用给中国上市公司带来了严峻的挑战，但也蕴藏着巨大的机遇。在危机与困难的洗礼中，上市公司的竞争力必将出现深刻的分化。那些具有较强整体竞争力、善于从危机中抓住机遇的上市公司必将能够更好的应对挑战，获得持续的竞争优势。

行业篇

Industry

B.3

黑色金属行业企业竞争力分析

张其仔 徐 娟

　　根据《上市公司行业分类指引》，黑色金属行业属于采掘业和制造业的交叉行业，包括黑色金属矿采选业、黑色金属矿采选服务业和黑色金属冶炼及压延工业。其中，黑色金属矿采选业包括铁矿采选和其他黑色金属矿采选（锰和铬），黑色金属冶炼及压延工业包括炼铁、炼钢、钢压延加工和铁合金冶炼。

　　2012 年是自 2008 年金融危机爆发以来世界经济最不稳定的一年，世界经济增长整体放缓。政府工作报告将 2012 年 GDP 的增长预期目标定为 7.5%，比 2011 年实际值减慢 1.7 个百分点。在全球经济增速下降的背景下，黑色金属行业需求减缓加剧。2011 年以来，钢铁企业处在高产量、高库存、高成本、低需求的"三高一低"格局下，企业利润逐渐被挤压，超过 1/3 的企业亏损，钢铁上市公司业绩全面下滑。

一 2011 年以来我国黑色金属行业经济运行特点

（一）生产保持增长，增速迅速下降后缓慢回升

2011 年，在复杂多变的国内外经济形势下，我国钢铁行业整体平稳运行，钢铁生产稳步增长，为国民经济的运行提供了原材料保障。2011 年，钢铁行业实现工业总产值 64042.12 亿元，占同期国内生产总值的 13.58%，比 2010 年提高了 0.69 个百分点，创下近三年的新高（见图 1）。

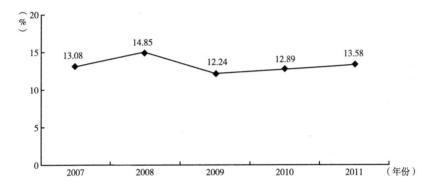

图 1　2007～2011 年钢铁工业产值占 GDP 比重变化情况

资料来源：国家统计局。

2011 年，我国钢铁生产在上年高基数的基础上保持较快增长，生铁、粗钢和钢材的产量分别是 62969.30 万吨、68326.50 万吨和 88131.30 万吨，增速分别达到 8.40%、8.90% 和 12.30%。国民经济的稳定增长拉动钢铁产销继续超预期增长，创历史新高。

2011 年以来，钢铁月度产量呈现"两头高、中间低"的运行态势，11 月之前生铁、粗钢、钢材月产量逐步下滑，生铁和粗钢产量在 11 月达 2011 年以来最低点，分别只有 4589.1 万吨和 4988.3 万吨，进入 2012 年后产量逐步回升趋于稳定，月产量分别保持在 5500 万吨和 6000 万吨左右。2011 年钢材月产量在波动中下滑，2012 年逐步回升，最高产量出现在 2012 年 6 月，为 8447.4 万吨（见表 1）。

表1　2011 年 2 月至 2012 年 7 月我国钢铁月度产量及增长变化情况

单位：万吨，%

时　间	生　铁		粗　钢		钢　材	
	月产量	月增速	月产量	月增速	月产量	月增速
2011 年 2 月	5051.3	10.0	5430.7	9.7	6353.6	17.4
2011 年 3 月	5474.7	5.6	5941.8	9.0	7602.2	13.7
2011 年 4 月	5496.5	7.7	5903.2	7.1	7315.3	8.3
2011 年 5 月	5457.3	6.4	6024.5	7.8	7637.3	10.6
2011 年 6 月	5488.5	11.6	5993.2	11.9	7872.7	14.8
2011 年 7 月	5508.5	17.3	5930.0	15.5	7571.7	14.8
2011 年 8 月	5394.6	12.7	5875.9	13.8	7700.0	12.9
2011 年 9 月	5208.4	15.7	5670.0	16.5	7635.6	18.8
2011 年 10 月	5100.3	11.9	5467.3	9.7	7306.9	13.4
2011 年 11 月	4589.1	0.3	4988.3	−0.2	7010.2	7.8
2011 年 12 月	4800.9	3.7	5216.4	0.7	7106.7	6.0
2012 年 1 月	5428.5	2.6	5673.3	1.2	6802.4	−1.1
2012 年 2 月	5341.6	3.8	5588.3	3.3	7127.0	10.7
2012 年 3 月	5751.1	3.8	6158.1	3.9	8332.8	10.2
2012 年 4 月	5677.6	2.7	6057.5	2.6	8106.9	7.9
2012 年 5 月	5734.1	5.2	6123.4	2.5	8167.1	6.3
2012 年 6 月	5571.5	1.1	6021.3	0.6	8447.4	6.7
2012 年 7 月	5632.1	2.9	6169.3	4.2	8122.3	6.5

资料来源：根据中国钢铁工业协会、中经网相关资料整理。

　　2011 年以来钢铁生产月增速变化分为三个阶段，9 月之前在 10% 左右的高位波动，9 月至年底迅速下滑，粗钢和钢材在 2011 年 11 月和 2012 年 1 月甚至出现了负增长（见图 2）。

　　分省区看，位居粗钢产量前三位的河北、江苏、山东三省粗钢产量分别同比增长 14%、9.8% 和 9.7%，高于全国 8.9% 的增速。

（二）固定资产投资有所增加

　　2011 年，黑色金属矿采选业累计完成投资 1250.91 亿元，比 2010 年增长 18.40%；黑色金属冶炼及压延加工业自年初累计完成投资 3860.48 亿元，比

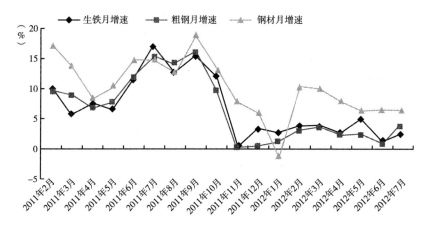

图2 2011 年 2 月至 2012 年 7 月生铁、粗钢、钢材产量增速变化情况

资料来源：根据中国钢铁工业协会、中经网相关资料整理。

2010 年增长 14.60%。2012 年 1~7 月，黑色金属矿采选业固定资产投资 780.27 亿元，增速较 2011 年有所提高，同比增长 24.00%；黑色金属冶炼及压延加工业固定资产投资 2717.54 亿元，增速较上年有所回落，同比增长 6.90%。自 2006 年以来，黑色金属矿采选业年度投资完成额的增幅始终大于黑色金属冶炼及压延加工业的增幅（见表 2、图 3）。

2011 年，黑色金属冶炼及压延加工业固定资产计划总投资 11614 亿元。其中，10 亿元以上项目计划投资额达 7461 亿元，占计划总投资的 64.24%；5 亿元以上项目计划投资额所占比重达 78.18%。这说明钢铁工业固定资产投资中，项目规模化和装备大型化趋势较为明显。

2011 年，企业自筹资金 3660.27 亿元，占黑色金属冶炼及压延加工业固定资产投资资金 4251.35 亿元的比重为 86.1%，企业自筹资金所占比重连续 6 年都超过 80%，表明钢铁行业在世界金融危机中依然保持了较高的自我积累和自我发展的水平。

2011 年黑色金属冶炼及压延加工业的投资主体以非国有控股企业为主，国有控股企业完成 1285.24 亿元投资额，占全部投资完成额的比重为 33.29%；非国有控股投资主体投资完成额占全部投资完成额的比重为 66.71%，其中私人控股企业投资完成额占比超过 50%。

表2　2011年2月至2012年7月黑色金属行业固定资产投资情况

单位：亿元，%

时　间	黑色金属矿采选业		黑色金属冶炼及压延加工业	
	自年初累计	比上年同期增长	自年初累计	比上年同期增长
2011年2月	36.35	35.40	247.17	10.70
2011年3月	116.91	2.90	541.46	10.60
2011年4月	205.82	18.90	818.61	6.60
2011年5月	336.61	13.60	1188.78	7.10
2011年6月	512.91	18.60	1662.75	14.80
2011年7月	629.48	17.50	2022.16	17.50
2011年8月	759.11	19.00	2374.97	18.60
2011年9月	905.28	18.70	2811.76	20.00
2011年10月	1028.84	17.40	3136.35	18.90
2011年11月	1145.34	19.50	3492.54	18.60
2011年12月	1250.91	18.40	3860.48	14.60
2012年2月	50.38	38.60	299.51	3.20
2012年3月	147.96	26.60	712.90	8.00
2012年4月	249.26	21.10	1101.58	8.20
2012年5月	431.18	28.10	1612.54	8.00
2012年6月	630.00	22.80	2280.75	9.40
2012年7月	780.27	24.00	2716.54	6.90

资料来源：根据中国钢铁工业协会、中经网相关资料整理。

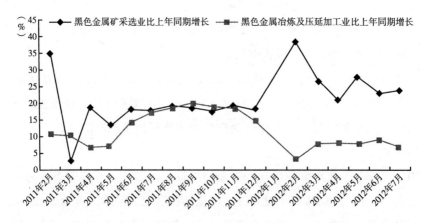

图3　2011年2月至2012年7月黑色金属行业固定资产投资月增速

资料来源：根据中国钢铁工业协会、中经网相关资料整理。

（三）产品价格加速回落

2011 年以来，钢铁价格总体呈现加速回落的运行态势。2011 年总体水平高于上年，呈现波动运行态势，大部分品种振幅在 15% 左右。

从总体情况看，2011 年前 2 个月，由于铁矿石等原料成本上涨推高钢材价格小幅上涨至 135.65 点。3 月市场受加息等紧缩政策和房地产限购令的影响而回调至 131.95 点。4~8 月，市场呈现旺季不旺、淡季不淡的格局，钢材价格小幅波动，5 月达全年最高水平 135.93 点。9 月起，全球金融市场动荡导致大宗商品价格迅速下跌，国内钢材需求减弱，价格加速下跌，12 月的 120.45 点达全年最低水平。全年最高点与最低点相差 15.48 点，而 2010 年同期落差为 18.14 点，2011 年的价格波动幅度相对小于 2010 年。进入 2012 年，钢价指数持续震荡下跌，最高点出现在 4 月末，为 121.19 点，最低点出现在 8 月末，为 103.28 点；最高点与最低点相差 17.91 点（见图 4）。

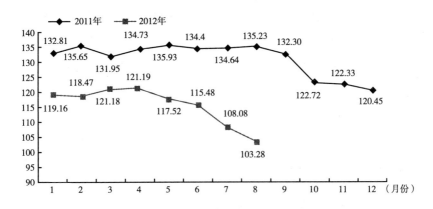

图 4　2011 年以来各月钢材综合价格指数走势

注：各月钢铁价格为月末一周指数。
资料来源：中国钢铁工业协会。

（四）出口有所增长，进口有所下降

2011 年我国钢材进口量为 1558.01 万吨，同比下降 5.17%，与此同时，我国出口钢材 4888.10 万吨，同比增长 14.86%。

2011 年各月钢材进口量变化不大，总体上保持平稳，除了 1 月和 3 月进口量超过 150 万吨，2 月进口量低至 102 万吨左右，其他几个月都保持在 115 万～140 万吨（见图 5）。

2011 年我国钢材出口呈现"两头低、中间高"的态势。钢材出口量从 1 月的 312 万吨增至 3 月的 491 万吨，升至全年高点之后小幅回落，4～9 月出口量均保持在 415 万～480 万吨，10 月出口量滑落至 382 万吨，虽然 11 月重回 420 万吨，但 12 月仍以 372 万吨走低。钢材出口量下滑主要是由于欧债危机蔓延，全球经济增速放缓，导致国际钢材市场需求减弱，钢材价格下跌（见图 6）。

2012 年上半年我国累计出口钢材数量同比增加，而进口钢材数量同比有所下降；净出口整体出现增长。国内市场钢铁产能过剩压顶，钢材需求低迷使得企业纷纷拓展国外市场，扩大国际销售渠道的动力明显增强。上半年累计出口钢材 2724.6 万吨，同比增长 12%；累计进口钢材 695.5 万吨，同比下降 13.4%。净出口方面，上半年累计净出口钢材 2029.1 万吨，同比增幅 24.5%（见图 5、图 6）。出口的主要钢材品种仍是板材、棒线材和管材。东南亚仍是我国主要出口钢材目的地，其次是欧盟和印度。其中，向韩国出口钢材的数量最高，达 527.96 万吨，较上年同期略有下降。

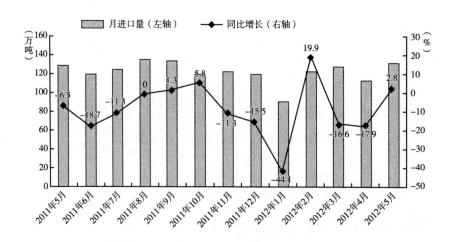

图5　2011 年 5 月至 2012 年 5 月钢材进口量各月变化情况

资料来源：中国海关。

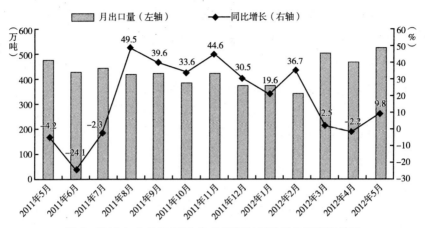

图6　2011年5月至2012年5月钢材出口量各月变化情况

资料来源：中国海关。

（五）进口铁矿石价格持续上涨，原燃材料价格有所下降

2011年，我国铁矿石产量132693万吨，同比增长27.2%；进口铁矿石68608万吨，同比增长10.9%。其中，进口铁矿石平均到岸价格是163.84美元/吨，比2010年增加了35.46美元/吨，上涨幅度达到27.62%。金融危机后，受世界钢铁产能利用率回升，特别是我国钢铁产量屡创新高的影响，铁矿石价格迅速反弹，与此同时，世界范围内的流动性泛滥、铁矿石巨头加强垄断地位、铁矿石定价方式向现货市场靠拢等因素也成为推高矿价的重要原因。铁矿石成本的持续上涨，对钢铁企业的利润挤压严重（见图7）。

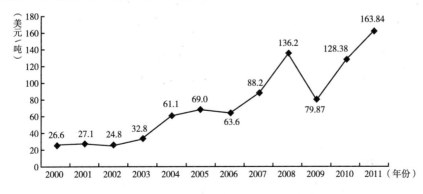

图7　2000~2011年我国进口铁矿石到岸价格变化情况

资料来源：中国海关总署。

中国钢铁工业协会自 2011 年 10 月首次公布的中国铁矿石价格指数（CIOPI）显示，自 2011 年 10 月以来，中国铁矿石价格急速下跌，从 10 月末的 539.2 跌至 11 月末的 463.93，之后四个月维持在 460～470 点，2012 年 4 月末冲高至接近 500 点的位置后迅速连续 3 个月回落至 444.85 的最低点（见图 8）。

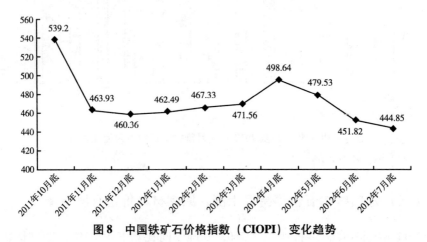

图 8　中国铁矿石价格指数（CIOPI）变化趋势

资料来源：中国钢铁工业协会。

2011 年以来，黑色金属行业原材料、燃料、动力购进价格指数呈现波动中下滑的态势。从 2011 年初黑色金属行业原燃材料价格指数除个别月份略有波动外，整体从 114.47 几乎一路下滑至 2012 年 7 月的 92.32，跌幅为 19%。焦炭市场的价格变化趋势基本与钢材市场的走势一致，价格走势相对滞后一段时间。2011 年焦炭的平均价格比 2010 年平均价格上涨约 6%，对钢铁企业的成本变化影响不大。煤炭行业是资源性的行业，占据资源稀缺性的关键地位，在国民经济运行状况未发生重大变化的情况下，相对稳定，不会出现大起大落的情况，所以对钢铁原燃材料价格影响相对温和（见图 9）。

（六）节能减排、兼并重组工作有所进展

通过技术改造，淘汰落后，钢铁工业节能减排取得了新进展。77 家重点大中型企业吨钢综合能耗 601.7 千克标煤，同比下降 0.82%；吨钢耗新水 3.88 立方米，下降 5.02%；CO_2 排放 2.67 万吨，下降 11.44%。

2011 年，我国钢铁行业前十家企业的粗钢产量集中度达到 49.20%，比 2010

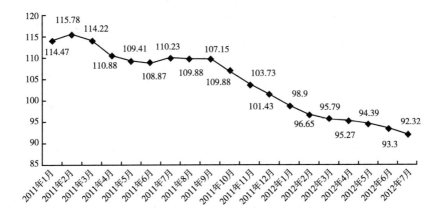

图9 2011年1月至2012年7月黑色金属行业原燃材料价格指数月度情况

资料来源：中国钢铁工业协会、中经网相关资料整理。

年提高0.57个百分点，粗钢集中度水平有小幅提升，但增长幅度有限。2011年，虽然钢铁企业间的兼并重组进程仍在持续，但集中度水平增长并不明显。这主要是由于2011年的产品需求以长材类产品为主，而特大型钢铁企业的产品以板材为主，前十强中的产量增速都低于行业平均水平（除了渤海钢铁集团）；中小型企业的产品受市场需求拉动明显，产量增速表现较好，影响了产量集中度的提高（见图10、表3）。

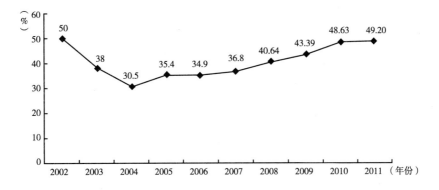

图10 2002～2011年钢铁行业前十家企业粗钢产量集中度水平

资料来源：中国钢铁工业协会。

表3　2011年以来钢铁行业兼并重组事件汇总

重组主体	重组项目	时　间
太钢集团	太钢和美锦钢铁正式签署《委托经营管理合作框架协议》	2010年
	太原钢铁(集团)有限公司与襄汾县星原集团实施"渐进式股权"重组并签订《钢铁及相关业务战略合作框架协议》	2011年9月
马钢集团	重组长江钢铁	2011年
安阳钢铁	安阳钢铁集团宣布重组当地3家民营钢铁企业	2011年5月
沙钢集团	沙钢集团宣布整合河南3家企业	2011年5月
山东钢铁	重组济南钢铁、莱钢股份	2011年11月
湖北丹福钢铁集团	湖北丹福钢铁集团有限公司、十堰福堰钢铁有限公司、郧县榕峰钢铁有限公司、宜昌福龙钢铁有限公司、赤壁闽发建材有限公司、荆州群力金属制品有限公司、石首顺发钢铁有限公司等联合成立钢铁企业集团	2012年1月

资料来源：笔者整理。

（七）行业利润率进一步下滑

2011年，钢铁行业完成销售收入66789.02亿元，同比增长25.52%，增速与2010年相当，保持了25%以上的高速增长态势。2011年，钢铁行业实现1737.11亿元营业利润，增长15.44%，增速相比2010年大幅下降，销售利润率只有2.60%，处于工业行业的末尾，效益表现极不理想。可见，销售收入的快速增长并没有带来行业的利润水平快速提升，呈现一种收入虚高的表面繁荣（见图11、表4）。

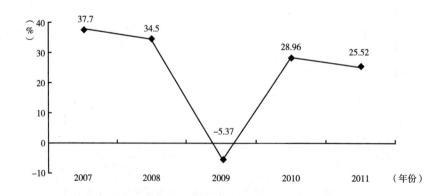

图11　2007～2011年钢铁行业销售收入增长情况

资料来源：国家统计局。

表4　2011年2月至2012年6月黑色金属矿采选业累计销售收入及累计利润

单位：亿元

时　间	销售收入累计值	利润累计值	时　间	销售收入累计值	利润累计值
2011年2月	812.55	111.68	2011年10月	6620.41	816.77
2011年3月	1411.07	173.58	2011年11月	7369.18	934.72
2011年4月	1993.24	240.95	2011年12月	8252.96	1058.86
2011年5月	2612.06	324.61	2012年2月	917.90	102.40
2011年6月	3464.72	443.38	2012年3月	1544.24	170.30
2011年7月	4224.86	530.35	2012年4月	2180.30	211.87
2011年8月	4990.2	621.90	2012年5月	2909.90	275.40
2011年9月	5838.54	725.21	2012年6月	3781.70	358.00

资料来源：根据中国钢铁工业协会、中经网相关资料整理。

　　2011年钢铁行业上市公司实现营业收入14863.28亿元，同比增长13.16%；实现营业利润186.95亿元，同比下降51.11%；实现净利润176.72亿元，同比下降44.31%。2012年一季度钢铁行业上市公司实现营业收入3374.11亿元，同比下降8.23%；实现营业利润 - 24.87亿元，同比下降123.81%；实现净利润 - 16.98亿元，同比下降120.04%。不仅仅是上市钢企，当前钢铁业全行业都处在盈亏边缘。2012年1~5月重点大中型钢铁企业累计实现利润仅为25.33亿元，同比下降415.60亿元，降幅高达94.26%。相比之下，这些企业的销售利润率只有0.17%，同比下降2.73个百分点，钢铁业全行业仍处于亏损边缘；而亏损企业的亏损额则达到117.49亿元，同比增加了27.38倍，亏损面达到32.5%。

二　黑色金属行业上市企业竞争力分析

（一）主板上市公司基础竞争力得分分布

　　上市公司的竞争力包括规模竞争力、效率竞争力和增长竞争力三部分。其中，规模竞争力由销售收入、净资产和净利润决定，效率竞争力由净资产利润率、总资产贡献率、全员劳动效率及出口收入占销售收入比例综合反映，增长竞争力由近三年销售收入增长率及净利润增长率来衡量。上市公司基础竞争力得分

是规模竞争力、效率竞争力和增长竞争力得分加总。

根据中国社会科学院中国产业与企业竞争力研究中心（CBCM）监测数据确定，2011 年黑色金属行业主板上市公司共 30 家，因济南钢铁以换股方式吸收合并莱芜钢铁组建山东钢铁，因此公司数比 2010 年减少 1 家。在全行业排名中，居于前 200 名的有 10 家，比 2010 年排名前 200 的企业增加 4 家；201～400 名的有 6 家，比 2010 年减少 6 家；401～600 名的有 4 家，比 2010 年减少 1 家；601～800 名的有 1 家，比 2010 年减少 2 家；2011 年排名 801～1000 名的，比 2010 年减少 1 家；1001～1200 名的有 5 家，比 2010 年增加 4 家；1201～1385 名的有 4 家，比 2010 年增加 1 家。根据各上市公司基础竞争力得分在全行业的排名，以每组 200 名的方式把 30 家黑色金属企业划分为七组，具体分组情况如表 5 和图 12 所示。

表 5　2011 年 30 家黑色金属上市企业基础竞争力在全行业的分布

单位：家

组别	排名区间	企业数	相比 2010 年企业数	平均基础竞争力得分	企业名称（全行业排名）
第一组	1～200 名	10	增加 4	0.5828	酒钢宏兴(40)、河北钢铁(68)、宝钢股份(77)、柳钢股份(83)、本钢板材(85)、武钢股份(125)、南钢股份(142)、太钢不锈(146)、马钢股份(180)、八一钢铁(197)
第二组	201～400 名	6	减少 6	0.3083	凌钢股份(293)、华菱钢铁(307)、西宁特钢(327)、杭钢股份(337)、大冶特钢(363)、包钢股份(387)
第三组	401～600 名	4	减少 1	0.1937	攀钢钒钛(412)、鲁银投资(495)、安阳钢铁(538)、抚顺特钢(596)
第四组	601～800 名	1	减少 2	0.1321	山东钢铁(610)
第五组	801～1000 名	0	减少 1	—	
第六组	1001～1200 名	5	增加 4	-0.2916	韶钢松山(1015)、鞍钢股份(1029)、金岭矿业(1080)、重庆钢铁(1129)、首钢股份(1149)
第七组	1201～1347 名	4	增加 1	-0.8548	西藏矿业(1261)、广州钢铁(1269)、金瑞矿业(1273)、东新电碳(1347)

注：为保持与 2010 年相近的企业数，参与排名的上市公司暂未剔除 2011 年股权置换资产重组企业。

资料来源：中国社会科学院中国产业与企业竞争力研究中心监测数据。

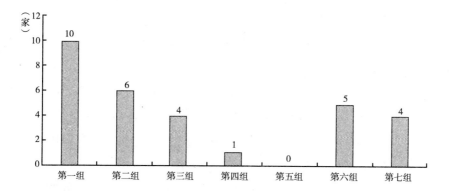

图 12 2011 年黑色金属主板上市公司企业竞争力排名分布

资料来源：中国社会科学院中国产业与企业竞争力研究中心监测数据

相较 2010 年，2011 年黑色金属主板上市公司企业竞争力总体排名更加趋向 U 形分布，表现出较为明显的两极分化趋势（见图 12）。最为明显的排名变化是第二组的企业向第一组全力进军，第一组企业数提升了 40%。进入前百名的企业家数增加较为明显，比 2010 年多 3 家。值得一提的是，酒钢宏兴从 2010 年全行业排名的第 194 名跃居 2011 年第 40 名和行业内第 1 名。七组中，除第二组平均基础竞争力得分略有下降，其余各组得分均有所上升（或持平）。第一组平均名次为 114，较 2010 年的 136 名有较大提升。

主板上市的这 30 家黑色金属企业基础竞争力、规模竞争力、效率竞争力得分均高于全部上市公司平均得分，增长竞争力得分低于全行业平均水平。其中，规模竞争力远远高出全行业平均水平 19 倍之多。规模竞争力的显著优势带动了黑色金属企业基础竞争力的分值。在全行业平均基础竞争力为负分的情况之下，黑色金属行业的得分为 0.1236，领先于全行业平均水平。与 2010 年相比，2011 年黑色金属上市公司规模竞争力、增长竞争力和基础竞争力平均得分均有所下降，效率竞争力水平由负转正，出现较大提升。

2011 年，效率竞争力平均分值为 0.0049。排名前三的企业为本钢板材（0.106）、南钢股份（0.098）和西宁特钢（0.095）。30 家主板上市公司中，14 家得分为负，较 2010 年减少 8 家，行业整体效率水平有所提升。经济行业形势不利的大背景下，钢铁企业的转型发展成果已初现端倪。经济转型期，唯有改进技术才能提高效率。本钢效率竞争力的快速提升（从 2010 年的 0.0018 提高到

2011 年的 0.1064），一方面公司将南芬球团厂的生产设备通过挂牌出售方式进行处置，有利于减轻负担、提升效率；另一方面体现在企业经营改善上，如本钢针对炼钢厂品种钢冶炼不断增加、产量高位运行的实际情况，通过优化运行，有效化解了炼钢生产瓶颈，又如本钢在第二次能源利用上注重用"替代法"提高效率，在大幅度提高蒸汽利用效率的同时，降低了转炉能源成本。

增长竞争力较 2010 年有较大幅度下降，这与宏观经济形势对钢铁企业盈利能力的影响不无关系。铁矿石价格的持续坚挺与产业链下游需求的疲软，使得自 2010 年下半年起，近三成钢铁企业出现全面亏损，严重影响企业销售与净利润的增长，加上我国钢铁企业竞争局面较为显著，不利于原材料价格谈判，也导致了行业利润难以提高。对提升增长竞争力负面影响重大。主板上市的 30 家钢铁企业中，20 家得分为负。增长排名前三的企业分别为酒钢宏兴（0.2923）、柳钢股份（0.1913）和河北钢铁（0.0921）。2011 年酒钢宏兴进一步提升其在甘肃省内和西北地区的销售，成功开辟了铁矿、焦煤等主要原材料进货渠道，其中铁矿石自给率接近 50%，为业内最高；并通过直销碳钢冷轧产品方式拓展了销售渠道。

规模竞争力一直是钢铁产业的独特"优势"，由于土地、厂房、设备的高投入，资产总额数量巨大及销售收入数额巨大，提升了规模竞争力指标。另外，巨额的固定资产投入决定了大量钢铁企业在微利情况下仍坚持生产运营的不利局面，严重影响了行业整体利润率。

基础竞争力综合反映上市企业的竞争力表现，是规模竞争力、效率竞争力和增长竞争力得分的加总。由于规模竞争力的绝对优势，黑色金属行业基础竞争力 0.1236 的平均得分远高出全部上市公司基础竞争力 - 0.0024 的平均得分。2011 年基础竞争力平均分值虽较 2010 年有所下降，但仍保持了领先全行业的位置。酒钢宏兴一家企业挤进全行业排名的前 50 强。

综上所述，在 2010 年上半年和 2011 年宏观经济和行业发展相对低迷的背景下，主板上市钢铁企业竞争力水平受到一些影响，但总体保持了与 2010 年接近的水平。进入前 100 名的企业数显著增加，效率竞争力有所改进。但由于我国钢铁行业自身发展中存在的集中度低、结构性产能过剩等各种阶段性问题，另外受市场波动中上游成本压力巨大、下游企业需求后劲不足以及各种经济持续发展的环境政策约束影响，可以说，我国钢铁企业正经历着转型的阵痛。

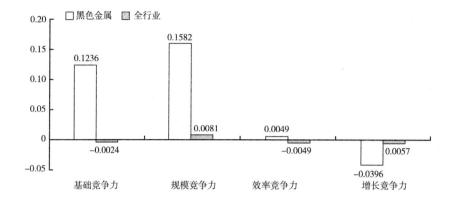

图13　2011年黑色金属行业主板上市公司与
全部主板上市公司竞争力平均得分比较

资料来源：中国社会科学院中国产业与企业竞争力研究中心监测数据。

（二）主板上市公司各组别基础竞争力分析

1. 第一组的特点

排名进入第一组的主板上市黑色金属公司有酒钢宏兴、河北钢铁、宝钢股份、柳钢股份、本钢板材、武钢股份、南钢股份、太钢不锈、马钢股份、八一钢铁，共10家。与2010年比较，增加了柳钢股份、本钢板材、武钢股份、南钢股份、太钢不锈、马钢股份和八一钢铁7家，减少了金瑞矿业、鞍钢股份和攀钢钒钛3家，排名变动较大。该组中，全行业排名上升最显著的3家钢铁企业是酒钢宏兴（上升154位）、本钢板材（上升138位）和南钢股份（上升133位），宝钢股份下降7位。这十家企业在全部主板上市公司中排名为40～197位（见图14），基础竞争力得分区间为0.7877～0.4402，平均基础竞争力得分为0.5828，较2010年提高21%。平均规模竞争力、效率竞争力、增长竞争力得分分别为0.4808、0.0457和0.0562，平均规模竞争力提高33%，效率竞争力由负转正，增长竞争力降低57%，三者对基础竞争力的贡献率分别约为83%、8%和2%。其中，规模竞争力和效率竞争力的贡献率均有所提升，增长竞争力贡献率则显著下降。这反映了2011年钢铁企业盈利普遍下滑，甚至出现较大范围亏损的态势。从图14可以看出，这10家企业中，宝钢股份、太钢不锈和马钢股份的规模贡献率（规模竞争力/基础竞争力）最大，均超过100%，10家企业显示了强大的相对规模优势；效率贡献率最大的 3 家企业分别是南钢股份、本钢板材和武钢股份，显示出较为强劲的效率优势，但总体水平很低，对基础竞争力的贡献不足 20%；增长贡献率最为突出的 2 家企业是酒钢宏兴和柳钢股份，前者增长因素对基础竞争力的贡献接近 40%，增长竞争力表现十分突出，紧随其后的柳钢股份的增长贡献率也高达 30%。总体上，规模、效率和增长对竞争力的平均贡献率分别为 84%、8% 和 8%。较 2010 年相应比例，规模贡献率（76%）和效率贡献率（-3%）有所增加，增长贡献率（27%）明显下降。这说明 2011 年钢铁企业表现出典型的业绩下滑和利润增长放缓的特征。

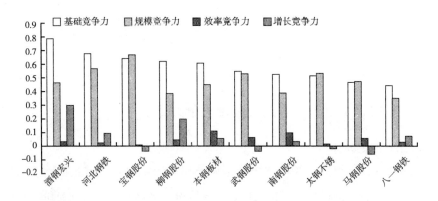

图 14　2011 年第一组公司竞争力

资料来源：中国社会科学院中国产业与企业竞争力研究中心监测数据。

酒钢宏兴是 2011 年表现最为抢眼的钢铁企业之一，其以突出的增长竞争力与规模竞争力在黑色金属主板上市公司中跃居第一，较 2010 年排名提升 5 位。2011 年，钢铁上市公司经历了史上最大"寒流"，多家公司爆亏。西北钢铁龙头酒钢宏兴却实现了 15.18 亿元的净利润，并实现营收净利双增长。我国钢铁企业数量众多，集中度较低，产品同质化较强，结构性过剩现象严重，行业竞争激烈，而酒钢宏兴地处西北地区，大型钢铁企业较少，行业竞争相对缓和，具有较强的区域优势。

2011 年河北钢铁保持了与 2010 年相同的强大竞争实力。河北钢铁集团有限公司于 2008 年 6 月 30 日，由原唐钢集团和邯钢集团等联合组建而成，于 2010 年上市运行，集团位居 2011 年全球企业 500 强第 279 位。河北钢铁集团为国有控股大型钢铁企业，集团拥有唐钢、邯钢、宣钢、承钢、舞钢等 12 个控股或参股子公司，销售总公司、采购总公司两个分公司和钢铁技术研究总院、战略研究院。2011年，河北钢铁集团产量位于全国钢铁行业第1位，企业财务指标表现优异，企业正加快兼并重组、产业升级步伐，企业规模不断扩大，效益水平优异。

宝山钢铁股份有限公司是中国最大、最现代化的钢铁联合企业，是国有独资公司。2011年竞争力排名由2010年的首位下跌至第3。宝钢集团产品生产技术含量全国处于领先地位。宝钢立足钢铁主业，生产高技术含量、高附加值钢铁精品，已形成普碳钢、不锈钢、特钢三大产品系列，广泛应用于汽车、家电、石油化工、机械制造、能源交通、建筑装潢、金属制品、航天航空、核电、电子仪表等行业。宝钢重点围绕钢铁供应链、技术链、资源利用链加大内外部资源整合力度，提高竞争力和行业地位，已形成了包括钢铁主业和资源开发及物流、钢材延伸加工、工程技术服务、煤化工、金融投资、生产服务等六大相关产业协同发展的业务结构。

2. 第二组的特点

第二组企业数有6家。这6家企业在全部主板上市公司中排名293～387位（见图15），基础竞争力得分区间为0.3421～0.2670，平均基础竞争力得分为0.3083；平均规模竞争力、效率竞争力、增长竞争力得分分别为0.3211～0.3438、0.0107～0.0077、－0.0236～0.0021。对基础竞争力的贡献率分别约为104%、3%、－7%。其中，包钢股份、华菱钢铁和杭钢股份的规模竞争力均超过100%；西宁特钢和凌钢股份的效率增长率接近30%，表现出较强优势；6家企业增长对竞争力的正向贡献十分有限，负面贡献显著。

3. 第三、第四、第五组特点

第四组只有1家企业，分值接近第三组，第五组企业家数为0，故将三组合并分析。第三、第四、第五组黑色金属上市企业共5家，这5家企业在全部主板上市公司中排名412～610位（见图16），基础竞争力得分区间为0.1321～0.2529，平均基础竞争力得分为0.18135；平均规模竞争力、效率竞争力、增长竞争力对基础竞争力的贡献率分别约为148%、－1%和－47%；增长的负影响较2010年更为明显。该组5家企业的规模竞争力十分突出，效率竞争力表现相当一般，除抚顺特钢（0.0867）外，几乎全部为负；增长竞争力除鲁银投资（0.0867）外，其余4家全部为负。

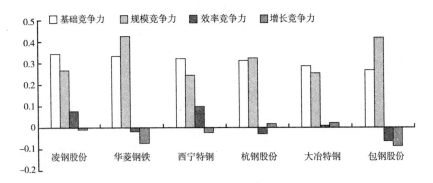

图15　2011年第二组公司竞争力

资料来源：中国社会科学院中国产业与企业竞争力研究中心监测数据。

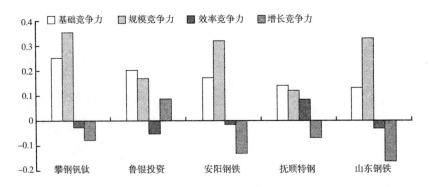

图16　2011年第三、第四、第五组公司竞争力

资料来源：中国社会科学院中国产业与企业竞争力研究中心监测数据

山东钢铁的规模贡献率高达249%，原因是济南钢铁在2011年实现了对莱芜钢铁的换股合并，新组建成立山东钢铁。山东钢铁是国有独资公司，是省属规模最大的钢铁企业，依托山东省整合钢铁企业的平台，上游铁矿石丰富，地区主导特色显著。

4. 第六组特点

第六组黑色金属上市企业有5家，这5家企业在全部主板上市公司中排名1015～1149位（见图17），基础竞争力得分区间为0.-0.1879～-0.4134，平均基础竞争力得分为-0.2916；平均规模竞争力、效率竞争力、增长竞争力得分对基础竞争力的贡献率分别约为40%、3%和57%。这5家企业的基础竞争力、规模竞争力（除鞍钢股份）、效率竞争力（除首钢股份）和增长竞争力（除金岭矿业）全部为负。

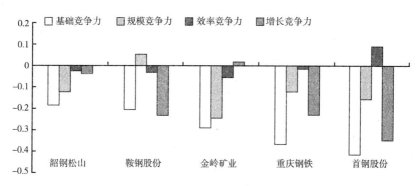

图 17　2011 年第六组公司竞争力

资料来源：中国社会科学院中国产业与企业竞争力研究中心监测数据。

首钢集团是以生产钢铁业为主，兼营采矿、机械、电子、建筑、房地产、服务业、海外贸易等多种行业，跨地区、跨所有制、跨国经营的大型国有企业集团。首钢总公司为母公司，下属股份、新钢、迁钢、首秦、高新技术、机电等海外企业。首钢股份钢铁主业实现全面升级：公司钢铁主业由原有的 400 万吨置换为 800 万吨附加值高的管线钢、汽车用钢和硅钢等品种，从量和质上均有大幅度的提升，但企业环保搬迁后的生产经营任务艰巨。

5. 第七组特点

第七组的 4 家企业表现出极弱的竞争力水平，这 4 家企业在全部主板上市公司中排名 61～1347 位（见图 18），基础竞争力得分区间为 -0.7182～-1.2047，平均基础竞争力得分为 -0.8548，平均规模竞争力、效率竞争力、增长竞争力对基础竞争力的负贡献率分别约为 85%、11%、34%。第七组的 4 家企业规模竞争力、增长竞争力和基础竞争力得分全部为负，效率竞争力除金瑞矿业外也全部为负，劣势明显，多为经营亏损的企业。

（三）中小板竞争力分析

在中小企业板中，黑色金属行业共占 10 家。基础竞争力大于 0、小于 0 的企业数各 5 家。规模竞争力小于 0 的占 30%，效率竞争力大于 0 的占 30%，增长竞争力大于 0 的占 20%。基础竞争力、规模竞争力、效率竞争力和增长竞争力

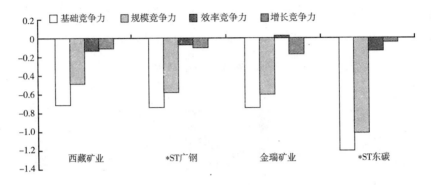

图18　2011年第七组公司竞争力

资料来源：中国社会科学院中国产业与企业竞争力研究中心监测数据。

得分平均值分别为0.0381、0.1906、 - 0.0449和 - 0.1076。与主板上市公司相比，中小板钢铁企业除规模竞争力，其余各项得分均低于主板。可见，与主板企业相比较，中小板块企业在规模竞争力上具有相对优势，而在增长竞争力和效率竞争力上处于劣势。黑色金属行业中小板上市公司各项竞争力得分及排名情况如表6所示。

表6　2011年黑色金属行业中小板上市公司竞争力状况

公司代码	证券简称	基础竞争力	规模竞争力	效率竞争力	增长竞争力	全行业排名
002075. SZ	沙钢股份	0.9729	0.7912	0.0918	0.0900	1
002110. SZ	三钢闽光	0.7996	0.7547	0.0523	- 0.0074	2
002541. SZ	鸿路钢构	0.6508	0.3641	- 0.0362	0.3229	5
002478. SZ	常宝股份	0.3342	0.4268	0.1000	- 0.1926	15
002318. SZ	久立特材	0.0024	0.2088	- 0.0241	- 0.1824	26
002443. SZ	金洲管道	- 0.0867	0.2244	- 0.0855	- 0.2256	27
002423. SZ	中原特钢	- 0.1674	0.1794	- 0.1315	- 0.2153	28
002524. SZ	光正钢构	- 0.4776	- 0.3375	- 0.1194	- 0.0207	34
002359. SZ	齐星铁塔	- 0.7118	- 0.3083	- 0.1575	- 0.2460	35
002057. SZ	中钢天源	- 0.9357	- 0.3976	- 0.1393	- 0.3989	39

资料来源：中国社会科学院中国产业与企业竞争力研究中心监测数据。

从图19可以看到，中小企业板块黑色金属上市公司的竞争力整体水平高于中小板块全行业平均水平。例如，黑色金属上市公司的基础竞争力均值为

0.0381，高于全行业平均水平0.0110。尤其显著的是规模竞争力，其得分0.1906远远高于全行业0.0095的平均水平。而效率竞争力和增长竞争力则低于全行业平均水平。可见，中小企业板块黑色金属上市公司的竞争力全部来自于规模竞争力。中小企业应更多注重提升效率水平和增长潜力。

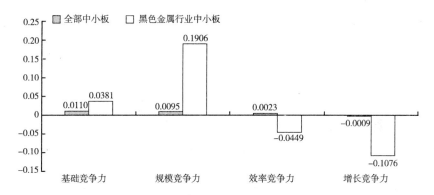

图19　中小板块黑色金属上市公司与全行业上市公司竞争力得分平均值

资料来源：中国社会科学院中国产业与企业竞争力研究中心监测数据。

在40家上市公司中，竞争力排名前五位的中小板块就占据了3家，它们分别是沙钢股份（排名第一）、三钢闽光（排名第二）和鸿路钢构（排名第五）。

沙钢股份是黑色金属上市公司中竞争力最强的企业，其基础竞争力、规模竞争力和效率竞争力在所有黑色金属上市公司中均排名第一。沙钢集团是江苏省重点企业集团、国家特大型工业企业、全国最大的民营钢铁企业。全国民企500强排名第1位。2011年江苏沙钢集团生铁产量2689.44万吨，同比增长7.31%；粗钢产量3192.32万吨，同比增长5.99%；钢材产量3107.44万吨，同比增长8.62%。公司为华东地区特大优特钢生产基地，在特钢行业拥有绝对优势，同时公司拥有众多优质产品，优势特钢、高速线材、带肋钢筋等产品，公司产品盈利能力较强，竞争力显著。

（四）综合竞争力分析

2011年和2012年上半年，中国社会科学院中国产业与竞争力研究中心对综合竞争力得分与排名进行了计算，用以动态反映上市公司竞争力变化趋势。2012年上半年黑色金属上市公司中报基础竞争力平均得分0.0872，较2011年年报基

础竞争力得分（0.1266）下降31.12%；黑色金属上市公司中报综合竞争力平均
得分0.1148，比2011年年报基础竞争力平均得分下降9.32个百分点。而从全行
业情况看，2012年中报基础竞争力和综合竞争力均较2011年年报基础竞争力得
分有所提升，上升比例分别为78.50%和23.66%。这说明相同的宏观经济背景
下，黑色金属企业2012年动态表现落后于全行业，并表现出进一步恶化的趋势。

通过比较黑色金属行业内30家上市公司综合竞争力和基础竞争力排名变化
可以看出，两者排名分布基本一致，综合竞争力排名与基础竞争力排名相差无
几，部分企业综合竞争力与基础竞争力排名不一致主要是由于这些企业的动态竞
争力变动趋势与其基础竞争力相对排名有所不同。排名变化最为显著的企业是西
宁特钢和华菱钢铁，其行业内竞争力排名分别上升了6位和4位。其余企业排名
均在两位内发生变化，排名位置稳定。这说明行业内各上市企业的竞争力相对强
弱非常稳定，2012年考虑了动态竞争力变动趋势的竞争力情况同2011年基本一
致（见图20）。

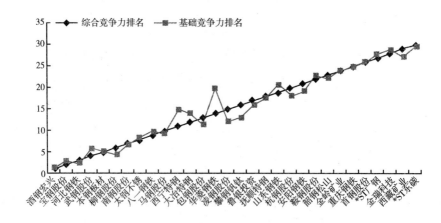

图20　基础竞争力与综合竞争力行业内排名变化情况

资料来源：中国社会科学院中国产业与企业竞争力研究中心监测数据。

从全行业排名变化情况来看，考虑了动态竞争力变化趋势的综合竞争力较
2011年基础竞争力排名，有半数黑色金属上市企业出现相当程度的名次下滑或
持平（见表7）。排名前10的钢铁企业中，仅河北钢铁、宝钢股份和武钢股份的
排名保持不变或略有上升，其余8家企业竞争力排名呈现出从13名到72名不等
的普遍下跌格局。下跌名次过百的企业有3家，它们分别是凌钢股份、杭钢股份

和安阳钢铁。仅鞍钢股份一家企业上升位次达到100。这说明2012年上半年黑色金属行业竞争力较2011年呈现进一步下滑趋势，进而影响综合竞争力得分和在全行业的整体排名。

表7 综合竞争力与基础竞争力全行业排名变化情况

证券简称	综合竞争力全行业排名	基础竞争力全行业排名	排名变化	证券简称	综合竞争力全行业排名	基础竞争力全行业排名	排名变化
酒钢宏兴	44	31	-13	攀钢钒钛	441	398	-43
宝钢股份	58	68	10	鲁银投资	469	479	10
河北钢铁	59	59	0	抚顺特钢	504	579	75
武钢股份	115	116	1	山东钢铁	510	592	82
本钢板材	127	76	-51	杭钢股份	589	323	-266
柳钢股份	144	74	-70	安阳钢铁	631	522	-109
南钢股份	148	132	-16	鞍钢股份	905	1005	100
太钢不锈	161	135	-26	韶钢松山	931	991	60
八一钢铁	233	184	-49	金岭矿业	1070	1056	-14
马钢股份	239	167	-72	重庆钢铁	1079	1105	26
西宁特钢	244	313	69	首钢股份	1123	1125	2
大冶特钢	291	349	58	*ST广钢	1151	1242	91
包钢股份	369	373	4	金瑞科技	1238	1246	8
华菱钢铁	379	293	-86	西藏矿业	1259	1234	-25
凌钢股份	385	279	-106	*ST东碳	1313	1316	3

注：综合竞争力和基础竞争力全行业排名剔除了股权置换资产重组企业。

资料来源：中国社会科学院中国产业与企业竞争力研究中心监测数据。

三　市场波动与钢铁企业竞争力

2012年，钢铁行业处于一个发展环境复杂、自身发展方式逐渐转变的阶段，面临的困难和挑战艰巨。钢铁行业面临的不确定性增加，风险因素有增无减。钢铁行业存在的主要风险有：供大于求、供需不平衡的风险；原材料价格变化的风险；需求减弱的风险；产品价格波动、出口市场不景气的风险等。

（一）供给过剩

预计到2012年底，我国的粗钢产能为8.3亿～8.5亿吨。钢铁行业产能过剩

的局面成为影响钢材市场变化的关键因素之一。2011 年，钢铁行业的产量处于相对高水平运行态势，市场供需矛盾得不到有效缓解，市场竞争激烈。高产能的现状下，钢铁企业的生产又极易受市场需求的拉动，只要有利润可图就加大生产，开工后停产的难度更大。所以，市场供给总量过剩的局面短期内难以改变，随着新增产能的释放，市场供需矛盾凸显。在产能过剩的条件下，钢铁企业间的竞争激烈，市场波动影响所有的钢铁企业。

在钢铁总产能过剩的情况下，企业的竞争力是产品的竞争力，是否具有差异化的需求、细分市场的占有率将是考察各类企业的关键指标。具有差异化生产且符合市场阶段性需求特点是企业规避风险的良策。

（二）需求减弱

2012 年，经济发展面临的国内外环境更趋复杂，不稳定、不确定因素有所增加。国内经济增速下滑的趋势明显；固定资产投资增速下降；机械、汽车、家电、船舶等下游用钢行业的发展都面临各自的问题，发展速度趋缓；房地产行业的调控在 2012 年仍会继续，保障性住房的投资拉动不能完全弥补建筑用钢需求；世界经济复苏的进程不确定性较大，国际钢材需求的增长不明朗，影响出口市场。

在多种因素的影响下，2012 年钢材需求增速下滑，存在需求减弱的风险。钢铁行业的市场需求是影响钢铁企业发展的关键因素，对于银行而言，在市场需求增速下滑的情况下，需要着眼于寻找适销产品、差异化产品，以及高端性能产品，与具有市场竞争力的企业建立战略合作关系。

（三）原材料价格波动

我国钢铁行业生产所需的大宗原燃料主要有铁矿石、煤、焦炭、废钢等，其供给情况及价格波动直接影响到企业的生产成本和经济效益。我国钢铁行业在原材料的控制能力方面比较欠缺，与上游行业的讨价还价能力较弱，尤其是进口铁矿石价格受制于三大矿山企业。在短期内，我国钢铁行业还难以摆脱这种困境，原材料价格波动风险会是影响钢铁企业效益的主要风险。

2011 年下半年，原材料价格大幅下跌，这对于减轻钢铁企业的成本压力有利，但短期内由于原材料价格的波动，反而会给企业的生产带来存货减值的风险，增大生产经营管理的难度。2012 年，钢铁原燃材料市场供求及价格仍面临着诸多不稳定因素，钢铁行业的经营面临原燃材料价格波动风险的考验。对于大型客户而言，原材料的谈判能力较强，但由于生产规模较大，存货资金占用较多；中小型企业的采购比较灵活，与市场的波动比较紧密，但原材料的保障能力较弱。在钢铁企业效益普遍低下的情况下，原材料优势是考察企业竞争力的关键因素之一。

（四）产品价格波动

受国际国内经济发展周期和市场供求关系变化的影响，近年来钢材市场销售价格波动较大。同时由于钢材期货的推出，相关品种的价格变化加入了金融属性的特点，价格变化更为频繁。近几年，钢材价格的变化处于一种震荡起伏的状态，传统的价格变化特点已被打破，经常出现"旺季不旺、淡季不淡"的运行特点。

2012 年，国际国内经济环境均存在较大不确定性；未来经济发展方式的转变也将引发钢铁行业下游各行业产业结构的调整，可能导致国内钢铁不同产品的需求总量和结构发生重大变化。钢铁市场主要产品的价格出现较大变动的可能性较大，从而给企业的生产经营和竞争力的提升带来不利影响。

四　几点建议

2011 年 11 月 7 日，工信部印发了《钢铁工业"十二五"发展规划》。该规划明确了钢铁工业"十二五"时期的发展目标："十二五"末，钢铁工业结构调整取得明显进展，基本形成比较合理的生产力布局，资源保障程度显著提高，钢铁产量和品种质量基本满足国民经济发展需求，重点统计钢铁企业节能环保达到国际先进水平，部分企业具备较强的国际市场竞争力和影响力，初步实现钢铁工业由大到强的转变。然而 2011 年以来，受原燃材料价格大幅波动、国家货币政策调整、钢铁产能释放较快和下游用钢行业增速减慢等因素的影响，钢铁行业呈现市场波动运行、资金供应偏紧、降本增效难度加大等特点，钢铁企业面临的经营环境十分困难。对此，提出以下几点建议。

一是积极调整产品结构，根据需求组织生产。钢铁企业销售利润率连续几年

徘徊在较低水平，与部分企业盲目扩大规模、生产品种不符合市场需求有直接关系。钢铁企业要转变发展方式，严格控制产能和产量过快增长，积极调整产品结构，按市场需求组织生产。及时根据国家政策变化和市场需求变化，调整企业市场开发战略，努力增加高盈利产品的生产，提高企业整体效益。

二是深入开展对标挖潜，大力降低成本费用。钢铁产品的原料和能源成本占总成本的80%以上，是影响钢铁生产成本的最主要因素，钢铁企业要利用好国内、国外两种资源，加强对铁矿石等资源、能源产品的掌控能力，稳定供应渠道，降低采购成本。要通过深入开展对标挖潜降成本活动，不断改善技术经济指标，加强内部管理，降低成本费用，增强企业竞争力。

三是加强资金管理，注意控制资金风险。近几年来，钢铁生产持续增长，存货资金占用上升，银行借款和应收应付账款增加，企业负债水平逐年上升。在央行多次提高存款准备金率的情况下，钢铁企业应加强风险控制，努力盘活资金，加速资金周转，保证生产经营的正常运行。

B.4
有色金属产业企业竞争力报告

郭朝先

据《国民经济行业分类》（GB/T4754－2002），有色金属产业包括有色金属矿采选业和有色金属冶炼及压延加工业两个行业大类。本文对有色金属产业企业竞争力进行分析，具体安排是：首先，简述 2011 年以来有色金属产业运行状况；其次，重点分析 2011 年有色金属产业上市企业竞争力及其变化情况；再次，指出当前有色金属企业发展面临的主要问题；最后，提出了相应的对策建议。

一 2011 年以来有色金属产业运行状况

1. 有色金属产量继续增长，但增幅回落

据统计，2011 年十种有色金属产量为 3438 万吨，同比增长 9.8%，比"十一五"平均增幅低 4 个百分点，比"十二五"规划控制年均增速高 1.8 个百分点。其中，精炼铜 520 万吨，同比增长 14.6%；电解铝 1806 万吨，同比增长 11.5%；铅 465 万吨，同比增长 10.7%；锌 522 万吨，同比增长 1.1%；镍 18.5 万吨，同比增长 8.1%；锡 15.6 万吨，同比增长 4.5%；锑 19.0 万吨，同比增长 1.4%；镁 66.1 万吨，同比增长 1%；海绵钛 6 万吨，同比增长 11.8%。与"十一五"平均增速相比，除精炼铜外，其他品种有色金属产品产量增速都下降了，其中，锌和钛是增速下降最多的两个品种；与"十二五"规划四种金属产量年均增长率控制目标相比，只有锌在控制增速范围之内，而精炼铜、电解铝和铅的增长率都比较高，精炼铜和铅的增长率是控制增速的两倍（见表1）。在金属冶炼产品产量增幅回落的同时，矿产品产量和材料加工量增幅提高，说明有色金属工业增长方式正在发生转变。2011 年，规模以上企业生产六种精矿金属含量 825 万吨，比上年增长 18%，比"十一五"平均增幅高 10.3 个百分点。铜材产量为 1026 万吨，同比增长 17.8%；铝材产量为 2346 万吨，同比增长 21%。

表1 有色金属产品产量增长情况

单位：万吨，%

产品		产量			增长率		
		2005年	2010年	2011年	"十一五"年均	2011年实际	"十二五"规划控制
十种有色金属		1639	3121	3438	13.7	9.8	8.0
其中	1. 精炼铜	260	458	520	12.0	14.6	7.3
	2. 电解铝	780	1577	1806	15.1	11.5	8.8
	3. 铅	239	426	465	12.2	10.7	5.2
	4. 锌	278	516	522	13.7	1.1	6.9
	5. 镍	9.5	17.1	18.5	12.5	8.1	—
	6. 锡	12.2	16.4	15.6	6.1	4.5	—
	7. 锑	13.8	18.7	19.0	6.3	1.4	—
	8. 汞	0.11	0.16	–	7.8	—	—
	9. 镁	45.1	65.4	66.1	7.7	1.0	—
	10. 钛	0.92	7.4	–	51.7	11.8	—

注：2011年产量和增长率数据来自工信部提供的《有色金属工业2011年经济运行情况》，其余数据来自《有色金属工业"十二五"发展规划》。因数据来源不一致，2011年增长率数据与产量数据并不能完全匹配。

2012年上半年，全国十种有色金属产量为1744万吨，同比增长6.75%，增速同比减缓3.1个百分点。其中，精炼铜产量增长10.57%，电解铝增长9.77%，铅产量增长8.68%，锑产量增长3.30%，海绵钛产量增长12.48%，其余金属产量呈负增长（见表2）。

表2 2012年1～6月主要有色金属产品产量

单位：吨，%

产品	2012年1～6月累计	同比增长
1. 精炼铜(铜)	2770414	10.57
2. 原铝(电解铝)	9489321	9.77
3. 铅	2197853	8.68
4. 锌	2350399	-6.16
5. 镍	89939	-1.25
6. 锡	70157	-6.29
7. 锑	99773	3.30
8. 汞	600	-8.01
9. 镁	321809	-8.49
10. 海绵钛	52143	12.48
总计	17442407	6.75

资料来源：中国有色金属工业协会网站（www.chinania.org.cn）。

2. 进出口贸易总量继续增长，不同品种分化明显

据统计，2011年我国有色金属进出口贸易总额创历史新高，达到1607亿美元，同比增长28%，增幅比"十一五"期间的平均增幅高7.3个百分点。其中，进口额1175亿美元，同比增长21%；出口额432亿美元，同比增长52.7%。全年进出口贸易逆差额为743亿美元，同比增长8%。从产品来看，铜、铝、铅冶炼产品进口量均呈下降态势，铝土矿进口量大幅增加，铝材出口量保持增长态势。其中，2011年1～11月中国共进口原铝17.4万吨，同比下降17.34%；1～11月出口原铝7.65万吨，同比下降55.07%。1～11月中国共出口铝合金62.5万吨，同比增长23.77%；共进口铝合金9.9万吨，同比下降19.84%。

稀土（共17个元素及其氧化物）是我国少有的具有资源优势的有色金属品种。由于国际环境的变化、稀土出口管制等原因，2011年稀土产品出口经历了大起大落，稀土出口配额也从"一吨难求"到"无人问津"。2011年全年稀土出口配额30184吨，实际出口1.86万吨，仅占配额量的61%。2012年稀土出口配额增加2.7%，达30996吨，但据海关统计，2012年1～7月稀土出口量同比下降36.7%。

3. 有色金属产品价格冲高回落，多数产品价格呈震荡下行态势

从国家统计局开展的价格监测情况看，多数有色金属产品价格呈震荡下行趋势。从表3可看出，铜价格总体上呈震荡下行趋势，2011年8月之前价格维持在6万元/吨左右，经过9月和10月的快速跌价，2011年10月之后铜价格基本上不足5万元/吨。铝价格呈先扬后抑态势，从2011年初的1.36万元/吨，上涨到2011年8月的1.49万元/吨；此后，跌落到2011年底的1.33万元/吨。锌价格则一直呈震荡下行趋势，从2011年初的1.6万元/吨，下降到2011年底的1.25万元/吨。尽管多数有色金属产品价格呈震荡下行趋势，但2011年有色金属产品价格总体上维持在较高水平上（2008年金融危机以来）。比如，2011年1～11月国内市场，铜现货平均价为67241元/吨，同比上涨15.2%；铝现货平均价为16944元/吨，同比上涨7.8%；铅现货平均价为16541元/吨，同比上涨3.4%。[1]

---

[1] 工信部原材料工业司：《有色金属工业2011年经济运行情况》，工信部网站，2012年2月15日。

2012 年 3 月以来，国内外几乎所有的有色金属产品价格均呈现下降趋势。2012 年 6 月，上海期货交易所铜、电解铝、锌当月期货平均价分别为 55423 元/吨、15960 元/吨和 14772 元/吨，比上月回落 3.8%、0.5% 和 3.3%，同比下降 18.7%、4.9% 和 12.6%。

表3 国家统计局监测的有色金属产品价格变动情况

日　　期	铜（含铜≥99.95%）	铝（普通铝锭）	锌（电解锌）
2011 年 1 月 5 日	60020.7	13606.0	15969.7
2011 年 1 月 20 日	60683.6	13723.3	16004.3
2011 年 2 月 5 日	63361.0	13740.4	15932.2
2011 年 2 月 20 日	63102.3	13777.5	16440.3
2011 年 3 月 5 日	62798.7	13700.9	16031.2
2011 年 3 月 20 日	61029.9	13602.6	15442.5
2011 年 4 月 5 日	61068.0	13716.2	15524.9
2011 年 4 月 20 日	60832.7	13811.9	15302.7
2011 年 5 月 5 日	58930.9	13765.3	14676.1
2011 年 5 月 20 日	57908.7	13778.9	14550.2
2011 年 6 月 5 日	59226.0	13847.5	14705.4
2011 年 6 月 20 日	58553.1	14075.8	14695.4
2011 年 7 月 5 日	60213.8	14421.0	15000.4
2011 年 7 月 20 日	61692.2	14642.9	15641.0
2011 年 8 月 5 日	60471.5	14856.8	15127.5
2011 年 8 月 20 日	57064.1	14620.9	14407.1
2011 年 9 月 5 日	57674.9	14751.9	14619.2
2011 年 9 月 20 日	54273.5	14478.1	13916.0
2011 年 10 月 5 日	46410.0	14194.2	13083.0
2011 年 10 月 20 日	44998.5	13660.7	12567.3
2011 年 11 月 5 日	50760.3	13560.3	13117.6
2011 年 11 月 20 日	48838.1	13354.1	12919.4
2011 年 12 月 5 日	50046.4	13549.1	13300.1
2011 年 12 月 20 日	48225.7	13303.0	12507.5

资料来源：国家统计局网站（www. stats. gov. cn）。

2011 年以来，黄金价格先是呈快速上涨势头，而后维持在高位震荡状态（见图 1）。总体而言，由于金价水平较高，黄金生产企业盈利水平较高。不过，未来国际经济形势不确定性增大，金价走势将继续呈震荡态势。

图 1　2011 年 1 月 2 日至 2011 年 12 月 28 日国际黄金价格走势

资料来源：参见工信部原材料司《2012 年 6 月黄金行业运行情况》，工信部网站，2012 年 8 月 6 日。

由于实行稀土采矿许可证制度、开采总量控制、生产执行指令性计划、实行出口配额制度以及提高产业准入标准、加大企业兼并重组力度等一系列措施，2011年以来，稀土产品价格快速上涨，2011 年 6~7 月的价格与年初相比，轻稀土产品价格一般上涨了 3 倍以上，中重稀土产品价格上涨了 5 倍左右。不过，2011 年下半年稀土产品价格出现大幅度跳水，到 11 月，稀土平均价格只有高点时的 60%。

4. 2011 年企业经济效益较好，2012 年企业经济效益不确定增大

由于 2011 年有色金属产品价格总体上仍维持在较高水平，2011 年规模以上有色金属工业企业销售收入 3.9 万亿元，同比增长 35%；实现利润约为 1990 亿元，同比增长 53%；工业增加值同比增长 14%，比"十一五"期间的平均增幅低 2.2 个百分点；资产利润率达到 8%，比 2010 年提高 1.7 个百分点。2011 年，有色金属独立矿山企业销售利润率为 15.1%，同比上升 1.7 个百分点；有色金属冶炼企业（含联合企业中的矿山）销售利润率为 4.4%，同比上升 0.7 个百分点；有色金属加工企业销售利润率为 4.1%，同比上升 0.3 个百分点。拥有资源、能源的企业利润率明显高于冶炼、加工企业。

2012 年以来有色金属企业经济效益呈下滑趋势。2012 年前 5 个月，有色金属行业实现利润 687 亿元，同比下降 11.7%。其中，有色金属矿采选业利润 269 亿元，同比增长 3.7%；有色金属冶炼及压延加工业利润 418 亿元，同比下降 19.3%。

5. 固定资产投资大幅增长，产能向西部地区转移明显

由于国家严格控制在缺乏资源以及环境容量没有保障的地区新建冶炼项目，2011 年西部地区有色金属工业投资比重比"十一五"期间进一步上升。2011 年，有色金属工业（不包括独立黄金企业）累计完成固定资产投资 4774 亿元，同比增长 34.6%，占全国（不含农户）固定资产投资总额比例为 1.6%，增幅比全国固定资产投资高 10.8 个百分点。其中，西部 12 个省区有色金属工业完成固定资产投资额为 2060 亿元，比 2010 年增长 43%，高于全国有色金属工业平均水平 8 个百分点；占全国有色金属工业总投资额的 44%，所占比例比 2010 年增加 2.5 个百分点。

2012 年 1～7 月，有色金属矿采矿业投资 811 亿元，同比增长 36.2%，较 1～6 月增速回落了 4.4 个百分点。2012 年 1～7 月有色金属冶炼及压延加工业投资 2339 亿元，同比增长 17.3%，较 1～6 月增速回落了 1 个百分点。

二 有色金属产业上市企业竞争力分析

截至 2011 年 12 月 31 日，国内 A 股市场共有有色金属企业 43 家。其中，有色金属矿采选业 12 家，有色金属冶炼及压延加工业 31 家。2011 年有色金属产业上市公司竞争力得分及排名情况如表 4 所示。

1. 竞争力得分及排名情况

由于基础竞争力指数及其三个分量（规模、效率、增长竞争力指数）的分值是依据全部上市公司数据经标准化处理而得到，等于 0 表示与全体上市公司平均竞争力相当，大于 0 表示高于平均水平，小于 0 表示低于平均竞争力。表 4 显示，43 家有色金属产业中，基础竞争力大于 0 的有 27 家，占六成；小于 0 的 16 家，占四成。总体而言，具有较好的表现，不过，基础竞争力水平比 2010 年表现要差，2010 年这两个数据分别是 2/3 和 1/3。

从组成基础竞争力的三要素来看，相对来说，有色金属企业的规模竞争力和增长竞争力比较好，效率竞争力则很差，仅有 1/4 的企业效率竞争力指数大于 0。这说明，与 2010 年一样，有色金属企业最大的问题仍然是效率问题。从图 2 显示来看，有色金属企业的规模竞争力和增长竞争力差异都较大，这是形成基础竞争力差异的关键（同时，也与权重较大有关，规模竞争力指数权重为 0.44，增长竞争力指数权重为 0.29），而效率竞争力差异相对较小，但都比较弱。

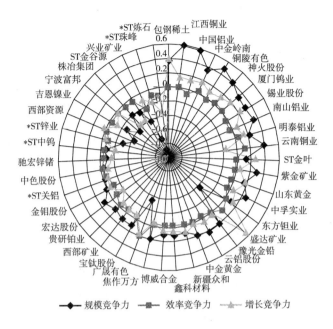

图 2　有色金属产业企业竞争力指数

如表4所示，包钢稀土、江西铜业、中国铝业占据有色金属企业竞争力前三强。其中，包钢稀土和中国铝业比2010年竞争力排名靠前，而江西铜业则从2010年的第1名下降到第2名。从前后两年的排名情况看，保持排名位次基本不变的是少数几个，大多数企业排名位次发生变化。其中，1/3左右的企业排名位次有较大的变动（前移或后退超过5位）。这固然是企业在激烈的市场竞争中的一种正常变动，但也反映出当前市场波动对企业竞争力的一种巨大影响，主要表现为有色金属产品价格的不确定变动走势对企业经济效益的影响。

表4　2011年有色金属行业上市公司竞争力得分及排名情况

公司代码	证券简称	基 础 竞争力	规 模 竞争力	效 率 竞争力	增 长 竞争力	本年 排名	上年 排名	排名 变化
600111. SH	包钢稀土	0.7408	0.3502	− 0.0068	0.3974	1	4	↑
600362. SH	江西铜业	0.7231	0.5885	0.0005	0.1342	2	1	↓
601600. SH	中国铝业	0.6246	0.5641	− 0.0633	0.1238	3	5	↑
000060. SZ	中金岭南	0.5514	0.3471	0.0372	0.1671	4	12	↑↑
000630. SZ	铜陵有色	0.5493	0.4824	− 0.0269	0.0937	5	6	↑
000933. SZ	神火股份	0.5301	0.3914	0.0139	0.1248	6	—	—
600549. SH	厦门钨业	0.5008	0.3092	0.0153	0.1763	7	8	↑

续表

公司代码	证券简称	基 础 竞争力	规 模 竞争力	效 率 竞争力	增 长 竞争力	本年 排名	上年 排名	排名 变化
000960. SZ	锡业股份	0.4647	0.2995	-0.0436	0.2088	8	16	↑↑
600219. SH	南山铝业	0.3806	0.3428	-0.0296	0.0673	9	10	↑
601677. SH	明泰铝业	0.3640	0.2044	0.0351	0.1245	10	—	—
000878. SZ	云南铜业	0.3594	0.4006	0.1283	-0.1696	11	11	↑
000587. SZ	ST 金叶	0.3502	0.1116	-0.0169	0.2555	12	—	—
601899. SH	紫金矿业	0.3485	0.3086	-0.0101	0.0499	13	7	↓↓
600547. SH	山东黄金	0.3271	0.1661	-0.0127	0.1737	14	2	↓↓
600595. SH	中孚实业	0.3058	0.2745	-0.0426	0.0739	15	9	↓↓
000962. SZ	东方钽业	0.2804	0.1085	0.0254	0.1465	16	13	↓
000603. SZ	盛达矿业	0.2767	-0.3769	0.0900	0.5636	17	—	—
600531. SH	豫光金铅	0.2595	0.2206	0.0065	0.0324	18	14	↓
000807. SZ	云铝股份	0.2384	0.2170	-0.0416	0.0630	19	21	↑
600489. SH	中金黄金	0.2246	0.1845	0.0115	0.0286	20	15	↓↓
600888. SH	新疆众和	0.2049	0.1087	-0.0214	0.1175	21	17	↓
600255. SH	鑫科材料	0.1599	0.1212	-0.0178	0.0565	22	23	=
601137. SH	博威合金	0.1591	0.0921	-0.0065	0.0735	23	18	↓↓
000612. SZ	焦作万方	0.1270	0.2017	-0.0175	-0.0572	24	22	↓
600259. SH	广晟有色	0.0730	-0.3371	0.2304	0.1798	25	30	↑
600456. SH	宝钛股份	0.0344	0.1186	-0.0356	-0.0486	26	25	=
601168. SH	西部矿业	0.0152	0.1110	-0.0530	-0.0427	27	26	=
600459. SH	贵研铂业	-0.0336	0.0705	-0.0155	-0.0886	28	20	↓↓
600331. SH	宏达股份	-0.1391	0.1348	-0.0769	-0.1970	29	—	—
601958. SH	金钼股份	-0.1547	0.0067	-0.1245	-0.0370	30	27	↓
000831. SZ	∗ST 关铝	-0.1592	-0.0210	-0.0550	-0.0832	31	34	↑
000758. SZ	中色股份	-0.1730	-0.0462	-0.0206	-0.1062	32	32	=
600497. SH	驰宏锌锗	-0.3373	-0.1082	-0.0602	-0.1689	33	33	=
000657. SZ	∗ST 中钨	-0.3438	-0.0674	-0.0633	-0.2131	34	28	↓↓
000751. SZ	∗ST 锌业	-0.4337	-0.3022	-0.0949	-0.0366	35	31	↓
600139. SH	西部资源	-0.4768	-0.4699	-0.0350	0.0280	36	29	↓↓
600432. SH	吉恩镍业	-0.4978	-0.3070	-0.0477	-0.1431	37	24	↓↓
600768. SH	宁波富邦	-0.5544	-0.4645	-0.0497	-0.0403	38	—	—
600961. SH	株冶集团	-0.6755	-0.2044	-0.0599	-0.4111	39	19	↓↓
000408. SZ	ST 金谷源	-0.6778	-0.2411	-0.0490	-0.3877	40	—	—
000426. SZ	兴业矿业	-0.8389	-0.4609	-0.2640	-0.1139	41	—	—
600338. SH	∗ST 珠峰	-1.0470	-0.7666	-0.0857	-0.1947	42	35	↓↓
000697. SZ	∗ST 炼石	-1.4091	-0.8973	-0.1464	-0.3654	43	—	—

注：①由于存在新企业上市、资产重组股权置换、行业分类变化等因素，导致前后两年企业数量不等，2011 年有色金属企业数比 2010 年多 8 家。②"—"表示 2010 年不存在；"="表示 2011 年排名与 2010 年持平；"↑"、"↓"分别表示较 2010 年排名上升和下降，其中"↑↑"、"↓↓"分别表示排名上升和下降幅度较大（超过 5 位）。

资料来源：根据 CBCM 竞争力监测数据整理。

2. 基础数据分析

有色金属产业包括有色金属矿采选业和有色金属冶炼及压延加工业两个子行业，而前者属于采掘业，后者属于制造业，因而，在本报告中，有色金属产业属于交叉行业之一。在有色金属产业的两个子行业中，有色金属矿采选业经济效益和财务指标较好，且一般好于其所属的采掘业；有色金属冶炼及压延加工业经济效益和财务指标较差，且一般比其所属的制造业平均水平要差。表 5 显示，2011年有色金属矿采选业总资产利润率、总资产净利率分别为 12.27% 和 9.23%，高于有色金属冶炼及压延加工业的 5.26% 和 4.20%，也高于采掘业的 10.29% 和7.95%。相比之下，有色金属冶炼及压延加工业的总资产利润率和总资产净利率都低于制造业的总资产利润率和总资产净利率。事实上，这种情况是最近 10 多年有色金属子行业企业经济效益的一个缩影，矿山企业经济效益普遍好于冶炼加工企业，并由此导致有色金属企业谋求一体化经营。

表 5　2011 年分行业财务指标的比较

单位：%

行　　业	总资产利润率	总资产净利率	资产负债率
有色金属矿采选业	12.27	9.23	46.98
有色金属冶炼及压延加工业	5.26	4.20	59.57
采掘业	10.29	7.95	46.88
制造业	5.77	4.70	59.47

资料来源：根据 CBCM 竞争力监测数据整理。

三　当前有色金属企业发展面临的主要问题

2011 年，我国十种有色金属产品产量已经连续 10 年居世界第一，消费量连续 9 年居世界第一。但是，在成为有色金属第一大国的同时，要清醒地认识到：当前世界大部分有色金属矿产资源仍然掌握在少数国家手里，大部分有色金属价格操纵在几家寡头手里，大部分利润留在少数跨国企业，大部分技术专利掌握在发达国家手里，而我国付出沉重的资源、能源、环境代价后，只能分到其中一小块"蛋糕"，我国有色金属企业进一步发展面临诸多约束条件。

1. 资源匮乏问题突出，对外依存度高

资源保障程度低日益成为制约我国有色金属工业发展的重要瓶颈，截至
2010 年底，我国铜、铝、镍的自给率分别只有 23%、54% 和 14%。主要原因：
一是矿山基础薄弱。我国现有大型有色金属矿山多为 20 世纪 50～60 年代开发
的，经过多年生产，普遍面临资源枯竭问题。目前老矿山深部和周边找矿工作虽
然取得一定进展，但可供建设的新矿山不多。二是再生资源不能满足需要。受经
济发展水平的约束，我国废旧有色金属的回收量远不能与发达国家相比，已经成
为全球最大的废旧有色金属进口国。三是境外资源权益依然不多。尽管我国企业
境外有色金属资源利用已经取得重大进展，但境外战略资源权益占有依然不能满
足需要。目前，我国企业境外铜矿资源实际权益仅占矿产原料进口量的不足
4%；铝资源实际权益仅为矿产原料进口量的 3%；锌资源实际权益仅为矿产原
料进口量的 2.8%。[①]

2. 自主创新能力不强，高端产品仍需进口

我国有色金属工业总体处于国际产业链分工的中低端环节，自主创新能力不
强，尚未走上创新驱动、内生发展的技术引导型发展道路，技术创新对产业发展
的贡献不高，使产业应对市场风险的能力不足，难以获得合理的经济效益。"十
一五"时期有色金属企业研发经费支出占主营业务收入的 0.65%，低于国际同
行业水平，也低于国内工业企业平均水平。自主创新能力弱突出表现在新材料开
发利用领域，一些技术含量高、附加价值大的有色金属精深加工产品还不能实现
国产化，新合金开发方面基本是跟踪仿制国外，关键有色金属新材料开发滞后于
战略性新兴产业发展需求。航空航天用铝厚板、集成电路用高纯金属等产品仍主
要依靠进口。2010 年国内出口铝材平均价格为 3400 美元/吨，而进口铝材价格
平均 5700 美元/吨。稀有金属产品也是以初级产品、中低档深加工产品为主，高
端产品比重较小，如我国铟产量和出口量均居世界第一位，但液晶显示屏用铟靶
材却几乎全部依赖进口。[②]

---

① 工信部原材料司：《有色金属"十二五"规划及铝工业"十二五"规划解读》，工信部网站，
2012 年 1 月 30 日。
② 工信部原材料司：《有色金属"十二五"规划及铝工业"十二五"规划解读》，工信部网站，
2012 年 1 月 30 日。

3. 要素价格上涨和产品价格震荡，企业运行风险加大

一段时期以来，企业生产要素价格持续上涨，但有色金属产品价格整体上涨更快，企业仍获得可观的利润。但是，2011年以来，在劳动力工资、电价等要素价格大幅度上涨的同时，有色金属产品价格持续震荡，有色金属企业运行风险加大。2011年4月10日、6月1日和12月1日国家发改委上调部分省市及全国工业用电价格，平均每度上调幅度分别为2分、1.67分和3分。以电解铝为例，电价每上涨1分，吨铝成本上升在150元以上。照此计算，2011年底比年初每冶炼1吨铝，仅由于电价上涨一项就造成企业生产成本上涨近千元，这使原本利润微薄的电解铝企业日子更加煎熬。

现在，有色金属企业经济效益受产品价格变动影响越来越大。2011年多数有色金属产品价格可以用"先扬后抑"四个字来概括。铜、锌、铅、锡和铝价格分别于2月、2月、4月、5月和8月达到峰值，之后回落。特别是进入第四季度，受欧债危机影响，有色金属价格大幅震荡回落，有色金属行业效益明显下滑，10月规模以上有色金属工业企业实现利润比8月下降34%。[①]

4. 环境污染问题突出，节能减排任务艰巨

当前，我国重金属污染事件时有发生，而有色金属企业与此高度相关。长期的矿产资源开采、冶炼生产累积的重金属污染问题近年来开始逐渐显露，尤其是近年来发生的重金属环境污染事件以及血铅污染事件，对生态环境和人民健康构成了严重威胁。2010年相继发生了江苏大丰、四川隆昌、湖南嘉禾、甘肃瓜州、湖北崇阳、安徽怀宁等多起血铅事件，2011年云南曲靖和河南义马铬渣事件，2012年广西龙江的镉污染事件等，都说明重金属污染问题的严重性。

有色金属工业是能耗大户，2010年有色金属行业占全国能源消耗的2.8%，但工业增加值只占全国的1.99%。我国电解铝平均吨铝直流电耗13084千瓦时，距国内先进水平12100~12500千瓦时水平仍有一定差距；吨海绵钛电耗比国外先进水平高约0.7万~1万千瓦时。此外，尚有部分落后冶炼产能尚没有按期淘汰。这说明有色金属节能减排任务依然艰巨。

5. 国际贸易摩擦不断，"双反"问题常态化

国际金融危机爆发以来，贸易保护主义升温，针对我国出口有色金属产品的

---

① 陈全训：《谋大局善调研抓重点重服务——在中国有色金属工业协会2012年工作会议上的报告》，《中国有色金属报》2012年2月10日。

"双反"调查频繁发生。2011年3月29日美国商务部做出终裁：将对产自中国的铝挤压材征收8.02%～374.15%的反补贴税以及32.79%～33.28%的反倾销税。这一征税标准与2010年的初裁相比，在反倾销税上有所下调，但在反补贴税上则出现了大幅增加。美国市场占到中国铝挤压材总出口量的1/4，美国的裁决对中国铝材出口影响较大。印度保障措施局于2011年2月14日对原产自中国的铝板和铝箔发起了特保复审调查，印度铝协和Hindalco等公司要求对中国产相关铝材产品延长两年的征税期，从原先的2011年3月22日截至变更为2013年3月22日。2011年8月26日，澳大利亚对原产于中国的铝型材做出反倾销和反补贴期中复审终裁，肯定了澳大利亚在原裁决中部分裁决，并做出了两项新裁定。根据处理工艺的不同，对台山市金桥铝型材厂有限公司征收3.8%～7.4%的税率；荣阳铝业（中国）有限公司征收6.1%～13.6%不等的税率；广东肇庆新中亚铝业有限公司征收5.5%～7.6%不等的税率；其他公司征收6.4%～12.4%不等的税率；对不合作出口商征收高达22.4%～33.3%不等的税率。终裁还特别规定，除了上述税率外，如果进口产品的价格低于确定出口价格，则征收临时反倾销税。除澳大利亚以外，哥伦比亚等国也在2011年3季度向中国出口铝材提出了"双反"调查。[1]

四 对策建议

当前，国际经济形势黯淡和国内经济形势不明朗，给有色金属企业发展产生了一定的不利影响。但是，我国仍处在工业化和城市化相对快速推进的阶段，加上战略性新兴产业多数与有色金属有关，高性能、高附加值的有色金属材料产业本身就是战略性新兴产业的重要组成部分。因此，从长远来看，我国有色金属企业发展面临着重要机遇和巨大的发展空间。"十二五"期间，在《有色金属工业"十二五"发展规划》、《工业转型升级规划（2011～2015年）》等政策的指引下，我国将从有色金属工业大国向有色金属工业强国迈进。

1. 加大资源勘探力度，确保资源供应

以加快境外铜、铝、铅、锌、镍、钛等原料供应基地建设为重点，积极推动

---

① 姚希之：《2011年铝市场回顾及2012年展望》，北京安泰科信息开发有限公司内部报告，2011。

境外资源勘探，在资源丰富的国家和地区，依托具有国际化经营能力的骨干企业，建立与资源所在国利益共享的对外资源开发机制，加快境外资源开发项目建设，形成一批境外矿产资源基地。进一步加强国内重点成矿地带的普查与勘探，增加资源储量，提高查明资源储量利用率，积极开展现有矿山深部边部找矿，延长矿山服务年限。以云南、新疆、甘肃、青海、西藏、内蒙古、黑龙江等省（区）有色金属成矿带资源开发为重点，加快建设西部矿产资源基地。通过境外、国内资源勘探和开发，有效增加境外权益资源量和国内资源储量。力争到2015年，新增铜精矿生产能力130万吨/年，新增铅锌精矿生产能力230万吨/年，新增镍产能达到6万吨/年。

2. 优化产业组织结构，遏制产能过度扩张

按照政府引导、企业为主体、市场化运作的原则，结合优化布局，大力支持优势大型骨干企业开展跨地区、跨所有制兼并重组，提高产业集中度。积极推进上下游企业联合重组，提高产业竞争力。充分发挥大型企业集团的带动作用，形成若干家具有核心竞争力和国际影响力的企业集团。促进产业集中度进一步提高，完成规划目标，2015年前10家企业的冶炼产量占全国的比例为铜90%、电解铝90%、铅60%和锌60%。

严格执行《产业结构调整指导目录》、《部分工业行业淘汰落后生产工艺装备和产品指导目录》、行业准入条件及相关产业发展政策，进一步遏制产能过度扩张。提高节能环保市场准入门槛，严把土地、信贷两个闸门，严格控制新建高耗能、高污染项目。建立高耗能产业新上项目与地方节能减排指标完成进度挂钩、与淘汰落后产能相结合的机制。继续运用提高资源税、调整出口退税、将部分产品列入加工贸易禁止类目录等措施，控制高耗能、高污染产品出口。加大差别电价实施力度，提高高耗能产品差别电价标准。

3. 多方努力，推进节能减排和污染防治

依据有色金属工业"十二五"规划，"十二五"期间，有色金属工业单位工业增加值能耗和单位二氧化碳排放量均降低18%，二氧化硫排放总量减少10%；铜、铅、镁、电锌冶炼综合能耗分别降到300千克标煤/吨、320千克标煤/吨、4吨标煤/吨和900千克标煤/吨及以下，电解铝直流电耗、全流程海绵钛电耗分别降到12500千瓦时/吨和25000千瓦时/吨及以下。根据《重金属污染综合防治"十二五"规划》，到2015年，重点区域、重点重金属污染排放量比2007年减少

15%，非重点区域的重点重金属污染排放量不超过 2007 年的水平。根据《工业清洁生产推行"十二五"规划》，重点行业达到"清洁生产先进企业"比例超过 70%。由此可见，有色金属工业节能减排和清洁生产、污染防治任务十分艰巨。

要达到上述目标，需要在多方面努力做工作：一是遏制产能过度扩张。目前，全国拟建电解铝项目 23 个，总规模 774 万吨，总投资 770 亿元。如果拟建项目全部建成投产，到"十二五"末期，全国产能将超过 3000 万吨，产能过剩的矛盾有可能加剧，节能减排的压力必然进一步增大。因此，在当前有色金属工业产能向西部地区转移过程中，坚决将东中部地区电解铝产能压下来。二是要按期淘汰落后冶炼生产能力。严格执行节能减排淘汰落后产能问责制，落实"十二五"规划，按期淘汰落后铜冶炼产能 30 万吨、电解铝产能 80 万吨、铅冶炼产能 120 万吨和锌冶炼产能 40 万吨。三是运用先进适用技术和高新技术改造现有企业。要以质量品种、节能减排、环境保护、安全生产、两化融合等为重点，对现有企业生产工艺及装备进行升级改造，实现清洁、安全生产，提高企业生产自动化、管理数字化水平。到 2015 年，力争完成 1500 万吨及以上电解铝技术改造，完成 120 万吨落后铅熔炼以及 300 万吨铅鼓风炉还原能力改造，完成骨干镁冶炼企业技术改造。四是加大重金属污染防治力度。禁止在重要生态功能区和因重金属污染导致环境质量不能稳定达标区域新建相关项目。制定并实施重点区域行业重金属污染物特别排放限值。组织好重点区域重金属产业发展规划、重点行业专项规划的环境影响评价，并将其作为受理审批区域内重金属行业相关建设项目环境影响评价文件的前提。对于没有履行环评手续、没有完成"三同时"验收、污染治理能力不匹配、长期超标排放的企业一律坚决依法停产治理。

4. 完善机制，促进产能向西部地区和海外转移

统筹规划，坚持上大与压小相结合、新增产能与淘汰落后相结合，优化有色金属生产力布局。以满足内需为主，严格控制资源、能源、环境容量不具备条件地区的有色金属冶炼产能。在总量控制前提下，积极引导能源短缺地区电解铝及镁冶炼产能向能源资源丰富的西部地区有序转移。在广西、贵州、山西适度发展具有资源保障的氧化铝产能。逐步推进城市铝冶炼企业转型或环保搬迁。地方各级政府要对限期淘汰的落后装备严格监管，禁止落后产能异地转移。提升企业国际化经营水平，鼓励在境外建设氧化铝、电解铝、铜、铅、锌、镍等产业园区。

5. 控制与扶持并用，促进铝行业健康发展

从 2004 年开始，国家不断推出加强电解铝等高能耗产业宏观调控政策，但电解铝产能盲目扩张的势头有增无减，如何将宏观调控政策落到实处，是"十二五"期间面临的主要任务。当前的主要任务是贯彻工信部等九部委联合下发的《关于遏制电解铝行业产能过剩和重复建设引导产业健康发展的紧急通知》（工信部联原〔2011〕177 号）文件要求，加快淘汰落后电解铝产能，对国家已明确规定的落后电解铝工艺装备，做到按期淘汰，严格执行限制类和淘汰类电价加价政策。加大执法力度，对违规建设的电解铝项目，要立即停止办理用地审批、能评审查、环境影响评价、电力供应和新增授信等手续。中央财政对淘汰落后产能企业按《淘汰落后产能中央财政奖励资金管理办法》相关规定给予资金支持，帮助企业解决职工安置和企业转产等问题。鼓励铝生产企业积极发展深加工及铝制品，延伸产业链，提高产品附加值，加快铝工业发展方式转变，促进电解铝行业结构调整和健康发展。

继续推进"直购电"试点工作。由于各种原因，《有色金属产业调整和振兴规划》所确立的"直购电"试点工作进行得很不顺利，落实的很不到位。在电价持续上涨的背景下，实现电解铝生产合理电价的任务仍十分艰巨。《有色金属工业"十二五"发展规划》明确，"十二五"期间，还要更大范围地开展直购电试点，进一步完善相关配套政策，支持符合国家准入条件的电解铝企业积极开展直供电工作，这不仅对电解铝企业降低成本有利，而且对电厂因多发电、电网因过网电量增加进而增加收入都是有利的。

6. 进一步加大资源保护力度，促进稀土行业持续健康发展

维护我国稀土资源在世界上的优势地位，是获得国际话语权的基础，是实现稀土工业可持续发展的基础。当今世界各国均加强了资源保护力度尤其是加大了战略性矿产资源的保护力度，稀土是我国为数不多的优势矿产资源之一，应进一步加大保护力度。一是进一步提高准入门槛，控制上游企业数量。支持大企业以资本为纽带，通过联合、兼并、重组等方式，大力推进资源整合和产业整合，大幅度减少稀土开采和冶炼分离企业数量，提高产业集中度，最终形成以 3~5 家企业为主的产业组织结构，增强上游环节的市场垄断势力。要以更高的技术工艺装备、资源环境保护、安全生产、社会责任等为准入条件，促进上游企业的整合。二是进一步提高资源税税率，切实弥补资源环境损失成本。提高资源税的效

果是：在保护资源的同时，提高了稀土行业的准入门槛，促进形成完善的稀土产品价格形成机制，使其包含资源环境成本，同时提高了稀土产品出口价格却不易引起国际贸易纠纷。三是建立国家储备制度，确定以矿山储备为主。划定一批国家规划矿区作为战略资源储备地，未经国家批准不得开采，中央财政对实施资源储备的地区和企业给予补贴。

参考文献

工信部原材料司：《有色金属工业 2011 年经济运行情况》，工信部网站，2012 年 2 月15 日。

工信部原材料司：《2012 年 6 月黄金行业运行情况》，工信部网站，2012 年 8 月 6 日。

工信部原材料司：《有色金属"十二五"规划及铝工业"十二五"规划解读》，工信部网站，2012 年 1 月 30 日。

陈全训：《谋大局善调研抓重点重服务——在中国有色金属工业协会 2012 年工作会议上的报告》，《中国有色金属报》2012 年 2 月 10 日。

中国有色金属工业协会：《2011 年 1～12 月有色行业工业运行情况分析》，中国有色金属工业协会网站，2012 年 2 月 2 日。

中国有色金属工业协会：《2012 年 1～6 月有色金属产品产量汇总表》，中国有色金属工业协会网站，2012 年 7 月 23 日。

发改委经济运行调节局：《2012 年上半年有色金属行业运行情况》，中国有色金属工业协会网站，2012 年 7 月 25 日。

中国有色金属工业协会：《中国有色金属工业年鉴》相关各期。

姚希之：《2011 年铝市场回顾及 2012 年展望》，北京安泰科信息开发有限公司内部报告，2011。

B.5
能源行业企业竞争力报告

李鹏飞 杨 帅

国际金融危机的爆发已经过去四年左右的时间，但全球经济形势依然处于持续低迷状态，且欧债危机的爆发对全球经济也产生了较大的震荡作用，这一宏观背景给能源工业部门的发展产生了显著冲击。2011年以来，我国能源工业总体上运行相对稳定，企业发展状况略好于其他行业的水平，但能源工业的发展依然面临着诸多国内外不确定因素的影响，行业下行压力持续加大。2012年以来，在国内外各类因素的影响下，我国能源行业进入了一个新的下行周期，行业的健康持续发展需要各方共同努力，进而为其他部门，乃至整个经济的发展增添新的活力。

一 2011年和2012年上半年能源行业运行态势

随着我国经济刺激政策效应的逐渐消散，以及国际经济环境的持续低迷，2011年以来我国能源工业随着国内整体经济形势的转变而调整。总体来看，煤炭、石油、电力、天然气等能源工业产品产量从2010年的小幅上扬回升，逐渐转入增速显著下滑的趋势，目前下行压力持续加大。同时，价格指数出现拐点，下行趋势明显，而企业亏损面一改以往的缩小趋势，亏损面和亏损额都呈扩大趋势，行业出口交货值和增速波动幅度都呈下降趋势。但是，行业固定资产投资增速在2011年以来总体上呈现上涨趋势，2012年以来也出现了下降的势头，能源行业总体成长压力持续加大，要实现行业的稳定发展需要在经济的基本面上进一步夯实基础，增强经济增长后劲。

（一）生产增速显著下滑，总体趋势平稳

2008年之后我国出台的一系列经济刺激计划效应已经发挥了应有的功效，

但短期的政策拉动难以抵挡全球经济持续低迷，2011 年开始国内宏观经济形势逐渐由政策拉动下的稳步复苏转变为政策功效渐趋耗散下的持续下行。与此宏观经济形势相对应，国内主要能源产品产量的生产增速也呈现出"显著下滑、总体平稳"的变化趋势。2011 年以来，虽然我国四大主要能源产品生产绝对量均有不同程度的上涨，但涨幅较小。如图 1 所示，在不考虑季节等客观因素造成的产量波动情况下，四大主要能源产品产量的月度同比增速均呈现出小幅下滑趋势。其中，洗煤、天然原油和发电量的产量增速下滑趋势都非常明显，而天然气产量的月度同比增速降幅略小，但自 2012 年开始也呈现出显著的下滑趋势。

具体来看，洗煤产量月度同比增速从 2011 年 2 月的 25.6% 波动下滑至 2012 年 6 月的 15.8%；天然原油产量当月同比增速虽然一直处于低位运行，但变化趋势依然明显，从 2011 年 1 月的 5.63% 逐渐下滑至 2012 年 7 月的 1.36%，其中，2011 年 8 月至 2012 年 1 月出现了连续 4 个月同比增速为负的现象；天然气产量同比增速虽然在年初出现大幅下滑（从 1 月的 15.39% 迅速下降至 4 月的 -0.1%），但随后又出现持续的波动上扬，到 2012 年 1 月时已恢复至 13.03% 的高点，但 2012 年以来又呈现出显著的下滑趋势，到 2012 年 7 月同比增速已降至 0.99% 的低点，天然气产量增速的这一趋势并没有剔除季节等客观外部因素的影响，但从 2011 年和 2012 年上半年的走势可以看出 2012 年以来天然气生产增速的下降趋势更为稳固；发电量当月同比增速除在 2012 年 1~2 月出现大起

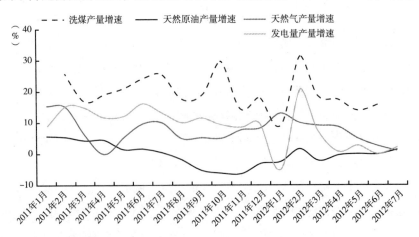

图 1　2011 年 1 月至 2012 年 7 月能源工业品产量同比增速变化情况

注：原煤产量增速数据不可得，此处用洗煤产量增速替代。

资料来源：中经网统计数据库。

大落外，自 2011 年以来下降趋势都十分显著，从 2011 年 2 月的 15.4% 持续下滑至 2012 年 7 月的 2.1%。总体来看，煤炭和电力依然是我国整个经济正常运行的主要能源形势，这两个产业生产增速的变化趋势与全国宏观经济增长形势大体一致，2012 年以来的经济下行压力不断加大，能源需求和生产形势同样不容乐观。

（二）价格指数出现拐点，下行趋势明显

随着经济刺激政策效应的逐渐释放和消散，以及全球经济形式的持续低迷，我国经济下行压力逐渐增大，全国能源需求持续下降，能源价格指数在 2011 年第三季度出现了明显的下行拐点。我国能源生产结构以煤炭为主，但能源消费中对石油和天然气的需求却不断增长，且两者的国际化和市场化程度更高，以致在经济波动过程中石油和天然气生产行业的产品价格波动最为显著。

在 2011 年至 2012 年上半年间，煤炭开采和洗选业工业品出厂价格指数与整个工业品出厂价格指数的走势最为接近，自 2011 年 9 月左右出现明显的下行拐点以来，此后双双一路下行，到 2012 年 7 月工业品出厂价格指数与煤炭开采和洗选业工业品出厂价格指数分别降至 97.13 和 96.76。受国际油气价格变化的影响，国内石油和天然气开采业工业品出厂价格指数依然出现较大幅度的波动。2011 年以来，我国石油和天然气开采业工业品出厂价格指数表现为倒 U 形的曲线，但大体上依然呈现下行趋势，且拐点与煤炭工业也大致相同。具体来看，该行业工业品出厂价格指数先从 2011 年 1 月的 113.91 迅速提高至 2011 年的 130.50，并在此后的 4 个月中保持了高位小幅波动，从 2011 年 9 月开始出现下行拐点，并一路下滑至 2012 年 7 月的 89.97。2011 年以来，我国电力体制改革进展缓慢，电力和热力价格依然受到我国政府的强力管制，因此电力、热力的生产和供应业工业品出厂价格指数走势变化幅度相对较小，而且与其他三大能源行业的走势相反，自 2011 年以来整体上呈现出逆"周期"的变化趋势，2012 年以来均在相对高位运行，2012 年 7 月的价格指数为 103.45，显著高于其他 3 个能源行业，电力行业价格指数的上升源于煤炭价格的上涨导致的煤电成本提高，进而促使国家在 2011 年以来多次对煤电上网价格和销售电价进行调整（见图 2）。

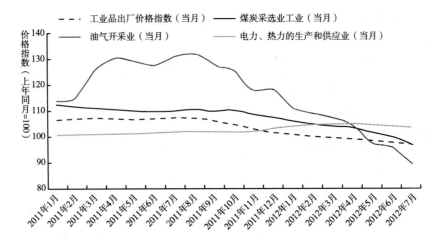

图2　2011年1月至2012年7月能源工业品出厂价格指数

资料来源：中经网统计数据库。

（三）亏损面有所扩大，且亏损总额显著增长

2011年以来，整个经济形势不容乐观，能源行业市场需求持续下滑，产品价格持续走低，导致行业亏损面（行业亏损企业数/行业企业单位数）一改过去持续缩小的态势，重新步入了逐月扩大的通道。总体来看，能源行业运行的季节性特征非常突出，亏损面从年初至年末呈持续下降趋势，而亏损额则呈相反趋势。2011年以来，四大能源行业整体亏损面从3月的21.41%持续下降至12月的16.34%，高低点均低于2010年的水平，但2012年开始亏损面迅速回升至24.74%的高位，比2011年同期高出3.33个百分点；与此同时，全行业的亏损总额则从2011年3月的238.12亿元迅速提高至2011年12月的848.97亿元，高低点大幅高出2010年同期水平，2012年3月的亏损额为359.41亿元，比2011年同期高出121.29亿元。能源行业的亏损面和亏损额均高于前两年的水平，整个行业的亏损压力持续加大。

具体来看，煤炭开采和洗选业亏损面依然最小，首先从2011年3月的15.15%缩小至2011年12月的11.10%的低点，但随后大幅反弹至2012年3月的18.90%，到2012年6月仅小幅回落至17.87%。2012年前6个月，煤炭开采和洗选业亏损企业亏损额累计达102.78亿元，是2011年同期水平的1倍左右，比 2011 年全年亏损额还高出 29.94 亿元。石油和天然气开采业的亏损面居中，但波动幅度最大，先从 2011 年 3 月的 25.45% 逐月降低至 2011 年 12 月的 15.33%，之后反弹至 2012 年 3 月的 31.37%，随后又小幅回落至 2012 年 6 月的 28.78%，2012 年前 6 个月亏损企业亏损额累计 32.68 亿元，比 2011 年同期下降 13.29 亿元。电力生产业亏损面最高，且波动幅度也较大。2011 年 3 月电力生产业亏损面达到 40.25%，此后一度下降至 2011 年 12 月的 29.09%，但 2012 年 3 月亏损面又大幅反弹至 40.14% 的高位，2012 年 6 月又回调至 33.98%，前 6 个月亏损企业亏损额累计高达 277.61 亿元，略低于 2011 年同期水平。电力供应业的亏损面波动幅度较小，走势相对平缓，从 2011 年 3 月的 17.75% 逐渐下降至 2011 年 9 月的 13.45%，此后一路上行至 2012 年 3 月的 23.51%，到 2012 年 6 月已回调至 17.85%，前 6 个月电力供应业的亏损额为 27.25 亿元，比 2011 年同期水平低 3.84 亿元（见图 3）。

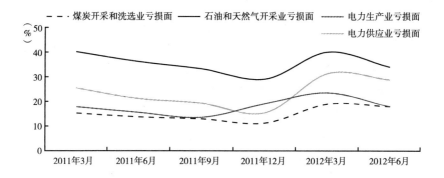

图 3　2011 年 3 月至 2012 年 6 月能源工业亏损面变化情况

资料来源：中经网统计数据库。

（四）行业投资增速波幅较大，总体上涨

总体上看，我国能源工业在经济下行压力不断增大的环境下，行业投资规模有逆市上扬的趋势，其中煤炭开采和洗选业表现最为明显，但进入 2012 年以来行业投资规模呈显著缩小趋势，表明能源行业投资者对未来经济形势的预期不容乐观。2011 年以来，能源行业累计投资增速与 2010 年以来的行业投资增速大致呈对称趋势，总体上形成了一个 U 形的变化趋势。

具体来看，2011 年以来煤炭开采和洗选业的累计投资增速呈显著的上升趋势，但在 2012 年 3 月达到 35.03% 的最高点之后便呈快速下滑趋势，到 2012 年 7 月时累计投资增速已经下降至 18.43%。石油和天然气开采业与电力、热力的生产与供应业的投资增速变化趋势比较接近，自 2011 年初开始呈下降趋势且经历了大半年的低位盘整，从 2011 年底重新进入快速上升通道，但 2012 年 3 月起又呈现缓慢下滑趋势（见图 4）。从近两年的投资增速来看，虽然目前电力、热力的生产与供应业投资总额增速已经呈现下降趋势，但该增速依然是近两年来行业投资增速的高位。

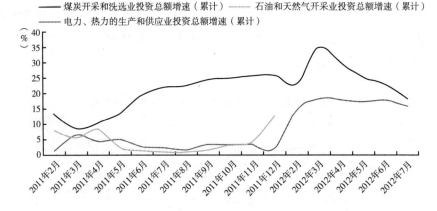

图 4　2011 年 2 月至 2012 年 7 月能源工业投资总额增速

注：石油和天然气开采业投资数据自 2012 年开始缺失。
资料来源：中经网统计数据库。

（五）　出口交货值增速和波动幅度双双下降

煤炭和原油国际化程度较高，都能同时在国际国内两大市场上销售，因此出口额增速是衡量这两个行业发展状况的重要指标之一。受国际经济环境波动的影响，以及国内外能源价格形势的刺激，2011 年以来煤炭和原油出口交货值同比增速总体上有所下降，且波动幅度缩小趋势。

煤炭出口交货值当月同比增速在 2011 年以来波动幅度显著缩小，整体上呈现类似"正/余弦函数"的波动特征，而且大多数月份的同比增速均为负数。如图 5 所示，同比增速从 2011 年 2 月的 1.9% 逐月波动下滑至 2012 年 5 月的－37.9%，其中2011年9月的当月同比增速最高，达到20.8%，而2011年12月的同比增速最低，达到了－52.7%。可见，2011年以来我国煤炭出口形势延续了近年来逐渐缩小的趋势，且逐月缩小趋势更加明显。

石油和天然气开采业出口交货值当月同比增速是三大能源行业中波动幅度最大的行业，但总体上依然呈现下降的态势。由于国际油价市场自由化程度较高，而国内油价的调整则受到国家发改委的严格管制，因此国内外油价调整的不一致和时间差就导致了套利机会的存在，进而造成了国内原油出口交货值当月同比增速随着国内外油价差的变化而调整。如图5所示，2011年2月石油和天然气开采业出口交货值当月同比增速为－71.1%，但到4月时便大幅上涨至80.7%，可谓是"冰火两重天"，此后的2011年7～8月和2012年4～5月都分别出现了类似的同比增速大幅上下波动现象。但是，总体来看，2011年以来石油和天然气开采业出口交货值同比增速为正的月份仅有4个，大多数月份都呈现出负增长的趋势，且幅度都较大。

比较来看，电力、热力的生产和供应业出口交货值当月同比增速波动幅度较小，且较其他两个行业增速要高，这与电能输送和消费的特征，以及电力输入国电力需求波动等因素紧密相关。2011年以来，电力、热力的生产和供应业出口交货值同比增速有所下滑，进一步确认了2010年以来的增速下滑趋势。在所有月份中，负增长主要集中在2011年5月至2012年4月，最高增速点出现在2011年3月的33%，最低点出现在2012年4月（－30.2%），高低点均未超过2010年的水平（见图5）。

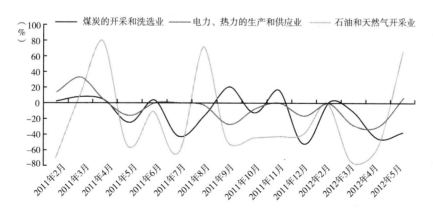

图5　2011年2月至2012年5月能源工业品出口交货值同比增速

资料来源：各月《中国经济景气月报》。

二 能源行业上市公司竞争力分析

根据中国社会科学院中国产业与企业竞争力研究中心（CMCB）的监测，截至 2011 年 12 月 30 日，中国沪、深两市主板能源行业上市公司共 96 家,[①] 比 2010 年增加了 16 家。其中，煤炭开采和洗选企业 24 家，石油和天然气开采企业 4 家，电力、热力生产和供应企业 68 家；中小企业板能源行业上市公司共 4 家，其中，煤炭企业 1 家，石油天然气企业 2 家，电力企业 1 家。

（一）2011 年主板上市能源企业竞争力分析

CBCM 根据 2011 年的业绩数据计算了主板 1352 家（剔除股权置换资产重组后）上市公司规模竞争力、效率竞争力和增长竞争力，然后将此三个指标值相加，得到基础竞争力指标值。能源行业主板上市公司各项竞争力得分及排名情况参见本文附表。以该表为基础，可以发现能源企业竞争力状况具有以下主要特征。

第一，规模竞争力优势整体相对提高，但有两极分化的趋势。在全部 96 家能源行业主板上市公司中，有 52 家能源企业的规模竞争力得分大于 0，44 家企业得分小于 0。其中，能源行业平均得分为 0.0380，显著高于全部主板上市公司 0.0087 的平均水平（见图 6）；能源行业企业中得分超过主板上市公司平均水平的企业有 48 家，刚好占到全国能源主板上市公司的 50%，比 2010 年下降了 5 个百分点。这说明，在销售收入、净资产、净利润等方面，有一半的能源企业表现超过全部主板上市公司的平均水平，能源行业主板上市公司的规模普遍偏大，但是经营业绩的表现呈现两极分化的趋势。比较来看，2011 年能源行业平均得分为全部主板上市公司平均得分的 4.37 倍，显著高于 2010 年的 2.96 倍，表明能源行业企业平均规模竞争力相对回升。

第二，效率竞争力有所提升。有 44 家能源企业的效率竞争力得分是正数，52 家企业得分为负。其中，能源行业平均得分为 0.0091，比全部主板上市公司 －0.0046 的平均水平要高（见图 6）；能源行业企业中得分超过主板上市公司平均水平的企业有 46 家，占到全国能源主板上市公司的 47.92%。这表明，在能源

---

① 该数据为剔除股权置换资产重组后的结果。

行业主板上市公司中，有近一半企业的效率竞争力高于全部主板上市公司，即约一半的能源企业在全员劳动效率、净资产利润率和总资产利润率等方面的表现超过全部上市公司的平均水平。与2010年的表现相比，2011年能源企业的效率竞争力水平有所提高，能源行业平均得分与全部主板上市公司的平均得分正负值恰好与2010年相反，且能源行业企业中得分超过主板平均水平的企业比重较2010年提高了约5.4个百分点。2011年，能源企业效率竞争力摆脱了2010年在"数量"和"质量"双双处于劣势的局面，不仅扭转了效率竞争力的"质量"劣势，而且在"数量"劣势方面也有显著改善，表明行业个体和整体效率竞争力均有所提升。

第三，增长竞争力有所改善，同样呈现两极分化的趋势。有46家能源企业的增长竞争力得分大于0，50家企业得分小于0。其中，能源行业增长竞争力水平平均得分为 -0.0015，高于全部上市公司 -0.0096 的平均水平（见图6）；能源行业企业中得分超过主板上市公司平均水平的企业有47家，占到全部能源主板上市公司的48.96%。即在销售收入增长和净利润增长等方面，约有一半的能源企业比全部上市公司平均水平表现得更好。与2010年增长竞争力表现相比，2011年能源企业在平均水平上的表现更好，但在数量上的表现则偏弱，同样反映出能源企业在增长竞争力方面有两极分化的趋势。

第四，基础竞争力显著提高，优势进一步突出。在体现企业综合竞争力的基础竞争力方面，有55家能源企业的得分为正，41家企业得分为负。其中，能源行业基础竞争力水平平均得分为0.0456，相比2010年提高了0.0116，大幅高于全部上市公司 -0.0055 的平均水平（见图6）；在96家能源企业中，得分超过主板上市公司平均水平的有56家，占到全部能源主板上市公司的58.33%。也就是说，有近六成的能源行业企业的基础竞争力高于全部主板上市公司平均值，略高于2010年的水平。结合上述对各分项竞争力指标的分析，可以发现，2011年我国能源企业在规模、效率和增长三方面的竞争力优势均高于全部主板上市公司的平均水平，这与2010年仅有规模竞争力得分超过全部主板上市公司平均水平的表现相比有了显著改善。总体来看，我国能源企业基础竞争力优势的主要来源依然是行业的规模竞争力，但相比2010年有较大的减弱。与此相反，能源企业在自身的运行效率方面相对其他企业有明显改善，增长基础虽然仍不够坚实，但也有所改善。

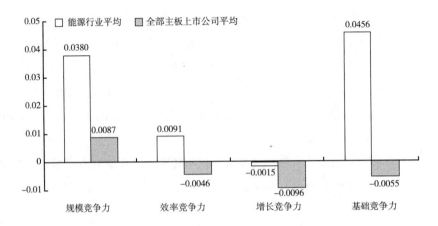

图6 2011年能源行业上市公司与全部上市公司竞争力得分平均值

资料来源：CBCM竞争力监测数据。

第五，子行业间竞争力差距进一步扩大，但基础竞争力平均水平均高于全部上市公司的平均值。分行业看，电力、煤炭、石油和天然气四大行业在效率和规模竞争力两方面的测算排序结果与2010年相比有较大变化。其中，效率竞争力排序从2010年的油、气、煤、电转变为2011年的煤、气、电、油，而增长竞争力排序则从2010年的煤、电、气、油转变为2011年的油、电、气、煤。但是，不论效率和增长竞争力如何变化，其绝对变化量都较小，最终的基础竞争力基本都被规模竞争力所锁定。从基础竞争力来看，石油行业上市公司依旧最强，且有较大提高，而天然气行业居于其次，煤炭行业竞争力又次之，电力行业依然居于末尾，这一排序与2010年无异。2011年，2家石油企业的规模竞争力、效率竞争力、增长竞争力和基础竞争力得分平均值分别为0.9982、-0.0386、0.1899和1.1495；24家煤炭企业的规模竞争力、效率竞争力、增长竞争力和基础竞争力得分平均值分别为0.0360、0.0269、-0.0272和0.0357；68家电力企业的规模竞争力、效率竞争力、增长竞争力和基础竞争力得分平均值分别为0.0081、0.0037、0.0029和0.0147；2家天然气企业的规模竞争力、效率竞争力、增长竞争力和基础竞争力得分平均值分别为0.1062、0.0134、-0.0188和0.1009（见图7）。4个行业中，两大石油行业企业的规模竞争力得到进一步的稳固和提高，其凭借庞大的规模竞争力优势在综合竞争力方面获得了绝对优势，但是其效率竞争力则比其他3个行业都低；天然气行业的基础竞争力居于其次，但不到石油行业的 1/10，其竞争优势主要来源于规模竞争力和效率竞争力；煤炭行业基础竞争力位居第三，其效率竞争力是 4 个行业中最高的，但增长竞争力位于 4 个行业末尾，规模竞争力也较低，这和 2010 年的表现相比有较大变化；电力行业的效率竞争力和增长竞争力均有显著改善，但规模竞争力出现较大下滑，总体上实现了各项竞争力全部为正值的转变。4 个行业中，在规模、效率和增长竞争力方面分别有 1、1、2 个行业的平均得分低于全部上市公司的平均值，但在基础竞争力方面则都明显高于上市公司的平均值。

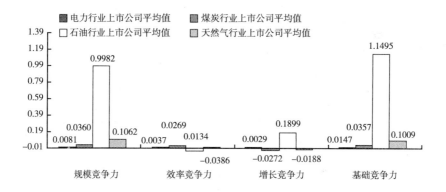

图 7　2011 年电力、煤炭、石油和天然气行业上市公司竞争力得分平均值

资料来源：CBCM 竞争力监测数据。

石油、煤炭、电力和天然气行业上市公司之间竞争力差异进一步扩大的主要原因依然在于市场结构和价格管理体制两个方面。例如，石油行业依靠国家赋予的垄断经营权利，进一步扩大了企业规模优势；煤炭行业虽然在国家政策主导下进行了行业的结构调整，但效果并不明显，煤炭成本增幅高于价格增幅，且煤炭企业库存增幅较大等因素导致企业的增长竞争力下滑较大；电力行业上市公司主要是处于竞争环节的发电领域，其规模相对较小，且又因国家对电价的严格管制，致使其生产和经营效率难以随市场的变动而调整；能源行业中的两家天然气上市企业均具有典型的垄断性质，但依附于对一个区域城市的天然气垄断供应的同时也制约了其自身的规模扩张能力，由此造成规模竞争力止步不前，而且在企业内较易出现 X 非效率的情况，进而导致效率竞争力下滑。

（二）2011 年中小板上市能源企业竞争力分析

CBCM 根据 2011 年的业绩数据计算了中小板 646 家上市公司规模竞争力、效率竞争力和增长竞争力，并由此得出了基础竞争力指标值。其中，能源行业中小板上市公司有 4 家，各项竞争力得分及排名情况如表 1 所示。

表 1　2011 年能源行业中小板上市公司竞争力状况

股票代码	股票简称	规模竞争力		效率竞争力		增长竞争力		基础竞争力	
		得分	排名	得分	排名	得分	排名	得分	排名
002128. SZ	露天煤业	0.7019	18	0.4643	2	0.0179	275	1.1842	15
002267. SZ	陕天然气	0.4302	64	0.0685	158	0.0145	286	0.5132	102
002221. SZ	东华能源	0.1987	159	0.1818	54	0.0938	165	0.4743	112
002039. SZ	黔源电力	-0.3240	563	-0.1831	625	-0.4832	632	-0.9904	623
中小板能源企业平均		0.2517		0.1328		-0.0892		0.2953	
全部中小板上市公司平均		0.0095		0.0023		-0.0009		0.0110	

资料来源：CBCM 竞争力监测数据。

2011 年，中小板上市能源企业竞争力状况发生了显著的变化，具有以下特点：①在规模竞争力方面，2010 年位列第 16 名的黔源电力 2011 年大幅滑落至第 563 位；而 2010 年排位靠后的露天煤业 2011 年大幅提高至第 18 位；东华能源位次也有较大提升，从 2010 年的第 191 位上升至 159 位；而陕天然气的位次没有发生变化。4 家企业的规模竞争力平均值为 0.2517，较 2010 年的 0.3621 有显著下降，但依然远高于全部中小板上市公司的规模竞争力平均值（0.0095）。②在效率竞争力方面，4 家能源企业平均得分为 0.1328，较 2010 年的 0.1320 略有提高，该得分显著高于全部中小板上市公司的平均值（0.0023）。其中，露天煤业的贡献最大，得分为 0.4643，在中小板企业上市公司中位列第 2。③在增长竞争力方面，4 家能源企业中虽然有 3 家得分为正，但黔源电力的得分为 -0.4832，位列 646 家中小板企业的第 632 位，把平均得分大幅拉低至 -0.0892，但也远高于全部中小板上市公司的平均值（-0.0009）。④在基础竞争力方面，4 家企业得分仅有黔源电力为负，而露天煤业则位列所有中小板上市公司的第 15 位。与全部中小板上市公司的平均值（0.0110）相比，能源企业的基础竞争力平均值（0.2953）要高出很多。综合来看，中小板上市能源企业在规模、效率和增长竞争力方面的平均得分均高于中小板全部上市企业的平均值，但是整体来看行业的增长竞争力最弱。值得一提的是，2011年黔源电力各项竞争力得分均出现大幅下降，在中小板上市公司中均位列倒数，且从行业内第一滑落至末尾。

（三）进入 2011 年和 2012 年上半年主板 300 强的能源企业竞争力分析

CBCM 在依据 2011 年年报数据计算出的基础竞争力与根据 2012 年中报数据计算的基础竞争力基础上，评选出了主板 300 强企业。其中，24 家能源企业入选。在主板 300 强企业中，能源企业占总数的 8%，略高于全部能源企业（96家）在所有主板上市公司（1340 家，剔除中报数据不可获得企业）中的占比（7.2%）。这说明能源行业中综合竞争力强的比例略高于平均水平。24 家入选主板综合竞争力 300 强的企业中，有石油企业 2 家、煤炭企业 5 家、电力企业17 家。

根据表 2 的数据可以发现，与 2011 年相比，入围主板 300 强的能源企业的竞争力在 2012 年上半年略有下降。2011 年，24 家能源企业基础竞争力得分全部为正，平均值为 0.6549；而 2012 年上半年这些能源企业基础竞争力虽然得分仍然为正，但是 24 家企业中仅有 11 家企业的动态竞争力排名较 2010 年的基础竞争力排名有所提高。总体来看，全部 24 家能源企业的动态竞争力平均值下降至0.6195，下降了 0.0354，降幅大于同期主板 300 强企业的平均水平（平均下降了0.0201）。根据 2012 年年报数据，进入主板前 300 强的能源企业基础竞争力比300 强平均水平高 0.1059，动态竞争力比 300 强平均水平高 0.0906。可见，2012年以来进入主板 300 强的能源企业与 300 强企业的平均竞争力水平差距有所缩小，能源企业竞争力水平略有下降。具体来看，入围主板 300 强能源企业竞争力平均水平出现略微下降的直接原因在于竞争力下降企业的降幅较大而竞争力上升企业的升幅却略低。例如，9 家能源企业动态竞争力下降的企业平均降幅为 5位，而 11 家动态竞争力提高的企业平均升幅则为 4 位，若剔除升降最大企业的影响，平均值差距将更为明显。

表2　进入主板300强的能源企业竞争力状况

股票代码	股票简称	2011年年报基础竞争力		2012年中报动态竞争力		综合竞争力	
		得分	排名	得分	排名	得分	排名
600546.SH	山煤国际	1.1568	2	1.2268	1(↑)	1.1778	3
600028.SH	中国石化	1.1548	3	1.1079	3(→)	1.1407	6
601857.SH	中国石油	1.1442	4	1.1087	2(↑)	1.1335	7
600795.SH	国电电力	1.1691	1	0.8734	5(↓)	1.0803	9
600886.SH	国投电力	0.8578	5	0.6660	11(↓)	0.8003	35
601991.SH	大唐发电	0.7959	6	0.7457	6(→)	0.7808	39
600900.SH	长江电力	0.7757	7	0.6635	12(↓)	0.7420	47
600642.SH	申能股份	0.7504	8	0.7202	7(↑)	0.7413	48
600403.SH	大有能源	0.7033	10	0.6938	9(↑)	0.7005	56
601088.SH	中国神华	0.6968	11	0.7050	8(↑)	0.6992	57
600011.SH	华能国际	0.6052	13	0.8861	4(↑)	0.6895	62
600780.SH	通宝能源	0.6574	12	0.6361	13(↓)	0.6510	71
000602.SZ	金马集团	0.7090	9	0.4934	17(↓)	0.6443	73
000883.SZ	湖北能源	0.5622	14	0.5544	16(↓)	0.5598	106
600027.SH	华电国际	0.4440	16	0.6698	10(↑)	0.5117	138
000027.SZ	深圳能源	0.4192	18	0.4282	18(→)	0.4219	199
601139.SH	深圳燃气	0.3612	21	0.5548	15(↑)	0.4193	200
000939.SZ	凯迪电力	0.5542	15	0.0375	24(↓)	0.3992	215
600098.SH	广州控股	0.3189	24	0.5851	14(↑)	0.3987	216
600348.SH	阳泉煤业	0.3859	19	0.3645	19(→)	0.3795	237
600008.SH	首创股份	0.4366	17	0.2232	23(↓)	0.3726	246
601158.SH	重庆水务	0.3569	22	0.3440	21(↑)	0.3531	269
600188.SH	兖州煤业	0.3257	23	0.3519	20(↑)	0.3336	285
600461.SH	洪城水业	0.3764	20	0.2278	22(↓)	0.3318	289
进入前300强的能源企业平均		0.6549		0.6195		0.6443	
主板前300强企业平均		0.5490		0.5289		0.5429	

　　注：综合竞争力得分 = （2011年年报基础竞争力得分×70%） + （2012年中报动态竞争力得分×30%）；（↓）表示2012年中报动态竞争力排名比2011年年报基础竞争力排名要低，（↑）表示2012年中报动态竞争力排名比2011年年报基础竞争力排名要高。

　　资料来源：CBCM竞争力监测数据。

三 我国能源行业企业经营环境与产业变迁

2011 年以来，能源行业上市公司竞争力出现一定程度的提升，主要归功于各项能源政策的实施。从国内整体经济环境来看，形势并不乐观，经济下行压力有不断增大的趋势，但能源行业上市公司在煤、电价格调整，产业兼并重组加速等政策推动下，总体上跑赢了全部上市公司平均绩效水平。但是，2012 年以来的整体形势更趋严峻，能源上市企业经营环境不确定性因素增多，主要表现在煤电管理体制未变、矛盾依旧突出，清洁能源、核电开发的内外环境发生变化，推进能源基础设施建设、畅通能源流通渠道，经济增速继续放缓、能源需求持续降低，国际石油市场环境变动风险增加等。

（一）煤电管理体制未变、矛盾依旧突出

2011 年以来，我国电煤价格持续上升，而火电价格却按兵不动，导致电力企业大规模亏损。2011 年 11 月 29 日，国家发改委为了控制电煤价格持续上涨的趋势，专门出台公告对电煤价格实施临时的价格干预政策。该政策规定：将 2012 年的合同价格控制在 2011 年合同价格 5% 的涨幅内，且对市场交易的电煤价格实行 800 元/吨（发热量 5500 大卡）的最高限价政策。与此同时，为了弥补电煤价格上涨给火电企业带来的成本上涨，国家发改委于 2011 年 5 月对火电企业的上网电价进行了适当调整，重点提高了山西等 15 个省市的统调火电上网价格，而其他省市火电价格仅有小幅提高，价格上涨幅度在 0.3～3.09 分钱，此后的 6 月 1 日和 12 月 1 日又对销售电价和煤电企业上网电价进行了上调。临时管制措施的出台，依然遵循了"控制电煤价格 + 提高火电价格"的政策调整机制，但是煤炭价格对市场供求关系反应灵敏，电煤价格的计划控制只会抑制煤炭企业的生产积极性，进而加大电煤供应的紧张局面。

从 2011 年以来国家发改委出台的一系列煤电调控措施来看，其在一定程度上控制了电煤价格的持续上涨势头，甚至 2012 年以来出现了持续下降趋势，同时提高了火电上网价格，缓解了火电企业的大面积亏损的状况。但是，"市场煤"与"计划电"管理体制大背景未变，煤电之间的矛盾协调难度极大，很难寻找到有利于双方的"共赢"机制。此外，需要注意的是，政

策对电煤价格的深入管控可能进一步激化煤电矛盾，不利于煤电问题的长期解决。

（二）清洁能源、核电开发内外环境变化

环境污染与气候变化依旧是全社会共同关注的核心问题之一，我国承诺到2020年实现40%~45%的减排压力持续增加，清洁能源一度成为我国兑现承诺目标，实现低碳发展的重要途径之一。但是，2011年以来，我国以风电和光伏为主的清洁能源发展均遇到了不同程度的问题，清洁能源发展的国内外环境产生了很大的不确定性，中短期内形势并不十分明朗，这给我国清洁能源的持续健康发展蒙上了一层阴影。同时，虽然经受了2011年日本福岛核电站爆炸事件的影响，但是随着电力供应紧张和减排压力的加大，目前全球已有多国开始重启或准备进行一批核电站项目的建设，国内核电站建设标准虽然不断趋严，但总体上依然呈现积极态势。

2011年，全国电源工程建设完成投资3712亿元，其中，作为清洁能源的水电、核电和风电分别完成940亿元、740亿元和829亿元，分别同比增长121%、93%和-208%。国内风电产业的发展受到限电、窝电等问题的严重影响，风电场投资与建设积极性受到很大挫伤，未来能否大力发展还有赖于这一系列问题的解决，时至何日难以预测。此外，虽然光伏行业全年新增装机容量达到了前所未有的2.7GW，但相比国内组件产量而言仅仅是"冰山一角"，而且自2011年开始我国光伏产业就遭到美国的"双反"调查，2012年5月开始被征收39%~250%的临时"双反税"，年底的最终调查报告结论如何难以判定。同时，作为我国最大光伏产品出口市场的欧盟也意欲对国内光伏产品发起"双反"调查，是否"成行"也难以预料。但可以确信的是，我国政府将一如既往地支持各类清洁能源的发展，并会相继出台一系列的支持措施。此外，作为清洁能源重要一员的核电经受住了福岛事件的冲击，2012年以来国际核电站建设环境有所舒缓，近期英国、日本、捷克、俄罗斯、印度和韩国等国家都在考虑启动或开建一批核电站项目，国内核电站建设在考虑更高防震级别、引入防氢爆措施、加快核电厂标准体系建设等安全防范措施之后，依然延续了核电的积极发展战略。

（三）推进能源基础设施建设、畅通能源流动渠道

我国能源供求区域不平衡现象严重，能源流通基础设施建设滞后，在很大程

度上制约了我国能源可持续发展能力的提升，同时也对区域经济的协调发展造成重大障碍。2011 年，我国区域电力富余地区主要集中于东北，而其他地区，尤其是以东部沿海为主的区域则处于电力紧缺或紧平衡状态，电力供求的区域不平衡给煤炭的区域运输造成了较大压力。2011 年全国煤炭运量占到货运总量的57.9%，较 2010 年提高了 3.3 个百分点。在我国现有的运输通道条件下，煤炭运力有限，电力输送通道容量和线路在中短期内也无法改变，这不利于区域能源供求紧张局面的缓解。

2011 年以来，我国继续推进能源基础设施的建设，先后完成了西气东输二线工程干线和青藏直流联网工程，为我国天然气和电力的区域输送打下了更加坚实的基础。西气东输二线工程干线的完成，不仅标志着我国天然气能源供给能力的大幅提升和能源供给结构的进一步改善，而且还标志着我国区域能源配置能力的提高，对区域能源不平衡局面的改善有重要促进作用。青藏直流联网工程的完工，则标志着西藏电网长期孤立运行历史的结束，以及实现对西藏地区电力的供应和调度。

（四）经济增速继续放缓、能源需求持续降低

能源是经济发展的血液，能源需求的高低依赖于整个经济的增长情况。2011年以来，随着我国各种经济刺激政策效应的消散，以及国际经济的持续低迷，我国整体经济形势不容乐观，工业产销增速逐月放缓，经济下行压力不断增加。在此背景下，我国能源经济形势也不容乐观，尤其是进入 2012 年以来投资、生产、出口、价格等各项指标均出现较大幅度的下滑。

在经济结构中，工业是能源消耗大户，工业经济形势的好坏直接关系到能源市场需求的变化。2011 年以来，我国重工业的工业增加值月度同比增速呈显著的下滑趋势，从 2011 年 2 月的 15.6% 持续下降至 2012 年 7 月的 8.8%；轻工业的同比增长速度虽然在 2012 年 3 月之前保持了较高的稳定性，但是从 2012 年 4月开始则出现了显著的下降，在 2012 年 6 月的最低点时同比增速仅为 9%，与高点相比降低了约 5 个百分点。工业行业增速的逐渐放缓，导致全社会对能源消费需求增速也出现同步下降，能源生产成本的提高与销售价格的下降导致企业经营绩效受到影响。

（五）国际石油市场环境不确定性增加

石油被称为工业的"润滑油"，其对经济发展的作用不言而喻，同时石油市场是能源领域中最为国际化和市场化的市场之一，石油价格波动的影响因素多种多样，不确定性也不断增加。2011年以来，国际石油市场受到欧债危机和全球经济持续低迷的影响，国际原油价格整体上的走势不容乐观，但作为全球石油主要出口地区的中东局势持续动荡，在很大程度上影响着全球石油价格的走势，这两大因素造成了石油价格走势来回波动。在欧债危机和全球经济低迷背景下，各主要经济体都相继出台了宽松的货币政策和积极的财政政策，这又给石油需求的增加和通货膨胀的提高注入了新的影响因素，最终导致国际石油价格可能维持在较高的水平波动。

国际石油价格波动的不确定性，将给国内实行价格管制政策的石油市场造成很大程度上的扰乱。国内滞后的石油价格调整机制将导致短期内外石油价格差，进而产生各种套利机会，促使我国石油进出口的量、价波动。这不仅使我国难以在国际石油市场上争取定价权，同时也对国内石油市场的持续健康发展造成重大影响。

四　进一步提高能源企业竞争力的方向与路径

（一）提高石油企业竞争力的方向与路径

我国是能源消费大国，石油消费量持续稳步增长是不可逆转的趋势，但我国石油定价权的缺失将显著影响我国石油企业竞争力的提升，进而给我国经济发展带来损失。面对近年来国际石油市场不断增加的不确定性，我国石油企业应该继续在核心业务上下工夫，增强自身的核心技术能力，提高产品科技含量和企业的管理水平，着重稳步提高企业的效率竞争力。在此基础上，不断加快"开源"步伐，寻求尽可能多的国际石油开采权，开发多样化的石油获取渠道。需要特别注意的是，在"走出去"的过程中，尤其注重与国外企业的战略合作，将企业的发展与石油资源国的利益进行合理捆绑，实现多赢局面，进而尽可能地降低外部市场风险。

（二）提高电力企业竞争力的方向与路径

除了具有波动性、间歇性特征的风电、光伏发电等可再生能源电力，传统化石能源电力具有很好的调峰性，电力产品高度同质化。同时，我国发电企业以煤炭为主要原料，因此电煤价格和煤电价格成为电力企业竞争力提升的上、下两道关卡，在未来我国电力企业竞争力持续提升的道路上应该着重解决这两道关卡的约束和限制，将煤电交易环节的不确定性大幅降低。总体来看，从企业的角度出发，可以继续在企业成本、外部支援（如新能源发电的 CDM 机制支持）、全产业链交易成本控制等三个方面下工夫，不断提升企业自身的各项竞争力水平。但是，长远来看，电力企业必须从体制和机制上摆脱以上两大关卡形成的枷锁。这就需要我国政府尽快探索解决煤电矛盾的机制，尽早完成煤、电不同定价机制的并轨，发挥市场价格机制的重要调节作用。

（三）提高煤炭企业竞争力的方向与路径

我国能源储量结构决定了长期以煤炭为主的消费结构，但我国煤炭企业数量众多，且面临着来自国家价格管制政策形成的较大不确定性。2011 年以来，我国煤炭企业竞争力的调整主要受到了成本和价格因素的影响。因此，我国煤炭企业一方面需要继续深化兼并重组改革，强化企业的资金与技术实力，掌握自己独特的核心竞争力；另一方面则需要通过技术改造、工艺流程再造、管理体制创新等多途径控制成本，化解上游资源、设备等环节带来的成本不确定性。同时，要对国家价格管制政策进行充分的预警和准备，尽可能地寻求风险对冲机制和途径，降低国家管制政策带来的不确定性风险。

（四）提高天然气企业竞争力的方向与路径

与其他能源资源储量相比，我国天然气资源相对较少，但城市化和工业化进程的加速将对天然气产生持续的需求增长。我国天然气的价格也受到国家政策的管制，企业无法通过产品价格来化解来自其他方面的风险。因此，对于天然气企业而言，要提高竞争力就必须尽可能地降低企业生产成本，同时通过天然气、煤层气等产品的勘探和开发占有充分的资源量，保障能够持续地以较低且稳定的成本获取足够的资源。此外，对于城市依附性天然气供应企业，需要不断探索产业

纵向一体化和多元化的发展路径，通过企业规模经济和范围经济的提升来抵消其他方面的不确定性。

附表　2011 年能源行业主板上市公司竞争力状况

公司代码	股票简称	规模竞争力		效率竞争力		增长竞争力		基础竞争力	
		得分	排名	得分	排名	得分	排名	得分	排名
600795. SH	国电电力	0.6143	28	0.1330	102	0.4218	24	1.1691	2
600546. SH	山煤国际	0.2458	259	0.8188	1	0.0921	302	1.1568	3
600028. SH	中国石化	0.9739	2	−0.0284	773	0.2093	102	1.1548	4
601857. SH	中国石油	1.0226	1	−0.0488	922	0.1705	142	1.1442	5
600886. SH	国投电力	0.4382	79	0.1035	144	0.3162	54	0.8578	22
601991. SH	大唐发电	0.6584	19	−0.0199	705	0.1573	160	0.7959	29
600900. SH	长江电力	0.5310	45	0.0817	203	0.1629	153	0.7757	37
600642. SH	申能股份	0.4747	66	0.1952	56	0.0805	336	0.7504	43
000602. SZ	金马集团	0.2013	343	0.1041	142	0.4035	27	0.7090	51
600403. SH	大有能源	0.0034	809	0.6364	2	0.0636	392	0.7033	54
601088. SH	中国神华	0.6776	11	−0.0330	818	0.0522	443	0.6968	55
600780. SH	通宝能源	0.1798	384	0.0495	327	0.4281	20	0.6574	63
600011. SH	华能国际	0.7229	7	−0.0053	616	−0.1123	1049	0.6052	78
000883. SZ	湖北能源	0.3017	195	−0.0178	687	0.2782	72	0.5622	97
000939. SZ	凯迪电力	0.1075	544	0.3332	11	0.1135	242	0.5542	105
600027. SH	华电国际	0.5221	52	0.0395	361	−0.1177	1068	0.4440	181
600008. SH	首创股份	0.1720	394	0.1472	87	0.1174	230	0.4366	187
001896. SZ	豫能控股	0.0386	721	0.0296	412	0.3582	39	0.4264	192
000027. SZ	深圳能源	0.3903	102	0.0557	302	−0.0268	814	0.4192	198
600348. SH	阳泉煤业	0.2444	261	0.0208	458	0.1208	220	0.3859	234
600461. SH	洪城水业	−0.0935	971	−0.0327	815	0.5026	15	0.3764	244
601139. SH	深圳燃气	0.2425	268	0.0391	364	0.0796	340	0.3612	261
601158. SH	重庆水务	0.2128	321	0.0928	163	0.0514	450	0.3569	266
600509. SH	天富热电	0.0653	645	0.1190	118	0.1429	186	0.3273	297
600188. SH	兖州煤业	0.3581	118	−0.0452	893	0.0128	607	0.3257	299
601898. SH	中煤能源	0.4700	69	−0.0536	954	−0.0947	1019	0.3217	305
600098. SH	广州控股	0.3253	159	0.0264	422	−0.0329	841	0.3189	310
600396. SH	金山股份	0.0789	601	0.0789	214	0.1569	161	0.3147	320
600578. SH	京能热电	0.1069	545	0.0555	304	0.0877	320	0.2501	401
000937. SZ	冀中能源	0.2335	282	0.0588	293	−0.0439	874	0.2484	405
000690. SZ	宝新能源	0.1054	548	0.0185	470	0.1225	218	0.2464	413

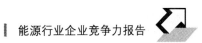

续附表

公司代码	股票简称	规模竞争力		效率竞争力		增长竞争力		基础竞争力	
		得分	排名	得分	排名	得分	排名	得分	排名
600310. SH	桂东电力	0.0138	785	0.0962	156	0.1149	238	0.2249	442
000685. SZ	中山公用	−0.0213	860	0.2536	25	−0.0214	789	0.2109	463
600726. SH	华电能源	0.2124	322	−0.0806	1148	0.0649	387	0.1967	493
600644. SH	乐山电力	−0.0142	849	0.0635	277	0.1448	182	0.1941	495
600021. SH	上海电力	0.3782	111	−0.0560	978	−0.1286	1081	0.1937	496
000983. SZ	西山煤电	0.2132	320	−0.0288	777	−0.0162	759	0.1683	535
600236. SH	桂冠电力	0.1428	455	−0.0121	653	0.0333	517	0.1640	541
600187. SH	国中水务	−0.2652	1134	0.1194	117	0.2973	63	0.1515	559
600674. SH	川投能源	0.0069	802	−0.0120	651	0.1195	224	0.1144	620
600292. SH	九龙电力	0.0917	575	0.1477	86	−0.1369	1090	0.1025	636
000600. SZ	建投能源	0.1252	502	−0.0029	606	−0.0637	946	0.0586	696
601699. SH	潞安环能	0.1853	373	−0.0858	1173	−0.0419	862	0.0576	699
601001. SH	大同煤业	0.1198	515	−0.0667	1059	0.0011	675	0.0542	705
600982. SH	宁波热电	−0.1254	1018	0.1934	58	−0.0226	795	0.0454	722
600505. SH	西昌电力	−0.1773	1068	0.1948	57	0.0256	548	0.0432	725
000539. SZ	粤电力 A	0.3471	138	−0.0024	603	−0.3022	1266	0.0425	727
600123. SH	兰花科创	0.0150	780	−0.0701	1084	0.0909	308	0.0359	736
600864. SH	哈投股份	−0.0594	918	0.0838	195	0.0114	614	0.0357	737
000875. SZ	吉电股份	0.0975	565	−0.1087	1231	0.0413	480	0.0300	744
600863. SH	内蒙华电	0.2693	228	0.1046	138	−0.3540	1301	0.0199	760
600995. SH	文山电力	−0.0432	892	0.0642	272	−0.0016	691	0.0194	762
601666. SH	平煤股份	0.1489	444	−0.0908	1193	−0.0533	905	0.0047	782
601101. SH	昊华能源	−0.0079	838	−0.0476	911	0.0598	411	0.0043	783
000966. SZ	长源电力	0.1616	422	−0.0486	920	−0.1105	1044	0.0025	786
600101. SH	明星电力	−0.1039	987	0.0764	224	0.0241	555	−0.0033	794
601199. SH	江南水务	−0.1730	1062	0.0062	549	0.1540	167	−0.0128	811
600971. SH	恒源煤电	−0.0140	847	0.0850	189	−0.0984	1023	−0.0275	828
600395. SH	盘江股份	0.0081	800	−0.0258	755	−0.0146	751	−0.0322	830
000780. SZ	平庄能源	−0.1097	998	−0.0607	1016	0.1295	203	−0.0409	847
600323. SH	南海发展	−0.1161	1004	0.0076	538	0.0670	378	−0.0415	849
600167. SH	联美控股	−0.2458	1124	0.0137	502	0.1792	132	−0.0528	861
600508. SH	上海能源	0.0306	741	−0.0721	1109	−0.0254	809	−0.0670	880
600121. SH	郑州煤电	−0.0932	968	0.0218	451	−0.0476	885	−0.1191	924
600997. SH	开滦股份	0.0749	616	−0.0426	876	−0.1547	1116	−0.1223	928

续附表

公司代码	股票简称	规模竞争力		效率竞争力		增长竞争力		基础竞争力	
		得分	排名	得分	排名	得分	排名	得分	排名
600979. SH	广安爱众	− 0. 1287	1026	− 0. 0302	790	0. 0361	503	− 0. 1228	929
601918. SH	国投新集	0. 0081	799	− 0. 0718	1103	− 0. 0924	1013	− 0. 1561	956
600333. SH	长春燃气	− 0. 0300	876	− 0. 0124	655	− 0. 1171	1065	− 0. 1595	962
600157. SH	永泰能源	− 0. 2252	1111	0. 1697	68	− 0. 1126	1051	− 0. 1681	967
600969. SH	郴电国际	− 0. 0177	856	0. 0726	237	− 0. 2280	1213	− 0. 1731	974
000037. SZ	深南电 A	− 0. 0334	879	0. 0420	352	− 0. 1827	1155	− 0. 1741	976
600283. SH	钱江水利	− 0. 1848	1072	− 0. 0516	938	0. 0279	540	− 0. 2084	1008
000531. SZ	穗恒运 A	0. 0732	621	− 0. 0055	619	− 0. 3060	1269	− 0. 2383	1030
600744. SH	华银电力	− 0. 2468	1125	− 0. 1605	1294	0. 1688	146	− 0. 2385	1032
600116. SH	三峡水利	− 0. 1458	1037	− 0. 0787	1139	− 0. 0195	777	− 0. 2439	1036
600131. SH	岷江水电	− 0. 1647	1057	0. 0657	260	− 0. 1781	1147	− 0. 2771	1050
000601. SZ	韶能股份	0. 0231	757	0. 0194	466	− 0. 3328	1288	− 0. 2904	1059
000695. SZ	滨海能源	− 0. 2540	1128	− 0. 0808	1151	0. 0333	516	− 0. 3014	1067
600452. SH	涪陵电力	− 0. 2096	1096	− 0. 1001	1212	− 0. 0304	832	− 0. 3400	1090
000968. SZ	煤气化	− 0. 1653	1058	− 0. 1558	1291	− 0. 0840	991	− 0. 4050	1122
600168. SH	武汉控股	− 0. 2662	1135	− 0. 0791	1142	− 0. 0627	942	− 0. 4080	1123
000692. SZ	惠天热电	− 0. 0855	961	− 0. 1160	1241	− 0. 2924	1260	− 0. 4939	1158
600758. SH	红阳能源	− 0. 3892	1194	− 0. 0693	1079	− 0. 0491	891	− 0. 5075	1162
000993. SZ	闽东电力	− 0. 2636	1132	− 0. 0664	1057	− 0. 2228	1207	− 0. 5527	1174
600212. SH	江泉实业	− 0. 2282	1113	− 0. 1374	1268	− 0. 1882	1161	− 0. 5538	1175
000552. SZ	靖远煤电	− 0. 4727	1234	− 0. 0167	679	− 0. 0773	980	− 0. 5667	1181
000712. SZ	锦龙股份	− 0. 4490	1218	− 0. 0723	1112	− 0. 0745	972	− 0. 5958	1189
601179. SH	中国西电	− 0. 1537	1044	− 0. 2063	1323	− 0. 3479	1297	− 0. 7080	1230
000720. SZ	*ST 能山	− 0. 4293	1213	− 0. 2569	1334	− 0. 0516	900	− 0. 7378	1240
600714. SH	金瑞矿业	− 0. 6068	95	0. 0239	37	− 0. 1711	82	− 0. 7541	1246
000543. SZ	皖能电力	− 0. 2907	1149	− 0. 1608	1295	− 0. 3067	1271	− 0. 7583	1248
600397. SH	安源股份	− 0. 4424	1216	− 0. 1947	1319	− 0. 1743	1141	− 0. 8113	1258
000767. SZ	*ST 漳电	− 0. 3847	1191	− 0. 4583	1351	− 0. 0631	943	− 0. 9061	1274
000958. SZ	ST 东热	− 0. 8345	1320	− 0. 1017	1218	− 0. 1104	1043	− 1. 0465	1298
000899. SZ	*ST 赣能	− 0. 4287	1212	− 0. 2105	1326	− 0. 4261	1322	− 1. 0654	1302
能源行业平均		0. 0380		0. 0091		− 0. 0015		0. 0456	
全部主板上市公司平均		0. 0087		− 0. 0046		− 0. 0096		− 0. 0055	

资料来源：CBCM 竞争力监测数据。

B.6
纺织服装行业竞争力状况[*]

梁泳梅

2011 年，纺织服装行业经历了较大的市场不确定性。原材料的大幅波动以及世界经济复苏缓慢的复杂经济形势使纺织服装行业的竞争力受到巨大考验。

一 市场不确定性下的纺织服装工业总体运行态势

2011 年，纺织服装行业经历的较大市场不确定性，首先，表现为原材料价格的大幅波动。2010～2011 年，作为纺织行业最主要的原材料之一的棉花呈现高涨后又大幅下跌的"过山车"般的行情。中国棉花价格 328 指数从 2011 年初的 27516 元/吨，快速上涨至 3 月 10 日的 31228 元/吨，然后突然急转直下，5 月 11 日已经跌至 24831 元/吨，在小幅波动之后，棉价再次急剧下跌，8 月 15 日已经暴跌至 19124 元/吨。根据国际货币基金组织（IMF）的跟踪，棉花已经成为了 2010 年 53 种大宗商品中价格波动最剧烈的品种。[①] 棉价的巨大波动给纺织企业的成本控制带来了不确定性。其次，复苏缓慢的世界经济形势也使纺织服装工业面临的市场需求呈现出不确定性，美国经济的疲软和欧债危机的深化，导致纺织行业从 2010 年的追涨下单转向 2011 年的"全球去库存化"。复杂经济形势导致纺织服装工业面临巨大的压力。

（一）纺织服装工业运行情况

2011 年以来，受复杂宏观经济环境的影响，中国纺织服装工业经济增长态

---

* 本文主要分析纺织业与纺织服装、鞋、帽制造业。根据中国国家统计局的行业分类标准，纺织业包括棉、化纤纺织及印染精加工、毛纺织和染整精加工、麻纺织、丝绢纺织及精加工、纺织制成品制造、针织品、编织品及其制品的制造；纺织服装、鞋、帽制造业包括纺织服装制造、纺织面料鞋的制造和制帽。

① 孙瑞哲：《新动力·新平衡·新定位变局与布局》，《纺织导报》2012 年第 1 期。

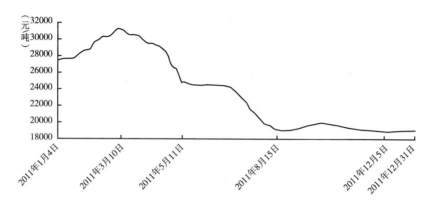

图1 中国棉花价格328指数

资料来源：中国棉花协会网站。

势持续放缓。其中，纺织业与纺织服装制造业出现较大分化。

1. 纺织服装的生产波动较大，服装产量下滑态势凸显

从产品产量来看，纺织服装行业呈现以下两个特点。

第一，纱产量的波动较小，布和服装的产量波动较大。2009年1月至2012年5月，纱产量的同比增长率基本维持在7%～20%的区间，单月最大增长速度与最小增长速度的差异仅有15个百分点。布产量往往会在年初有一个大幅增长，随后又快速下降的过程。例如，2009年1～2月，布产量同比增长15%，下一个月的增幅又回落至2%；2010年1～2月，布产量同比增长53%，下一个月的增幅却快速回落至10%；2012年1～2月，布产量同比增长32%，下一个月的增幅却快速回落至18%。服装的产量也呈现出较大波动，其同比增长率在－7%～38%波动，单月最大增长速度与最小增长速度的差异高达56个百分点。

第二，服装产量下滑态势凸显。2010年，中国的服装产量为283288万件，2011年则下降至244248万件。2011年（除了3月外），每月的产量同比增速均低于2010年，2012年上半年也是同样的情况，大多数月份（除了2月外）的产量同比增速均低于2011年上半年。

2. 纺织业增加值增速触底反弹，纺织服装行业小幅上升后出现大幅下降

从行业的累计增加值增长速度来看，纺织服装行业的子行业分化明显，纺织业与纺织服装、服饰业的发展态势差异较大。2011年至2012年上半年，纺织业与纺织服装、服饰业出现了相反的发展态势。

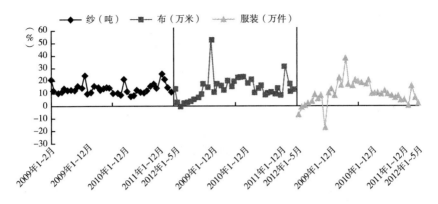

图2　2009年1月至2012年5月纺织服装行业主要产品产量的同比增长情况

资料来源：国家统计局。

表1　纺织服装行业主要产品的产量

时　　间	纱（吨）	布（万米）	服装（万件）	时　　间	纱（吨）	布（万米）	服装（万件）
2009年1~2月	1503674	377400	206150	2011年1~2月	1886384	380969	233862
2009年1~3月	1953535	462204	188455	2011年1~3月	2310164	502413	194314
2009年1~4月	1953498	451027	180310	2011年1~4月	2303506	487066	200701
2009年1~5月	2047241	476089	184771	2011年1~5月	2410330	511776	208537
2009年1~6月	2213790	515308	214487	2011年1~6月	2608402	555761	232358
2009年1~7月	2046552	480369	206426	2011年1~7月	2447559	533902	215966
2009年1~8月	2067221	500013	203289	2011年1~8月	2440783	528748	225011
2009年1~9月	2126279	520132	217628	2011年1~9月	2627954	583687	231508
2009年1~10月	2176100	517085	211223	2011年1~10月	2636887	573660	230687
2009年1~11月	2212680	531379	214473	2011年1~11月	2753089	612644	230470
2009年1~12月	2355390	553822	249857	2011年1~12月	2726216	595127	244248
2010年1~2月	1628613	550070	167811	2012年2月	2369895	480068	188408
2010年1~3月	2166028	498909	242159	2012年3月	2786478	537178	222233
2010年1~4月	2255767	529720	311164	2012年4月	2636055	515986	218436
2010年1~5月	2335284	542588	262651	2012年5月	2669059	553818	213917
2010年1~6月	2439772	581834	253206				
2010年1~7月	2305088	570599	239799				
2010年1~8月	2468279	563115	250067				
2010年1~9月	2441178	614374	262615				
2010年1~10月	2404187	626472	259013				
2010年1~11月	2467615	635481	269383				
2010年1~12月	2521685	648698	283288				

资料来源：国家统计局。

纺织业的工业增加值在 2011 年出现增速大幅下滑，但却在 2012 年上半年扭转趋势，再次呈现增速加大的势头。2010 年，纺织业的工业增加值累计增长 11.6%，比工业总体的平均增长速度低 4.1 个百分点。当年的纺织业在 39 个工业行业中的增速排名非常低，仅处于第 32 位。2011 年，纺织业仍然较低迷，其工业增加值累计增长 8.3%，仍然比工业总体的平均增长速度低了 5.6 个百分点。纺织业的发展较缓慢，使其在 39 个工业行业中的增速排名进一步下跌至第 36 位。2012 年上半年，从增加值的角度来看，纺织业恢复了较快的发展势头，5 月的累计增加值增速达到 13.7%，比工业总体的平均增长速度高出 3 个百分点，其在 41 个工业行业中的增速排名也跃升到第 12 名。

纺织服装、服饰业的工业增加值在 2011 年出现了增速小幅上涨，但却在 2012 年上半年呈现大幅下降的势头。2010 年，纺织服装、服饰业的工业增加值累计增长 15%，接近工业总体的平均增长水平，其在当年的 39 个工业行业中的增速排名第 26 位。2011 年，在工业整体出现增长放缓趋势的情况下，纺织服装、服饰业却依然保持了较快的发展势头。其工业增加值累计增长 15.6%，比工业总体的平均增长水平高出 1.7 个百分点，从而使其在 39 个工业行业中的增速排名升到第 17 位。但是，进入 2012 年后，纺织服装、服饰业却出现了大幅下滑的态势，5 月的累计增加值增速仅为 8.4%，几乎只是 2011 年的一半，其在 41 个工业行业中的增速排名大幅下滑至第 35 位。

表2 工业行业累计增加值增长速度的比较与排名

单位：%，名

行　业	2010 年		2011 年		2012 年 5 月	
	增速	在工业行业中的排位	增速	在工业行业中的排位	增速	在工业行业中的排位
工业总体	15.7		13.9		10.7	
纺织业	11.6	32	8.3	36	13.7	12
纺织服装、服饰业	15	26	15.6	17	8.4	35
化学原料和化学制品制造业	15.5	22	14.7	20	12	18
石油加工、炼焦和核燃料加工业	9.6	37	7.6	37	5	38

资料来源：根据国家统计局公布的工业分大类行业增加值增长速度计算而得。

3. 出口增速下降

从出口来看，纺织服装行业的出口增长较缓慢，2011 年的出口额增长速度出现下降的趋势，并在 2012 年进一步大幅下降（见图 3、图 4 和图 5）。2011 年，纺织服装出口额为 2478.9 亿美元，比上年同期增长 20.0%，同比增速下降 3.6 个百分点，呈现出口放缓的趋势。

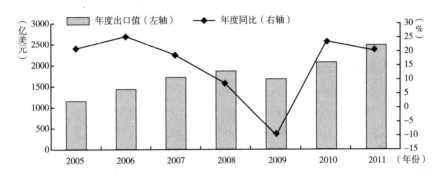

图 3　2005～2011 年全国纺织品服装出口额及同比增长情况

资料来源：中国海关总署。

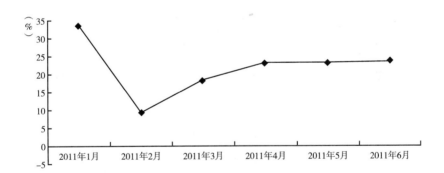

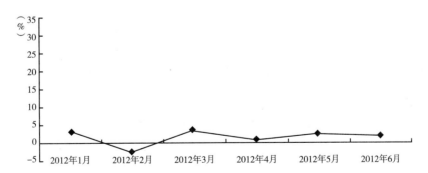

图 4　2011 年 1 月至 2012 年 6 月服装及衣着附件出口额同比增长情况

资料来源：根据中国海关总署公布的数据计算。

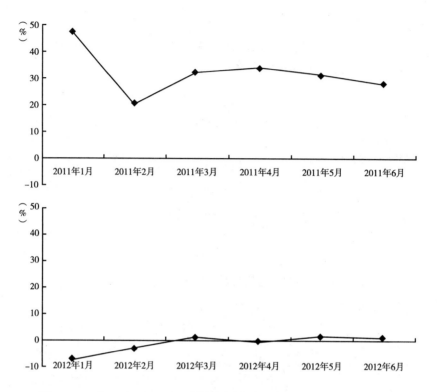

图5　2011 年 1 月至 2012 年 6 月纺织纱线、织物及制品同比增长情况

资料来源：根据中国海关总署公布的数据计算。

2012 年上半年，出口放缓的趋势更加凸显，各月份的同比增速均大幅低于2011 年同期。其中，服装及衣着附件的出口额在 2012 年 2 月甚至出现了累计出口额绝对量下降的情况，同比增长 - 2.5%，比 2011 年同期增速下降 12 个百分点。2012 年 6 月，服装及衣着附件的累计出口额为 670.5 亿美元，同比增长1.9%，低于 2011 年同期增速约 22 个百分点。

纺织纱线、织物及制品的出口在 2012 年初明显下降。2012 年 1 月，出口额仅有 76.8 亿美元，同比增长 - 6.8%，比上年同期增速下降了 54 个百分点。随后，纺织纱线、织物及制品的出口逐步好转。6 月，累计出口额的同比增长率有所上升，达到了 1.3%，但仍然比上年同期增速低了约 28 个百分点。

2012 年上半年中国纺织服装品出口的下降，受欧债危机的影响很大。上半年我国纺织品和服装累计对欧盟出口 213.1 亿美元，同比下降 12.2%。横向比较来看，欧盟是我国主要出口市场中唯一出现下降的地区。正是由于欧盟市场的大幅下滑拉低了纺织服装行业的总体出口增速。

4. 内需市场成为支撑纺织行业发展的最主要市场

由于近年来外需市场的持续疲软，纺织行业越来越把市场的重心转移到了国内，内需市场逐渐成为支撑纺织行业发展的最主要市场。

这个转变在纺织服装、鞋、帽制造业中尤其明显（见图6）。2005年以前，中国纺织服装、鞋、帽制造业的主要市场是在海外，2003年该行业的出口交货值占销售产值的比重高达55%。但是，出口占比下降的趋势早已存在并持续着，2011年出口交货值占销售产值的比重下降至26%，2012年1～5月小幅上升至27%。这意味着，将近74%的纺织服装、鞋、帽制品必须依靠内需市场来消化。

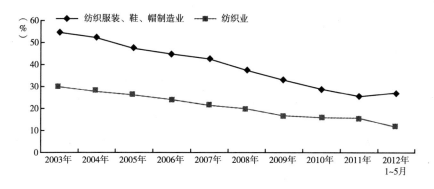

图6 纺织行业出口交货值占销售产值的比重

资料来源：笔者计算而得。

而对于纺织业来说，一直以来，外贸市场在其发展中所占的比重并不太大，2003年，该行业的出口交货值占销售产值的比重也仅有30%。即便如此，纺织业也依然呈现出外贸市场缩小、内需市场扩大的趋势。外贸占销售的比例也同样不断缩小，截至2010年达到16%，2011年较平稳地保持了该比例。

对于纺织行业来说，国内外市场存在着较大的区别，要想在国内市场立足和发展，就必须要在销售渠道和品牌建设方面进行投资和努力。从国外市场转移到国内市场的过程中，纺织行业经历了长期的销售渠道、品牌的发掘和建设过程，随着该过程的推进，纺织行业自身的渠道和品牌也在不断完善，从而有利于不断扩大国内市场。

（二）纺织服装工业的竞争力状况

纺织服装工业的竞争力状况分两方面来考察：一方面，在国内横向对行业的生产经营考察，与其他资本密集型行业相比，在不确定性较大的市场环境中，纺织服装行业仍然具有一定的竞争优势；另一方面，在国际市场上横向对不同国家的市场占有率进行考察，中国仍然是全球市场占有率最高的纺织服装出口国，但纵向对比近几年的市场占有率后发现，在世界经济复苏缓慢、本国劳动力成本上升的情况下，中国的竞争力有所下降。

1. 与其他行业相比，纺织服装行业仍然具有一定的竞争优势

进一步将纺织服装行业与其他行业进行对比，发现在不确定性较大的市场环境中，纺织服装行业仍然具有一定的竞争优势。

本文选择纺织业，纺织服装、服饰业，化学原料和化学制品制造业，石油加工、炼焦和核燃料加工业来进行对比。这种选择主要是基于行业的资源禀赋差异。① 众所周知，纺织服装是劳动密集型行业，多年来其竞争优势一直是建立在丰富而价格相对低廉的劳动力基础之上。因此，对比不同资源禀赋的行业的市场表现，也是准确判断纺织服装行业的竞争优势的途径之一。

首先，从规模来看，纺织业和纺织服装、服饰业具有一定的优势但并不明显，主要原因在于，规模与资本密切相关，作为劳动密集型的行业，纺织服装行业在这方面并不突出。例如，从产品销售收入来看，无论是 2011 年还是 2012 年上半年，纺织业和纺织服装、服饰业要远远逊色于化学原料和化学制品制造业，石油加工、炼焦和核燃料加工业（见图 7）。其中，纺织业的销售收入要稍高于纺织服装、服饰业。2011 年，纺织服装、服饰业的产品销售收入为 13244 亿元，是纺织业的 40%，石油加工、炼焦和核燃料加工业的 36%，化学原料和化学制品制造业的 22%。

---

① 根据有关测算，纺织服装、鞋、帽制造业是劳动密集程度最高的行业之一［仅次于皮革、毛皮、羽毛（绒）及其制造业］，而石油加工、炼焦和核燃料加工业与化学原料和化学制品制造业则是资本密集程度较高的行业。参见李钢《新二元经济结构下中国工业升级路线》，《经济体制改革》2009 年第 10 期。

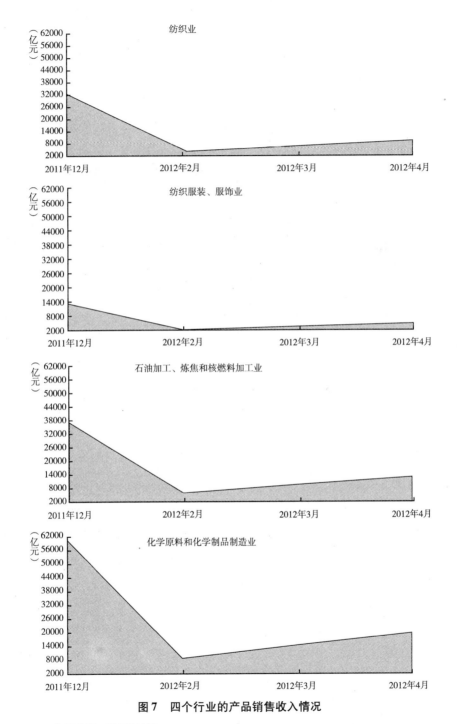

图7 四个行业的产品销售收入情况

资料来源：国家统计局。

虽然销售收入不高，但纺织服装行业的利润总额并不低。从总体来看，虽然纺织服装行业要远差于化学原料和化学制品制造业，但却好于石油加工、炼焦和核燃料加工业。如 2011 年，纺织业的利润总额为 1754 亿元，纺织服装、服饰业为 811 亿元，均高于石油加工、炼焦和核燃料加工业的 73 亿元（见图 8）。

其次，从效率来看，纺织业和纺织服装、服饰业的竞争优势则相对较为明显，这说明，虽然中国的劳动力成本在不断增加，但同时，劳动力素质也在提高，丰富的、素质相对较高的劳动力资源，仍然能够为中国的劳动密集型行业带来竞争优势。

从成本费用利润率来看，2011 年，纺织服装、服饰业（6.68%）与纺织业（5.74%）的效率要远远高于石油加工、炼焦和核燃料加工业（0.22%），略低于化学原料和化学制品制造业（7.18%）。2012 年上半年，纺织服装、服饰业的利润率虽有小幅下降，但仍然保持了相对较高的水平，5 月的利润率为 5.84%，远高于石油加工、炼焦和核燃料加工业（-0.73%）和化学原料和化学制品制造业（4.88%）。纺织业的成本费用利润率（4.59%）略低于纺织服装、服饰业。

从增加值的增长速度来看，总体而言，纺织服装的两个子行业均好于石油加工、炼焦和核燃料加工业。2011 年，纺织服装、服饰业（15.6%）的情况相对来说是四个行业中最好的，略高于化学原料和化学制品制造业（14.7%），远高于石油加工、炼焦和核燃料加工业（7.6%）。但是 2012 年上半年，纺织服装、服饰业的增长却突然出现下降势头。2011 年，纺织业的增长虽然缓慢，但在 2012 年上半年发展得很快，成为四个行业中最好的行业。

2. 依然是全球市场占有率最高的纺织服装出口国，但竞争力有所下降

从中国的纺织服装品出口额在国际市场的占有率来看，中国仍然是世界上最具竞争力的纺织服装出口国，但是 2011 年在世界经济复苏缓慢、本国劳动力成本上升的情况下，呈现出竞争力有所下降的趋势。

以"纺织、织物、制成品及有关产品"的出口额作为统计口径（按 SITC 分类），从 1999 年开始，中国成为全球最大的纺织品出口国，并在此后一直保持较大的出口量，在全球市场的份额逐年增长。2010 年，中国出口的纺织、织物、制成品及有关产品价值又创新高，达 768.7 亿美元，占当年全球出口总额的 38.8%，远远高于第二至第五大出口国家或地区（德国，6.7%；意大利，6.5%；

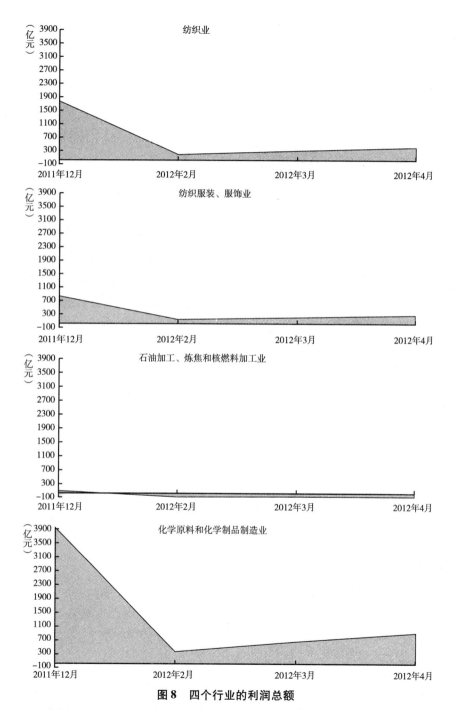

图8　四个行业的利润总额

资料来源：国家统计局。

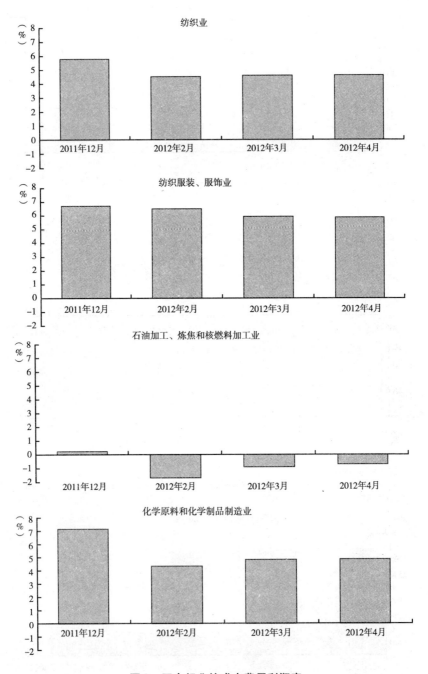

图9　四个行业的成本费用利润率

资料来源：国家统计局。

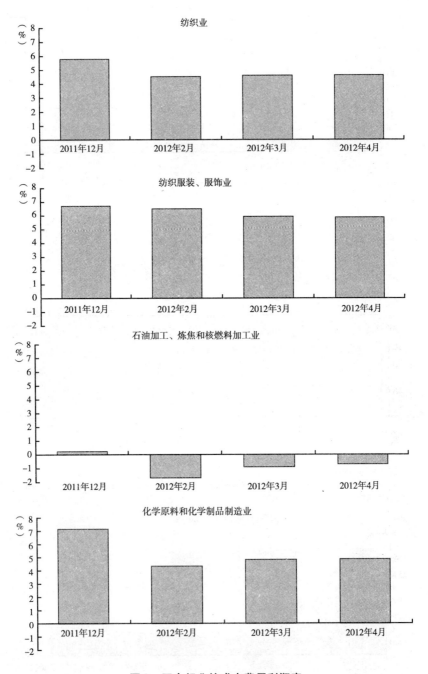

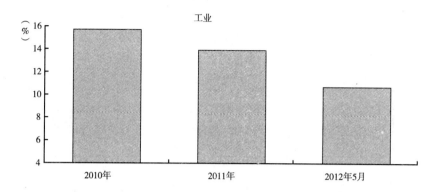

工业

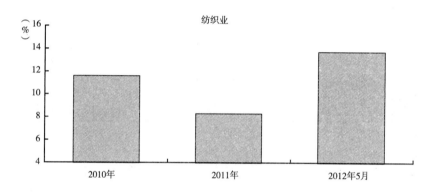

纺织业

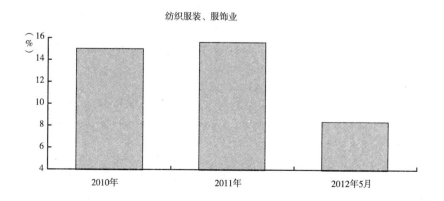

纺织服装、服饰业

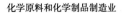

化学原料和化学制品制造业

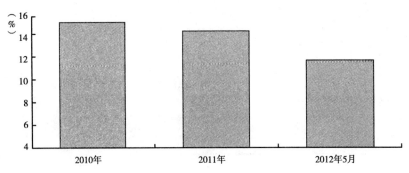

石油加工、炼焦和核燃料加工业

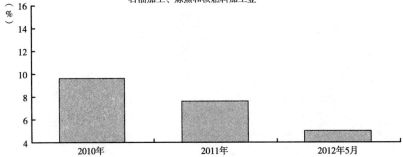

图10 工业行业累计增加值增长速度

资料来源：国家统计局。

美国，6.1%；中国香港，5.7%）。2011年，中国仍然是世界上最大的纺织、织物、制成品出口国，其出口额达944.1亿美元，占当年全球出口总额的36.2%，也依然高于第二至第五大出口国（德国，6.0%；意大利，5.6%；美国，5.3%；韩国，4.7%）。但是，需要注意的是，2011年中国的市场占有率有小幅下降，比2010年减少了2.6个百分点，结束了2007～2010年市场占有率不断上升的趋势。这意味着，虽然中国仍是世界上最具竞争力的纺织服装出口国，但是竞争力开始呈现下降的趋势。

3. 竞争力的来源依然是低价格

目前，中国的纺织品服装能够维持较大的市场占有率，主要是依靠相对低廉的价格。在国际需求相对疲软的环境下，降价成为维持出口量的重要手段。

以美国为例。美国是世界最大的纺织品服装进口国，同时也是中国最大的纺织

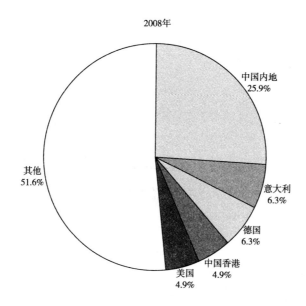

2008年

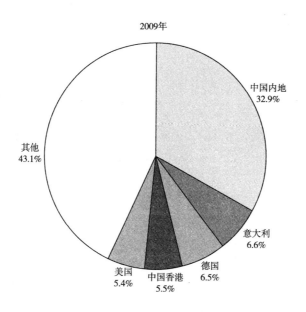

2009年

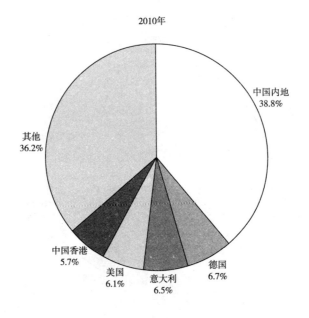

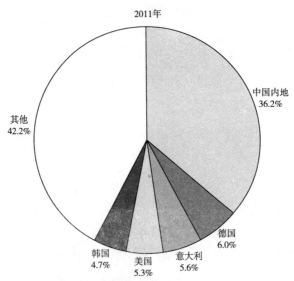

图11 2008～2011年世界最大的纺织品服装出口国家或地区
占全球纺织品服装出口总额的比例

资料来源：联合国商品贸易统计数据库。

品服装出口对象国。多年以来，中国一直是美国纺织品和服装的最大进口来源国。

从图12可见，2011年，中国的纺织品和服装在美国的市场占有率停止了上升的趋势。这也表明中国的纺织品和服装的竞争力有所下降。

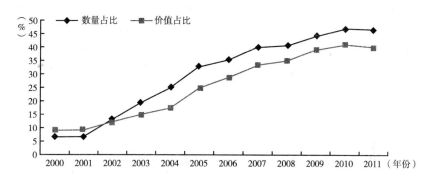

图12　中国出口在美国进口纺织服装的比重

资料来源：根据美国商务部纺织服装办公室公布的美国从中国进口的纺织服装量值及从全世界进口的纺织服装量值计算而得。

从贸易的数量来看，2001～2010年，中国向美国出口的纺织品和服装数量，占美国进口纺织品和服装总量的比例是在不断上升的。但是2011年，该比例出现了非常微弱的下降，从2010年的46.89%下降至2011年46.87%。

从贸易的价值来看，2001～2010年，中国向美国出口的纺织品服装额占美国进口纺织品服装额的比例也是在不断上升的。但在2011年，该比例也出现了小幅下降，从2010年的41.2%下降至2011年的40.1%。

从贸易量占比与贸易额占比的差距来看，2011年两者的差距开始扩大，即贸易额占比下降的速度要快于贸易量占比的下降速度。这说明中国纺织服装商品在国际市场上的议价能力还不稳定。由于中国的纺织服装商品还是处于全球价值链相对低端的环节，自主品牌较少、较弱，因此成本转嫁能力还不稳定。当国内的生产成本上升而国际需求又相对疲软时，中国产品只能再次依靠压低价格来维持市场。

二　上市公司竞争力分析

根据中国社会科学院中国产业与企业竞争力研究中心的监测，截至2012年6月30日，中国沪、深两市主板纺织服装类的上市公司共43家。其中，剔除主

业已经变更的 ST 远东（000681），本文只考察 42 家。另外，在中小板块中，纺织服装类上市公司有 32 家。

对上市公司竞争力指标的考察分为三个方面：第一个方面是对规模竞争力的考量，包括销售收入、净资产、净利润三项指标；第二个方面是对增长竞争力的考量，包括销售收入的增长指标和净利润的增长指标；第三个方面是对效率竞争力的考量，包括全员劳动效率、净资产利润率和总资产利润率三项指标。由此计算出来的竞争力监测值，值越高表明竞争力越强，值为正表示该公司的竞争力高于全部上市公司的平均水平，值为负表示公司的竞争力低于全部上市公司的平均水平。

（一）纺织服装上市公司的竞争力得分大幅下降

考察主板市场中纺织服装行业的 42 家公司的竞争力情况可以发现，2011 年纺织服装行业总体呈现竞争力下降的趋势。

首先，从总体来看，2011 年纺织行业上市公司的竞争力出现了较大幅度地下降。从图 13 可见，2008～2010 年，纺织服装上市公司的基础竞争力以及其中的规模竞争力和效率竞争力两个子方面都出现了明显提升的态势。但是这种提升的趋势在 2011 年中断了。2011 年，纺织服装上市公司的基础竞争力以及其中的三项分类考察的竞争力都出现大幅下降。基础竞争力从 2010 年的 0.0634 下降至 2011 年的 - 0.0459，降幅高达 172%；规模竞争力从 2010 年的 0.0492 下降至 2011 年的 - 0.0206，降幅达 142%；效率竞争力从 2010 年的 - 0.0045 下降至 2011 年的 - 0.0088，降幅达 95%，是三项子竞争力中下降幅度最小的，当然，

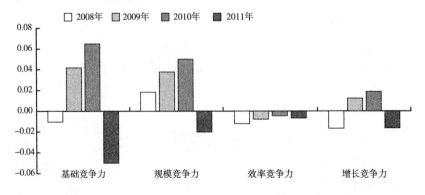

图 13　2008～2011 年纺织服装上市公司竞争力的均值变化

这也与纺织服装业的效率竞争力本来就比较低有关；增长竞争力则从 2010 年的 0.0187 下降至 −0.0165，降幅达 188%。

其次，纺织服装上市公司与全部上市公司相比，竞争优势变得不再明显。

2011 年，纺织服装上市公司的基础竞争力监测值区间为（−1.2076，0.5572），而全部上市公司的基础竞争力监测值区间为（−2.0007，1.3151）；纺织行业上市公司基础竞争力的平均值为 −0.0504，低于全部上市公司基础竞争力的平均值（为 −0.0055）。在纺织企业上市公司中，有 24 家企业的基础竞争力监测值为正，18 家企业的值为负。

表 3　主板市场纺织行业 42 家公司的竞争力值的简单统计描述

项　目	基础竞争力	规模竞争力	效率竞争力	增长竞争力
区　间	（−2.0007，1.3151）	（−1.2397，1.0226）	（−0.5656，0.8188）	（−0.7274，0.8700）
均　值	−0.0504	−0.0184	−0.0069	−0.0250
标准差	0.3773	0.2528	0.0642	0.1652

进一步来看，无论是规模竞争力还是效率竞争力，2011 年，纺织服装上市公司的平均值都低于全部上市公司的平均值（见图 14），均在全部上市公司中处于相对较低的水平。这与 2010 年的情况相比有很大区别。2010 年，纺织服装上市公司与全部上市公司相比，竞争优势较为明显，从基础竞争力、规模竞争力和效率竞争力来看，纺织服装上市公司的平均值都高于全部上市公司的平均值。

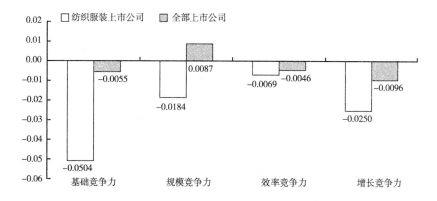

图 14　2011 年纺织服装上市公司与全部上市公司的竞争力平均值比较

从竞争力的各个子方面来比较，情况最好的是效率竞争力，这与2010年的情况相似。2011年，纺织服装上市公司平均的效率竞争力为－0.0069，高于其规模竞争力与增长竞争力。纺织服装上市公司的效率竞争力，在竞争力的三个方面中，是与全部上市公司的均值最接近的一项，同时也是2011年下降幅度最小的一项。这说明，效率对于纺织服装上市公司竞争力的影响越来越重要。效率竞争力是三项竞争力中各企业分化相对最小的一项，其标准差仅有0.0642。效率竞争力得分较高的是时代万恒、航天通信、鲁泰A、中国服装、九牧王等，但是这些企业在全部主板上市公司效率竞争力排名也不高，分别位居第51、71、133、266和291位。这些企业在一定程度上拉高了纺织服装行业企业的效率竞争力平均得分。

值得注意的是，这些效率较高的企业，同时也是规模较大、增长较快的企业。这与往年的情况有所不同。在过去，效率最高的那些企业，通常规模排名并不十分靠前。而2011年，则出现了效率竞争力、规模竞争力与增长竞争力逐渐趋同的趋势。效率与规模的联系日益密切。

在纺织业竞争力的三个子方面中，规模竞争力稍差于效率竞争力。2011年，纺织业的规模竞争力均值为－0.0184，低于全部上市公司的均值0.0087。纺织服装上市公司2011年的规模竞争力大大低于2010年的平均水平（2010年为0.0393）。这显示出纺织业2011年的发展处于整体相对较慢的趋势。其中，规模竞争力得分较高的是桐昆股份、鄂尔多斯、雅戈尔、鲁泰A和申达股份等，在全部主板上市公司增长竞争力排名中分别位居第119、147、148、269和353位。其中，桐昆股份（桐昆集团股份有限公司）是2011年新上市的企业，而雅戈尔、鄂尔多斯、鲁泰A和申达股份等企业的规模在2011年也一直位居纺织业前列。

在这些规模竞争力较明显的企业中，专注于单一业务和多业务经营的两种经营模式平分秋色。其中，桐昆股份、鲁泰A和申达股份是专注于单一业务的代表，纯粹从事纺织及服装行业，鲜少涉及其他领域的生产与经营。例如，桐昆集团股份有限公司主要从事民用涤纶长丝的研发、生产和销售，2011年，其化纤业务营业收入达198.6亿元，占公司主营业务收入的98.73%。鲁泰纺织股份有限公司的主营业务是生产和销售多种纺织及成衣产品，包括棉纱、色织布及衬衣。公司的特点是采用高度垂直综合的生产方式，将纺纱、染纱、织布、后整理及制衣生产等各个工序都囊括进来。2011年，公司在纺织服装和棉花生产领域的营业收入达 55.8 亿元，占主营业务收入的 91.9%。这些企业都是依靠专注于纺织服装行业的生产经营而把规模提升上去的。另一类企业的特点则是，除了从事与纺织服装相关的生产经营外，还大量涉及其他领域（而且是与纺织服装并无甚大相关性的领域）。其典型代表为鄂尔多斯和雅戈尔。2011 年，鄂尔多斯的主营业务收入中，有 76.05% 来自电冶行业，而仅有 21.39% 来自羊绒制品的生产和销售。雅戈尔在 2011 年的主营业务收入中，有 53.15% 来自品牌服装的生产或者是服装代工生产，另外还有 29.23% 来自房地产开发。与 2010 年相比，雅戈尔的业务又再次出现了向服装生产集中的趋势。

与往年相比，专注于单一业务的企业，其规模竞争力以及效率竞争力越来越凸显。这是纺织服装行业在经历着剧烈的市场变化中不断发展和沉淀的结果。由于市场本身以及政策环境的变化较大，部分企业为了维持盈利能力，不断寻找利润率相对较高的行业和领域，通过多业务的生产经营来保持企业增长和收益。但与此同时，也有一部分企业持续专注于纺织服装方面的主营业务，通过长时期的专注来积累技术、获得市场、提升竞争优势。在中国多变的市场环境中，两种经营模式孰优孰劣，现在下定论仍显尚早。但是，专注于单一的主营业务的企业，在整体经济形势较为低迷的环境下已经开始显现出相对较稳定的竞争力。例如，鲁泰 A 经过多年的积累，目前的竞争力已经得到了大幅提升，基础竞争力和效率竞争力都超过了鄂尔多斯和雅戈尔。

纺织服装上市公司的增长竞争力依然没有突出的优势，2011 年进一步下降，其得分均值为 − 0.0250，低于全部上市公司的均值 − 0.0096。但是，从纵向来

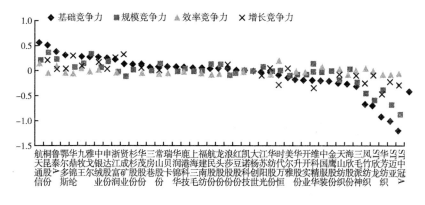

图15 主板市场纺织行业 42 家公司的竞争力值分布

看，纺织服装的增长竞争力却是略高于 2010 年的。这说明，虽然纺织服装行业在增长，但从横向来比，其增长速度仍然相对慢于其他行业。在该行业中，增长竞争力得分较高的是华鼎锦纶、桐昆股份、航天通信、中银绒业和浪莎股份，在全部上市公司的增长竞争力中排名第 55、101、111、125 和 223 位。

（二）纺织服装上市公司的大部分竞争力排名下降

纺织服装上市公司的竞争力得分在下降，同时，大部分公司的竞争力排名也在下降。

2011 年，纺织服装类上市公司能够进入全行业 300 强的只有 3 家，比 2010 年减少 2 家，比 2009 年减少了 8 家。

从整体来看，将近 60% 的纺织服装类上市公司在全部行业中的竞争力排名都出现了较大幅度的下降。2010 年的龙头企业雅戈尔的基础竞争力排名从第 184 位下降至第 363 位，下降了 179 个位次，鄂尔多斯也从第 273 位下降至第 303 位，下降了 30 个位次。这显示了复杂的经济形势和较大的市场不确定性给纺织服装企业的竞争力所带来的巨大考验。但是，也有小部分纺织服装上市公司出现了基础竞争力排名的上升。最典型的就是前三位企业，其中，航天通信从 2010 年的第 303 位一跃升至 2011 年的第 104 位，鲁泰 A 也从 2010 年的第 236 位提升至了第 232 位。

表4　纺织服装行业上市公司基础竞争力排名变化情况（主板）

股票简称	2011 年	2010 年	2009 年	2008 年	2007 年
航天通信	104	303	—	—	—
桐昆股份	128	—	—	—	—
鲁泰 A	232	236	48	91	135
鄂尔多斯	303	273	52	25	105
华鼎锦纶	318	—	—	—	—
九牧王	343	785	—	—	—
雅戈尔	363	184	9	31	119
中银绒业	377	395	462	658	529
申达股份	400	259	124	149	260
杉杉股份	582	741	300	280	267
华茂股份	585	576	381	386	435
三房巷	628	833	545	771	498
常山股份	654	686	263	289	445

续表

股票简称	2011 年	2010 年	2009 年	2008 年	2007 年
瑞贝卡	663	407	119	、109	209
华润锦华	667	715	436	621	495
鹿港科技	671	662	—	—	—
上海三毛	683	693	577	214	357
福建南纺	700	1151	468	677	1063
航民股份	701	642	182	247	354
龙头股份	703	692	688	666	599
浪莎股份	711	885	282	706	407
红豆股份	749	683	592	663	605
凯诺科技	777	886	483	603	463
大杨创世	790	493	148	283	281
江苏阳光	796	661	211	115	216
华纺股份	819	1073	1090	637	1009
时代万恒	893	309	208	949	236
美尔雅	921	878	571	753	930
华升股份	984	863	432	888	724
开开实业	995	837	702	304	979
维科精华	996	536	405	973	321
中国服装	1007	—	—	—	—
金鹰股份	1012	958	824	1090	531
天山纺织	1038	998	1083	791	872
海欣股份	1053	1120	717	1186	1060
三毛派神	1081	1064	834	966	940
凤竹纺织	1210	652	501	757	538
ST 欣龙	1225	1156	—	—	—
华芳纺织	1281	687	1001	507	221
ST 迈亚	1291	1148	—	—	—
ST 中冠 A	1318	1280	984	1230	1247

（三）上市公司的竞争力分组分析

根据各上市公司的基础竞争力的差异性，按照各上市公司基础竞争力得分在本行业的排名，可以把主板市场的 41 家纺织类公司划分为 5 组。具体分组情况如表 5 所示，各组竞争力的基本概况如表 6 所示。

表5 主板市场纺织行业公司竞争力排名分组情况

组别	股票简称	基础竞争力在全部行业的排名	纺织服装行业内的排名			
			基础竞争力	规模竞争力	效率竞争力	增长竞争力
1	航天通信	104	1	6	2	3
	桐昆股份	128	2	1	27	2
	鲁泰A	232	3	4	3	14
	鄂尔多斯	303	4	2	28	16
	华鼎锦纶	318	5	16	33	1
2	九牧王	343	6	9	5	8
	雅戈尔	363	7	3	21	26
	中银绒业	377	8	17	14	4
	申达股份	400	9	5	13	17
	杉杉股份	582	10	10	9	25
	华茂股份	585	11	11	26	9
	三房巷	628	12	22	22	6
	常山股份	654	13	8	29	22
	瑞贝卡	663	14	14	32	15
	华润锦华	667	15	28	11	12
3	鹿港科技	671	16	18	18	13
	上海三毛	683	17	24	7	19
	福建南纺	700	18	23	31	7
	航民股份	701	19	13	35	20
	龙头股份	703	20	12	36	21
	浪莎股份	711	21	34	6	5
	红豆股份	749	22	20	24	18
	凯诺科技	777	23	19	25	23
	大杨创世	790	24	25	15	24
	江苏阳光	796	25	15	17	31
4	华纺股份	819	26	27	38	10
	时代万恒	893	27	26	1	39
	美尔雅	921	28	33	39	11
	华升股份	984	29	32	23	28
	开开实业	995	30	31	37	27
	维科精华	996	31	7	16	40
	中国服装	1007	32	30	4	34
	金鹰股份	1012	33	29	10	36
	天山纺织	1038	34	35	12	29
	海欣股份	1053	35	21	40	35

续表

组别	股票简称	基础竞争力在全部行业的排名	纺织服装行业内的排名			
			基础竞争力	规模竞争力	效率竞争力	增长竞争力
5	三毛派神	1081	36	36	19	32
	凤竹纺织	1210	37	38	8	37
	ST 欣龙	1225	38	39	20	30
	华芳纺织	1281	39	37	34	41
	ST 迈亚	1291	40	40	41	33
	ST 中冠 A	1318	41	41	30	38

表6　主板市场纺织行业公司各组竞争力值的简单统计描述

单位：家

组别	公司数量	基础竞争力值区间		组内均值			
		最小值	最大值	基础竞争力	规模竞争力	效率竞争力	增长竞争力
1	5	0.3153	0.5572	0.4217	0.2389	0.0237	0.1591
2	10	0.0816	0.2871	0.1717	0.1228	-0.0008	0.0497
3	10	-0.0037	0.0788	0.0397	0.0353	-0.0152	0.0197
4	10	-1.2076	-0.0197	-0.1735	-0.0345	0.0011	-0.1402
5	6	0.2506	-0.3186	-0.8029	-0.5322	-0.0357	-0.2351

1. 第一组的特点

第一组企业是在纺织服装行业内基础竞争力排名前五位的企业，是纺织服装业的龙头企业。这5家企业在全部上市公司的排名中位列第104~318位，其中，航天通信、桐昆股份、鲁泰A都进入了主板企业的前300强。5家企业的基础竞争力监测平均值为0.4217，规模竞争力、效率竞争力和增长竞争力的均值分别为0.2389、0.0237和0.1591。这三个因素相比较而言，规模竞争力要远高于效率竞争力和增长竞争力，说明纺织服装龙头企业的竞争力主要来自规模因素，规模优势突出是其能够进入第一组的主要原因。这也是纺织服装龙头企业多年来的特点。

航天通信控股集团股份有限公司是纺织服装行业2011年竞争力排名第一位的企业。整体来看，航天通信的规模竞争力、效率竞争力和增长竞争力都比较均衡且相对较高，因此大大促进了公司的整体竞争力。

航天通信的主营业务包括通信、纺织、内外贸易、航天防务等几大模块。在该公司控股或参股的10个企业中，与纺织制造有关的就有4个。2011年，航天通信通过纺织业制造取得的营业收入为25.2亿元，占公司全部主营业务收入的

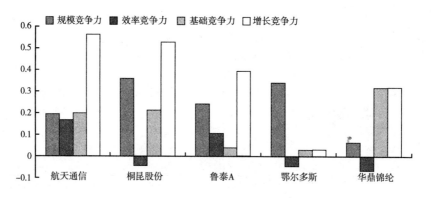

图16　第一组公司的竞争力值

31.86%。

　　虽然从业务收入的比例来看，纺织制造在航天通信中的地位并不算高，但是对整个集团的经营作出了非常大的贡献。根据该公司的年度报告，2011年，航天通信的营业收入超过预算31.86%，经济增加值超过预算3.22%，主要原因就在于旗下纺织企业的盈利能力出现了大幅提升，而且公司通过羊毛产业链的延伸进一步促进了规模的扩大和盈利的增长。从表7可见，纺织业制造是航天通信控股集团股份有限公司涉及的所有行业中营业收入增长最快的。但是，从营业利润率来看，纺织业制造的利润率并不算太高，2011年为7.19%，虽然略高于通信服务和商品流通等领域的经营，但却远低于物业管理和军品制造。

表7　航天通信主营业务分行业情况

单位：万元，%

分行业	营业收入	占主营业务收入的比例	营业收入比上年增减	营业利润	营业利润率
通信服务	85110.43	10.76	-1.83	3363.79	3.95
物业管理	7637.69	0.97	64.49	2622.77	34.34
纺织业制造	252102.30	31.86	184.16	18117.74	7.19
军品制造	70331.25	8.89	11.44	20385.1	28.98
商品流通	357049.70	45.13	49.01	9655.74	2.7
其　他	23429.63	2.96	-6.52	2039.24	8.7
内部抵消	-4450.18	-0.56	-17.58	-241.29	5.42
合　计	791210.8	100	57.52	55943.09	7.07

　　资料来源：《航天通信控股集团股份有限公司2011年年度报告》。

鲁泰纺织股份有限公司的基础竞争力 2011 年在纺织服装上市公司中排名第三，在规模、效率和增长等方面也都比较均衡，各项子竞争力的指数均大于 0，表明鲁泰的各项竞争力均高于上市公司的平均水平。相对而言，鲁泰的效率竞争力和规模竞争力比较突出，分别位列纺织服装行业的第 3 名和第 4 名，增长竞争力略弱一些，位列纺织服装行业的第 14 名。与 2010 年相比，鲁泰的基础竞争力、规模竞争力与增长竞争力得分均有所提高。2011 年，鲁泰实现营业收入 60.79 亿元，营业利润 10.35 亿元，分别比 2010 年同期增长 20.95% 和 13.99%。

鲁泰的经营特点是：坚持主营业务，坚持产品创新和技术升级，努力拓展产业链。2011 年，鲁泰在纺织服装行业实现的营业收入为 54.80 亿元，占全部主营业务收入的 90.14%。在这个纺织服装行业波动较大的阶段，鲁泰仍然能够实现色织布产品营业收入比 2010 年增长 29.45%，衬衣产品营业收入比 2010 年增长 12.53%，一个重要的原因就在于该公司一直坚持产品创新和技术升级。根据鲁泰纺织股份有限公司 2011 年年度报告，公司的"自去污功能性面料"获批为国家重点新产品，"超高支纯棉面料加工关键技术及其产业化"被批准为山东省重大创新成果。公司 3 项新技术通过省级科技成果鉴定，其中 1 项达到国际领先水平。2011 年，公司完成新产品开发 19 项，课题攻关项目 63 项，技术革新项目 201 项。

内蒙古鄂尔多斯资源股份有限公司在纺织服装上市公司中的基础竞争力排第 4 位，其规模竞争力尤其突出，在纺织服装上市公司中排第 2 位。2011 年，该公司的营业总收入达到 136.32 亿元，实现利润 45.28 亿元。鄂尔多斯在纺织服装业中的排名相对下降，主要在于其效率与增长相对落后。从增长情况来看，鄂尔多斯 2011 年的营业总收入比 2010 年同期增长 16.14%，营业利润同比增长 10.08%。这在经济并不景气的年份已属不易，然而仍然远落后于子行业中增长竞争力排名第一的华鼎锦纶，华鼎锦纶营业总收入比 2010 年同期增长了 64.58%，营业利润同比增长 16.84%。鄂尔多斯的增长速度相对缓慢，原因之一是其规模较大，同样的增量仍然会导致增速相对变小。另一个原因则是其主营业务中，增长较快的业务所占比重小，增长较慢的业务所占比重大。鄂尔多斯在羊绒行业的营业收入比 2010 年增长了 25.11%，但是仅占主营业务总收入的 21.39%；而在电冶行业的营业收入仅比上年增长 12.30%，但却占主营业务总收入的 76.05%。

2. 第二组的特点

第二组企业是在纺织服装行业内基础竞争力排名为第6位至第15位的企业，是纺织服装行业中竞争力相对较强的企业。这10家企业在全部上市公司的排名中位列第343～667位。10家企业的基础竞争力监测平均值为0.1717，规模竞争力、效率竞争力和增长竞争力的均值分别为0.1228、－0.0008和0.0497。与2010年的特点有所不同的是，第二组企业仍然是规模竞争力比较突出，效率竞争力相对最落后。2010年的特点是效率竞争力相对突出。

九牧王股份有限公司是竞争力提升幅度较大的服装生产企业，在行业内的基础竞争力排名由2010年的第28位跃升至2011年的第6位。分子项目来看，效率竞争力的提升幅度最大，由行业内第26名上升至第5名；其次是增长竞争力，从第27名上升至第8名；规模竞争力则由第16名上升至第9名。从整体来看，九牧王的规模、效率和增长都发展得比较均衡。九牧王的主营业务是品牌服装的生产，2011年公司实现营业收入225.43亿元，其中99.87%来自服装生产。从表8可见，九牧王大部分产品的营业收入都较2010年出现大幅增长，而且其营业利润率也比较高。这与九牧王大力加强对品牌和渠道的建设密切相关。九牧王持续在中央电视台体育、财经和新闻频道投放媒体广告并冠名电视专栏节目，并获得了中国"十大男装品牌"、"中国消费市场20年最具影响力品牌"等称号。同时，九牧王采用了"直营与加盟并举"、"商场与专卖店两翼齐飞"的渠道布局，巩固一级城市并积极拓展二、三线城市的门店。2011年末其销售终端达到了3140家，其中商场1673家、专卖店1467家。九牧王年末的销售终端比年初增加了430个，带动了品牌服装业务收入的快速增长。在九牧王的销售终端中，直营终端占比22.7%，高于同行业的平均水平，而且直营终端主要集中在一、二线城市，有利于通过直营终端的品牌宣传来进一步拓展市场。

雅戈尔集团股份有限公司2011年的竞争力排名出现较大下滑，从2010年的纺织服装行业排名第1位下降至2011年的排名第7位。从竞争力的组成来看，其规模竞争力依然较明显，虽然从2010年的第1位小幅下降至2011年的第3位，但2011年营业总收入依然达到115.39亿元。竞争力的下降，主要是由于增长态势相对较慢，增长竞争力在行业内排名从2010年的第4位下降至2011年的第26位。2011年，雅戈尔的营业总收入比2010年同期下降了20.49%，营业利润下降了28.29%。雅戈尔增长下滑的主要原因在于地产开发业务受到调控的影

表8 九牧王服装业务分产品情况

单位：万元，%

分产品	营业收入	营业收入同比增减	营业利润率
男裤	109967.51	25.47	56.45
茄克	45621.61	64.70	53.34
T恤	15556.95	1.95	58.27
衬衫	22866.54	79.35	60.74
其他	31416.42	32.75	52.22
合计	225429.02	34.97	55.79

资料来源：《九牧王股份有限公司2011年年度报告》。

响，房产竣工项目交付减少，以及雅戈尔主动缩减代工出口业务。从表9可见，在雅戈尔的主营业务体系中，品牌服装生产仍然是效率最高、收益性最好、增长最稳定的部分。

表9 雅戈尔主营业务分行业情况

单位：万元，%

分行业	营业收入	占主营业务收入的比例	营业收入比上年增减	营业利润率	营业利润率比年增减
品牌服装	381234.06	33.04	24.66	65.66	2.81
服装代工	232096.46	20.11	−22.13	12.14	0.87
地产开发	337340.64	29.23	−48.95	44.75	11.47
其 他	203272.85	17.62	—	—	—
合 计	1153944.01	100.00	−20.49	—	—

资料来源：《雅戈尔集团股份有限公司2011年年度报告》。

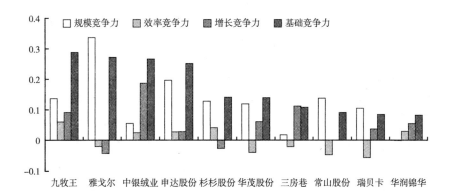

图17 第二组公司的竞争力值

3. 第三组的特点

第三组企业是在纺织服装行业内基础竞争力排名为第 16～25 位的企业，在纺织服装行业中并没有很明显的竞争力。这 10 家企业在全部上市公司的排名中位列第 671～796 位。10 家企业的基础竞争力监测平均值为 0.0397，规模竞争力、效率竞争力和增长竞争力的均值分别为 0.0353、－0.0152 和 0.0197。在竞争力的三个方面都不突出，相对而言，规模竞争力相对较强，效率竞争力则明显偏弱。

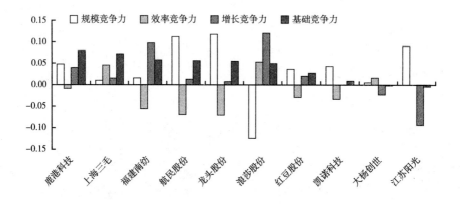

图18 第三组公司的竞争力值

4. 第四组的特点

第四组企业是在纺织服装行业内基础竞争力排名为第 26～35 位的企业，是在纺织服装行业中竞争力相对较弱。这 10 家企业在全部上市公司的排名中位列第 819～1053 位。10 家企业的基础竞争力监测平均值为 －0.1735，规模竞争力、效率竞争力和增长竞争力的均值分别为 －0.0345、0.0011 和 －0.1402，相对而言，规模竞争力和增长竞争力更弱。

5. 第五组的特点

第五组企业是在纺织服装行业内基础竞争力排名为第 36～41 位的企业，是在纺织服装行业中没有什么竞争力的企业。这 6 家企业在全部上市公司的排名中位列第 1081～1318 位。6 家企业的基础竞争力监测平均值为 －0.3186，规模竞争力、效率竞争力和增长竞争力的均值分别为 －0.5322、－0.0357 和 －0.2351。各项竞争力均弱于全部上市公司的平均水平。

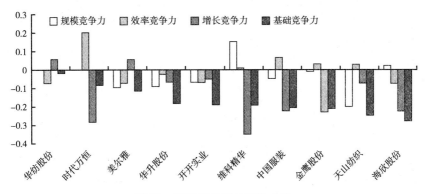

图19 第四组公司的竞争力值

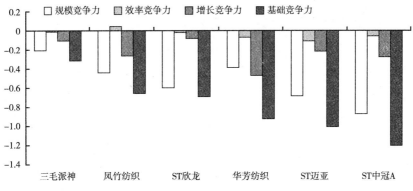

图20 第五组公司的竞争力值

6. 中小企业板块纺织报装上市公司的特点

2011 年，在中小企业板的 646 家监测企业中，纺织服装行业共占 32 家。从图 21 和表 10 可以看到，中小上市纺织服装企业的竞争力较强，整体竞争力要远远高于全行业平均水平。2011 年，纺织服装上市公司的基础竞争力均值为 0.0901，高于全行业平均水平 0.0428。其中，规模竞争力得分平均值为 0.0533，高于全行业均值 0.0241，增长竞争力得分平均值 0.0318，高于全行业均值 0.0099，但是效率竞争力略弱，得分平均值为 0.0050，低于全行业均值 0.0088。纵向对比来看，纺织业的基础竞争力以及各项子竞争力的得分均低于 2010 年的分值。与往年一样，中小纺织服装上市公司的竞争力仍然主要来自规模竞争力和增长竞争力，效率依然相对较差。

在中小板块中，2011 年竞争力位列于前百强的纺织服装上市公司有 8 家，

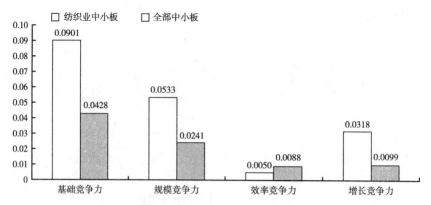

图 21　中小板块纺织服装上市公司与全行业上市公司竞争力得分平均

比 2010 年增加了 1 家。对于两年的排名来看，2011 年进入百强中小企业的纺织服装上市公司的竞争力排位相对提高。在百强中小企业中，我们特别关注华孚色纺。

华孚色纺竞争力的提升，主要得益于较快的增长态势。2011 年，华孚色纺的营业收入增长 6.78%，利润总额增长 12.24%，净利润增长 9.64%。华孚色纺的品牌影响力是其保持增长的重要原因之一。华孚色纺以"时尚原动力"作为品牌推广的基点。华孚色纺通过新工艺的运用来加强品牌的技术含量，自主创新了涡流色纺、气流色纺、花式色纺等多项色纺技术。经过多年的积淀，华孚色纺品牌在国际市场上已经具有了较大影响力，成为色纺市场标准的制定者。华孚色纺连续多年推出春夏秋冬两季流行色咭，多次组织参加国内外高端专业展会，并常常成为展会上的行业风向标。近年来，华孚色纺还举办了华孚杯色纺时尚设计大赛，通过一系列的推广活动来增加品牌的影响力。华孚色纺受到了众多品牌服装设计师的认可。正是品牌的建设使得华孚色纺获得了良好的增长性，越是在纺织行业经济形势不确定的状况下，良好品牌带来的信任度越容易使华孚色纺的产品受到顾客青睐。

表 10　在中小板块中排名前 100 位的纺织服装上市公司

股票代码	公司名称	2011 年排名	2010 年排名
002042. SZ	华孚色纺	6	55
002563. SZ	森马服饰	11	5
002269. SZ	美邦服饰	12	20
002503. SZ	搜 于 特	56	43
002293. SZ	罗莱家纺	59	87
002029. SZ	七 匹 狼	66	64
002394. SZ	联发股份	85	106
002612. SZ	朗姿股份	99	N

表11 中小板块纺织服装企业的竞争力分值与排名情况

证券代码	上市公司	竞争力分值				全行业排名				行业内基础竞争力排名
		基础竞争力	规模竞争力	效率竞争力	增长竞争力	基础竞争力	规模竞争力	效率竞争力	增长竞争力	
002042	华孚色纺股份有限公司	1.4002	0.5259	0.0043	0.8700	6	33	301	1	1
002563	浙江森马服饰股份有限公司	1.1987	0.7890	0.2617	0.1480	11	10	20	111	2
002269	上海美特斯邦威服饰股份有限公司	1.1945	0.7452	0.3452	0.1041	12	14	5	156	3
002503	东莞市搜于特服装股份有限公司	0.7341	0.1169	0.1346	0.4826	56	218	90	16	4
002293	罗莱家纺股份有限公司	0.6930	0.2880	0.1903	0.2146	59	114	48	70	5
002029	福建七匹狼实业股份有限公司	0.6487	0.3621	0.2494	0.0371	66	84	24	243	6
002394	江苏联发纺织股份有限公司	0.5804	0.3443	0.1475	0.0886	85	90	80	173	7
002612	朗姿股份有限公司	0.5225	0.0987	0.0746	0.3492	99	235	151	33	8
002154	浙江报喜鸟服饰股份有限公司	0.4518	0.2957	0.0325	0.1236	119	110	226	133	9
002327	深圳市富安娜家居用品股份有限公司	0.4517	0.1258	0.2003	0.1257	120	208	43	131	10
002083	孚日集团股份有限公司	0.2791	0.4487	-0.0760	-0.0936	173	60	488	469	11
002127	江苏新民纺织科技股份有限公司	0.2386	0.2350	-0.1319	0.1355	193	138	586	124	12
002087	河南新野纺织股份有限公司	0.2193	0.2841	-0.1127	0.0480	199	116	559	224	13
002397	湖南梦洁家纺股份有限公司	0.1838	0.0509	0.0602	0.0726	212	282	171	192	14
002291	佛山星期六鞋业股份有限公司	0.0808	0.1132	0.0040	-0.0364	267	223	302	384	15
002144	宏达高科控股股份有限公司	0.0668	-0.1122	-0.0390	0.2181	274	413	418	69	16

续表

证券代码	上市公司	竞争力分值				全行业排名				行业内基础竞争力排名
		基础竞争力	规模竞争力	效率竞争力	增长竞争力	基础竞争力	规模竞争力	效率竞争力	增长竞争力	
002070	福建众和股份有限公司	0.0589	0.0365	-0.0167	0.0390	281	295	353	239	17
002485	希努尔男装股份有限公司	0.0425	0.1447	-0.0114	-0.0908	299	196	341	461	18
002044	江苏三友集团股份有限公司	-0.0197	-0.2143	0.0872	0.1075	339	494	130	152	19
002404	浙江嘉欣丝绸股份有限公司	-0.0438	0.1228	-0.0079	-0.1587	351	213	333	540	20
002640	山西百圆裤业连锁经营股份有限公司	-0.0606	-0.2310	0.0141	0.1563	366	508	274	101	21
002015	江苏霞客环保色纺股份有限公司	-0.1076	0.0243	-0.1374	0.0054	389	305	594	303	22
002486	上海嘉麟杰纺织品股份有限公司	-0.1498	-0.0602	-0.1021	0.0125	414	370	543	292	23
002064	浙江华峰氨纶股份有限公司	-0.2348	0.0981	-0.1594	-0.1735	457	236	613	552	24
002634	浙江棒杰数码针织品股份有限公司	-0.2605	-0.3579	-0.0069	0.1043	471	587	330	155	25
002425	凯撒(中国)股份有限公司	-0.2785	-0.1997	-0.0238	-0.0549	480	478	374	406	26
002034	浙江美欣达印染集团股份有限公司	-0.4080	0.0044	0.1531	-0.5656	533	320	77	637	27
002036	宁波宜科科技实业股份有限公司	-0.5037	-0.3203	-0.0921	-0.0912	562	562	524	462	28
002193	山东济宁如意毛纺织股份有限公司	-0.5484	-0.2494	-0.0952	-0.2038	579	521	528	578	29
002239	江苏金飞达服装股份有限公司	-1.0586	-0.3666	-0.2133	-0.4786	625	592	631	630	30
002174	梅花伞业股份有限公司	-1.1562	-0.6639	-0.1918	-0.3006	631	632	627	613	31
002072	山东德棉股份有限公司	-1.3324	-0.7747	-0.3813	-0.1764	633	641	638	554	32

（四）市场不确定性下的经营模式选择——多元化主营业务与单一主营业务的比较

2011年中国经济的特点之一就是方方面面都充满了不确定性：国内外宏观经济形势复杂多变，相应的经济政策和产业政策也随机而动，如货币政策的灵活性不断加大、产业政策也在不断调整，最典型的例子则是对房地产市场的调控政策极大地影响了相关的企业。在这种市场不确定性下，企业的经营模式面临着两种选择：多元化主营业务与单一主营业务。多元化经营是出于企业不断寻求具有高利润率领域的驱动，以多元化来降低经营的风险；单一化经营则有利于企业在某个领域不断深化生产技术，获得竞争优势。在2010年度的报告中，已经对这两种模式进行了简单的比较，这里将根据新的形势再对此进行深入分析。

纺织服装行业的龙头企业中，既有采取多元化主营业务经营的，如鄂尔多斯、雅戈尔和航天通信，也有采用单一主营业务模式的，如鲁泰、九牧王和华孚色纺等。

在前文对上市公司的分析中，我们看到多元化经营其实是一把双刃剑，有利有弊，要运用好该模式也不是一件容易的事。

多元化经营，最重要的是选择合适的领域。这本身就是一项很困难的任务，需要对不同的产业和领域都有较深入的了解，尤其是对领域未来发展的判断十分关键。因为一旦进入之后，就有了较大的沉没成本，即使将来发现不合适，在逐步收缩业务的过程中也会有较大的损耗。以雅戈尔为例，其以品牌服装的生产、地产开发等为主营业务，虽然2010年房地产开发为企业带来了较高的盈利（见图23），但2011年房地产业务受到调控政策的影响，业务收入大幅萎缩，影响了公司总体的增长竞争力。对比2007~2011年五年间雅戈尔的品牌服装经营和地产开发业务，从营业利润率来看，只有2008年房地产开发的利润率高于品牌服装经营；从营业利润来看，只有2010年房地产开发的利润额略高于品牌服装经营。而经营多元化的业务，则要求雅戈尔付出更多的精力来分析不同行业的发展趋势。在市场不确定性较大的环境下，如果雅戈尔长期专注于品牌服装的生产，或许会获得更高的收益。

专注于单一的主营业务，往往会使企业能够更加集中精力和资源来开发新技术、新产品，更专注的推广品牌，从而给企业带来较好的回报。例如，鲁泰纺织

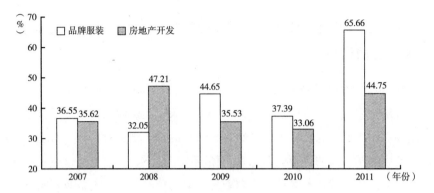

图22　2007～2011年雅戈尔主营业务的营业利润率

资料来源：《雅戈尔集团股份有限公司年度报告》。

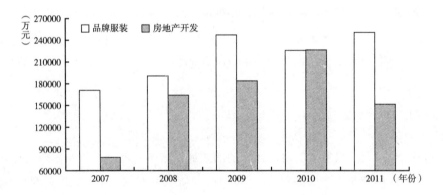

图23　2007～2011年雅戈尔主营业务的营业利润

资料来源：根据《雅戈尔集团股份有限公司年度报告》计算而得。

股份有限公司长期专注于色织布产品的生产经营，在复杂的市场环境下，2011年的竞争力排名超过了过去一直在其前面的鄂尔多斯和雅戈尔。九牧王股份有限公司专注于品牌服装的生产，竞争力排名也有了大幅提升。

因此，到底哪种经营模式更能适应不确定的市场环境，企业需要根据自身的各种情况和环境进行综合而全面、深入的考虑。

（五）品牌与渠道——高利润率的保证

从前文对上市公司的分析来看，服装制造行业在中国仍然是一个非常具有前景的行业。服装生产经营的营业利润非常高，例如雅戈尔品牌服装生产的利润率甚至要高于房地产开发业务的利润率。而获取高利润的关键在于品牌和渠道的建设，尤其是在国内市场的品牌和渠道的建设。

首先，高知名度的品牌是获取较高市场占有率的重要条件，尤其是当人们的生活水平不断提高时，消费者对于产品的质量更加重视，品牌已经成为选购商品时的重要影响因素。仅以雅戈尔为例，同样的企业，差别不大的生产流程，品牌服装的营业利润率是65.66%，而服装代工的利润率仅有12.14%，不到品牌服装的1/5。同样是羊绒制品的生产，鄂尔多斯的品牌知识度较高，因此其利润率（37.17%）也相应比中银绒业的服饰产品（26.06%）高出约43%。同样是棉纱等纺织产品，航天通信集团下的纺织企业由于没有过硬的品牌作为支撑，其利润率就相对较低（7.19%），不到品牌较成熟的华孚色纺棉纺产品利润率的1/2，仅是知名品牌鲁泰色织布产品利润率的1/5。

其次，渠道建设对于产品销售和维持企业竞争力也有直接的影响。多样化的、能够给消费者带来便捷体验的广阔渠道，有利于促进产品的销售，提升企业的盈利能力。在纺织服装龙头企业中，渠道建设往往也是做得比较好的。鄂尔多斯多年来一直注重在服装产品内销渠道升级方面投入大量资源。雅戈尔的销售渠道也十分有效，一直根据自身产品的定位特点和品牌力度来调整，现在已经形成以自营专卖店、发展大型重点商场专厅为主线的特点，是国内少有的拥有完整覆盖一、二线城市高端核心零售商圈的高级男装服饰品牌零售商之一。九牧王的渠道战略是"直营与加盟并举"、"商场与专卖店两翼齐飞"，2011年末公司销售终

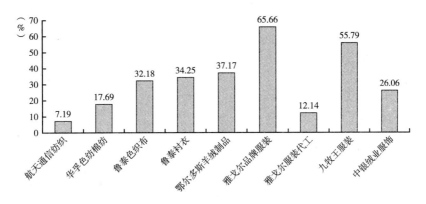

图24 2011年部分上市公司产品营业利润率

资料来源：各上市公司2011年年度报告。

141

端达到了 3140 家，这为"九牧王"品牌男裤连续十二年荣列同类产品市场综合占有率第一位、茄克连续四年荣列同类产品市场综合占有率第二位、商务休闲男装连续两年荣列同类产品市场综合占有率第一位奠定了重要的渠道基础。

可见，由于纺织服装行业进入壁垒较低、产品款式容易被模仿等行业特点，成功的纺织服装企业必须十分注重品牌和渠道的建设，才能获取有效的竞争优势。

机械行业企业竞争力分析

王燕梅

与 2010 年的机械行业企业竞争力报告相一致，在行业分析中，我们采用机械工业联合会的统计口径和统计数据；而在上市公司竞争力分析中，删去了其中属于汽车及其配件行业的企业，但增加了家用电器行业企业。2012 年，纳入机械行业上市公司竞争力分析的企业 157 家，与 2010 年数量相同，但其中有 13 家企业是新进入企业。另有 2010 年纳入分析的 13 家企业退出了机械行业。

一　2011 年和 2012 年上半年机械行业的运行情况

2011 年以来，中国机械工业行业运行中一个明显的变化就是，高速增长的势头出现了转折，进入 2012 年，增速下行的趋势进一步加剧。在 12 个工业行业中，机械工业 2010 年增速排第 1 位，2011 年排第 5 位，2012 年 1～4 月则降至倒数第 3 位。[1]产销增速下降的同时，盈利能力以更深幅度下行。

（一）生产及效益增速明显回落

按照机械工业联合会公布的统计数据，2011 年机械工业的工业总产值同比增长 25.06%，与"十一五"时期的年均增长 28.05% 相比，已经出现了回调，与 2010 年同期相比有了较大幅度的回落。进入 2012 年，机械工业的产销增速继续大幅回落，2012 年 1～6 月，工业总产值、工业销售产值同比增速分别为12.17% 和 11.69%，均低于 2010 年同期十余个百分点（见表 1）。而且，利润总额增幅出现了多年来少见的大大低于同期产销增幅的现象，2012 年 1～5 月实现利润同比增长仅为 1.69%。

---

① 《增速倒数第三　机械工业下行压力增大》，《中国工业报》2012 年 6 月 5 日。

表1　2011年至2012年上半年机械工业增长情况

单位：%

时　期	工业总产值		工业销售产值		利润总额	
	同比增长率	上年同比增长率	同比增长率	上年同比增长率	同比增长率	上年同比增长率
2011年1～12月	25.06	33.9	25.4*	34.09*	21.14	52.7
2012年1～3月	13.27	29.11	12.51	29.12	1.24	—
2012年1～4月	12.13	25.13	11.45	—	—	—
2012年1～5月	11.94	26.95	11.55	26.81	1.69	22.41
2012年1～6月	12.17	27.08	11.69	26.73	—	—

注：＊表示1～11月数据。

资料来源：根据机械工业联合会公布数据整理。

（二）固定资产投资增长趋缓

2011年，机械工业累计完成固定资产投资27846亿元，同比增长37.49%，增幅比2010年上升7.14个百分点。在全国固定资产投资增速回落的背景下，机械工业投资仍延续了多年来的强劲增长势头。进入2012年，机械工业固定资产投资增速开始出现大幅下降，但仍明显高于全社会固定资产投资，也高于制造业的固定资产投资增速。固定资产投资增速的回落有利于缓解机械工业的产能过剩，但也一定程度上反映出机械企业的投资意愿下降（见图1）。

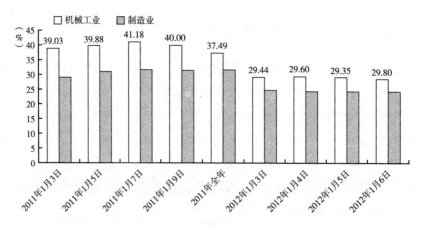

图1　2011～2012年主要月份固定资产投资增速变化情况

资料来源：根据机械工业联合会公布数据整理。

（三）机械产品出口增速下降、进口出现负增长

据海关统计，2011 年机械工业出口 3217.73 亿美元，同比增长 22.84%；进口 3094.28 亿美元，同比增长 21.18%，进出口增长率均基本恢复到 2008 年之前的水平。2012 年 1～6 月，机械工业累计实现出口 1727.39 亿美元，同比增长 15.3%，增速出现较大幅度回落；进口 1476.3 亿美元，同比增长 -1.96%（见表 2）。

表 2　2010 年以来机械工业进出口情况

单位：亿美元，%

时　期	出口额	进口额	贸易顺差	贸易竞争力指数	出口同比增长率	进口同比增长率
2010 年	2584.83	2553.47	31.36	1.0061	36.40	41.14
2011 年	3217.73	3094.28	123.45	1.0196	22.84	21.18
2012 年 1～6 月	1727.39	1476.3	251.09	1.0784	15.3	-1.96

资料来源：根据机械工业联合会统计数据整理和计算。

从 2012 年上半年的情况来看，尽管贸易竞争力指数出现了上升，但这种上升是在出口增长大幅下降、进口负增长的情况下出现的，并不一定意味着竞争力的真正提高。由于进口机械产品中，机械设备和中间投入品占较大比重，机械产品进口额的绝对下降，往往是国内固定资产投资和制造业生产下降的反映。

（四）机械产品出厂价格指数进入下降通道

2011 年上半年，机械产品出厂价格指数还稳定在 100% 以上，8 月开始进入下降通道，到 11 月开始低于 100%，机械工业部门工业品出厂价格进入持续下降阶段。但与工业品价格指数相比，机械产品价格指数下降幅度较小。2011 年前 3 季度，工业品出厂价格指数还在 106%～107% 的水平高位运行，2012 年 3 月即下降到 100% 以下（见图 2）。这一状况与 2008 年下半年至 2009 年初的情况极其相似，说明与全部工业品的整体情况相比，机械工业产品价格有更强的稳定性。

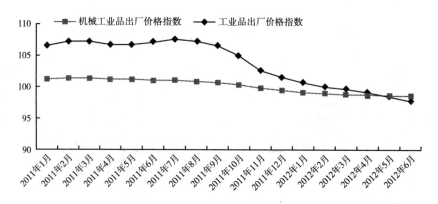

图2 2011年1月至2012年6月工业品出厂价格指数

资料来源：中国统计数据应用支持系统。

二 2011年机械行业主板上市公司基础数据分析

根据中国社会科学院中国产业与企业竞争力研究中心的监测范围，截至2011年12月31日，中国沪深两市主板上市公司中机械行业上市公司（不含汽车及其配件）有157家。

157家上市公司的财务数据显示，截至2011年底，机械行业主板上市公司拥有总资产16905.19亿元、员工109.91万人，当年实现营业收入12497.27亿元、净利润833.23亿元，分别占全部制造业主板上市公司的24.70%、24.80%和20.21%、25.89%（见表3）。机械行业在主板上市的制造业公司中占较大比重。表3中机械行业上市公司占制造业的各项比重，与2010年相比大多没有较大变化，但财务费用占比从2010年的10.28%上升到了16.08%，反映了2011年机械企业的融资成本较其他制造行业有大幅上升。

从机械行业上市公司户均指标及制造业上市公司户均指标比较来看，机械行业上市公司的户均规模仍高于全部制造业上市公司的平均水平。机械行业上市公司户均总资产和员工人数分别为制造业上市公司户均水平的1.13倍和1.13倍，营业收入为0.92倍，但户均净利润为制造业上市公司户均水平的1.18倍。这表明2011年机械行业上市公司仍然具有较强的盈利能力（见表4）。

表3　2011年机械行业主板上市公司主要指标及占制造业比重

单位：万人，亿元，%

项　目	员工人数	总资产	负债	营业收入	财务费用	利润总额	净利润	营业税金及附加
制造业上市公司	443.28	68433.29	40695.92	61848.86	900.37	3951.40	3218.29	621.96
机械行业上市公司	109.91	16905.19	10696.46	12497.27	144.78	985.26	833.23	65.18
机械行业上市公司比重	24.80	24.70	26.28	20.21	16.08	24.93	25.89	10.48

注：机械行业上市公司比重为占全部制造业上市公司比重。
资料来源：中国社会科学院中国产业与企业竞争力研究中心的监测数据计算。

表4　机械行业上市公司户均指标及制造业上市公司户均指标比较

单位：万人，亿元

项　目	员工人数	总资产	负债	营业收入	财务费用	企业所得税	净利润	营业税金及附加
制造业上市公司	0.62	95.44	56.76	86.26	1.26	5.51	4.49	0.87
机械行业上市公司	0.70	107.68	68.13	79.60	0.92	6.28	5.31	0.42
机械行业/制造业	1.13	1.13	1.20	0.92	0.73	1.14	1.18	0.48

资料来源：中国社会科学院中国产业与企业竞争力研究中心的监测数据计算。

三　机械行业主板上市公司基础竞争力

本部分的基础竞争力是根据各上市公司2011年年报数据得出的，由规模竞争力、效率竞争力和增长竞争力三部分组成。

（一）机械行业主板上市公司基础竞争力得分分布

根据中国社会科学院中国产业与企业竞争力研究中心的测算，2011年，全部1385家主板上市公司的基础竞争力得分区间为（1.3152，－2.0007），得分为

0 表示该上市公司基础竞争力刚好处于本行业内上市公司的平均水平，得分为正值表示该上市公司基础竞争力高于行业平均水平，得分为负值表示该上市公司基础竞争力低于行业平均水平。其中，机械行业主板上市公司 157 家基础竞争力得分区间为（1.3152，－1.6378）。在全部主板上市公司的基础竞争力得分排名（剔除股权置换资产重组后的结果）中，机械行业企业徐工机械（000425.SZ）从 2010 年的第 2 名上升到第 1 名。机械行业主板上市公司中，88 家得分为正值，69 家得分为负值（见图 3）。

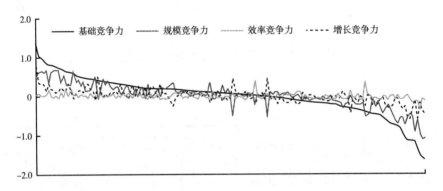

图 3　机械行业主板 157 家上市公司基础竞争力得分分布

与 2010 年相比，机械行业主板上市公司的基础竞争力得分区间有所收敛，最高得分企业与最低得分企业的基础竞争力绝对值都低于 2010 年。这表现在得分分组上就是，最高竞争力组别和最低竞争力组别的企业数都较 2010 年有所下降；而得分在零值附近的两个组别企业数增多，表明在行业从高速增长进入平稳增长时期后，企业竞争力较 2010 年表现更为平均化。

（二）主要分行业基础竞争力得分分布

从所涉及的行业来看，157 家上市公司主要集中在以下几个行业：电气设备 40 家，工程机械 12 家，航空航天制造、基础件、家电各 11 家，内燃机 10 家，仪器仪表 7 家，摩托车、自行车及配件与船舶及港口机械各 6 家，机床、纺织机械各 5 家，矿山设备 4 家，压缩机、冶金设备、医疗器械各 3 家，铁路运输设备 2 家，其他行业 18 家。

从各分行业的户均基础竞争力得分来看，电气设备、工程机械、航空航

天制造、家电、船舶及港口机械、机床、矿山设备、压缩机、铁路运输设备
等高于机械行业平均水平，而基础件、内燃机、仪器仪表、摩托车自行车及
配件、纺织机械、冶金设备、医疗器械低于机械行业平均水平，基本与2010
年相同。

表5 机械行业上市公司主要分行业基础竞争力得分

单位：家

行 业	公司数量	基础竞争力得分区间	户均基础竞争力得分	户均规模竞争力得分	户均效率竞争力得分	户均增长竞争力得分
电气设备	40	(−1.1797,0.7037)	0.0515	0.0205	0.0097	0.0213
工程机械	12	(−0.3427,1.3152)	0.4073	0.2666	0.0104	0.1302
航空航天制造	11	(−0.1876,0.4527)	0.0985	0.0797	−0.0270	0.0519
基础件	11	(−1.5307,0.3218)	−0.2584	−0.1852	−0.0746	0.0015
家电	11	(−0.4522,0.8525)	0.3922	0.2880	0.0190	0.0851
内燃机	10	(−0.7867,0.4821)	−0.0700	−0.0812	0.0301	−0.0189
仪器仪表	7	(−0.7486,0.0196)	−0.3086	−0.1916	−0.0373	−0.0797
摩托车、自行车及配件	6	(−1.3249,0.2104)	−0.6161	−0.3241	0.0234	−0.3154
船舶及港口机械	6	(−0.1924,0.9882)	0.2717	0.3035	0.0224	−0.0541
机床	5	(−0.2055,0.2485)	0.0065	0.0246	−0.0395	0.0214
纺织机械	5	(−0.5507,0.6507)	−0.1288	−0.0999	0.0048	−0.0337
矿山设备	4	(−0.0591,0.7163)	0.3759	0.2491	0.0559	0.0708
压缩机	3	(0.1571,0.3707)	0.2399	0.2060	−0.0126	0.0465
冶金设备	3	(−0.6554,0.0726)	−0.1704	0.0017	−0.0557	−0.1164
医疗器械	3	(−1.6378,0.2611)	−0.5626	−0.4017	−0.0738	−0.0871
铁路运输设备	2	(0.7800,0.7931)	0.7866	0.6729	−0.0538	0.1674

资料来源：中国社会科学院中国产业与企业竞争力研究中心的监测数据计算。

从主要分行业企业的竞争力得分分布来看，行业之间的强弱格局保持了基本
的稳定。以基础竞争力得分大于0的企业比重来衡量，电气设备、工程机械、航
空航天、家电、船舶及港口机械、矿山设备、压缩机、冶金设备、铁路运输设备
等分行业保持了较强的竞争力。其中，铁路运输设备行业只有中国北车
（601299. SH）和中国南车（601766. SH）2家企业，基础竞争力分别为0.7931
和0.7800，在机械行业基础竞争力排名中位列第8和第10；工程机械和家电行
业的竞争力表现也较为突出，工程机械12家企业中，基础竞争力超过机械行业

平均水平的有 10 家，徐工机械（000425.SZ）、三一重工（00031.SH）和中联重科（000157.SZ）分别为机械行业竞争力排名的第 1、2、4 位；家电行业 11 家企业中，基础竞争力超过机械行业平均水平的有 10 家，美的电器（000527.SZ）、小天鹅 A（000418.SZ）、青岛海尔（600690.SH）、格力电器（000651.SZ）分别为机械行业竞争力排名的第 5、6、7、9 位。而基础件、仪器仪表和摩托车、自行车及配件等行业的企业竞争力仍然较弱（见图 4）。

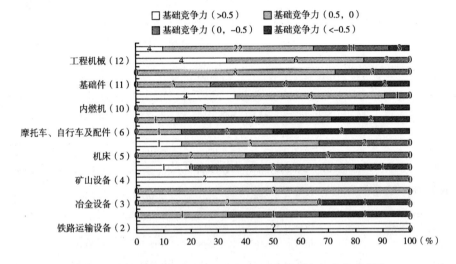

图 4　机械行业主板上市公司主要分行业基础竞争力得分分布

注：图中数字为该得分区间的企业数。
资料来源：中国社会科学院中国产业与企业竞争力研究中心的监测数据计算。

（三）机械行业主板上市公司各组别基础竞争力得分分析

由于机械行业主板中上市公司较多，这里仍然根据基础竞争力得分的 4 个区间，即（1.3152，0.5）、（0.5，0）、（0，−0.5）和（−0.5，−1.6378），将机械行业主板上市公司分为 4 组进行分析。基础竞争力最强的组别有 18 家，最弱的组别有 19 家，企业数都相对较少；较强的组别有 70 家，较弱的组别有 50 家，相对较多（见表 6）。与 2010 年情况相比有两个明显的变化，一个是基础竞争力高于行业平均水平的两个组别中，户均效率竞争力均出现了大幅下降；另一个是基础竞争力最强和最弱的组别，企业数都出现了下降，尤其是第一组的企业从 28 家大幅减少到 18 家。

表6　机械行业157家主板上市公司各组别竞争力得分

单位：家

组　别	公司数量	基础竞争力得分区间	户均基础竞争力得分	户均规模竞争力得分	户均效率竞争力得分	户均增长竞争力得分
第一组	18	1.3152 ~ 0.5	0.7892	0.5204	0.0484	0.2204
第二组	70	0.5 ~ 0	0.2047	0.1281	- 0.0005	0.0772
第三组	50	0 ~ - 0.5	- 0.1927	- 0.1079	- 0.0044	- 0.0804
第四组	19	- 0.5 ~ - 1.6378	- 0.9925	- 0.6189	- 0.0846	- 0.2890

资料来源：中国社会科学院中国产业与企业竞争力研究中心的监测数据计算。

1. 第一组的特点

第一组的18家企业在全部主板上市公司（剔除了股权置换、资产重组企业）中排第1~130位，基础竞争力得分区间为1.3152~0.5250，户均基础竞争力得分0.7892，户均规模竞争力、效率竞争力和增长竞争力得分分别为0.5204、0.0484和0.2204，在机械行业上市公司中综合优势十分突出（见表7）。这些企业较强的基础竞争力主要来源于规模和增长。

这18家企业经历了2009年以来的宏观经济形势变化和市场波动，大多保持了稳定的竞争优势。工程机械行业的徐工机械（000425.SZ）、三一重工（00031.SH）和中联重科（000157.SZ）3家企业竞争力最为稳定和突出；家电行业的美的电器（000527.SZ）、小天鹅A（000418.SZ）、青岛海尔（600690.SH）和格力电器（000651.SZ）也保持了较高的竞争力水平。而受风电行业景气的影响，2010年主板全部上市公司和机械行业均排名第1的华锐风电（601558.SH）位次出现了较大幅度的下降。

基础竞争力得分高于0.5的18家企业中，以规模取胜（规模竞争力排名高于效率竞争力和增长竞争力）的企业最多，包括：基础竞争力排名第3的中国重工、第4的中联重科、第5的美的电器、第7的青岛海尔、第9的格力电器，以及第8的中国北车、第10的中国南车、第12的东方电气、第16的上海电气、第18的柳工。主要以增长速度取胜的包括：排名第1和第2的徐工机械和三一重工，以及排名第14的经纬纺机。尽管2011年上市公司的效率竞争力普遍下降，但在第一组中还是有一些企业以效率取胜，包括：排名第6的小天鹅A、第11的天地科技、第13的冠城大通、第15的郑煤机、第17的华锐风电。与经营绩效

表7　机械行业主板上市公司第一组别竞争力得分及排名

股票简称	规模竞争力		效率竞争力		增长竞争力		基础竞争力		
	得分	行业内排名	得分	行业内排名	得分	行业内排名	得分	行业内排名	全部主板上市公司中排名
徐工机械	0.5371	11	0.0380	38	0.7402	1	1.3152	1	1
三一重工	0.6257	9	0.0829	18	0.3535	5	1.0622	2	6
中国重工	0.6450	6	0.0279	44	0.3153	11	0.9882	3	10
中联重科	0.6276	8	0.0199	49	0.3138	12	0.9612	4	13
美的电器	0.6861	1	0.0392	37	0.1271	35	0.8525	5	23
小天鹅A	0.3147	23	0.1757	5	0.3370	6	0.8274	6	25
青岛海尔	0.6282	7	0.0072	61	0.1873	21	0.8227	7	28
中国北车	0.6726	3	-0.0626	121	0.1832	22	0.7931	8	30
格力电器	0.6669	4	0.0063	62	0.1117	41	0.7849	9	32
中国南车	0.6733	2	-0.0449	103	0.1516	28	0.7800	10	36
天地科技	0.3732	16	0.1211	7	0.2219	18	0.7163	11	50
东方电气	0.5658	10	-0.0231	86	0.1609	25	0.7037	12	53
冠城大通	0.3025	26	0.2140	3	0.1430	29	0.6596	13	62
经纬纺机	0.2963	28	0.0185	52	0.3359	7	0.6507	14	64
郑煤机	0.3120	24	0.1761	4	0.1335	33	0.6216	15	73
上海电气	0.6607	5	0.0098	57	-0.0587	103	0.6118	16	75
华锐风电	0.3564	18	0.0893	14	0.0845	49	0.5302	17	125
柳　工	0.4236	14	-0.0235	88	0.1249	37	0.5250	18	130

注：主板总排名中剔除了股权置换、资产重组企业。

资料来源：中国社会科学院中国产业与企业竞争力研究中心的监测数据计算。

和增长速度相比，规模是更为稳定的企业竞争力的支撑，因而2010年以规模取胜的企业在2011年竞争力测评中大多依然以规模取胜并保持了较强的竞争力水平。排名第4的中联重科仍然在规模竞争力和增长竞争力方面处于较高水平；排名第6的小天鹅则在效率竞争力和增长竞争力两方面较强。

从所属分行业来看，基础竞争力最为突出的18家上市公司主要集中在以下几个行业：工程机械4家（徐工机械、三一重工、中联重科、柳工），家电4家（美的电器、小天鹅、青岛海尔、格力电器），电气设备4家（东方电气、冠城大通、上海电气、华锐风电），铁路运输设备2家（中国南车、中国北车），矿山设备2家（天地科技、郑煤机），纺织机械1家（经纬纺机），船舶及港口机械1家（中国重工）。其中，中国重工是继2010年竞争力下降后重回第一组；经纬纺机则是实现了竞争力的大幅提升，从2009年的行业内第152位上升到2010年的第55位，进而是2011年的第14位。

结合各企业所处行业来看，工程机械企业都表现出较强的规模竞争力，徐工机械、三一重工、中联重科同时还具有较强的增长竞争力，因而基础竞争力表现突出；4 家家电企业中，除小天鹅外都是以规模竞争力最为突出；铁路运输设备的 2 家企业胜在突出的规模竞争力，而在效率竞争力方面处于劣势。

2. 第二组的特点

第二组的 70 家企业在全部主板上市公司中排名第 157～780 位，基础竞争力得分区间为 0.4821～0.0067，户均基础竞争力得分为 0.2047，户均规模竞争力、效率竞争力、增长竞争力得分分别为 0.1281、－0.0005 和 0.0772。这一组的企业数最多，一些从第一组中退出的企业，以及大量机械行业上市公司中综合优势不太突出的企业集中在这一组中，但基础竞争力仍高于行业平均水平。

这一组有 5 家新上市企业，分别是生产蓄电池的骆驼股份、基础件行业的恒立油缸、生产多晶硅及设备的京运通、生产电能表及终端的三星电气，以及仪器仪表行业的林洋电子。

从所涉及的行业来看，基础竞争力较强的 70 家上市公司主要集中在以下几个行业：电气设备 22 家，占全部电气设备企业（40 家）的 55%；工程机械 6 家，占全部工程机械企业（12 家）的 50%；航空航天制造 8 家，占全部航空航天制造企业（11 家）的 73%；基础件 3 家，占全部基础件企业（11 家）的 27%；家电 6 家，占全部家电企业（11 家）的 55%；内燃机 5 家，占全部内燃机企业（10 家）的 50%；仪器仪表 1 家，占全部仪器仪表企业（7 家）的 14%；摩托车、自行车及配件 1 家，占全部摩托车、自行车及配件企业（6 家）的 17%；机床 2 家，占全部机床企业（5 家）的 40%；船舶及港口机械 3 家，占全部船舶及港口机械企业（6 家）的 50%；矿山设备 1 家，占全部矿山设备企业（4 家）的 25%；压缩机 3 家，占全部压缩机企业（3 家）的 100%；冶金设备 2 家，占全部冶金设备企业（3 家）的 67%；医疗机械企业 1 家，占全部医疗器械企业（3 家）的 33%。

这一组企业的突出优势较为分散。其中，规模竞争力较强的企业有中国船舶、特变电工、上海机电、山推股份、振华重工、中国一重、厦工股份、ST 科龙、太原重工、正泰电器等。效率竞争力较强的企业有四方股份、汇通能源、双良节能、许继电气、振华重工、骆驼股份、国电南自等；增长效率竞争力较强的企业有众合机电、ST 宝诚、上柴股份、恒立油缸、银星能源、合肥三洋、新华医疗、航天科技、ST 唐陶、南通科技、航天动力、中航重机等。

表8　机械行业主板上市公司第二组别竞争力得分及排名

股票简称	规模竞争力		增长竞争力		效率竞争力		基础竞争力		
	得分	行业内排名	得分	行业内排名	得分	行业内排名	得分	行业内排名	全部主板上市公司中排名
威孚高科	0.2707	31	0.0568	27	0.1546	27	0.4821	19	157
山推股份	0.3570	17	0.0161	54	0.1047	42	0.4778	20	159
合肥三洋	0.1418	47	0.0227	47	0.2963	13	0.4607	21	169
上柴股份	0.1665	45	-0.0433	101	0.3334	8	0.4567	22	172
中航重机	0.1946	40	0.0677	21	0.1904	20	0.4527	23	174
厦工股份	0.3257	21	-0.0208	84	0.1274	34	0.4322	24	188
中国船舶	0.5182	12	0.0124	56	-0.1098	119	0.4208	25	196
众合机电	-0.0540	106	-0.0502	109	0.5116	2	0.4074	26	212
骆驼股份	0.1356	51	0.0861	16	0.1785	23	0.4001	27	222
特变电工	0.4362	13	-0.0316	93	-0.0062	74	0.3983	28	223
正泰电器	0.3000	27	0.0044	64	0.0840	50	0.3884	29	231
上海机电	0.3898	15	0.0083	59	-0.0148	81	0.3832	30	235
海立股份	0.2439	32	0.0095	58	0.1173	40	0.3707	31	249
许继电气	0.1791	42	0.0906	13	0.0728	52	0.3425	32	277
美菱电器	0.2335	36	-0.0411	98	0.1392	30	0.3316	33	290
精达股份	0.2395	34	0.0281	43	0.0605	57	0.3281	34	295
恒立油缸	0.0191	82	-0.0266	91	0.3293	9	0.3218	35	304
国电南自	0.1374	50	0.0829	17	0.0983	47	0.3186	36	311
安徽合力	0.2317	37	0.0187	51	0.0640	55	0.3144	37	321
广船国际	0.2818	29	0.0607	26	-0.0752	110	0.2673	38	372
京 运 通	0.0862	59	0.0230	46	0.1563	26	0.2655	39	379
新华医疗	0.0285	80	-0.0444	102	0.2770	14	0.2611	40	386
双良节能	0.1729	44	0.0956	12	-0.0157	82	0.2528	41	399
南通科技	-0.0156	97	0.0017	67	0.2624	17	0.2485	42	404
宝胜股份	0.1450	46	0.0393	36	0.0590	58	0.2432	43	415
航空动力	0.2380	35	-0.0412	99	0.0456	59	0.2424	44	417
航天科技	-0.0508	104	0.0040	65	0.2735	15	0.2266	45	439
太原重工	0.3101	25	-0.0712	129	-0.0140	78	0.2248	46	443
航天动力	-0.0330	100	0.0305	42	0.2156	19	0.2131	47	459
ST 唐 陶	0.0043	89	-0.0557	112	0.2630	16	0.2117	48	460
科达机电	0.1062	55	-0.0185	82	0.1238	38	0.2115	49	461
宗申动力	0.1788	43	0.0480	33	-0.0164	83	0.2104	50	464
银星能源	-0.0263	99	-0.0877	142	0.3242	10	0.2101	51	465
沈阳机床	0.2298	38	-0.0613	119	0.0324	63	0.2010	52	489
湘电股份	0.1967	39	-0.0865	141	0.0847	48	0.1948	53	494

续表

股票简称	规模竞争力		增长竞争力		效率竞争力		基础竞争力		
	得分	行业内排名	得分	行业内排名	得分	行业内排名	得分	行业内排名	全部主板上市公司中排名
陕鼓动力	0.2426	33	-0.0379	95	-0.0129	77	0.1918	54	500
ST 科 龙	0.3176	22	-0.0089	76	-0.1240	125	0.1847	55	510
振华重工	0.3478	19	0.0881	15	-0.2568	144	0.1791	56	519
龙净环保	0.1407	49	0.0728	20	-0.0435	97	0.1700	57	528
四方股份	0.0523	72	0.1097	9	0.0071	70	0.1692	58	530
卧龙电气	0.1146	54	0.0655	22	-0.0121	76	0.1681	59	536
三星电气	0.0889	58	-0.0605	118	0.1379	31	0.1662	60	538
华意压缩	0.1314	52	-0.0095	78	0.0352	61	0.1571	61	554
澳柯玛	0.0684	66	-0.0562	114	0.1349	32	0.1471	62	568
华仪电气	0.0010	92	0.0654	23	0.0706	53	0.1370	63	586
航天电子	0.1409	48	-0.0018	70	-0.0144	80	0.1247	64	602
潍柴重机	0.0631	70	-0.0597	116	0.1186	39	0.1220	65	609
中航动控	0.0634	69	-0.0689	127	0.1254	36	0.1200	66	611
佛山照明	0.0974	57	0.0456	35	-0.0247	90	0.1183	67	613
飞乐音响	0.0439	74	0.0525	31	0.0052	71	0.1016	68	639
烟台冰轮	0.0174	84	-0.0089	77	0.0833	51	0.0919	69	650
上风高科	0.0176	83	-0.0321	94	0.1002	46	0.0857	70	657
中国一重	0.3258	20	-0.0957	147	-0.1576	130	0.0726	71	679
汇通能源	-0.0678	108	0.1042	10	0.0353	60	0.0717	72	680
金自天正	-0.0680	109	0.0363	39	0.1033	43	0.0716	73	681
华光股份	0.1190	53	-0.0469	106	-0.0142	79	0.0579	74	698
北方股份	0.0304	79	-0.0013	69	0.0253	65	0.0544	75	704
西飞国际	0.2809	30	-0.0887	143	-0.1433	128	0.0488	76	712
阳光照明	0.0727	64	-0.0062	75	-0.0199	86	0.0466	77	716
天威保变	0.1918	41	-0.0287	92	-0.1166	124	0.0465	78	717
常林股份	0.0664	68	-0.0022	71	-0.0178	84	0.0465	79	718
ST 宝 诚	-0.4891	141	0.0654	24	0.4649	3	0.0412	80	728
光电股份	-0.0365	101	-0.0841	138	0.1615	24	0.0409	81	729
晋亿实业	0.0692	65	-0.0233	87	-0.0207	87	0.0251	82	750
成发科技	-0.0042	93	-0.0044	74	0.0335	62	0.0249	83	751
林洋电子	0.0396	75	-0.0519	110	0.0320	64	0.0196	84	761
全柴动力	0.0141	86	-0.0993	149	0.1033	44	0.0181	85	765
杭齿前进	0.0748	63	-0.0539	111	-0.0033	73	0.0176	86	766
广电电气	0.0118	87	0.0649	25	-0.0633	105	0.0134	87	771
江淮动力	0.0680	67	-0.0041	73	-0.0572	101	0.0067	88	780

注：主板总排名中剔除了股权置换、资产重组企业。

资料来源：中国社会科学院中国产业与企业竞争力研究中心的监测数据计算。

3. 第三组的特点

第三组的50家企业在全部主板上市公司中排名第798～1150位，基础竞争力得分区间为 $-0.0011～-0.4741$，户均基础竞争力得分为 -0.1927，户均规模竞争力、效率竞争力和增长竞争力得分分别为 -0.1079、-0.0044 和 -0.0804。这一组的企业是机械行业上市公司中综合优势较差，低于行业平均水平的企业集合。

这一组中有2家新上市企业，生产船用锚链、船舶配件的亚星锚链与生产石化及其他工业专用设备的蓝科高新。

从所涉及的行业来看，基础竞争力较弱的50家上市公司主要集中在以下几个行业：电气设备11家，占全部电气设备企业（40家）的28%；工程机械2家，占全部工程机械企业（12家）的17%；航空航天制造3家，占全部航空航天制造企业（11家）的27%；基础件6家，占全部基础件企业（11家）的55%；家电1家，占全部家电企业（11家）的9%；内燃机3家，占全部内燃机企业（10家）的30%；仪器仪表4家，占全部仪器仪表企业（7家）的57%；摩托车、自行车及配件2家，占全部摩托车、自行车及配件企业（6家）的33%；机床3家，占全部机床企业（5家）的60%；纺织机械3家，占全部纺织机械企业（5家）的60%；船舶及港口机械2家，占全部船舶及港口机械企业（6家）的33%；医疗机械企业1家，占全部医疗器械企业（3家）的33%；矿山设备1家，占全部矿山设备企业（4家）的25%。

这一组企业中，规模竞争力、效率竞争力和增长竞争力都处于较低水平。总体来看，位次相对靠后的企业，规模竞争力的排名位次要低于增长竞争力和效率竞争力。

表9　机械行业主板上市公司第三组别竞争力得分及排名

股票简称	规模竞争力		增长竞争力		效率竞争力		基础竞争力		
	得分	行业内排名	得分	行业内排名	得分	行业内排名	得分	行业内排名	全部主板上市公司中排名
＊ST方向	-0.2260	131	0.4145	1	-0.1896	137	-0.0011	89	—
吉鑫科技	0.0317	77	0.0040	66	-0.0405	95	-0.0049	90	798
秦川发展	0.0082	88	-0.0423	100	0.0236	67	-0.0105	91	806
长城电工	-0.0081	96	-0.0684	124	0.0614	56	-0.0151	92	814
亚星锚链	0.0519	73	0.0171	53	-0.1017	118	-0.0327	93	832
ST泰复	-0.5304	145	0.0472	34	0.4480	4	-0.0352	94	837
泰豪科技	0.0786	60	-0.0763	135	-0.0504	100	-0.0481	95	854
大冷股份	0.0306	78	-0.0175	81	-0.0636	106	-0.0506	96	859
哈飞股份	0.0766	62	-0.0863	140	-0.0436	98	-0.0533	97	862

续表

股票简称	规模竞争力		增长竞争力		效率竞争力		基础竞争力		
	得分	行业内排名	得分	行业内排名	得分	行业内排名	得分	行业内排名	全部主板上市公司中排名
风帆股份	0.1038	56	0.0550	28	−0.2148	138	−0.0560	98	866
江钻股份	0.0013	91	−0.0024	72	−0.0581	102	−0.0591	99	871
洪都航空	0.0528	71	−0.0390	96	−0.0742	109	−0.0604	100	872
万家乐	0.0150	85	0.0805	19	−0.1631	131	−0.0676	101	881
苏常柴 A	0.0780	61	0.0230	45	−0.1814	135	−0.0804	102	889
平高电气	0.0331	76	0.0532	29	−0.1687	134	−0.0824	103	892
龙溪股份	−0.0751	111	0.0124	55	−0.0296	92	−0.0923	104	898
置信电气	−0.0046	94	0.0525	30	−0.1532	129	−0.1053	105	906
德赛电池	0.0221	81	0.0968	11	−0.2280	140	−0.1091	106	908
＊ST 华控	−0.0442	103	0.1143	8	−0.1821	136	−0.1119	107	912
襄阳轴承	−0.1334	120	−0.0577	115	0.0687	54	−0.1223	108	927
北方导航	−0.0370	102	0.0191	50	−0.1111	120	−0.1291	109	933
蓝科高新	−0.0783	112	−0.0615	120	−0.0068	75	−0.1466	110	947
标准股份	−0.1138	117	−0.0499	108	0.0083	69	−0.1554	111	954
金马股份	−0.0996	114	−0.0834	136	0.0247	66	−0.1582	112	960
凤凰光学	−0.0709	110	−0.0691	128	−0.0327	93	−0.1727	113	970
菲达环保	−0.0668	107	−0.0470	107	−0.0703	107	−0.1842	114	985
航天长峰	−0.0820	113	−0.0685	126	−0.0371	94	−0.1876	115	989
中船股份	−0.0240	98	−0.0718	130	−0.0967	116	−0.1924	116	998
青海华鼎	−0.1036	115	0.0017	68	−0.0989	117	−0.2009	117	1001
云内动力	−0.0526	105	−0.0123	80	−0.1359	127	−0.2009	118	1002
昆明机床	0.0042	90	−0.0972	148	−0.1125	121	−0.2055	119	1004
百利电气	−0.1232	119	−0.0685	125	−0.0192	85	−0.2108	120	1011
中核科技	−0.1175	118	−0.0719	131	−0.0260	91	−0.2154	121	1016
长征电气	−0.1604	122	0.0333	41	−0.0921	115	−0.2193	122	1019
京山轻机	−0.1873	126	−0.0457	105	−0.0428	96	−0.2757	123	1049
中发科技	−0.3168	134	−0.0655	123	0.1029	45	−0.2794	124	1052
＊ST 二纺	−0.2051	127	−0.0736	132	−0.0026	72	−0.2814	125	1054
中路股份	−0.1769	124	−0.0397	97	−0.0872	111	−0.3037	126	1070
上工申贝	−0.0060	95	0.1495	6	−0.4506	154	−0.3070	127	1074
华润万东	−0.1646	123	−0.0559	113	−0.0907	113	−0.3112	128	1078
河北宣工	−0.2052	128	−0.0456	104	−0.0915	114	−0.3423	129	1093
ST 建机	−0.2109	129	0.0350	40	−0.1668	133	−0.3427	130	1094
宝光股份	−0.2223	130	−0.1101	151	−0.0235	89	−0.3559	131	1098
自仪股份	−0.1820	125	−0.0747	134	−0.1160	122	−0.3727	132	1107
＊ST 中华 A	−0.5230	144	0.3822	2	−0.2757	147	−0.4165	133	1127
万里股份	−0.5032	143	0.0509	32	0.0142	68	−0.4381	134	1135
SST 华新	−0.4044	138	−0.0220	85	−0.0228	88	−0.4492	135	1140
春兰股份	−0.1055	116	−0.0840	137	−0.2627	145	−0.4522	136	1144
＊ST 西轴	−0.2676	133	−0.0600	117	−0.1261	126	−0.4537	137	—
ST 北人	−0.1483	121	−0.0923	146	−0.2335	141	−0.4741	138	1150

注：主板总排名中剔除了股权置换、资产重组企业。

资料来源：中国社会科学院中国产业与企业竞争力研究中心的监测数据计算。

4. 第四组的特点

第四组的 19 家企业在全部主板上市公司中排名第 1164～1343 位，基础竞争力得分区间为 −0.5085～−1.6378，户均基础竞争力得分为 −0.9925，户均规模竞争力、效率竞争力和增长竞争力得分分别为 −0.6189、−0.0846 和 −0.2890。这一组的企业数是机械行业上市公司中综合竞争力最差的企业集合。

从所涉及的行业来看，基础竞争力最弱的 19 家上市公司主要集中在以下几个行业：电气设备 3 家，占全部电气设备企业（40 家）的 8%；基础件 2 家，占全部基础件企业（11 家）的 18%；家电 1 家，占全部家电企业（11 家）的 9%；内燃机 2 家，占全部内燃机企业（10 家）的 20%；仪器仪表 2 家，占全部仪器仪表企业（7 家）的 29%；摩托车、自行车及配件 3 家，占全部摩托车、自行车及配件企业（6 家）的 50%；纺织机械 1 家，占全部纺织机械企业（5 家）的 20%；冶金设备 1 家，占全部冶金设备（3 家）的 33%。

表 10　机械行业主板上市公司第四组别竞争力得分及排名

股票简称	规模竞争力		增长竞争力		效率竞争力		基础竞争力		
	得分	行业内排名	得分	行业内排名	得分	行业内排名	得分	行业内排名	全部主板上市公司中排名
洪城股份	−0.3205	135	−0.1148	152	−0.0731	108	−0.5085	139	1164
SST 中纺	−0.4709	140	−0.0206	83	−0.0593	104	−0.5507	140	1173
时代科技	−0.3688	136	−0.0110	79	−0.2356	142	−0.6153	141	1195
二重重装	−0.2528	132	−0.1077	150	−0.2949	148	−0.6554	142	1209
钱江摩托	−0.3749	137	−0.0258	89	−0.3137	149	−0.7144	143	1231
石油济柴	−0.4899	142	0.0202	48	−0.2470	143	−0.7167	144	1232
ST 思达	−0.6151	151	−0.0854	139	−0.0482	99	−0.7486	145	1244
江南红箭	−0.7040	152	0.0052	63	−0.0879	112	−0.7867	146	1253
＊ST 银河	−0.5549	146	−0.0629	122	−0.2182	139	−0.8360	147	1265
大橡塑	−0.5690	148	−0.0738	133	−0.3467	150	−0.9895	148	1287
＊ST 东电	−0.7537	153	−0.0263	90	−0.2655	146	−1.0456	149	1296
ST 廊发展	−0.5811	149	0.0077	60	−0.5622	155	−1.1356	150	—
＊ST 嘉陵	−0.4675	139	−0.0911	145	−0.5891	156	−1.1477	151	1309
哈空调	−0.5679	147	−0.1696	156	−0.4150	152	−1.1526	152	1310
ST 阿继	−0.9178	154	−0.1454	155	−0.1165	123	−1.1797	153	1314
＊ST 轻骑	−0.5812	150	−0.1331	154	−0.6106	157	−1.3249	154	1326
ST 天一	−1.0016	155	−0.3635	157	−0.1657	132	−1.5307	155	1337
S＊ST 恒立	−1.0996	157	−0.0888	144	−0.3937	151	−1.5821	156	1340
＊ST 领先	−1.0688	156	−0.1212	153	−0.4477	153	−1.6378	157	1343

注：主板总排名中剔除了股权置换、资产重组企业。

资料来源：中国社会科学院中国产业与企业竞争力研究中心的监测数据计算。

这一组中的企业流动性较大，一方面不断有竞争力下滑的企业进入，另一方面也不断有企业通过资产重组退出机械行业。目前的 19 家企业中，一部分是竞争力下降，从 2010 年的第三组甚至第二组跌落到第四组的企业，如二重重装、洪城股份、时代科技、钱江摩托、石油济柴、ST 思达、江南红箭等；另一部分是连续几年竞争力都处于最低组别的企业，基本上都是 ST 企业，少数企业虽然尚未更改行业分类，但已经通过资产重组改变了主营业务。

四　2009 年以来机械行业主板上市公司竞争力变动分析

2009 以来，中国机械工业的整体运行处于大幅波动之中。受国内外经济环境影响，中国机械行业经历了 2009 年的经营业绩大幅下降、2010 年的高速增长以及 2011 年的平稳增长之后，2012 年上半年行业运行似乎又进入了下行的通道。在宏观经济环境出现明显变动的情况下，不同分行业和不同企业的反应会存在很大差异。本报告的竞争力研究以行业平均水平为参照系，过滤掉了行业整体情况变化，反映的正是企业相对竞争力的变化。下面将以这 4 个时段的基础竞争力为基础，对机械行业主板上市公司 2009 年至 2012 年上半年的竞争力变动情况进行分析。

（一）企业竞争力变动分布

图 5 给出了机械行业 2009 年至 2012 年上半年的企业竞争力变动分布。由于企业是按照 2009 年至 2012 年上半年 4 个基础竞争力均值从大到小排列，因此横轴的编号反映了企业竞争力的排序。由图 5 可以很直观地看出，竞争力较强的企业波动幅度也较小，而竞争力较弱的企业大幅波动的比例更高，即高竞争力的企业经历了大浪淘沙后，业绩和成长更为稳定。

（二）各组别竞争力得分变动情况

1. 第一组竞争力得分变动

从图 6 可以看出，2011 年基础竞争力排名第一组的 18 家企业中，大部分竞争力得分都十分稳定，2009 年至 2012 年上半年的企业竞争力变动的平均幅度为0.1392。排名第 1 的徐工机械，第 2 的三一重工，排名第 4 ~ 5 的中联重科、美

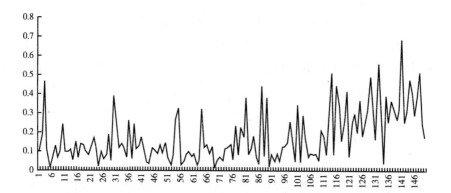

图5　机械行业主板150家上市公司竞争力变动分布

　　注：①竞争力变动的计算，以 i 企业2009年、2010年、2011年和2012年上半年的基础竞争力4个数据为一组，测算组中每个数据与均值的绝对偏差的平均值，得到这组数据的离散度，用以反映 i 企业竞争力相对于行业平均水平的变动幅度。②这里只有150家企业进行年度竞争力变化比较，是因为中国社会科学院中国产业与企业竞争力研究中心纳入2012年竞争力测评的157家机械行业主板上市公司中，有7家2011年新上市的企业（骆驼股份、恒立油缸、三星电气、林洋电子、亚星锚链、蓝科高新、京运通）仅有2011年年报数据而没有2012年中报数据，无法进行竞争力变化比较。③企业按照2009年至2012年上半年基础竞争力均值从大到小排序。

　　资料来源：中国社会科学院中国产业与企业竞争力研究中心的监测数据计算。

的电器，第7~11的青岛海尔、中国北车、格力电器、中国南车、天地科技，第16的上海电气，都是连续4次竞争力评价处于第一组。

　　较为特殊的是排名第14的经纬纺机和排名17的华锐风电。经纬纺机2009年至2012年上半年的竞争力得分波动很大，分别为 -0.5529、0.1889、0.6507和0.0970；华锐风电于2010年上市，当年基础竞争力为1.4719，全部主板企业和机械行业排名均为第1，但2011年基础竞争力下降为0.5302。

　　从时间序列来看，这一组的大多数企业2009年的竞争力水平都相对较低，而2012年上半年并没有表现出竞争力的明显下降。可见，2012年上半年机械行业运行的下行走势总体上并没有对这一组企业的相对竞争力产生负面影响。

　　2. 第二组竞争力得分变动

　　2011年基础竞争力排名第二组的70家企业中，有5家2011年新上市的企业（骆驼股份、恒立油缸、三星电气、林洋电子、京运通）没有2012年中报数据，故剔除后余65家。这些企业竞争力的稳定性低于上一组，2009年至2012年上半年的企业竞争力变动的平均幅度为0.1447。从时间序列来看，竞争力变动幅度

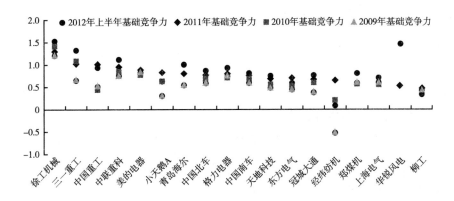

图 6　2009 年至 2012 年上半年第一组企业的竞争力变动情况

较大的企业中，既有 2009 年处于较低竞争力的企业，也有 2012 上半年竞争力下降幅度较大的企业。

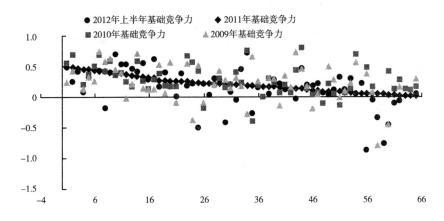

图 7　2009 年至 2012 年上半年第二组企业的竞争力变动情况

注：横坐标数字代表的企业是按照表 8 中剔除骆驼股份、恒立油缸、三星电气、林洋电子、京运通 5 家企业后的顺序。

从 2012 上半年与 2011 年基础竞争力的比较来看，这一组可进行年度比较的 65 家企业中，28 家企业的竞争力是提升的。升幅最大的 4 家企业分别是 ST科龙、中航动控、正泰电器、安徽合力。其中，ST科龙升幅为 0.5373，行业排名从第 55 位上升到第 13 位；中航动控升幅为 0.3422，行业排名从第 66 位上升到第 26 位；正泰电器升幅为 0.3163，行业排名从第 29 位上升到第 15 位；安徽合力升幅为 0.3036，行业排名从第 37 位上升到第 17 位。降幅最大的是天

威保变 0.9356，行业排名从第 78 位下降到第 137 位；其次是光电股份 0.8270，行业排名从第 81 位下降到第 132 位；再次是太原重工 0.7334，行业排名从第 46 位下降到第 120 位；最后是银星能源 0.6321，行业排名从第 51 位下降到第 117 位。

3. 第三组竞争力得分变动

2011 年基础竞争力排名第三组的 50 家企业中，有 2 家 2011 年新上市的企业（亚星锚链、蓝科高新）没有 2012 年中报数据，故剔除后余 48 家。这些企业竞争力的稳定性进一步下降，2009 年至 2012 年上半年的企业竞争力变动的平均幅度为 0.1841。

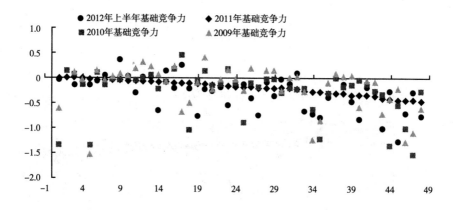

图 8　2009 年至 2012 年上半年第三组企业的竞争力变动情况

注：横坐标数字代表的企业是按照表 9 中剔除亚星锚链、蓝科高新 2 家企业后的顺序。

竞争力提升的企业有 21 家。其中，风帆股份表现最为突出，升幅为 0.4161；其次是德赛电池升幅 0.3735 和长征电气升幅 0.3229。竞争力下降的企业中，SST 华新降幅最大为 0.8391，其次是襄阳轴承 0.6459 和 *ST 中华 A 0.5980。

4. 第四组竞争力得分变动

2011 年基础竞争力排名第四组的 19 家企业的竞争力稳定性最差，2009 年至 2012 年上半年企业竞争力变动的平均幅度为 0.3132。但从 2012 上半年与 2011 年基础竞争力的比较来看，这组企业中大部分竞争力是提升的，竞争力下降的仅有二重重装、ST 思达和 *ST 东电，而升幅最大的为 ST 阿继 1.7583，其次是 *ST 轻骑 0.9433、哈空调 0.8918。

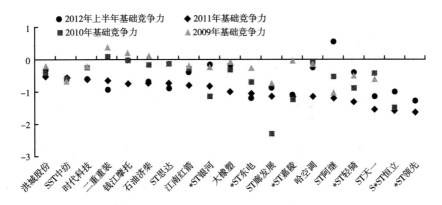

图9 2009年至2012年上半年第四组企业的竞争力变动情况

（三）主要分行业企业竞争力得分变动情况

从主要分行业户均基础竞争力来看，2009年至2012年上半年，铁路运输设备行业的竞争力最强，年均达到0.7323；其次是工程机械、矿山设备、家电、船舶及港口机械、压缩机、航空航天制造，均明显高于机械行业平均水平；电气设备、冶金设备、内燃机、机床行业的竞争力大致处于行业平均水平；医疗器械、仪器仪表、纺织机械、基础件则明显低于行业平均水平。从竞争力稳定程度来看，波动幅度最小的是铁路运输设备行业，其次是压缩机、工程机械；而波动幅度最大的是冶金设备、摩托车自行车及配件以及船舶及港口机械行业（见表11）。

电气设备行业中，年均基础竞争力最强的前3位企业是华锐风电、冠城大通和上海电气。其中，华锐风电仅有2010年和2011年的基础竞争力数据，但2011年下滑幅度很大，波动幅度在电气行业中仅次于＊ST阿继；冠城大通的竞争力处于连续上升之中，2009年仅为0.3891尚处于第二组，2012年上半年增长到0.7708；上海电气的竞争力最为稳定，4期均处于第一组，波动幅度0.0545在电气行业中也是最小的几个企业之一。年均基础竞争力最弱的前3位企业是＊ST东电、万里股份和＊ST银河，波动幅度均处于电气行业前列。其中，东北电气的竞争力处于连续下滑之中，2009年为－0.2791尚处于第三组，2011年成为＊ST，2012年上半年进一步下降到－1.1664；万里股份和＊ST银河2012年上半年的竞争力有所提高。

表 11　机械行业主板上市公司各主要分行业竞争力变动情况

分行业	测算竞争力变动的公司数	2012年上半年户均基础竞争力得分	2011年户均基础竞争力得分	2010年户均基础竞争力得分	2009年户均基础竞争力得分	2009年至2012年上半年户均基础竞争力	户均基础竞争力波动幅度
电气设备	38	0.0418	0.0393	0.0498	0.0326	0.0409	0.1886
工程机械	12	0.4289	0.4073	0.4959	0.3319	0.4160	0.1237
航空航天制造	11	0.0889	0.1047	0.1920	0.1420	0.1319	0.1517
基础件	10	−0.4625	−0.3164	−0.2681	−0.4945	−0.3854	0.2105
家电	11	0.4391	0.3922	0.3658	0.1688	0.3415	0.1439
内燃机	10	−0.0636	−0.0700	−0.0141	0.1065	−0.0103	0.1904
仪器仪表	6	−0.4411	−0.3633	−0.2729	−0.1359	−0.3033	0.2000
摩托车、自行车及配件	6	−0.4430	−0.6161	−0.3972	−0.1265	−0.3957	0.2377
船舶及港口机械	5	0.1694	0.3326	0.1998	0.5190	0.3052	0.2119
机床	5	−0.2418	0.0065	0.0365	0.0604	−0.0346	0.1350
纺织机械	5	−0.2988	−0.1288	−0.3574	−0.4497	−0.3087	0.1603
矿山设备	4	0.2740	0.3759	0.3928	0.3469	0.3474	0.1422
压缩机	3	0.4225	0.2399	0.2341	0.1322	0.2572	0.1061
冶金设备	3	−0.1917	−0.1704	0.0648	0.2718	−0.0064	0.2666
医疗器械	3	−0.3384	−0.5626	−0.0112	0.0215	−0.2227	0.1291
铁路运输设备	2	0.8433	0.7866	0.7117	0.5877	0.7323	0.0838

注：选择 2009 年至 2012 年上半年期间至少有 2 个基础竞争力的公司测算竞争力变动，因此与表 5 中分行业的企业数不同。

资料来源：中国社会科学院中国产业与企业竞争力研究中心的监测数据计算。

　　工程机械行业在考察期内企业数量稳定在 12 家，集中了机械行业竞争力最高的几个企业。其中，年均基础竞争力最强的前 3 位企业是徐工机械、三一重工、中联重科，分别为 1.3787、1.0346 和 0.9329，这 3 家企业一直稳居工程机械行业前 3 位，在机械行业中也保持在前 10 位之内。其中，3 家企业中徐工机械不仅竞争力最强而且波动幅度也是最小的。工程机械行业中竞争力低于机械行业平均水平的仅有 2 家企业，建设机械和河北宣工，分别为 −0.4525 和 −0.2301，波动幅度也处于工程机械行业的前列。

　　航空航天制造业企业竞争力绝大多数处于第二组和第三组，年均基础竞争力最强的前 3 位企业是中航动控、航空动力和中航重机，分别为 0.4574、0.4016 和 0.3619。其中，中航重机的波动幅度较小一直处于第二组，仅为 0.0476；另外 2 家波动幅度较大。年均基础竞争力最弱的前 3 位企业是哈飞股份、洪都航空和航天长峰，分别为 - 0.0230、- 0.0599 和 - 0.3713。其中，哈飞股份的波动幅度是航空航天制造行业最小的，仅为 0.0208；航天长峰波动的幅度则在分行业中处于前列。

基础件行业的 10 家企业中仅有 2 家企业（杭齿前进和吉鑫科技）年均基础竞争力大于 0，分别为 0.0755 和 0.0701，基本处于机械行业平均水平。这 2 家企业都只有 2010 年和 2011 年的数据，且 2 年波动幅度极小。年均基础竞争力最弱的前 3 位企业是 ST 天一、*ST 西轴和中发科技，分别为 - 0.9415、- 0.8499 和 - 0.7240，且波动幅度较大，ST 天一和 *ST 西轴是基础件行业波动幅度最大的 2 家企业。

家电是机械行业中除工程机械以外又一个上市企业较多而整体竞争力水平较高的分行业。11 家企业中，年均基础竞争力最强的前 3 位企业是美的电器、格力电器和青岛海尔，分别为 0.8483、0.8046 和 0.8025，而且竞争力较为稳定；美的电器波动幅度仅为 0.0194，是家电分行业中最小的；澳柯玛、飞乐音响的年均竞争力在机械行业平均水平上下波动；仅有 1 家企业春兰空调的年均基础竞争力大幅低于机械行业平均水平，为 - 0.8731，且波幅较大达 0.2906。

内燃机行业 10 家企业中缺乏竞争力十分突出的企业。年均基础竞争力最强的前 3 位企业是威孚高科、潍柴重机和上柴股份，分别为 0.4367、0.2680、0.1204。其中，威孚高科和上柴股份的波动幅度较小，而潍柴重机的竞争力处于连续下降之中，波动幅度达到 0.2680。年均基础竞争力最弱的前 3 位企业是 *ST 方向、江南红箭和石油济柴，分别为 - 0.5099、- 0.4204 和 - 0.3579。其中，*ST 方向、石油济柴的波动幅度分别为 0.4913 和 90.3382，是内燃机分行业中波动幅度最大的 2 家企业。

仪器仪表行业 6 家企业的年均竞争力均低于行业平均水平。其中，凤凰光学的年均基础竞争力最高为 - 0.1071，2009 年和 2010 年处于第二组，但 2011 年和 2012 年上半年连续大幅下滑；其次是金马股份，为 - 0.1254，其间的波动幅度较小；竞争力最弱的是 ST 思达，年均为 - 0.5728，也处于连续下降之中。

摩托车、自行车及配件行业 6 家企业中，竞争力最高也最稳定的是宗申动力，年均基础竞争力为 0.3002，波幅为 0.0611。另外 5 家的年均基础竞争力均低于机械行业的平均水平，其中，中路股份的波幅较小为 0.0867，其他企业的波动幅度为 0.25 ~ 0.41。竞争力最弱的企业是 *ST 嘉陵，为 - 0.8703，波动幅

度也是该分行业中最大的。

船舶及港口机械行业的整体竞争力水平较高，5家企业中有4家年均基础竞争力高于机械行业平均水平，但相比其他分行业波动幅度较大。其中，竞争力水平最高的是中国重工，年均基础竞争力达到0.7223，波幅为0.2457；其次是中国船舶和广船国际，年均基础竞争力分别为0.5708和0.3326，波幅相对较小；振华重工的年均基础竞争力大致处于机械行业平均水平，但年度之间波幅较大；竞争力最弱的是中船股份，是该分行业中唯一一家低于机械行业平均水平的企业。

机床行业5家企业中，有2家年均基础竞争力高于机械行业平均水平。其中，竞争力水平最高和波动幅度最小的是沈阳机床，年均基础竞争力为0.1465，波幅为0.0492；南通科技的年均基础竞争力略高于机械行业平均水平；秦川发展的年均基础竞争力略低于机械行业平均水平；竞争力最弱同时波幅最大的是青海华鼎，年均基础竞争力为 - 0.3869，波幅为0.2503。

纺织机械行业5家企业中，仅有经纬纺机的年均基础竞争力略高于机械行业平均水平，但波动幅度也是该分行业最大的；上工申贝略低于机械行业平均水平；＊ST二纺、ST中纺机是年均竞争力最弱的2家企业，分别为 - 0.7914和 - 0.5903，但ST中纺机波动幅度在该分行业内最小，而＊ST二纺的波幅较大。

矿山设备行业4家企业的竞争力均高于机械行业平均水平，且除了太原重工以外波动幅度都处于较低水平。其中，郑煤机和天地科技是竞争力最强的2家，各期均处于第一组，年均基础竞争力分别为0.6738和0.6327；太原重工竞争力处于第三位但波幅最大，2010年以来竞争力连续下降，且2012年上半年出现了大幅下降；江钻股份的年均基础竞争力最弱，略高于机械行业平均水平，但波幅极小。

压缩机行业3家企业竞争力差距不大，年均基础竞争力分别为：海立股份0.2748、陕鼓动力0.2578和华意压缩0.2389，但波动幅度差距较大。海立股份2009年竞争力最弱，2010年开始连续上升，波幅最大；陕鼓动力2012年上半年较前期实现了较大提高，波幅居中；华意压缩波幅最小。

冶金设备行业3家企业中，中国一重和金自天正的竞争力高于机械行业平均水平，年均基础竞争力分别为0.1943和0.0563，二重重装的竞争力低于于机械行业平均水平，年均基础竞争力 - 0.2698。其中，中国一重的竞争力处于连续下降之中，波幅为0.1474；金自天正2011年和2012年上半年竞争力连续提升，波幅为 0. 1380；二重重装的竞争力也处于连续下降之中，且下降幅度较大，波幅为 0. 5146。

医疗器械行业 3 家企业中，新华医疗的竞争力高于机械行业平均水平，年均基础竞争力为 0. 2157，华润万东和 * ST 领先的竞争力低于机械行业平均水平，年均基础竞争力分别为 - 0. 1588 和 - 1. 4551， * ST 领先为 2011 年机械行业基础竞争力最低点企业。3 家企业的竞争力波动幅度都不大，波幅最高的 * ST 领先为 0. 1827。

铁路运输设备行业仅有 2 家企业，即中国北车和中国南车，该分行业既是机械行业中竞争力最高的，也是波动幅度和企业差距最小的分行业。年均基础竞争力分别为 0. 7303 和 0. 7343，波动幅度分别为 0. 0970 和 0. 0706。2009 年以来，2 家企业的基础竞争力均处于连续上升之中，2012 上半年达到最高值。

B.8

汽车行业企业竞争力报告

刘昶 原磊

　　小排量汽车购置税优惠政策、汽车下乡补贴和以旧换新补贴政策从 2011 年起停止执行，北京等大城市实施汽车限购政策，以及节能补贴的标准提高、油价上涨等多种因素使得火爆了两年的汽车市场迅速降温。汽车产销和企业经济效益增速大幅回落，自主品牌市场份额下降，同时外资品牌占有率上升，汽车整车进口快速增长，进出口逆差继续扩大。对小排量汽车优惠政策的停止执行使得汽车消费结构发生了转变，低端的交叉型乘用车市场份额下降，新能源汽车有所增长。2012 年汽车行业产能过剩开始显现，汽车排放标准提高，国外厂商大举进入中国，行业内竞争加剧，本土汽车企业生存压力加大。我国汽车市场目前处于调整阶段，由于我国汽车的人均保有量仍然较低，随着我国经济的发展，居民收入水平的提高，汽车消费存在刚性需求，部分二、三线城市的需求也将提高，汽车消费将形成多层次的格局，我国汽车市场发展空间巨大。

一　汽车工业运行状况

1. 产销增速大幅回落

　　受到国家刺激汽车消费政策退出和宏观调控的影响，我国汽车产销在 2011 年增速大幅回落。2011 年汽车产销量分别为 1841.89 万辆和 1850.51 万辆，同比分别增长 0.84% 和 2.45%，比 2010 年分别回落 31.60 个和 29.92 个百分点，增速为 13 年来最低。增速与 2009 年的 46% 和 2010 年的 32% 差距悬殊。销量排名前 5 位的汽车生产企业依次是上汽、东风、一汽、长安和北汽，与 2010 年相比，长安有所下降，其他企业各有增长。在各种车型中，乘用车增长高于行业总体增长水平，销量同比增长 5.2%。受国家宏观调控影响，商用车降幅较大，

2011年销量同比下降6.3%。其中，客车是商用车中唯一增长的车型，轻型客车增长较快，货车市场低迷。主要因为货车需求受到宏观经济增速放缓的影响较大。

2012年世界经济复苏缓慢，欧洲债务危机发展蔓延，受到国际经济环境的不利影响，我国宏观经济下滑，国家宏观政策从控制通货膨胀转向刺激经济增长，央行降低存贷款基准利率。3~4月是我国汽车产销传统旺季，而2012年1季度汽车产销量均低于2011年同期，累计产销量分别在4月和5月由负增长转为正增长，汽车工业低速运行。7月是汽车产销的传统淡季，但2012年7月产销相比2011年同期有较大增长。批发零售贸易业汽车类商品零售总额2012年1~7月累计增长8.5%，增速仅为2011年同期的一半。总体来看，我国汽车行业在经历了两年的高速增长后，开始进入高产量平稳发展阶段，保持稳定增长的发展趋势。

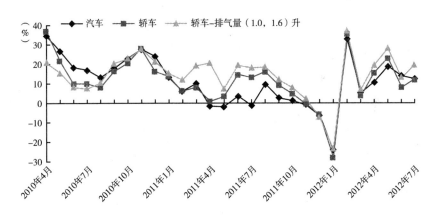

图1　2010年4月至2012年7月汽车产量当月同比增速变化情况

资料来源：中经数据库。

2. 进出口创历史新高

汽车进出口均保持高速增长，整车进出口、汽车商品进出口总额再创历史新高。2011年汽车整车出口84.95万辆，出口金额达109.51亿美元，同比分别增长50%和56.74%。出口数量和金额均超过2008年，创历史新高。轿车出口超过货车，居各品种首位。出口量最大的前十家整车生产企业依次分别是奇瑞、长城、长安、江淮、东风、上汽、力帆、北汽、吉利和华晨。我国汽车出口已连续

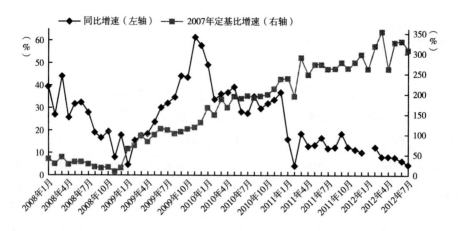

**图2 汽车产品批发零售贸易业商品零售总额
当月同比增速和2007年定基比增速**

注：数据在2012年1月和2月缺失，用1~2月的商品零售总额的累计值除以2代替1
月和2月的当月值，用1~2月的累计同比增速代替2月的当月同比增速。

资料来源：中经数据库。

两年实现高速增长，在国内市场低迷的情况下，出口成为拉动国产汽车产销的重
要动力，出口对汽车销量增长贡献度高达60%。与此同时，进口汽车2011年达
到103.89万辆，首次超过百万辆，进口金额达430.88亿美元，同比分别增长
27.69%和40.63%。2011年汽车月均进口超过8.66万辆，再创历史最高，其中
11月和12月连续2个月进口超过10万辆。2011年汽车商品进出口总额再创历
史新高，达到1430.75亿美元。其中，进出口金额分别为741.38亿美元和
689.37亿美元，同比分别增长30.77%和32.99%。

HS分类标准下的车辆及零件附件（铁道及电车道车辆除外）2011年累计出
口额和进口额分别为495.4亿美元和653.7亿美元，同比分别增长29%和32%。
这些数据说明，进出口贸易发展迅速，在绝对数上进口额明显大于出口额。整车
的出口金额仅为进口金额的24.1%，汽车商品进出口总额也是进口额大于出口
额，车辆及零件附件（HS标准）2011年出口额约为进口额的3/4，而且进出口
差额还有不断增大的趋势（见图4），净进口额2011年比2010年增长43%，
2012年1~7月比2011年同期增长47%。从汽车整车的平均价值看，平均每辆
出口车的金额为1.3万美元，平均每辆进口车的金额为4.1万美元，出口车平均
单价仅为进口车的31%。这说明我国汽车出口的价值较低，面向的是中低端市

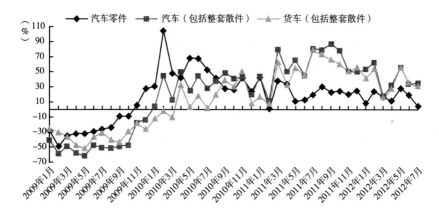

图3　2009年1月至2012年7月汽车主要产品当月出口额同比增速变化情况

资料来源：中经数据库。

场，进口的主要是价格昂贵的国际高档汽车，国内企业没有可替代的产品能满足这些消费需求。

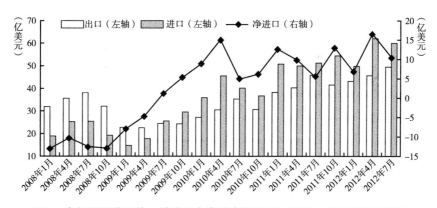

图4　车辆及零件附件（铁道及电车道车辆除外）（HS）当月进出口总值

资料来源：中经数据库。

分品种来看，在我国主要的出口产品中小轿车（包括整套散件）的出口增长较快，2011年出口额同比增长103.6%，比2010年增速加快近45个百分点。汽车（包括整套散件）、货车（包括整套散件）、汽车零件出口额的同比增速分别为60.5%、51.2%和23.2%，货车增长快于2010年，而汽车零件增速降低了近一半。在主要的进口产品中，汽车、汽车零件的进口额在2011年分别增长40.9%和18.5%，增速从2010年的高水平回落。

3. 企业经济效益增长缓慢

汽车企业的经济效益增速在 2011 年大幅度放缓，效益的主要指标增幅明显回落，但增速都明显快于产销量，2011 年汽车制造业实现销售收入 4.7 万亿元。累计销售收入呈现逐月下降的趋势，2011 年增长 17%，而 2012 年 1~6 月仅同比增长 9%，接近于 2009 年 8 月的水平。产成品资金占用也表现出增速下降，同比增长率从 2011 年 6 月的 30% 下降到 12 月的 6.55%，2012 年 6 月再降到 −1.4%。应收账款净额和流动资产年平均余额的变化情况也类似，2011 年初以来同比增长率持续下降，2011 年 3 月分别增长 25% 和 33%，12 月变为 19% 和 15%，2012 年 6 月仅为 15% 和 10%，近似于 2009 年 5~8 月的水平。从图 5 可以看出，累计销售收入、产成品资金占用、应收账款净额、流动资产年平均余额这 4 个指标的同比增长率都表现出相似的变动规律，在 2008 年底至 2009 年初急剧下降，随后迅速回升，在 2010 年初达到高峰，之后再次回落，这些指标的变化能够反映金融危机前后企业经营状况。目前汽车行业企业经济效益增长缓慢，相当于危机复苏初期的状况，仍好于金融危机最困难的时期。

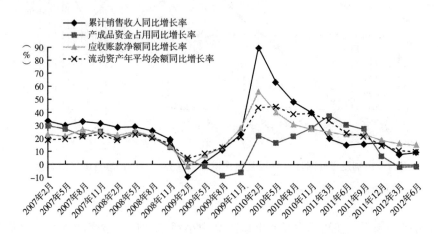

图 5　汽车制造业企业经营业绩同比增长率变化情况

资料来源：中经数据库。

销售利润率 2011 年为 8.55%，略低于 2010 年的水平，2012 年继续下降到 8% 以下，但大大高于危机前的 6%。亏损企业的比例在 2012 年 6 月为 16%，明显高于 2011 年 6 月的 12.4% 和 12 月的 10.4%。全部从业人员年平均人数 2012

年6月的同比增长率为5.3%，接近2008年11月的6%，是从2010年8月的最高值15%持续下降以来的最低值（见图6）。据中国汽车工业协会的统计数据，2011年1~11月汽车工业17家重点企业集团营业收入和利润总额分别同比增长9.6%和11.3%，比上年同期分别下降31.9个和65.9个百分点。2012年1~6月重点企业的营业收入比上年同期增长5.8%。重点企业面临融资成本加大、人工成本过快增长、短期运营资金不足等困难。

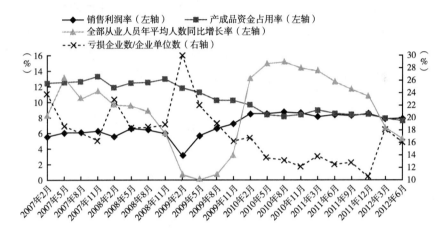

图6　2007年2月至2012年6月汽车制造业企业经营状况

资料来源：中经数据库。

4. 汽车消费结构发生改变

低端的交叉型乘用车市场份额下降，而轿车、运动型乘用车（SUV）和多功能乘用车（MPV）这三类高端车型市场份额增加，导致单车的平均价值提高。交叉型乘用车是鼓励政策退出影响最大的车型，2011年交叉型乘用车产销大幅度回落，全年销量同比下降9.4%，是乘用车车型中唯一下降的车型。2011年SUV和MPV增长明显，销量分别同比增长20%和12%，明显高于汽车行业总体增长速度。

2011年新能源汽车产销较快增长。据中国汽车工业协会不完全统计，2011年汽车整车企业生产新能源汽车8368辆，相比2010年有较大幅度的提高，销售新能源汽车8159辆，其中，纯电动汽车占2/3，混合动力汽车占1/3。2012年上半年生产新能源汽车3167辆，销售新能源汽车3525辆，其中，纯电动汽车占

98%，插电式混合动力汽车仅为81辆。目前，我国已经基本具备新能源汽车电池、电机、电子控制和系统集成等关键技术，但新能源汽车整车和部分核心零部件关键技术还没有突破，社会配套体系也不完善。国务院在2012年6月底印发了《节能与新能源汽车产业发展规划（2012～2020年）》，对节能与新能源汽车产业发展的主要目标和任务进行了规划。规划到2015年，纯电动汽车和插电式混合动力汽车累计产销量力争达到50万辆，到2020年累计产销量超过500万辆。目前，我国新能源汽车的产销状况相距规划所设定的3年后的目标还很大。该规划提出将通过加大财税政策支持力度、强化金融服务支撑、营造有利于产业发展的良好环境等方式推动新能源汽车发展。随着新能源汽车规划的推出，今后几年我国新能源汽车产销将会有较大幅度的提高。

二　上市公司竞争力分析

根据中国社会科学院中国产业与企业竞争力研究中心的企业竞争力监测数据，2011年主板上市公司共有51家，中小板上市公司中共有16家归属于汽车行业。样本选择的过程如下：国内A股市场截至2011年12月31日主板上市公司共1385家、中小板上市公司共646家，删除因股权置换、资产重组等因素导致业绩短期变化的主板公司共33家，删除的样本中没有属于汽车行业的公司。从剩下的1352家主板上市公司和公司中选择证监会行业分类为"交通运输设备制造业－汽车制造业（C7505）"和"交通运输设备制造业（C75）"的上市公司，从中删除主营业务为铁路机车、船舶、摩托车等的公司，确定汽车行业的公司。

中国产业与企业竞争力研究中心的"企业竞争力监测指标体系"将上市公司的竞争力分为规模、效率、增长三个方面。用销售收入、净资产、净利润衡量规模竞争力，用净资产利润率、总资产利润率、全员劳动效率衡量效率竞争力，用最近3年的销售收入增长率、净利润增长率衡量增长竞争力。由于增长竞争力是用近3年的销售收入增长率和净利润增长率衡量的，其变化与邻近年度间的变化不完全一致。各指标均用行业均值和标准差进行标准化，因此具有行业可比性。用2011年年报数据计算的规模、效率、增长这三个方面竞争力的加权平均值为基础竞争力，权重分别为0.44、0.27、0.29。中国产业与企业竞争力研究中心对上市公司的竞争力进行了排名，根据 2011 年年报计算的基础竞争力包含有 1352 家主板上市公司的数据，其中不含因股权置换、资产重组等因素导致业绩短期变化的公司，因此竞争力均反映了正常的经营状况。

1. 主板上市公司竞争力

表 1 将汽车行业主板上市公司 2011 年的竞争力分别在行业内和全部主板上市公司内进行了排名。由于上市公司数量多，为表示汽车行业企业的基础竞争力在全部公司中的相对位置，表 1 将各个公司的基础竞争力在所有上市公司的名次除以上市公司总数，以百分数表示。而行业内的排名为名次，不是相对位置。在 51 家汽车行业主板上市公司中，基础竞争力在全部上市公司中排名的平均相对

表 1　2011 年汽车行业主板上市公司竞争力排名

单位：%

股票代码	股票简称	相对位置	行业内竞争力排名				行业内排名与上年比的变化			
			基础	规模	效率	增长	基础	规模	效率	增长
600104	上汽集团	3/ −3	1	1	2	45	0	0	−1	−40
601633	长城汽车	4/	2	5	27	5				
000625	长安汽车	4/3	3	6	41	4	3	0	−20	6
000572	海马汽车	5/33	4	15	42	1	22	−2	−7	42
600741	华域汽车	6/ −5	5	3	15	16	−3	0	−9	−15
000338	潍柴动力	7/ −1	6	2	33	18	−2	0	−19	−4
600375	华菱星马	7/14	7	20	36	3	7	2	−24	5
600418	江淮汽车	8/1	8	7	26	6	−1	0	−7	6
000550	江铃汽车	9/6	9	9	10	11	0	1	8	10
600006	东风汽车	10/13	10	11	3	23	5	−2	25	11
600507	方大特钢	11/29	11	14	16	7	18	0	13	37
600166	福田汽车	12/ −4	12	4	35	17	−7	0	−12	−4
000800	一汽轿车	12/ −6	13	8	1	36	−10	−3	4	−29
600066	宇通客车	15/4	14	12	20	12	−2	0	−10	12
600686	金龙汽车	22/3	15	13	24	29	2	−2	−8	8
000927	一汽夏利	23/12	16	18	5	34	9	−3	26	1
000951	中国重汽	24/ −7	17	10	32	35	−7	−2	−19	−3
601777	力帆股份	24/0	18	16	14	30	−2	1	−11	10
600303	曙光股份	25/1	19	22	6	27	−1	−3	1	2
600676	交运股份	26/4	20	21	25	14	1	−1	9	6
600742	一汽富维	27/ −14	21	19	39	10	−13	−1	−17	−6
000559	万向钱潮	27/2	22	17	30	22	−2	−1	7	6

续表

股票代码	股票简称	相对位置	行业内竞争力排名				行业内排名与上年比的变化			
			基础	规模	效率	增长	基础	规模	效率	增长
600501	航天晨光	28/17	23	25	7	19	8	4	31	6
601799	星宇股份	31/20	24	38	11	8	11	2	14	9
000868	安凯客车	38/ -11	25	24	29	15	-6	1	3	-9
600565	迪马股份	41/ -2	26	32	8	31	2	-1	0	-9
600699	均胜电子	44/44	27	37	18	13	22	11	32	28
600967	北方创业	46/ -8	28	28	28	25	-1	-1	-2	-7
600523	贵航股份	47/ -13	29	27	48	20	-6	1	-15	-9
000700	模塑科技	47/2	30	31	12	33	4	1	27	-7
000957	中通客车	49/2	31	33	21	26	5	1	-1	7
000571	新大洲 A	51/ -3	32	40	46	9	0	-2	-10	7
600148	长春一东	55/7	33	41	13	21	6	1	30	2
600760	中航黑豹	55/ -35	34	46	44	2	-21	-22	-3	1
000920	南方汇通	56/ -1	35	35	43	24	2	0	-1	6
600960	渤海活塞	57/ -8	36	34	38	28	-3	-1	-8	-1
601700	风范股份	58/ -24	37	36	37	32	-13	0	-20	-23
600495	晋西车轴	59/5	38	30	31	38	2	7	17	-2
600372	中航电子	61/19	39	23	45	42	8	16	-21	7
600081	东风科技	65/ -47	40	29	17	43	-29	1	10	-41
600609	ST 金杯	67/ -26	41	26	34	44	-11	-5	6	-13
600178	东安动力	67/ -10	42	39	22	41	-4	-13	25	-2
600093	禾嘉股份	76/ -6	43	42	4	47	-1	4	0	-5
000710	天兴仪表	76/4	44	45	9	39	2	0	35	8
600099	林海股份	80/0	45	44	19	40	0	3	-10	8
000760	博盈投资	85/ -8	46	43	47	48	-2	1	-1	-3
600151	航天机电	88/ -56	47	47	50	46	-25	-24	-39	-26
600679	金山开发	92/ -27	48	48	23	49	-7	-7	-21	-3
600988	ST 宝龙	92/ -8	49	51	51	37	-1	-2	-36	-22
600213	亚星客车	95/ -24	50	49	49	51	-7	-6	-4	-13
600715	ST 松辽	96/4	51	50	40	50	-1	0	9	0

注：表中"相对位置"列"/"前的数字为该公司的基础竞争力在所有主板上市公司扣除2011年发生资产置换和资产重组的33家公司之后的1352家公司中的名次除以上市公司总数，以百分数表示；"/"后的数字为2011年基础竞争力相对位置与2010年的值相比的变化，正数代表2011年比2010年的相对位置提前，负数代表相对位置错后。"行业内竞争力排名"列为该公司2011年的基础竞争力排名。"行业内排名与上年比的变化"列为该公司的基础竞争力排名与2010年的值相比的变化，正数代表2011年比2010年的名次提前，负数代表名次错后。

资料来源：中国产业与企业竞争力研究中心的监测数据。

位置为41%，有31家竞争力排名在全部上市公司的前50%。上汽集团、长城汽车、长安汽车的基础竞争力排在汽车行业的前3名，在1352个主板上市公司中的相对位置都在前4%。2010年的前3名是上汽集团、华域汽车、一汽轿车。上汽集团的竞争力近年来一直保持行业首位，2011年销量在国内生产企业中排第一，出口量排第6位，出口增长迅速。长城汽车为2011年9月新上市的公司，主营业务为汽车整车及零部件、配件的生产制造，实际控制人为个人。该公司2011年的营业收入为301亿元，扣除非经常性损益后的净利润为33亿元，分别比上年增长31%和26%；年整车销售和出口数量在国内生产企业中分别排第10名和第2名，分别增长27%和59%，远高于行业整体水平。同时，规模和增长竞争力都位于汽车行业内前列。2012年上半年公司销量继续快速增长，整车销量同比增加20%，其中，SUV同比增加46%，净利润同比增长30%，竞争力进一步提高。长安汽车的销量较2010年有所下降，在国内企业中排名第4位，出口量排第3位，竞争力排名在上市公司中有所提升。

竞争力排名变化较大的是海马汽车、均胜电子、方大特钢，分别在行业内提高了22名、22名、28名，东风科技、中航黑豹、一汽富维下降了29名、21名、13名。海马汽车2011年竞争力在行业内排第4位，增长竞争力排第1位，已连续两年排名都有较大的提升，公司的主营业务为汽车制造，实际控制人为个人。2010年公司营业收入同比大幅增长63%，2011年营业收入为112亿元，同比增长10%，汽车销量同比增长6%，占营业收入93%的汽车制造毛利率为9.1%，扣除非经常性损益后的净利润则下降5%。年报叙述的主要原因包括：一系列新车型的开发陆续启动，满足新节能惠民补贴标准的多种车型完成研发投向市场，发动机生产大幅增长，海外市场拓展使得出口国家和数量明显增长，整车和KD件出口同比增长130%，新能源汽车示范运营。2012年上半年公司产销量和收入大幅度下降，汽车制造的营业收入比2011年同期减少25.9%，毛利率为11.7%。

东风科技的增长竞争力明显下降，公司主营业务为汽车零部件生产和销售，2011年营业总收入为25.8亿元，同比增长12%，而营业利润、扣除非经常性损益的净利润分别为2亿元和1亿元，比2010年分别下降20%和30%。年报叙述的原因是部分产品毛利率下降。占收入81%的汽车零部件的收入增长3.9%，而成本增长6%，营业利润率为19%，减少了1.63个百分

点。进一步考察影响营业利润的项目可以发现，管理费用比 2010 年增加了 4923 万元，年报解释的原因是增加了合并单位，其中研发支出增加了 2338 万元，是最大的影响因素。

中航黑豹竞争力排名在 2010 年有较大的提升，主要原因是购买其他企业的专用车零部件制造资产导致的收入规模增长，其经营效率变化不大，公司在 2011 年的行业内排名大幅度下降了 21 名，主要是规模竞争力下降造成的。公司 2011 年汽车制造业营业收入为 36 亿元，比 2010 年增长 19%，毛利率为 4.2%，但营业利润为亏损 2 亿元，扣除非经常性损益的净利润为亏损 2 亿元，与 2010 年的业绩状况差距悬殊。主要原因是自 2011 年 8 月开始，公司的汽车产品因不符合工业和信息化部的管理规定，被禁止生产和销售，整车销量大幅下降，这也将对公司未来的生产经营造成重大影响。此外，公司 2010 年 9 月底完成资产收购，收入、利润等指标在 2010 年前 9 个月的合并范围不同于 2010 年 9 月以后至 2011 年的合并范围，因此 2011 年的收入、利润与 2010 年缺乏可比性。2012 年上半年，公司的汽车制造业营业收入比 2011 年同期降低 30%，净利润为亏损 5491 万元，较 2011 年同期降低 455%。公司面对的形势十分严峻。

一汽富维的效率竞争力下降，公司占收入 77% 的轮胎的营业收入为 52.8 亿元，营业利润率仅为 2%，比 2010 年减少 0.5 个百分点，扣除非经常性损益的净利润为 4 亿元，下降 26%，但营业收入增长 13%，主要是 2010 年 9 月收购控股后合并范围变化导致的。

一汽轿车的增长竞争力大幅下降，公司主营业务为轿车整车的生产和销售，2011 年销量减少、价格下降、成本上涨、折旧增加等因素导致收入、毛利率下降，占收入 93% 的整车的营业收入为 283 亿元，比上年减少 15%，毛利率为 15%，比上年减少 5.6 个百分点。营业利润为 1.8 亿元，减少 92%。2012 年上半年公司盈利能力继续下降，销售整车 9.17 万辆，较 2011 年同期减少 35.5%，营业收入减少 35%，扣除非经常性损益的净利润亏损 6962 万元，而 2011 年同期的净利润为 8 亿元。公司的财务报告认为业绩下降的原因是国内汽车市场持续竞争，国内乘用车市场增速放缓，自主产品受到较大冲击，导致公司销量减少、价格下降和费用增加。

ST 金杯 2008 年和 2009 年连续两年亏损，2010 年实现盈利，摆脱了退市风险。

2011 年营业收入 46.8 亿元，比 2010 年略增加 0.2%，净利润 3105 万元。在市场不佳的环境下，公司能继续盈利，实现微增，年报中指出原因在于公司采取了拓展营销网络、加快产品研发与技术改造、开拓国际市场等多种努力，使得轻型卡车销量保持了 10 万辆的规模，出口整车 1.3 万辆，增长 3.5%，继续保持增长态势，新研发的产品实现了上市销售。但净利润同比减少 89%，其中，投资收益和营业外收入分别减少 25% 和 94%，营业外支出增长了 10 倍，原因是 2010 年的大额投资收益、债务重组利得和往年已计提坏账准备的冲回，可见 2010 年的盈余质量较差，具有短期性。2012 年上半年，公司实现盈利 1705 万元，营业收入同比增长 3%。由于 ST 金杯最近两个年度净利润连续为正，营业收入高于 1000 万元，主营业务经营情况正常，各业绩指标均不触及退市风险警示条件，根据《上海证券交易所股票上市规则》，从 2012 年 8 月 22 日起撤销金杯股票的其他风险警示，股票简称中不再加 ST 标志。可以看出，在同样的市场环境下，企业的经营业绩也大不相同，一些企业保持领先，一些企业业绩下滑，一些亏损企业扭亏为盈。

2. 中小板上市公司竞争力

中国产业与企业竞争力研究中心还对 646 家中小板上市公司的竞争力进行了排名，其中有 16 家汽车行业企业，主营业务均为汽车零部件制造。表 2 为 16 家汽车行业中小板上市公司的基础竞争力在全部中小板上市公司中排名的结果，在全部中小板上市公司中的排名为相对位置的百分比，在行业内的排名为实际名次。16 家汽车企业中有 9 家的竞争力排在全行业前 50%，万丰奥威、宁波华翔、松芝股份排在行业前 3 名，2010 年的前 3 名是宁波华翔、天润曲轴、远东传动。除万丰奥威的排名比 2010 年提前了 6 名外，其他企业的排名变化不大。万丰奥威的主营业务是汽车、摩托车铝合金车轮的生产与销售，主要产品为涂装轮、摩轮、电镀轮，营业毛利率约为 16%，客户包括 AM 和 OEM，国内、国外市场的主营业务收入比例大致是 43∶57。2011 年营业总收入为 39 亿元，因发生了重大资产重组，合并范围的扩大使得公司的收入、利润都发生了明显的增长，实际上营业收入经重组追溯后的增长率为 9.8%，净利润为 2.2 亿元，重组追溯后下降 8.8%。盈利能力略有下降主要是由于人民币升值、原材料价格上升、人工成本上升等原因。2011 年宁波华翔的竞争力继续保持领先，公司主要从事汽车内外饰件的生产与销售，与国际龙头合资合作，主要客户是上海大众、上海通用、一汽大众、华晨宝马等轿车制造企业，公司年报称客户相关车型的持续热销使得公

司产品的订单饱满。公司 2011 年营业收入为 36.8 亿元，同比增长 10%，净利润为 2.8 亿元，同比下降 32%，年报称利润下降是因为人工成本大幅上涨、毛利率下降以及会计核算方法的变更。松芝股份于 2010 年 7 月上市，主营产品为大中型客车空调、乘用车空调，两者营业收入的比例为 7:3，2011 年两者的营业收入分别增长 20% 和 10%，毛利率分别为 41% 和 16%，盈利能力很强，年报称公司开发了新公交客户，并与东南、东风、长安等自主品牌轿车保持配套客户关系，使得大巴空调、小车空调业务保持增长。2011 年公司营业总收入为 15 亿元，同比增长 18%；净利润为 2.3 亿元，同比增长 1.3%。

表 2　2011 年汽车行业中小板上市公司竞争力排名

单位：%

股票代码	股票简称	相对位置	行业内竞争力排名				行业内排名与上年比的变化			
			基础	规模	效率	增长	基础	规模	效率	增长
002085	万丰奥威	4/32	1	2	1	1	6	2	3	15
002048	宁波华翔	22/ − 8	2	1	6	15	− 1	0	− 4	− 2
002454	松芝股份	28/0	3	4	4	5	1	− 1	− 1	7
002283	天润曲轴	33/ − 11	4	3	13	8	− 2	− 1	− 6	− 3
002126	银轮股份	34/ − 5	5	5	9	4	1	4	− 1	− 2
002406	远东传动	38/ − 11	6	6	8	9	− 3	0	1	− 5
002355	兴民钢圈	40/ − 2	7	9	5	13	1	− 2	7	− 2
002284	亚太股份	42/ − 13	8	8	12	3	− 3	− 3	− 1	3
002448	中原内配	46/11	9	10	3	12	3	3	7	2
002434	万里扬	50/ − 10	10	7	16	6	− 1	1	− 3	3
002488	金固股份	51/2	11	13	7	2	0	− 1	8	1
002536	西泵股份	64/ − 12	12	11	14	14	− 2	2	− 8	− 7
002363	隆基机械	66/ − 4	13	12	10	16	0	− 2	6	− 1
002013	中航精机	77/ − 8	14	14	11	11	0	0	3	− 1
002555	顺荣股份	80/ − 9	15	15	15	7	0	1	− 14	− 6
002213	特尔佳	82/ − 2	16	16	2	10	0	− 1	3	− 2

注：表中"相对位置"列"/"前的数字为该公司的基础竞争力在所有中小板上市公司扣除 2012 年上市的 30 家公司之后的 646 家公司中的名次除以上市公司总数，以百分数表示；"/"后的数字为 2011 年基础竞争力相对位置与 2010 年的值相比的变化，正数代表 2011 年比 2010 年的相对位置提前，负数代表相对位置错后。"行业内竞争力排名"列为该公司 2011 年的基础竞争力排名。"行业内排名与上年比的变化"列为该公司的基础竞争力排名与 2010 年的值相比的变化，正数代表 2011 年比 2010 年的名次提前，负数代表名次错后。

资料来源：中国产业与企业竞争力研究中心的监测数据。

三　汽车行业竞争力分析

1. 自主品牌乘用车国内市场份额下降

自主品牌乘用车的发展形势严峻。2011 年自主品牌乘用车销售量减少，份额下降。据中国汽车工业协会统计，2011 年自主品牌乘用车销售 611.22 万辆，同比下降 2.56%，占乘用车销售总量的 42%，占有率较 2010 年同期下降 3.4 个百分点；自主品牌轿车销售 294.64 万辆，同比增长 0.46%，占轿车销售总量的 29%，占有率比 2010 年同期下降 1.8 个百分点。2012 年 1 季度，自主品牌轿车销售同比下降 14.7%，占有率比 2011 年同期下降 4.1 个百分点。2012 年 1~7 月，自主品牌轿车销售 161.49 万辆，同比下降 5.35%，占轿车销售总量的 27%，占有率比 2011 年同期下降 3.2 个百分点。与自主品牌的低迷相比，美系和德系品牌表现最为出色。2011 年德国品牌乘用车增速超过 20%，份额同比增加超过 2 个百分点，轿车份额同比提高近 2 个百分点，份额增加明显。美系乘用车、轿车也继续保持了两位数的增长速度，而日系车有所下降。2011 年，销量排名前十位的轿车品牌依次为凯越（美）、朗逸（德）、科鲁兹（美）、捷达（德）、宝来（德）、桑塔纳（德）、赛欧（美）、夏利（中）、悦动（韩）和福克斯（美）。可以看出，在十大畅销品牌中美系和德系品牌各占据 4 位，而且这些品牌除了美国的赛欧是市场新宠以外，其他都是地位稳定的老品牌。自主品牌仅有夏利名列第 8，2010 年销量冠军 F3 则退出了前十名。2012 年 1~7 月，轿车自主品牌全部退出了销量前十位，赛欧和帕萨特增幅领先。2012 年 1 月以来德国品牌轿车的份额持续上升，从 4 月起已连续 4 个月超过日本，7 月更是达到 25.1%，超过中国自主品牌近 1 个百分点。2012 年 1~7 月德系增长达 20.5%，远高于其他国家增速。从图 7 可以看出，自主品牌轿车销售量的份额有周期性规律，在每年年末达到销售高峰，每年的 7 月达到谷底，周期为 1 年。在波峰到波谷之间，逐渐下降，在波谷到波峰之间，逐渐上升。在谷底时，自主品牌的销量会被日本、德国品牌超过，在波峰时则明显高于其他国家品牌。2011 年 7 月至 2012 年 7 月的这一周期，销售波峰明显低于 2010 年 7 月至 2011 年 7 月的波峰，市场占有率下降。这些情况反映出我国自主品牌乘用车面临国外品牌的强劲竞争，国内汽车市场需求减少，前景不容乐观。2009 年和 2010 年自主品牌乘用车

是国家刺激政策的受益者，随着政策力度减弱，自主品牌乘用车市场占有率开始出现下降。

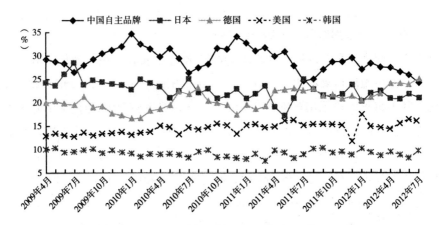

图7 自主品牌轿车当月销售量占轿车总销售量的比例变化情况

资料来源：中国汽车工业协会。

自主品牌企业在国内市场出现了经营困境，就努力开拓国际市场以谋求发展。自主品牌在国际市场最大的优势是低价格，出口市场主要是对环保与安全标准较低的发展中国家的新兴市场，面对技术标准高的发达国家市场则严重受阻。2012年8月，长城、奇瑞两家中国自主品牌汽车企业因在澳大利亚销售产品的部分部件中使用了当地严格限制的石棉材料，召回了超过2万辆汽车，这是自主品牌汽车首次在海外市场的大规模召回。欧美等发达国家的环保法规执行了严苛的标准，完全禁止使用石棉，而中国目前只是禁止在制动系统中使用含石棉材料的部件。这一事件说明中国自主品牌在进军发达国家市场时，需要执行更高的技术质量标准，以高质量和品牌信誉赢得消费者的青睐，而不是低质低价。产品出现质量问题会导致声誉受损，失去大量潜在客户。

2. 国际贸易竞争力稳步提升

本文用某个国家汽车产品的出口额占世界汽车出口总额的比例来衡量汽车产品的国际市场占有率，从图8可以看出我国汽车产品的国际市场占有率在2010年和2011年都有所提升，2010年和2011年分别比上年提高了0.21个和0.36个百分点，在2011年达到2.9%，国际市场占有率提升幅度有加大的趋势。德国、日本、美国和法国的国际市场占有率分别为19%、12%、9%和4%，德国和日本保持绝对优势。与2008年相比，德国和美国的市场占有率提高了，而日本和法国下降了。德国的优势进一步扩大，而法国仍有继续下降的趋势。按照世界贸易组织的统计数据，德国汽车出口额在美国、日本、德国、英国、法国、韩国这6个汽车出口大国中所占的比例在逐年上升，从1994年的28%上升到2009年的35.8%，特别是在欧洲市场更是高达55%，亚洲占29%，北美占17%，中国占33%。日本汽车出口额在这6个汽车出口大国中所占的比例近20年一直呈下降趋势，从1994年的32.6%下降到2009年的23%，其中在北美市场的下降幅度最大。

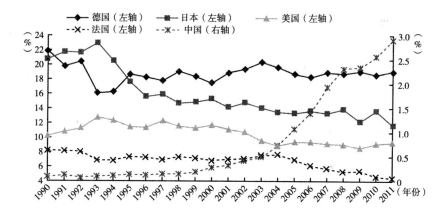

图8　世界前四大出口国和中国的汽车产品出口额占世界出口总额的比例

资料来源：世界贸易组织。

我国一直是汽车的净进口国，图9显示近20年我国汽车进出口的差额逐年缩小，2008年差距最小，而2009年进口与出口的差距再次扩大，净出口占进出口总额的比例降低到-22%，2010年和2011年都在-30%，这反映了金融危机后我国汽车进口增长迅猛，中国汽车市场的繁荣为国外汽车企业提供了发展机遇。日本净出口占进出口总额的比例在2011年有小幅下降，但仍保持在80%左右，德国则在近20年从28%不断上升到40%，优势不断扩大。从净出口占本国进出口总额的比例来看，中国汽车的国际贸易竞争力在2011年没有提升。

从贸易产品的细分类型来看，汽车零部件是我国出口额最大的汽车产品，根据中经数据库的数据，2011年汽车零部件出口额为229.75亿美元，是汽车（包括整套散件）出口额的2.3倍。进口的主要产品是来自发达国家的汽车整车。整

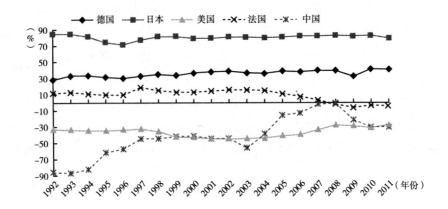

图9 世界前四大出口国和中国的汽车产品净出口额占进出口总额的比例

资料来源：世界贸易组织。

车进口的主要来源国是德国、日本、韩国、美国、法国等。2011年汽车（包括整套散件）进口额为430.9亿美元，是汽车出口额的4.3倍。汽车的净进口额有不断加大的趋势（见图10）。汽车（包括整套散件）的净进口额2011年累计比2010年增加了36%，2012年1~7月比上年同期增加32%，2011年月平均净进口额为27.6亿美元，2011年8月至2012年7月的12个月月平均净进口额为32.3亿美元，进出口差距不断扩大。汽车零件的进出口则较为平衡，大部分月份的出口超过进口。

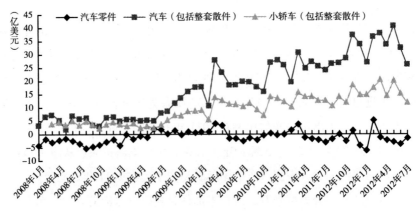

图10 汽车主要产品当月净进口额变化情况

资料来源：中经数据库。

从贸易国别来看，按照 HS 分类标准，车辆及零件附件（铁道及电车道车辆除外）的最大出口国是美国、日本、德国，最大进口国是德国、日本、美国。进出口表现出进口额远超过出口额、进口快速增长的情况（见图 11）。2011 年从德国累计进口 223.4 亿美元，从日本进口 167.6 亿美元，比 2010 年分别增长 34% 和 8%，从德国和日本的进口额分别是向这两国出口额的 14 倍和 5 倍。2011 年向美国累计出口 85.3 亿美元，向日本出口 33.3 亿美元，均比 2010 年增长了 17%。进出口的结果说明，国内汽车消费依然存在刚性需求，国内汽车保有率较低，汽车市场发展的空间较大，但国内汽车市场正面临德国、日本等国产品的大量涌入，市场竞争更加激烈，需要本土企业加快自身竞争力的提升。

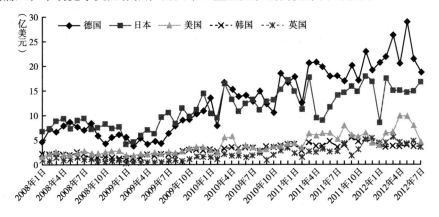

图 11 车辆及零件附件（铁道及电车道车辆除外）（HS）当月进口总值

资料来源：中经数据库。

B.9
电子信息产业竞争力分析

陈 志

2011 年，全球经济仍处于复苏阶段，我国对欧美电子信息产品出口的增速相对缓慢，产业整体的生产、出口、效益各方面均尚未恢复至危机前的水平，这进一步促使我国电子信息产业加快转型的脚步。另外，世界电子信息产业规模增长速度放缓，亚太地区表现亮眼。产业的竞争日趋白热化，围绕着知识产权、产业链的软硬一体化，苹果、三星、谷歌、微软、诺基亚等巨头展开了各种各样的合作与争夺，多巨头垄断竞争的格局进一步固化。这迫切需要我国电子信息产业推进相关核心技术研发，采取有效的市场策略，积极应对新一轮的残酷竞争。

一 电子信息产业企业竞争力得分

根据中国社会科学院中国产业与企业竞争力研究中心的监测，截至 2011 年底，中国沪深两市电子信息类上市公司（主板，不包括中小板企业，下同）共64 家，与 2010 年 77 家相比，减少了 13 家。减少的原因是统计口径发生了改变，实达集团、百科集团等 6 家企业调整到房地产业，宏图高科、工大首创等 2 家调整到批发零售贸易类，宝胜股份、上海金陵、飞乐股份、领先科技等 4 家企业调整至制造业，大有能源调整至采掘业，＊ST 朝华调整至能源类板块。同时，鑫茂科技进入电子信息板块。由于＊ST 朝华 2008 年营业收入为 0，不能计算近三年销售收入增长率，在计算竞争力排名时没有将该公司计入在内，所以进入总体排名的电子信息企业共计 63 家。

从总体的竞争力表现来看，2011 年电子信息产业整体竞争力在所有行业中的位置比较平稳，但是略有下降。受宏观经济的影响，电子信息产业的优势企业基础竞争力得分在所有行业总排名中的位次略有下滑，2010 年位列所有主板上市公司基础竞争力第 3 位的长城电脑，2011 年已经落到 10 名以后，中兴通讯更是从 2010 年的 50 名左右滑落至 130 名左右。当然 2010 年表现出色的一些企业，例如同方股份、中天科技等企业的表现仍然可圈可点。从 2011 年电子信息各个企业的基础竞争力及各项得分来看（见图 1），企业分化依然十分明显。从规模竞争力、效率竞争力、增长竞争力的得分分布来看，与 2010 年不同，竞争力得分靠前的公司一般规模竞争力、增长竞争力较强，效率竞争力这一项得分普遍不高。同时，我们注意到，2011 年电子信息产业上市公司的效率竞争力得分总体比较差，一定程度反映了企业的劳动生产率、资产利润率等表现比较差。当然，一些重点企业如长城电脑、国电南瑞等保持了非常强的增长势头，使其基础竞争力得分在行业所有企业总排名中保持领先。

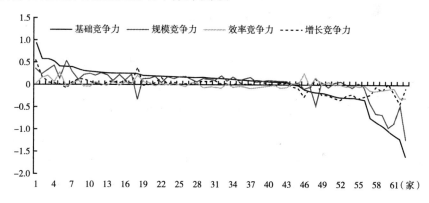

图 1　2011 年电子信息业 77 家上市公司基础竞争力得分分布

行业整体竞争力的这种分化趋势还体现在电子信息产业在所有行业基础竞争力得分总排名中位次的分布上（见图 2）。与前两年比较，电子信息产业整体分布态势发生了一些变化。由于整体表现有一定下滑，进入所有行业前 200 名的电子信息类企业从 2010 年的 15 家下降到 2011 年的 4 家，前 500 名的企业数量从 2010 年的 37 家下降至 2011 年的 21 家。

需要指出的是，2011 年有多家企业因股权置换、资产重组等因素导致业绩非正常增长，一定程度上扭曲了企业的实际经营状况。为更真实地反映企业的竞争力，我们剔除了这些异常的上市公司，计算了另外一份竞争力排名表。

与 2010 年一样，2011 年电子信息类企业基础竞争力得分进入沪深主板所有企业总排名前 100 位的有 3 家电子信息企业：长城电脑（在沪深主板所有企业中基础竞争力排名第 21 位，剔除异常企业后排名第 15 位，2010 年排名第 3 位），

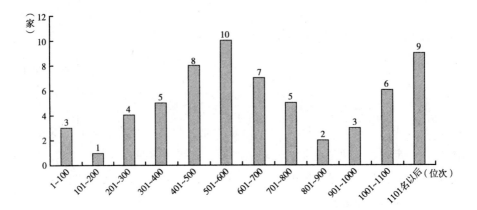

图2　电子信息类全行业基础竞争力名次分布

国电南瑞（在沪深主板所有企业中基础竞争力排名第96位，剔除异常企业后排名第87位，2010年排名第16位），同方股份（在沪深主板所有企业中基础竞争力排名第97位，剔除异常企业后排名第88位，2010年排名第117位）。2010年进入前100位的中兴通讯出现了下滑。

进入第101～200位的电子信息企业只有1家，2010年有12家，数量明显减少：中兴通讯在沪深主板所有企业中基础竞争力排名第139位，剔除异常企业后排名第129位，2010年排名第51位。

进入第201～300名的企业有4家，相比2010年的9家，数量上也减少了5家：紫光股份（在沪深主板所有企业中基础竞争力排名第212位，剔除异常企业后排名第199位，2010年排名第255位），中国联通（在沪深主板所有企业中基础竞争力排名第232位，剔除异常企业后排名第219位，2010年排名第164位），航天信息（在沪深主板所有企业中基础竞争力排名第243位，剔除异常企业后排名第230位，2010年排名第141位），高鸿股份（第295位，剔除异常企业后排名第281位）。

进入第301～400名的企业有5家，比2010年减少1家：亨通光电（在沪深主板所有企业中基础竞争力排名第340位，剔除异常企业后排名第326位，2010年排名第280位），烽火通信（在沪深主板所有企业中基础竞争力排名第356位，剔除异常企业后排名第342位，2010年排名第156位），华胜天成（在沪深主板所有企业中基础竞争力排名第369位，剔除异常企业后排名第355位，2010年排名第233

位），长城开发（在沪深主板所有企业中基础竞争力排名第 379 位，剔除异常企业后排名第 365 位，2010 年排名第 129 位），中天科技（在沪深主板所有企业中基础竞争力排名第 399 位，剔除异常企业后排名第 385 位，2010 年排名第 125 位）。

进入第 401~500 名的有 8 家，比 2010 年增加 1 家：烽火电子（在沪深主板所有企业中基础竞争力排名第 406 位，剔除异常企业后排名第 392 位，2010 年排名第 671 位），用友软件（在沪深主板所有企业中基础竞争力排名第 420 位，剔除异常企业后排名第 406 位，2010 年排名第 297 位），浪潮信息（在沪深主板所有企业中基础竞争力排名第 421 位，剔除异常企业后排名第 407 位，2010 年排名第 585 位），东软集团（在沪深主板所有企业中基础竞争力排名第 422 位，剔除异常企业后排名第 408 位，2010 年排名第 187 位），＊ST 星美（在沪深主板所有企业中基础竞争力排名第 430 位，剔除异常企业后排名第 416 位，2010 年排名第 1326 位），大唐电信（在沪深主板所有企业中基础竞争力排名第 487 位，剔除异常企业后排名第 471 位，2010 年排名第 242 位），中国软件（在沪深主板所有企业中基础竞争力排名第 489 位，剔除异常企业后排名第 473 位，2010 年排名第 424 位），中国卫星（在沪深主板所有企业中基础竞争力排名第 491 位，剔除异常企业后排名第 475 位，2010 年排名第 176 位）。

除了基础竞争力得分排名全行业 500 强的企业外，2011 年电子信息产业的一个显著的特点是排名位居所有行业竞争力得分总排名 500 位以后的企业数量形成了典型的 U 形，集中了本行业的大部分企业，达到 42 家，占电子信息类上市企业数量的 2/3 左右。可见，2011 年电子信息类上市企业整体表现有所下降。在排名 1000 位以后的企业中，大部分企业连续数年持续低迷。

表1　2011 年 63 家电子信息产业上市公司基础竞争力
指数在沪深两市所有企业总排名中的位次分布

单位：家

全行业名次	公司数量	公司排名（所有企业排名位次）
1~100	3	长城电脑（第 21 位，剔除异常企业后排名第 15 位），国电南瑞（第 96 位，剔除异常企业后排名第 87 位），同方股份（第 97 位，剔除异常企业后排名第 88 位）
101~200	1	中兴通讯（第 139 位，剔除异常企业后排名第 129 位）
201~300	4	紫光股份（第 212 位，剔除异常企业后排名第 199 位），中国联通（第 232 位，剔除异常企业后排名第 219 位），航天信息（第 243 位，剔除异常企业后排名第 230 位），高鸿股份（第 295 位，剔除异常企业后排名第 281 位）

189

续表

全行业名次	公司数量	公司排名（所有企业排名位次）
301～400	5	亨通光电（第340位，剔除异常企业后排名第326位），烽火通信（第356位，剔除异常企业后排名第342位），华胜天成（第369位，剔除异常企业后排名第355位），长城开发（第379位，剔除异常企业后排名第365位），中天科技（第399位，剔除异常企业后排名第385位）
401～500	8	烽火电子（第406位，剔除异常企业后排名第392位），用友软件（第420位，剔除异常企业后排名第406位），浪潮信息（第421位，剔除异常企业后排名第407位），东软集团（第422位，剔除异常企业后排名第408位），＊ST星美（第430位，剔除异常企业后排名第416位），大唐电信（第487位，剔除异常企业后排名第471位），中国软件（第489位，剔除异常企业后排名第473位），中国卫星（第491位，剔除异常企业后排名第475位）。
501～600	10	佳都新太（第508位），宝信软件（第518位），恒生电子（第521位），大恒科技（第536位），浙大网新（第537位），永鼎股份（第556位），闽福发A（第558位），南京熊猫（第566位），亿阳信通（第591位），长江通信（第595位）
601～700	7	方正科技（第601位），东方电子（第613位），东方通信（第634位），大智慧（第639位），南天信息（第651位），鹏博士（第663位），四创电子（第670位）
701～800	5	华东电脑（第702位），金证股份（第704位），长城信息（第711位），新大陆（第725位），特发信息（第753位）
801～900	2	浪潮软件（第821位），中电广通（第827位）
901～1000	3	ST沪科（第941位），中创信测（第966位），ST太光（第992位）
1001名之后	15	上海普天（第1007位），湘邮科技（第1047位），ST波导（第1069位），数源科技（第1081位），汇源通信（第1085位），中卫国脉（第1087位），信雅达（第1106位），＊ST博通（第1112位），鑫茂科技（第1265位），＊ST华光（第1291位），＊ST创智（第1304位），＊ST科健（第1322位），＊ST炎黄（第1338位），＊ST天成（第1352位），ST长信（第1375位）

注：括号内数字为该企业基础竞争力得分在沪深主板所有企业竞争力得分排名中的位次。
资料来源：根据中国社会科学院中国产业与企业竞争力研究中心数据库处理。

二 各组别上市公司的竞争力得分分析

为了更详尽地分析各电子信息产业上市公司竞争力差异的表现和成因，我们根据基础竞争力得分在所有行业全部企业得分的排名，把本次监测的电子信息产业63家上市公司划分为10个组。第1～100名为第一组，第101～200名为第二组，第201～300名为第三组，依次类推，其中第801～1000名合为一组，第1000名以后为一组，具体情况如表2所示。接下来，我们将对每一组上市公司竞争力得分和分布进行进一步的分析，以比较规模竞争力、增长竞争力和效率竞争力对不同组别上市公司竞争力的影响。

表2　电子信息产业63家上市公司基础竞争力得分与分组情况

组　别	股票简称	沪深上市企业总排名	规模竞争力	效率竞争力	增长竞争力	基础竞争力
第一组	长城电脑	21	0.3660	0.0213	0.5488	0.9360
	国电南瑞	96	0.2380	0.1546	0.1970	0.5897
	同方股份	97	0.3264	0.2009	0.0563	0.5836
第二组	中兴通讯	139	0.4338	0.0607	0.0313	0.5258
第三组	紫光股份	212	0.1357	0.2731	0.0102	0.4190
	中国联通	232	0.5306	−0.0599	−0.0675	0.4032
	航天信息	243	0.3009	0.0338	0.0547	0.3895
	高鸿股份	295	0.1143	0.1054	0.1210	0.3407
第四组	亨通光电	340	0.2208	−0.0368	0.1243	0.3083
	烽火通信	356	0.2486	−0.0312	0.0707	0.2881
	华胜天成	369	0.2021	0.0507	0.0273	0.2801
	长城开发	379	0.2662	0.0158	−0.0112	0.2708
	中天科技	399	0.2242	−0.0236	0.0607	0.2614
第五组	烽火电子	406	0.0901	0.0839	0.0828	0.2568
	用友软件	420	0.2204	−0.0217	0.0491	0.2479
	浪潮信息	421	0.0923	0.0638	0.0916	0.2478
	东软集团	422	0.2368	0.0036	0.0071	0.2475
	*ST星美	430	−0.3336	0.2056	0.3707	0.2427
	大唐电信	487	0.1378	0.0686	0.0010	0.2074
	中国软件	489	0.1460	0.0500	0.0106	0.2066
	中国卫星	491	0.1871	−0.0191	0.0385	0.2065
第六组	佳都新太	508	0.0257	0.0201	0.1520	0.1978
	宝信软件	518	0.1699	−0.0041	0.0239	0.1897
	恒生电子	521	0.1236	0.0115	0.0516	0.1867
	大恒科技	536	0.1715	−0.0023	0.0098	0.1789
	浙大网新	537	0.1878	−0.0408	0.0307	0.1778
	永鼎股份	556	0.1142	0.0424	0.0079	0.1646
	闽福发A	558	0.0677	0.0457	0.0487	0.1620
	南京熊猫	566	0.1350	−0.0643	0.0884	0.1591
	亿阳信通	591	0.1267	−0.0475	0.0646	0.1438
	长江通信	595	0.0995	−0.0559	0.0990	0.1427

续表

组　别	股票简称	沪深上市企业总排名	规模竞争力	效率竞争力	增长竞争力	基础竞争力
第七组	方正科技	601	0.2075	− 0.0747	0.0064	0.1392
	东方电子	613	0.0783	0.0308	0.0204	0.1296
	东方通信	634	0.1759	− 0.0560	− 0.0042	0.1157
	大智慧	639	0.0882	− 0.0312	0.0563	0.1132
	南天信息	651	0.1397	− 0.0456	0.0100	0.1041
	鹏博士	663	0.1640	− 0.0722	0.0043	0.0960
	四创电子	670	0.0527	− 0.0601	0.0980	0.0906
第八组	华东电脑	702	0.0681	− 0.0511	0.0536	0.0706
	金证股份	704	0.0908	− 0.0360	0.0137	0.0686
	长城信息	711	0.0754	− 0.0019	− 0.0104	0.0631
	新大陆	725	0.0903	− 0.0716	0.0351	0.0539
	特发信息	753	0.0716	− 0.0603	0.0277	0.0391
第九组	浪潮软件	821	− 0.0026	0.0382	− 0.0433	− 0.0077
	中电广通	827	0.0425	0.0181	− 0.0722	− 0.0116
	ST 沪科	941	− 0.1071	0.2574	− 0.2659	− 0.1155
	中创信测	966	− 0.0284	− 0.0629	− 0.0515	− 0.1428
	ST 太光	992	− 0.4804	0.1603	0.1479	− 0.1721
第十组	上海普天	1007	0.0442	− 0.0087	− 0.2184	− 0.1829
	湘邮科技	1047	− 0.0586	0.0643	− 0.2287	− 0.2230
	ST 波导	1069	0.0444	− 0.0045	− 0.3022	− 0.2624
	数源科技	1081	0.0697	− 0.0084	− 0.3471	− 0.2857
	汇源通信	1085	− 0.0158	− 0.0390	− 0.2374	− 0.2922
	中卫国脉	1087	− 0.0730	− 0.0115	− 0.2117	− 0.2961
	信雅达	1106	0.0384	− 0.0449	− 0.3161	− 0.3226
	*ST 博通	1112	− 0.0610	− 0.0149	− 0.2594	− 0.3353
	鑫茂科技	1265	− 0.4024	− 0.1175	− 0.2160	− 0.7359
	*ST 华光	1291	− 0.6507	− 0.1374	− 0.0478	− 0.8359
	*ST 创智	1304	− 0.6623	− 0.1127	− 0.1370	− 0.9120
	*ST 科健	1322	− 0.9579	− 0.0890	0.0249	− 1.0219
	*ST 炎黄	1338	− 0.8687	− 0.0867	− 0.1818	− 1.1371
	*ST 天成	1352	− 0.4761	− 0.3003	− 0.4366	− 1.2130
	ST 长信	1375	− 1.2397	− 0.2874	− 0.0834	− 1.6104

（一）第一组和第二组的特点

排名进入第一组的公司有 3 家，基础竞争力得分在沪深主板所有上市企业中竞争力排名位于第 21～97 位。第一组的企业的规模竞争力、效率竞争力和增长竞争力各项得分都高于本行业平均水平甚多，综合优势十分突出。其中，长城电脑仍然保持比较好的发展态势，但是，效率竞争力得分较 2010 年下降很多。从具体报表数据看，长城电脑 2011 年实现营业收入 764.68 亿元，较 2010 年下降 8.98%，而利润下降幅度更快，2011 年营业利润达到 2.48 亿元，下降幅度高达 72.99%。从企业的主要产品看，显示器、液晶电视、电源等仍然保持市场领先，但液晶电视的出货量有下降。国电南瑞 2011 年表现突出，在沪深主板所有上市企业竞争力排名从 2010 年的第 159 位上升到第 96 位。2011 年公司的营业收入达到 46.60 亿元，较 2010 年大幅增加 53.49%，利润更是增加 76.01%。企业主要是抓住了近年来清洁能源和坚强智能电网应用示范的机遇，在智能调度、智能变电站、智能配电、智能用电、风电控制等新产业齐头并进，成为公司产业发展的主要增量。

进入第二组的企业只有 1 家，即中兴通讯。同 2010 年相比，中兴通讯在规模竞争力、增长竞争力两项的得分上出现了下降，从而直接拖累了企业的整体表现，当然它在效率竞争力方面仍然和 2010 年一样，得分偏低。从公司 2011 年年报公布的数据来看，企业的营业收入已经达到了 862.54 亿元，较 2010 年增加 23.39%，但是盈利方面出现了较大的下滑，无论是营业利润还是利润总额都出现了大幅下降。但是该企业的亮点是在国际市场方面，在巩固新兴市场的同时，企业通过与全球主流运营商在各个产品上的合作，使得其国际市场的营业收入较 2010 年同期实现了一定的增长，在无线网络、终端等领域的市场开拓方面也取得了进展。

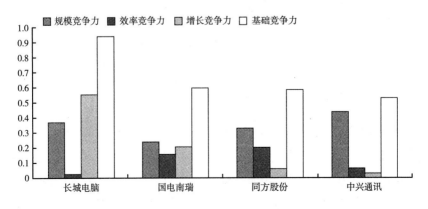

图3 第一组和第二组的竞争力得分构成和分布

（二） 第三组的特点

进入第三组的企业有 4 家，基础竞争力得分位于沪深主板所有企业竞争力总排名的第 212~295 位。该组企业在规模竞争力、效率竞争力和增长竞争力上的得分均高于本行业平均水平。从本组 4 家公司总体得分结构看，与第一组有一定类似，规模竞争力仍然最具有优势。本组值得关注的企业是中国联通，它的规模竞争力得分是电子信息类企业最高的，但是它在效率竞争力、增长竞争力等方面的表现并不尽如人意。从未来前景看，其移动业务将成为推动公司快速增长的第一动力。2011 年，中国联通充分利用终端、渠道和应用拉动，进一步巩固和扩大在 3G 业务领域的差异化竞争优势，3G 业务实现快速、规模增长。3G 用户全年累计净增 2595.9 万户，达到 4001.9 万户，占移动用户的比例达到 20.0%；实现 3G 服务收入 337.9 亿元，同比增长 183.2%，占移动服务收入的比例达到 31.8%。

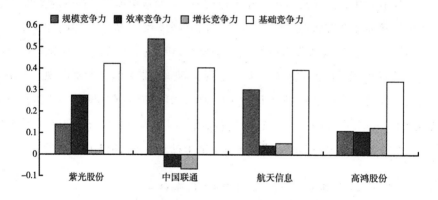

图4　第三组的竞争力得分构成和分布

（三） 第四组的特点

进入第四组的 5 家公司基础竞争力得分位于沪深主板所有企业总排名的第 340~399 位。与第三组的企业相比，规模竞争力的差距并不是很大，但是效率竞争力方面普遍下降，使得该组企业总体位次的后移。从代表性企业来看，烽火通信、长城开发、中天科技 3 家公司相对于 2010 年，总体基础竞争力都有比较明显的削弱。但是烽火通信在 2012 年上半年表现非常抢眼，上半年烽火通信在国内市场主营业务收入 32.63 亿元，同比增长 26.65%；在国外市场主营业务收入 3.14 亿元，同比增长 39.09%。由于企业专注于光通信领域，技术实力比较强。2012 年以来，仅网络方面烽火通信 40G OTN、40G DWDM/10G OTN 系统就获得中国电信 OTN 集采项目第一、第二的分配份额，并且 100G 系统顺利通过中国移动的现网测试，IP RAN 获得中国电信、中国联通集采大单。随着"宽带中国"战略和相关重大工程的加速推进，运营商投资向传输网等宽带领域倾斜。由于光通信产品线齐备，烽火通信可能在 2012 年表现比较好的发展势头。

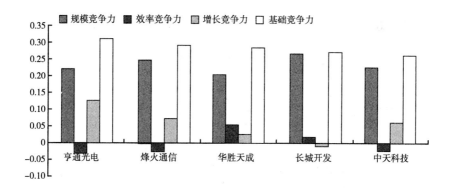

图 5　第四组的竞争力得分构成和分布

（四）第五组的特点

第五组的企业共 8 家，排名位于所有行业总排名的第 406～491 位。在这组公司中，基础竞争力得分没有多大的波动，与 2010 年相比，增长的表现有了一定改善。从代表性企业看，用友软件、大唐电信、中国卫星的竞争力排名具有较大幅度的下降。大唐电信在 2010 年实现了盈利，但是 2011 年盈利表现并不良好，营业利润为 - 1644.24 万元，比 2010 年下降了 120.98%。公司控股股东电信科学技术研究院的子公司上海联芯科技有限公司从事芯片开发业务，其主营业务与公司子公司大唐微电子技术有限公司存在一定的同业竞争。为此，电信科学技术研究院筹划与大唐电信相关的重大资产重组工作，大唐电信科技产业控股有限公司持有的联芯科技有限公司股权通过重组注入大唐电信。通过重组，将显著增强大唐电信集成电路芯片设计产业板块的能力和总体价值，公司业务领域从原

有的智能卡安全芯片及解决方案拓展到移动互联终端芯片及解决方案，这可能会对公司的盈利水平起到一定的提升作用。

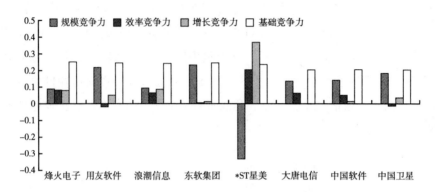

图6　第五组的竞争力得分构成和分布

（五）　第六组和第七组的特点

第六组的企业有 10 家，排名位于所有行业总排名的第 508～595 位，规模竞争力、效率竞争力和增长竞争力平均得分分别是 0.12、－ 0.0095 和 0.06，普遍具有一定规模，但效率竞争力不强。从代表性企业看，永鼎股份在 2011 年业绩出现了滑坡，营业总收入 19.12 亿元，较 2010 年减少了 24.60%，营业利润和利润总额均较 2010 年出现大幅下降，分别减少 86.16% 和 76.89%。公司主要业务集中在光电缆生产，但是这个行业目前各个厂商均迅速扩大产能，市场竞争十分激烈，导致价格下浮，影响了利润和收入。

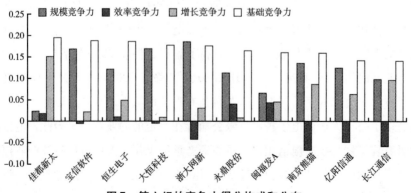

图7　第六组的竞争力得分构成和分布

第七组的企业共有 7 家，排名位于所有行业基础竞争力总排名的第 601～670 位。这个组规模竞争力处于行业平均水平，但是效率竞争力、增长竞争力的得分都比较低。从代表性企业看，大智慧连续两年营业收入增长缓慢，2011 年实现利润总额 1. 21 亿元，比 2010 年减少 32. 46%。从 2012 年上半年的表现来看，该公司的财务数据仍然每况愈下，市场低迷、扩张成本不断升高等原因，可能会拖累公司在 2012 年的整体表现。

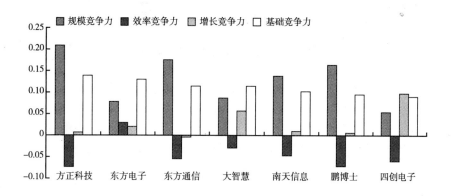

图8　第七组的竞争力得分构成和分布

（六）　第八组和第九组的特点

第八组和第九组的企业共有 10 家，排名位于所有行业基础竞争力得分总排名的第 702～992 位。这两个组的规模竞争力得分快速下降。第八组企业的效率竞争力全为负值。第九组是一个分水岭，基础竞争力得分开始出现负值，企业规模竞争力、效率竞争力和增长竞争力平均得分分别是 - 0. 1152、0. 0822 和 - 0. 0570。2010 年现金流的增加，使 ST 太光的竞争力得分从 2009 年排所有企业的第 1085 位上升到 2010 年的第 373 位。2011 年公司的营业收入有小幅提高，但是利润大幅下降，截至 2011 年 12 月 31 日公司流动负债高于资产总额 8423. 69 万元，累计亏损 27632. 33 万元，所有者权益为 - 12923. 69 万元，公司未来的发展前景很不确定。

（七）　第十组的特点

第十组有 15 家上市公司，基础竞争力得分处于所有行业总排名的第 1007～

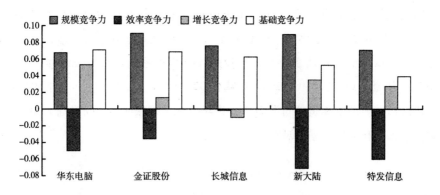

图9　第八组的竞争力得分构成和分布

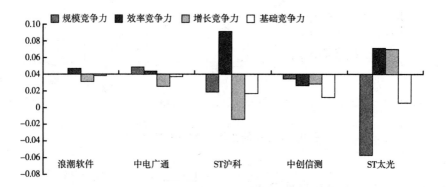

图10　第九组的竞争力得分构成和分布

1375位。这一组所有的上市公司基础竞争力得分都为负值。规模竞争力、效率竞争力和增长竞争力平均得分分别是－0.38、－0.09和－0.21，所有得分较

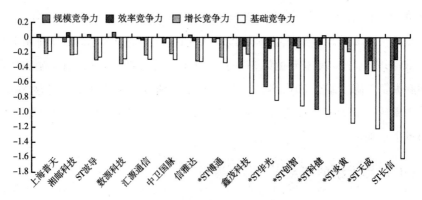

图11　第十组的竞争力得分构成和分布

2010 年该组别的得分略有回升。值得注意的是，信雅达 2010 年在沪深所有上市企业中竞争力排名为第 277 位，2011 年快速下滑到第 1106 位。从该公司 2011 年年报数据来看，2011 年营业收入小幅增长，达到 6.79 亿元，但是营业利润下降 27.01%，为 2299 万元。但是目前该公司业务已经度过了低谷期，公司的金融 IT 业务增长较快，环保除尘设备业务也正在走出亏损的泥潭，可以预期 2012 年公司的竞争力得分将有不小的提高。

三 面向全球激烈竞争的中国电子信息产业

（一）2011 年的电子信息产业

1. 产业规模稳步增长

2011 年，我国电子信息产业实现销售收入 9.3 万亿元，增幅超过 20%。其中，规模以上制造业实现收入 74909 亿元，同比增长 17.1%；软件业实现收入 18468 亿元，比上年增长 35.9%。规模以上电子信息制造业实现销售产值 75445 亿元，同比增长 21.1%。手机、计算机、彩电、集成电路等主要产品产量分别达到 11.3 亿部、3.2 亿台、1.2 亿台和 719.6 亿块，分别同比增长 13.5%、30.3%、3.4% 和 10.3%。

2. 生产和经济效益出现一定波动

全年生产呈现波动态势。从 2011 年 3 月开始，增加值月度增速出现下滑，5 月增速降至 14.0%，但是后期开始加速，并在 9 月后趋于稳定状态。2011 年，规模以上电子信息制造业实现主营业务收入 74909 亿元，同比增长 17.1%；实现利润总额 3300 亿元，同比增长 16.8%。行业销售利润率为 4.4%，与 2010 年基本持平；全年有 6 个月的利润呈下降态势，波动较为明显。行业主营业务成本占主营业务收入的比重达到 88.7%，比 2010 年提高 0.6 个百分点。行业中亏损企业有 2497 家，同比增加 36.7%，企业亏损面达 16.6%；亏损企业亏损额同比增长 52.9%。

3. 产业进出口进入平稳期

2011 年，电子信息产品进出口增速呈前高后低态势，全年进出口总额达到 11292.3 亿美元，同比增长 11.5%，占全国外贸总额的 31.0%。其中，出口 6612.0

表 3　2011 年电子信息产业主要指标

项目	单位	2011 年	增速（%）
规模以上电子信息制造业			
主营业务收入	亿元	74909	17.1
利润总额	亿元	3300	16.8
税金总额	亿元	1245	31.0
从业人员	万人	940	6.8
固定资产投资	亿元	8183	56.0
电子信息产品进出口总额	亿美元	11292.3	11.5
其中：出口额	亿美元	6612.0	11.9
进口额	亿美元	4680.3	11.0
软件业			
软件业收入	亿元	18468	35.9
主要产品产量			
手机	万部	113257.6	13.5
微型计算机	万台	32036.7	30.3
彩色电视机	万台	12231.4	3.4
集成电路	亿块	719.6	10.3
程控交换机	万线	3034.0	-3.2

资料来源：国家统计局、工业和信息化部。

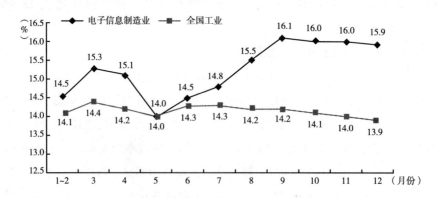

图 12　2011 年规模以上电子信息制造业与全国工业增加值月增速对比情况

资料来源：国家统计局、工业和信息化部。

亿美元，同比增长 11.9%，增速比 2010 年同期下滑 17.4 个百分点，占全国外贸出口额的 34.8%；进口 4680.3 亿美元，同比增长 11.0%，增速比 2010 年同期下降 23 个百分点，占全国外贸进口额的 26.8%。出口额前三位的产品分别为：笔记本电脑 1058.8 亿美元，同比增长 11.1%；手机 627.6 亿美元，同比增长 34.3%；集成电路 325.7 亿美元，同比增长 11.4%。

从出口结构看，2011 年电子元件、电子器件行业出口增长相对平稳，出口额分别达到 881.4 亿美元和 757.0 亿美元，同比增长 15.3% 和 11.0%，增速均在 10% 以上。在整机行业中，家电与计算机行业出口增长缓慢，出口额分别为 946.2 亿美元和 2293.9 亿美元，同比增长 7.9% 和 5.6%，增速低于全行业平均水平 4.0 个和 6.3 个百分点；通信设备行业保持较快增长，出口额 1300.2 亿美元，同比增长 26.6%，增速高于全行业平均水平 14.7 个百分点。

从出口的国别来看，2011 年电子信息产品对欧美发达经济体出口形势低迷，对新兴市场出口增长较快。特别是 2011 年下半年以来，欧美发达国家受各方面不利因素的影响，经济增长缓慢，我国对欧美国家电子信息产品出口形势相对低迷。对美国和英国分别出口 1259.2 亿美元和 121.2 亿美元，同比增长 9.5% 和 0.7%，低于平均水平 2.4 个和 11.2 个百分点；对德国、法国、波兰和西班牙等国出口呈下降态势，出口额分别为 279.7 亿美元、96.5 亿美元、40.7 亿美元和 38.2 亿美元，同比下降 1.6%、5.5%、4.9% 和 16.0%。对亚洲地区和新兴市场出口增长较快。对中国香港地区出口电子信息产品 1597.5 亿美元，同比增长 15.5%；对日本出口 455.6 亿美元，同比增长 16.2%；对韩国出口 295.4 亿美元，同比增长 10.5%；对中国台湾出口 163.7 亿美元，同比增长 10.8%。此外，对巴西、俄罗斯等新兴市场国家出口快速增长，出口额分别为 101.5 亿美元和 79.0 亿美元，同比增长 17.0% 和 23.4%。

4. 投资保持快速增长

2011 年 1~11 月，电子信息产业 500 万元以上项目完成固定资产投资 8183 亿元，同比增长 56%，高于工业投资 29.2 个百分点。其中，电池行业完成投资达 1505 亿元，占全行业投资的比重为 18.4%，同比增长 111.7%，成为电子信息产业中投资最密集、增长最快的领域。1~11 月，电子信息产业新开工项目 6523 个，同比增长 59.1%，扭转了 2010 年同期下滑的局面。其中，电子元器件、信息机电和信息化学品制造行业新开工项目数增长均超过 55%，个数占全行业的 70%。

5. 行业结构调整加快

软硬件比例趋于合理。2011 年，我国电子信息产业中软件业收入比重接近 20%，与 2010 年（17.5%）相比有明显提高。在制造业中，随着新型显示器件、

LED、光伏产品等领域的快速发展，电子元、器件和电子材料行业收入比重达到36.7%，比2010年提高1.2个百分点。在软件业中，服务化趋势明显，信息技术咨询服务、数据处理和运营服务分别实现收入1864亿元和3028亿元，所占比重达到10.1%和16.4%，比上年提高0.7个和1.1个百分点。

内资企业快速发展。2011年，规模以上电子信息制造业中内资企业销售产值、出口交货值增速分别达到31.1%和16.4%，高于行业平均水平10.0个和2.5个百分点。内资企业经营水平不断提高，销售利润率达到6.6%，高于行业平均水平2.2个百分点。

表4　2011年1~12月规模以上电子信息制造业主要效益指标完成情况

单位：元，%

单位名称	主营业务收入		利润总额		税金总额	
	累计	增减	累计	增减	累计	增减
全部企业合计	749091672	17.1	33001284	16.8	12446867	31.0
其中：通信设备制造业	116525886	18.7	5587165	-9	2766895	26.4
雷达制造业	2409675	17	184247	42.5	51378	40.3
广播电视设备制造业	5957262	18	395136	34.9	156237	44.8
电子计算机制造业	216764876	15.2	6449502	21.8	1643487	35.1
家用视听设备制造业	50028284	12.3	1751728	10.8	899609	52.8
电子器件制造业	118903868	25.6	5347029	18.1	1753099	34.5
电子元件制造业	134513064	18.6	6287758	5.9	2285233	30.8
电子测量仪器制造业	10364433	22.5	1024548	18.4	420865	23
电子专用设备制造业	25289888	23.3	1506459	24.9	632210	39.9
电子信息机电制造业	21083710	22.8	1548583	23.1	752548	44.5
其他电子信息行业	47250727	26.1	2919129	-1.8	1085307	14.2
其中：外商及港澳台投资企业	528685541	16.3	18444490	7.6	5349462	28.8
其中：国有控股企业	60324290	15	3306052	26.1	1477550	41.1

资料来源：国家统计局、工业和信息化部。

（二）电子信息产业面临更加剧烈复杂的全球竞争

2011年，世界电子信息产品市场增长速度明显减缓，特别是美国、西欧等发达国家和地区电子产品市场需求疲软。据《世界电子数据年鉴2011》统计，2010年世界电子信息产品制造业产销规模分别增长15.61%和13.35%，创下国际金融危机以来的最高增长率。2011 年，世界电子产品产销仍维持正增长，但增速开始放缓，并且有较大的回落，产值为 17999 亿美元，同比增长 4.31%，销售值为 17944 亿美元，同比增长 3.82%，基本回落到 2008 年的增长水平。

从分类电子信息产品产销情况来看，2011 年产值增长最快的是无线通信设备，同比增长 5.7%，其次是控制与仪器设备和医疗与工业设备，分别同比增长 5.3% 和 4.8%，电子数据处理设备增长 4.7%。在电子产品市场销售额方面，增长最快的是控制与仪器设备，增长率为 6.7%，其次是无线通信设备，增长率为 5.1%，电子数据处理设备、医疗与工业设备和电子元器件市场销售增速趋同，同比均增长 3.8%。受智能手机等移动终端产品的推动，以及物联网等信息技术应用的进一步深入，2011 年无线通信产品、控制仪器以及医疗与工业设备类产品成为增长亮点。

从电子信息产品市场规模来看，在世界排名前 10 的国家中，除日本外，主要国家仍保持增长态势。美国仍是全球最大的电子信息产品市场，2011 年市场规模为 4129.74 亿美元，但增长微弱，仅同比增长 1.74%。西欧国家电子信息产品市场也增长缓慢，德国、法国和英国分别增长 2.31%、2.87% 和 1.75%。新兴经济体电子信息产品市场增长最快，特别是"金砖国家"增速显著，成为引领市场稳步复苏的主导力量。印度成为 2011 年电子信息产品市场增长的领头羊，增长率为 10.76%，增速位居第一；巴西增长率为 9.48%，位居第二；中国为 9.18%，位居第三。此外，韩国和墨西哥分别增长 4.17% 和 4.68%。

在这样的背景下，2011 年全球电子信息产业的竞争愈加激烈，国际贸易保护势力抬头，以知识产权、低碳环保、产品安全为代表的技术性贸易限制措施被广泛应用。电子信息产业中的竞争与合作态势引人注目。

最著名的案例是三星和苹果之间的专利战争。2011 年 4 月，苹果首先对三星提起法律诉讼，称三星 Galaxy 系列手机和平板电脑涉嫌侵犯苹果多项技术专利，并认为 Galaxy 系列产品的外观设计和功能几乎完全抄袭 iPhone 和 iPad。紧接着，三星公司在首尔、东京以及德国对苹果公司提起专利侵权诉讼。

而苹果、三星的"世纪审判"日前已经有了结果。法官于 2012 年 8 月 25 日判决三星必须支付苹果 10.5 亿美元的赔偿金，三星和其他厂商的众多设备有可能因此遭禁售。虽然美国联邦法院判赔的 10.5 亿美金的罚款对三星来说远"未伤筋动骨"（2010 年三星的净利润为 120 亿美元，所持现金总额为 140 亿美元），

但是，三星最大的危机在于苹果寻求在美国永久禁售 GalaxyTab10.1，并扩大对三星智能手机的禁令。美国地区法官高兰惠随后将考虑苹果的这一请求，这将使三星遭遇 HTC 同样的危机。在 2011 年美国国际贸易委员会（ITC）判决 HTC 侵犯苹果专利权之前，这家台湾公司市值曾一度超越诺基亚跃升至全球第二大智能手机厂商，但当 ITC 对 HTC 手机正式实施进口禁令后，HTC 迅速陨落，市值在 8 个月内缩水 40%，连续三个季度利润下滑。

在这一系列的全球争斗中，苹果利用专利制度成功打压了谷歌 Android 系统，而该系统已经被三星等众多厂商广泛采用。苹果的胜诉会让所有 Android 厂商都要向苹果支付专利费，因此带来移动智能终端市场重大调整，对我国电子信息产业带来巨大的冲击。首先，我国大批以 Android 系统为基础的手机、平板电脑和智能电视制造商将受到冲击。这些厂商包括了联想、小米、华为、中兴等知名企业。其次，对微软 WP 来说，三星的失利是个利好消息。在使用 Android 系统可能会被苹果起诉并造成巨大的损失的情况下，很多厂商将会加入微软的阵营。所以，对我国众多电子信息类企业来说，竞争格局可能将产生巨大的变化，特别是在美国开拓市场的企业不可避免地要进行战略调整。

B.10
房地产行业企业竞争力分析

陈晓东 田利华

2010 年以来，中央政府不断出台房地产市场的调控政策。2011 年 11 月以后的二次降息、三次降准，同时采取土地抵押和融资限制等措施，全国众多城市积极响应。2012 年 3 月，温家宝总理在向全国人大作政府工作报告中表示，2012 年主要任务包括继续搞好房地产市场调控和保障性安居工程建设；严格执行并逐步完善抑制投机、投资性需求的政策措施，进一步巩固调控成果，促进房价合理回归。这一年多来，随着宏观调控政策效果的逐步显现，我国房地产市场发生了巨大的变化，众多开发企业也遭遇了冰火两重天的境况。

一 2011 年我国房地产市场运行简况

整个房地产行业在 2011 年处于回落阶段，但从实际的数据情况看，回落的幅度并没有市场预期的那样悲观。

1. 开发增速回落

2011 年，全国房地产累计开发投资达 6.17 万亿元，同比增长 27.9%。相比 2010 年同期同比增长 33.2% 而言，2011 年增幅回落了 5.3 个百分点。1~12 月商品住宅投资 4.43 万亿元，同比增长 30.2%，占房地产开发投资的比重为 70.4%。房地产行业 2011 年全年投资出现回落。

2. 新开工回落与竣工增长并存

2011 年，全国房地产开发企业房屋新开工面积 19 亿平方米，同比增长 16.2%；新开工面积增速相比 2010 年的 40.7% 下滑了 24.5%；房屋竣工面积 8.92 亿平方米，同比增长 13.3%。相比 2010 年的 4.5% 则有 8.8 个百分点的上升。其中，12 月全国新开工面积达到 1.51 亿平方米，环比增加 3.71%，同比减少 18.28%，说明市场开工意愿依旧不足。当月房屋竣工面积为 2.99 亿平方米，

环比增长 211%，同比减少 1%。

3. 销售面积同比有所增长

2011 年 1~12 月，全国商品房销售面积 10.99 亿平方米，比 2010 年同期增长 4.9%，增幅比 2010 年同期回落了 5.2 个百分点。12 月当月的商品房销售面积 2.04 亿平方米，环比上涨 104.73%，同比下降 8.42%。1~12 月商品房累计销售额达到 5.91 万亿元，较 2010 年同期增长 12.1%。从销竣比情况来看，截至 2011 年 12 月，销竣比数据为 1.23，较 11 月的 1.51 继续下调，主要原因是年底属于房地产结算高峰，大部分项目选择在 11~12 月竣工。但是 2011 年的 1.23 比 2010 年的 1.37 更低，市场目前依旧存在去库存压力。

4. 资金来源同比增长较快

1~12 月全国房地产资金来源总量达到 8.32 万亿元，较 2010 年同期增长 14.1%。其中，12 月单月资金来源总量达到 8037 亿元，环比上升 18.56%，同比下降 17.34%。12 月底房地产企业资金面有一定回升。从 1~12 月总资金来源构成情况来看，国内贷款占房地产资金来源的 15%，利用外资占 1%，自筹资金占 41%，其他资金占 43%。从 12 月单月总资金来源构成情况来看，国内贷款占房地产资金来源的 15%，利用外资占 2%，自筹资金占 37%，其他资金占 47%。逐个数据分析当月值的话可以看到，房地产资金来源中国内贷款 12 月达到 1187 亿元，环比增加 44.21%，同比减少 9.91%。个人按揭贷款属于其他资金范畴，12 月个人按揭贷款达到 861.23 亿元，环比增长 15.81%，同比减少 32.38%。利用外资达到 49.53 亿元，环比减少 1%，同比增长 63%，海外资金进入房地产领域出现减弱趋势。

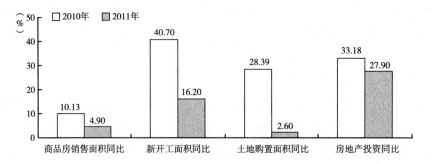

图 1　2011 年我国房地产市场同比运行情况

资料来源：笔者根据 WIND 数据整理绘制。

二　2012 年 1～7 月房地产市场运行分析

1. 市场总体运行情况

2012 年前 7 个月全国房地产累计开发投资为 3.68 万亿元，同比增长 15%。相比 2011 年同期同比增长 34%而言，2012 年增幅回落明显。1～7 月商品住宅投资 2.52 万亿元，同比增长 11%，占房地产开发投资比重为 68.6%。1～7 月，全国房地产开发企业房屋新开工面积 10.39 亿平方米，同比减少 9.8%；房屋竣工面积 3.96 亿平方米，同比增长 19%。竣工情况比 2011 年同期有提高。前 7 个月，全国房地产开发企业完成土地购置面积 1.90 亿平方米，同比减少 24%；全国累计土地购置费 6565 亿元，同比增长 9%。土地购置费均价为 7582 元/平方米，同比上年上涨 176.73%。土地均价不降反升的原因是，在市场下滑期，地方政府更愿意推出均价更高的优质土地或者商业用地以弥补成交面积下滑带来的土地出让收入的下降。1～7 月，全国商品房销售面积 4.86 亿平方米，比 2011 年同期减少 7%，减少幅度与 1～6 月相比放缓了 3.4%。7 月，当月商品房销售面积 0.86 亿平方米，环比减少 22%，同比增加 13%。当前市场仍处于积极恢复阶段。1～7 月商品房累计销售额达到 2.87 万亿元，较 2011 年同期减少 0.5%。从销竣比情况来看，截至 2012 年 7 月，销竣比数据为 1.26，较 6 月的 1.20 有所扩大，从目前市场的成交情况来看市场有企稳回升迹象。

2. A 股地产企业 2012 年上半年情况分析

目前已公布 2012 年半年报 A 股房地产企业的营业总收入达到 1626 亿元，同比增长 23%。2012 年上半年 A 股房地产企业营业总成本达到 1068 亿元，同比增长 25%。销售毛利率方面，2012 年上半年行业销售毛利率为 17%，较 2011 年底下滑 3 个百分点。2012 年中报毛利率下滑，一方面是 2010 年 4 季度和 2012 年 1 季度部分降价楼盘进入结算；另一方面是近几年通胀较高，建材等建安成本相应上涨。已公布 A 股地产上市公司在 2012 年上半年期间费用占比数据维持在 11%。其间费用占比较 2011 年年报提高 0.8 个百分点。财务费用提高主要是高息的信托借款等手段运用增多，此外销售难度加大导致推广费用增加也是造成三项费用占比提高的原因。2012 年上半年全行业实现净利润 236 亿元，净利润率为 14.51%，净利率同样出现了下滑。

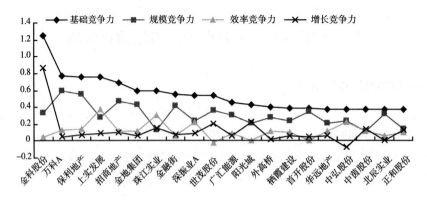

图2　2012年我国房地产上市公司前20名竞争力情况分析

资料来源：笔者根据中国企业竞争力研究院2012年中报数据绘制。

（1）当期销售和现金流。目前已公布2012年半年报A股地产企业上半年的销售商品、提供劳务收到的现金为2414亿元，同比增长12%。经营活动现金流为104亿元，筹资活动现金流为341亿元。企业资金状况得到改善，整体现金流情况处于近三年以来最好水平。

（2）毛利率和资产结构。目前已公布2012年半年报上市地产企业上半年的流动比率和速动比率分别是1.64和0.42，有息负债率为48%。伴随持续去库存，地产企业债务结构开始出现改善。销售毛利率方面，2012年上半年行业销售毛利率较2011年底下滑3个百分点，主要原因是降价效应和建安成本上涨。

（3）未来业绩增长的确定性。目前已公布2012年半年报上市地产企业上半年的累计预收款达到4745亿元，同样处于近4年来最高水平。上市公司在业绩释放方面仍保持谨慎态度。此外，也不排除少量地产公司资金出现紧张造成结算时间被拉长的情况。

（4）存货数量保持增长。目前已公布2012年半年报地产企业上半年的累计存货为11909亿元，处于近4年来最高水平。存货水平较2011年同期上升28%左右。由于库存中包括部分已售未结项目，考虑到上半年地产商去库存情况，可以确认上市房地产企业真实库存（竣工未售和在建未售项目）高峰已过。

3. 房地产行业主要上市公司竞争力变化分析

2012年监测的主板上市公司房地产板块共有121家企业，房地产板块基础竞争力前10强的基础竞争力得分为1.2558~0.5405，与2011年相比有所提升。

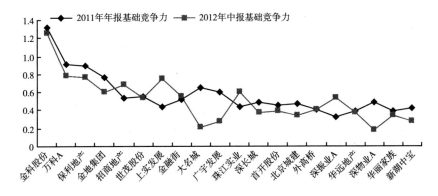

图3 2012 年我国房地产上市公司前 20 名综合竞争力变化情况

资料来源：笔者根据中国企业竞争力研究院 2012 年中报数据绘制

其中，排名第 1 位的金科股份得分是 1.2558，比较 2010 年基础竞争力排名第 1 位的上海外高桥保税区（得分是 0.8317）高出 50%左右，排第 10 位世贸股份得分较 2010 年排第 10 位的海南正和（得分是 0.4533）略高，而排名第 20 位海南正和股份则比 2011 年排名第 20 位的阳光新业略高。作为规模竞争力排第 1 位的企业 4 年均为万科 A，其中 2012 年与 2010 年相比大幅提高；效率竞争力排名第 1 位的企业 ST 园城比 2010 年的中弘地产略有提高；增长竞争力排名第 1 位的企业金科股份比 2010 年的云南城投高出近 0.34（见表 1、表 2）。一年多来，伴随着政策变化，市场的变化使得众多房地产企业的竞争力发生了相应的变化，有些变化相当深刻。从 2011 年房地产企业竞争力前 20 名在 2012 年的竞争力中的位置排名可见一斑，其中共有 13 家企业的排名下降，有一半以上退出前 20 名且降幅较为厉害，可以说冰火两重天（见表 3）。

表1 2012 年房地产上市公司竞争力前 20 强企业

企业全称	基础竞争力	规模竞争力	效率竞争力	增长竞争力	排名
金科地产集团股份有限公司	1.2558	0.3378	0.0481	0.8700	1
万科企业股份有限公司	0.7738	0.5995	0.1344	0.0399	2
保利房地产(集团)股份有限公司	0.7607	0.5484	0.1426	0.0697	3
上海实业发展股份有限公司	0.7551	0.2852	0.3810	0.0888	4
招商局地产控股股份有限公司	0.6837	0.4714	0.1115	0.1008	5
金地(集团)股份有限公司	0.6000	0.4276	0.1173	0.0550	6
广州珠江实业开发股份有限公司	0.5958	0.1298	0.3088	0.1572	7
金融街控股股份有限公司	0.5488	0.4116	0.0657	0.0715	8

续表

企业全称	基础竞争力	规模竞争力	效率竞争力	增长竞争力	排名
深圳市振业(集团)股份有限公司	0.5448	0.2327	0.2286	0.0835	9
上海世茂股份有限公司	0.5405	0.3584	−0.0287	0.2107	10
广汇能源股份有限公司	0.4614	0.3113	0.0861	0.0640	11
阳光城集团股份有限公司	0.4315	0.2066	−0.0011	0.2260	12
上海外高桥保税区开发股份有限公司	0.4050	0.2766	0.1152	0.0131	13
南京栖霞建设股份有限公司	0.3914	0.2318	0.1027	0.0569	14
北京首都开发股份有限公司	0.3911	0.3423	0.0021	0.0467	15
华远地产股份有限公司	0.3802	0.2091	0.1126	0.0585	16
中弘控股股份有限公司	0.3798	0.2363	0.2216	−0.0780	17
中茵股份有限公司	0.3775	0.1103	0.1204	0.1468	18
北京北辰实业股份有限公司	0.3761	0.3153	0.0599	0.0009	19
海南正和实业集团股份有限公司	0.3738	0.1436	0.0953	0.1349	20

资料来源：中国企业竞争力研究院。

表2 2011年房地产上市公司竞争力前20强企业

企业全称	规模竞争力	效率竞争力	增长竞争力	基础竞争力	行业内排名
上海外高桥保税区开发股份有限公司	0.2716	0.1692	0.3909	0.8317	1
华远地产股份有限公司	0.1313	0.0531	0.4809	0.6653	2
阳光城集团股份有限公司	0.1819	0.2264	0.2095	0.6177	3
荣安地产股份有限公司	0.0934	−0.0276	0.5348	0.6006	4
深圳大通实业股份有限公司	−0.0881	0.1038	0.5098	0.5255	5
保利房地产(集团)股份有限公司	0.4406	−0.0138	0.0950	0.5219	6
中茵股份有限公司	0.0108	−0.0277	0.5225	0.5056	7
万科企业股份有限公司	0.4835	−0.0039	−0.0055	0.4740	8
鲁商置业股份有限公司	0.1577	0.0464	0.2696	0.4737	9
海南正和实业集团股份有限公司	0.0678	−0.0069	0.3924	0.4533	10
金地(集团)股份有限公司	0.3795	−0.0036	0.0430	0.4189	11
上海实业发展股份有限公司	0.1877	0.1954	0.0358	0.4188	12
中弘地产股份有限公司	0.1918	0.3886	−0.1645	0.4160	13
新湖中宝股份有限公司	0.2904	0.0423	0.0723	0.4050	14
天津松江股份有限公司	0.1059	−0.0065	0.3056	0.4050	15
招商局地产控股股份有限公司	0.3503	−0.0198	0.0523	0.3829	16
卧龙地产集团股份有限公司	0.1387	0.1832	0.0598	0.3816	17
沙河实业股份有限公司	0.0128	0.0796	0.2807	0.3732	18
上海世茂股份有限公司	0.2421	−0.0120	0.1295	0.3596	19
阳光新业地产股份有限公司	0.1753	0.1286	0.0341	0.3380	20

资料来源：中国企业竞争力研究院。

表3　2011年房地产上市公司竞争力前20强企业在2012年的排名变化

企业全称	2011年排名	2012年排名
上海外高桥保税区开发股份有限公司	1	13
华远地产股份有限公司	2	18
阳光城集团股份有限公司	3	14
荣安地产股份有限公司	4	72
深圳大通实业股份有限公司	5	／
保利房地产(集团)股份有限公司	6	3
中茵股份有限公司	7	18
万科企业股份有限公司	8	2
鲁商置业股份有限公司	9	77
海南正和实业集团股份有限公司	10	20
金地(集团)股份有限公司	11	6
上海实业发展股份有限公司	12	4
中弘地产股份有限公司	13	17
新湖中宝股份有限公司	14	33
天津松江股份有限公司	15	92
招商局地产控股股份有限公司	16	5
卧龙地产集团股份有限公司	17	46
沙河实业股份有限公司	18	104
上海世茂股份有限公司	19	10
阳光新业地产股份有限公司	20	74

资料来源：中国企业竞争力研究院2011年和2012年竞争力数据。

三　我国当前房地产市场发展现状

房地产在经历了高成长之后，行业的规模和收入大大提高。1988～2010年的23年来，全国房地产开发企业营业总收入增加了260多倍，营业利润增加了460多倍。房地产开发企业不仅数量上升，而且平均营业利润亦显著增加，更重要的是经营质量也在近十年来不断提高。

1. 宏观调控下房地产市场进入平稳发展时期

在20多年的发展过程中，我国房地产行业经历了"萌发期"、"起步期"、"发展期"和"高成长期"，从2011年开始行业已进入平稳发展的阶段，2012年

房地产行业呈现出销售低增长、新开工面积负增长、开发投资增速稳中有降的局面。目前我国房地产周期波动与美国房地产活跃初期（1970～1981年时期）相似，市场的波动活跃，周期短、波动大，不过之后美国的房地产市场周期表现为相对平稳，市场投资趋向相对平稳。但是，我国的房地产已处周期高位区域，而美国和日本目前是处在周期的底部，因此，必须警惕美、日等国的房地产一旦回暖，极有可能刺激已在高位运行的我国房地产再度进入亢奋；加之2012年9月，美国再次实施货币量化宽松政策，如果中国不采取相应对策，不仅会又一次影响中国多年积累起来的财富，而且此轮美国量化宽松政策必将最终传导到我国房地产市场，对房地产价格快速上涨形成巨大的压力。因此，调控必须是常态化，这样房地产行业增长也进入一个平稳的发展时期。

2. 房地产上市公司盈利能力有所提升

房地产开发的土地成本上涨、融资成本上升，以及项目向二、三线城市扩散所带来的管理成本增加等因素都在压缩房地产开发企业的盈利空间。经历了2008年金融危机的低潮后，在国家鼓励政策的推动下，房地产市场得到了很好的恢复，但房地产行业已告别2006年和2007年的高增长。房地产上市公司营业总收入和净利润同比增长已回到常态，随着房地产调控力度的逐步加强，2011年营业总收入增长率回落到18.6%的水平，净利润自2009年来也从53.38%逐步回落到2011年的18.41%。伴随着销售溢价的提高和房地产开发投资的扩大，相应的房地产上市企业的总资产周转率出现下降，营业周期从2005年的549天提高到2011年的1448天。房地产行业上市企业的资产负债率从1998年的49.6%左右上升到2011年的72.1%，流动负债率从1998年的90.23%下降到2011年的73.23%。房地产上市企业的负债融资在融资来源中的比例逐渐提高，但是短期负债在总负债中的占比呈下降趋势。房地产企业流动负债比仍然处于高位，但短期偿债压力在逐渐减小，企业开始更多使用长期负债工具来进行债务融资。

3. 降准降息改变了对房地产市场的预期

2012年6月8日和7月8日，央行分别下调一年期存款基准利率0.25个百分点，同时将金融机构贷款利率浮动区间的下限从基准利率的0.9倍调整至0.7倍。一个月内两次下调基准利率，对房地产行业的利好进一步加大。从此次降息来看，一年内短期贷款降息最多，而同时两年以上存款降息也较大，短期流动性释放加大。再次降息对房地产公司的影响加大，在降息的推动下企业融资成本进一步降低。持续降息有利于恢复地产实际购买力，更重要的是可彻底扭转购房者的观望情绪，促使销量持续上升。在货币信贷持续宽松的环境下，首次置业的需求入市预期稳定，改善性需求也将逐步入市。按揭利率下限再次下调有利于首套利率回到普遍 8.5 折优惠甚至 7 折。目前，首套房个贷主要是一线城市回到 8.5 折的优惠利率，而二、三线及以下城市首套普遍还为基准利率。2012 年上半年，全国商品房销售面积同比下降 10.0%，其中商品住宅销售面积下降 11.2%；商品房销售额下降 5.2%，其中住宅销售额下降 6.5%。刚性需求是当前市场中的主导力量，2012 年下半年对于房屋市场仍然有较大的支撑作用，首置需求和改善需求这两股力量依旧强大。随着经济形势的逐渐转暖和货币政策的继续放松，房屋销售在改善型需求的推动下有可能超出预期。

四 从国际比较看我国房地产市场的平稳健康的发展

从美国、日本和我国香港的房地产周期表现来看，房地产周期波动既能给经济社会带来动力，也会带来负面影响，甚至灾难性的后果。我国房地产周期正处在活跃期，必须防止出现类似日本或我国香港因土地价格或商品房价格快速上涨而带来的泡沫破裂。

1. 美国房地产活跃期结束后发展变得平稳缓慢

20 世纪 60 年代末 70 年代初由于美国房地产信托投资基金的成长，房地产市场投资活跃；70 ~ 90 年代，美国房地产的销售市场周期变化明显。1963 ~ 1969 年销售市场变动幅度比较小，处在一个相对平稳的时期。1969 年销售高潮开始，至 1972 年新建住房销售量比 1969 年增长了 60% 以上，到 1974 年完成一个为时 6 年的销售周期。1975 ~ 1981 年销售市场又完成一个为时 6 年的周期，销售增长和下调的幅度都在 50% 左右。经历两个大幅度周期后，1982 ~ 1991 年销售市场又进入一个相对平稳且时间较长的周期。90 年代新建住房销售量保持了长达 15 年的上升，直到 2007 年金融危机的爆发。目前美国新建住房的销售量仍然低迷，销售的中间价仍在下跌中。根据美国房地产周期的表现，我们看到房地产市场经历周期波动活跃期后，市场周期将会趋向一个平缓阶段，其特征为周期内上涨幅度降低、周期时间加长。

2. 日本的土地价格高增长带来了泡沫

由于日本土地资源稀缺，日本住宅价格的推动主要来源于土地价格的上涨。1974 年前的 20 年间土地价格一直处在一个高增长周期阶段，其间曾出现土地价格指数年同比增长在 50% 以上。人们一直认为日本国土面积无法扩大，土地是日本最为可靠的财富。1974 年以后的 20 年，土地价格仍在一个较高增长周期中。其间在 1981 年左右土地价格指数年增长又达到 18% 的水平，而后由于石油危机的出现，房地产周期出现下调；1985～1991 年是日本房地产泡沫快速膨胀的时期，有许多金融机构和个人加入到炒卖土地的行列，土地价格再次飙升，土地价格指数同比增长接近 30%；最终在 1991 年日本的房地产泡沫破裂，土地价格也大幅度下跌，20 年后的今天日本的土地价格指数仍在负增长中。在"土地不可复制"的观点下，如果土地价格持续高增长必然会引发房地产的泡沫。我国房地产行业如果在土地价格持续高增长的条件下，企业的盈利能力必然会到影响，房价必然被进一步推高。

3. 我国香港房价的快速上涨导致泡沫的破裂

我国香港房地产发展高潮始于 1984 年签署《中英联合声明》后。在 20 世纪 90 年代，国际游资及本地炒家疯炒香港房地产，并在 1997 年达到高潮。但随着 1997 年亚洲金融危机发生，香港经济泡沫随之破灭，房地产价格急速回落。1997 年亚洲金融危机的发生，给香港的经济带来了灾难性后果。在"内地与香港关于建立更紧密经贸关系的安排"和"个人游"等扶持政策的推动下，香港经济呈现出强烈的复苏势头。香港房地产从 2003 年开始出现回升，目前已基本恢复到亚洲金融危机发生前的水平。从香港近十年来房地产周期变化情况来看，住宅售价的快速增长可能会带来泡沫甚至泡沫破裂的可能。另外，销售价格短期上涨越快，泡沫破裂后调整周期也就越长。

五　我国房地产市场平稳健康发展的政策建议

当前诸多政策的目标都是稳增长，避免 GDP 增速下滑过快。此轮房地产市场调控的政策成本较为高昂，在未找到相关替代方案的情况下，哪怕为了稳增长，也不会轻易取消限购政策。与中国经济的转型大计、制造业实现复兴和增长质量的提升相比，房地产实在是不值得关注太多。尤其是在房改 14 年后，新建的房屋数量已经实现了跨越式增长，目前到了房地产市场回归正常发展的时候了。

（一）加强对我国房地产市场预期的调控与管理

目前在限购政策取消之前，房价出现全面大规模反弹的可能性不大。但是，令人颇感意外的是，根据笔者 2012 年的调查，当下一些城市的二手房价格如北京市，比 2012 年春天普遍上涨了 20%～30%。究其原因，一方面，降准降息促使消费者的刚性需求得到一定程度的释放，二手房市场的销量出现了大幅度恢复性增长；另一方面，作为投资品的房地产性质并没有得到改变。正是因为工资水平低，不可能通过工资积累而成为百万财产的拥有者，更多的人才很理性地选择买房这种投资方式。所以，当某些不良房产中介忽悠房价将要进一步大涨的时候，潜在购房者的刚性需求也好、投资也罢，都被再次激发出来。政策只要有任何松动的信号与迹象，都是房产中介借以向市场消费者吹响"涨价号"的依据。大家宁愿相信"房价要大涨"的话，也不太愿意持币观望，因为时间证明，持币观望者最后都是在面对房价不断上涨的无奈叹息声中黯然失色，而这一切都是缘于对"房价进一步上涨"的预期。

房地产价格变动既有短期因素，也有长期因素。对房价上涨的长期趋势只可因势利导，不可人为扭曲；由短期因素所导致的房价非理性飙升则是必须抑制的；否则将产生严重的风险和普遍的社会不满。在中央政府的调控政策结构中，限购、刚性需求、预期调控被视为三大重点。限购是遏制投机性购房的核心，而鼓励"合理购房需求"则是支撑楼市的关键所在。对房地产价格的短期性波动的调控政策要把握好力度，并充分考虑其长期效应。只有可预期的长期制度和政策，才会有稳定的市场秩序和行为，才能形成和保持健康的市场表现。实际上，我国政府调节房地产分配结构要比调节收入分配结构及社会财富总体分配结构容易得多。因此，只要制度和政策稳定并且可以预期，避免频繁大幅变动、过度投机和垄断权力操纵，保持居民房产分配的相对公平是完全可以实现的。房地产财富分配结构的相对公平，有可能成为缓解社会收入和财富分配不公平的一个积极因素，而不是加剧财富分配不公的消极因素，成为中国"人民经济"财富结构的显著特征之一。

（二）加快推进我国土地供应和价格体制改革

中国经济发展以大量土地开发供应为基础，总体上土地的低价格、弱产权导致了高价格的城市商品房用地，并推动房价攀高。其经济实质是：中国城市用地大部分是行政性定价（低价或零价格），只有商品房用地等少量土地是由垄断性市场发现价格。我国城市用地规划的基本格局是：一方面是大量的低价或免费供地，另一方面必然是数量有限的高价商品房供地。即大量土地的低价格出让和软约束划拨，必须要以商品房用地的高价格作为补偿。也就是说，大量低价格供地的成本必然主要由商品房用地的出让收入来承担，而在前者的挤压下，住宅商品房用地面积的相对份额又很少，这样的供求结构必然导致其单位价格不断飙升，出现畸形发展。否则，如何筹集土地开发和城市基础设施建设的资金？因此，包括低价和无偿用地在内的所有土地开发成本，都必须在相当大程度上由数量非常有限的住宅商品房用地的收入来承担。由于整个土地资源是在缺乏有效的价格发现机制的条件下形成的，所以，行政性低价和垄断性高价导致了土地价格天壤之别的格局，成为房地产市场一切乱象与腐败的根源。因此，必须深刻反思，并加快推进我国土地供应和价格体制改革。无偿用地、低价格用地和高价格用地必须有合理的比例，在市场公平原则的基础上平衡好三者间的利益关系。凡无偿划拨的土地，必须有严格的法律限制（如政府公务员的人均办公用房面积必须有明确的法律规定）；低价供应的土地也必须得到限制。

（三）加大对国家房地产宏观调控政策的配合与执行力度

目前，多数地方政府能够基本执行中央政府关于房地产市场的宏观调控政策。但是，在一些严重依赖土地财政的地方，在出口持续低迷的情况下，其短期内经济的刺激还需要回归到投资上来。虽然 2012 年以来一批重大项目已经开工或者复工，但是，这种基础建设的效果难以与房地产投资相媲美。因此，一些地方出现了调控政策松动的现象，也就不足为奇了。

1. 中央政府：着眼全局，宏观调控

2010 年以来，中央政府采用行政、税收、市场供应、金融等多种手段，加强房地产调控措施。全国 45 个城市执行限购，600 多个城市限贷，30 个城市限

价；600 多个城市开征二手营业税和 2 个城市开征房产税，同时严格执行房地产增值税；在"十二五"期间，规划建设保障房 3600 万套，价格控制目标宣布城市达到 657 个；三次加息、六次上调存款准备金率；此外，自 2011 年 11 月后至今二次降息、三次降准，并采取土地抵押和融资限制措施。与此同时，房贷首套首付由 20% 上调至 30%，而后再次上调到 40%，7 折利率取消，二套由 30% 上调至 50% 再上调到 60%，第三套房停贷，同时收紧开发与地产及个人贷；提高拿地门槛，首付上调到 50%；打击囤地，空置土地和小产权房及禁止新建别墅项目。2012 年 3 月 5 日，温家宝总理在向全国人大作政府工作报告中表示，2012 年主要任务包括：继续搞好房地产市场调控和保障性安居工程建设；严格执行并逐步完善抑制投机、投资性需求的政策措施，进一步巩固调控成果，促进房价合理回归。未来楼市调控政策的核心仍是控制房价上涨，让被投资性需求推高的房价回归合理水平，让超过居民人均可支配收入增长水平的房价不合理上涨回归理性。

2. 地方政府：盘算利益，悄悄对策

与中央政府不断强调调控政策不放松相比，各地方政府在面临财政收入、经济增长的压力下，放松房地产调控的迹象不断显现，包括提高公积金贷款额度、提高普通住宅标准、人才购房补贴等。武汉、郑州、南昌等地公积金额度上调，未来可能有更多的城市将在类似的不违反中央基调的地方调控政策方面采取微调、预调，特别是对符合刚需条件的购房需求，变相以税费等为调整手段，降低刚需购房者的购房成本。从 2012 年下半年开始，基于财政压力，地方政府调控政策自主松动的可能性很大。目前，一线城市市场有所回暖，二、三线城市地方政策开始自主松动的可能性更大。从 2012 年 9 月一些一线到二、三线城市的土地招拍挂情况来看，许多地方政府的这种基于地方利益的盘算显得更为突出。地方政府成为具有强大的市场垄断势力的房地产红利竞争者，这样就很容易忘记其规范市场秩序和调控供求价格的责任。这说明，地方政府转变发展方式还需进一步加快和深入，而且在新的发展方式带来巨大的可持续收益之前，必须找到一条能够不依靠出卖土地来维持财政收入的新路子。只有一个以全社会的整体利益为目标的政府来管理房地产市场，才能确保房地产市场有序、稳定与健康的发展。因此，必须从法律上和制度上明确各级地方政府在房地产市场中的定位、责任与约束。

参考文献

金碚：《房地产乱像——社会巨变的阵痛》，人民网，2010 年 7 月 22 日。

陈晓东：《2011 我国房地产行业企业竞争力报告》，社会科学文献出版社，2011。

《国务院要求支持刚需购房　引导预期成调控重点》，《经济观察报》2012 年 6 月 16 日。

《降息后经济学家看涨房价　开发商却看跌》，《重庆时报》2012 年 6 月 8 日。

《东兴证券："卖房子"升级》，《工作报告》，2012 年 8 月。

《朱大鸣：引爆中国房价暴涨的"炸药"已经埋好》，上海热线，2012 年 6 月 9 日。

《美国第三轮量化宽松引发普遍担忧》，《人民日报》2012 年 9 月 20 日。

B.11
市场波动与金融企业竞争力

王少轲　王佳佳

2012 年是"十二五"时期承前启后的重要一年，我国经济社会发展处于重要战略机遇期，但同时也面临诸多挑战。2011 年以来，欧洲主权债务危机继续深化蔓延，全球实体经济增长明显放缓，经济增速降至 3.8%，同比下降 1.4 个百分点，世界经济复苏的脆弱性、反复性和不确定性进一步增加。中国经济增长实现由政策刺激向自主增长的有序转变，但经济发展中不平衡、不协调、不可持续的矛盾和问题仍很突出。2012 年上半年，中国经济增速 7.8%，三年来首次跌破 8%，但该增速在世界范围来讲，仍是较好水平。而值得注意的是，中国宏观经济持续增长面临外需拉动减弱、部分行业产能过剩、部分市场下行、企业经营压力增加等诸多不稳定因素。

在复杂多变的国际国内经济金融形势和日益加强的国家宏观调控下，金融企业加快适应市场环境波动调整，整体抗风险能力进一步提升，总体经营情况良好。从细分行业看，银行业各项改革稳步推进，资产负债规模持续扩大，对"三农"和小微企业的金融支持进一步加强，资产质量整体提升，资本充足水平基本稳定，流动性压力上升。压力测试结果表明，以 17 家商业银行为代表的银行体系应对宏观经济冲击的能力较强。证券业机构数量和资产规模持续增加，业务创新稳步推进，合规监管不断强化，抗风险能力有所增强。保险业总体保持平稳发展态势，资产规模持续扩大，保费收入增长，服务领域拓宽，对外开放水平进一步提高。信托业资产规模和资金实力持续快速增长，行业增长驱动因素发生了由量到质的变化，收入结构日趋合理。

一　2011 年以来金融行业运行状况

（一）银行业运行情况 *

根据银监会统计，截至 2011 年底，我国银行业金融机构包括 2 家政策性银行及国家开发银行，5 家大型商业银行，12 家股份制商业银行，144 家城市商业银行，212 家农村商业银行，190 家农村合作银行，2265 家农村信用社，1 家邮政储蓄银行，4 家金融资产管理公司，40 家外资法人金融机构，66 家信托公司，127 家企业集团财务公司，18 家金融租赁公司，4 家货币经纪公司，14 家汽车金融公司，4 家消费金融公司，635 家村镇银行，10 家贷款公司及 46 家农村资金互助社；共有法人机构 3800 家，从业人员 319.8 万人。2011 年，银行业主要指标保持良好，整体呈稳健发展态势。英国《银行家》资料显示，2011 年中国银行业的利润占全球银行业利润的三成。以工商银行为首的 3 家中资银行占据了银行利润排行榜的前三位。

1. 资产负债规模稳步扩大，助力经济结构转型

2011 年末，银行业金融机构资产总额 113 万亿元，同比增长 18.9%；负债总额 106 万亿元，同比增长 19.1%。分机构类型看，大型商业银行总资产增长13.4%，股份制商业银行增长 23.3%，城市商业银行增长 27.1%，其他类金融机构增长 21.6%。2012 年 6 月末，银行业金融机构总资产已经增至 126.78 万亿元，其中，大型商业银行总资产为 590921 亿元，占比为 46.6%。2011 年末银行业金融机构本外币各项存款余额 83 万亿元，同比增长 13.7%。2011 年，央行综合运用多种货币政策工具，如 3 次上调存贷款基准利率、6 次上调存款准备金率、1 次下调存款准备金率，引导货币信贷增长向常态水平回归。在此背景下，2011 年，各项贷款余额 58 万亿元，同比增长 13.7%（见图 1）。从用途上看，与项目投资密切相关的企业固定资产贷款明显少增，经营性贷款增加较多。同时，银行业金融机构积极落实信贷政策与产业政策，三农金融支持进一步加强，2011 年末，银行业金融机构涉农贷款余额 14.60 万亿元，同比增长

---

* 银监会统计口径，银行业金融机构包括各类银行、金融资产管理公司、信托公司、财务公司等。

24.9%，高出同期各项贷款增速9.2个百分点。小微企业金融服务持续改善。截至2011年末，小企业贷款余额10.76万亿元，同比增长25.8%，比大中型企业贷款增速分别高14.2个和12.5个百分点，有效地促进了经济发展方式转变和结构调整。

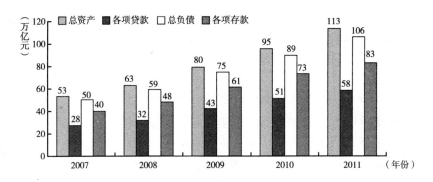

图1　2007～2011年银行业金融机构资产负债情况

资料来源：中国人民银行、银监会网站。

2. 盈利水平持续向好，经营效率不断提高

2011年，银行业金融机构全年实现净利润12519亿元，同比增长39.2%；资本利润率19.2%，同比提高1.7个百分点；资产利润率1.2%，同比提高0.2个百分点。其中，商业银行实现净利润10412亿元，同比增长36.3%。从利润来源看，商业银行利润增长主要源于以信贷为主的生息资产增长和净息差扩大，以及银行经营效率提高（成本收入比为33.4%，同比下降1.9个百分点）。商业银行累计实现净利息收入2.15万亿元，同比增长29.3%；非利息收入5149亿元，同比增长46.3%，显著高于同期净利息收入的增幅。2011年末，商业银行平均资产利润率为1.3%，同比上升0.2个百分点；平均资本利润率为20.4%，同比上升1.2个百分点（见表1）。

3. 银行业改革持续深入，稳健运营基础进一步巩固

工商银行、农业银行、中国银行、建设银行、交通银行等五家大型商业银行继续深化改革，积极推动经营结构调整和业务创新，完善公司治理，现盈利稳定增长。截至2011年末，五家大型商业银行资本充足率分别为13.17%、11.94%、12.97%、13.68%和12.44%；不良贷款率分别为0.94%、

表1 2007～2011 年银行业金融机构盈利性情况

单位：亿元，%

机　构	项　目	2007 年	2008 年	2009 年	2010 年	2011 年
银行业金融机构	净利润	4467	5834	6684	8991	12519
	资产利润率	0.9	1.0	0.9	1.0	1.2
	资本利润率	16.7	17.1	16.2	17.5	19.2
其中：商业银行	资产利润率	0.9	1.1	1.0	1.1	1.3
	资本利润率	16.7	19.5	18.0	19.2	20.4

资料来源：中国人民银行、银监会网站。

1.55%、1.00%、1.09%和0.86%；全年净利润分别为2084亿元、1220亿元、1303亿元、1694亿元和507亿元。农业银行三农金融事业部冶改革试点范围从四川、重庆等8个试点省（区、市）进一步扩大到黑龙江、河南、河北、安徽4省370个县支行。政策性银行和其他金融机构改革继续推进：国家开发银行获得社保100亿元入股资金，提升了服务国民经济重大中长期发展战略的能力。中国进出口银行改革方案研究继续深入，中国农业发展银行改革工作小组正式成立。中国信达资产管理公司引进战略投资者和中国华融资产管理公司商业化改革稳步推进。中信集团整体改制取得积极进展。中国邮政储蓄银行股改方案进一步细化。

4. 资产质量总体稳定，风险抵补能力有所增强

2011 年，银行业金融机构不良贷款余额和不良贷款率继续实现低位双降。银行业金融机构不良贷款余额 1.05 万亿元，不良贷款率 1.77%。其中，商业银行不良贷款余额4279亿元，不良贷款率1.0%。同时，商业银行拨备覆盖率继续保持较高水平，2011 年末商业银行拨备覆盖率278.1%，同比提高60.4个百分点，风险抵补能力进一步增强（见表2）。但受经营环境和结构调整等因素影响，银行业不良贷款反弹压力增大。2011 年，商业银行通过多种方式补充资本1.4万亿元，其中，留存收益8960亿元，股权融资1422亿元，混合资本债券和次级债券融资3020亿元。2011 年末，商业银行资本充足率12.7%，同比提高0.5个百分点。其中，大型商业银行资本充足率12.6%，股份制商业银行资本充足率11.54%，城市商业银行资本充足率13.57%。随着金融服务实体经济的要求进一步提高和银行业监管标准趋于严格，商业银行资本补充压力加大，资本补充和约束机制亟待进一步完善。

表2　2007~2011年商业银行不良贷款与拨备覆盖率情况

单位：亿元，%

项　　目	2007年	2008年	2009年	2010年	2011年
不良贷款余额	12702	5625	5067	4336	4279
不良贷款率	6.1	2.4	1.6	1.1	1.0
拨备覆盖率	41.4	116.6	153.2	217.7	278.1

资料来源：银监会网站。

5. 银行业持续快速发展面临的主要约束

在波动的市场环境下，银行业发展主要面临以下约束和挑战：一是随着银行业改革红利逐渐消失，经营环境日趋复杂多变，不良贷款反弹压力加大，盈利高增长局面将难以持续。二是中国经济较快增长和间接金融为主的融资格局，以及巴塞尔新协议的实施都增大了银行业的资本补充压力。三是银行业金融机构存款竞争日趋激烈，存款增长放缓，全年存款双向波动近3万亿元，1月、7月和10月分别下降6200亿元、7300亿元和1800亿元，流动性管理面临较大压力。四是表外业务增长较快，理财业务风险需要关注。2011年末，银行业金融机构表外业务余额为39.16万亿元，为表内总资产的35.1%，同比增长17.98%；理财产品资金余额4万亿元。五是具有金融功能的非金融机构发展迅速，监管有待加强。2011年末，全国共有小额贷款公司4282家，典当行5237家，融资性担保公司8402家，上述机构的内部管理大都较为薄弱，风险防范能力较低。

（二）证券业运行情况

1. 证券公司总体经营稳健，抗风险能力较强

2011年末，全国证券公司109家，较上年新增3家。证券公司总资产9011亿元，同比增长18.3%。2007年以来，证券行业净资产规模不断增加，由2007年的3400万亿元增加到2011年的6300万亿元，行业整体抗风险能力得到增强。2011年，证券业净资本总额4634亿元，连续三年呈上升趋势。证券公司期末各项风险资本准备之和为1057亿元，净资本与各项业务风险资本准备之和的比为438.54%，主要风险控制指标近三年总体呈现逐步向好的态势，显示全行业总体流动性充足，负债水平较低，抵御市场风险能力较强（见表3）。证券公司全行

业压力测试显示，行业在面临市场变化、业务发展及政策调整等多方面的压力情景下，总体仍能保持稳健运行。

表3 2009～2011年证券业风险指标变动情况

单位：%

项　目	2009 年	2010 年	2011 年	监管要求
净资本/风险资本准备之和	391.51	391.78	438.54	≥100
净资本/净资产	78.91	76.12	73.53	≥40
净资本/负债	24.73	30.83	49.17	≥8
净资产/负债	31.34	40.50	66.87	≥20

资料来源：中国证监会相关数据与《中国金融稳定报告（2012）》。

2. 收入受市场波动影响明显，业务结构有待改善

从盈利能力角度来看，行业盈利能力呈不稳定态势。2007 年行业实现净利润达 1320 亿元，而 2011 年仅有 394 亿元。传统业务的激烈竞争，已经严重影响到盈利持续能力，亟须开辟新的业务领域。受股市波动影响，2011 年全行业实现营业收入 1360 亿元，同比约下降 29%（见图2）。其中，手续费及佣金净收入 955 亿元，同比下降 30%；自营业务收入（含投资收益和公允价值变动收益）185 亿元，同比下降 50%；利息净收入 194 亿元，同比增长 24%。全年累计实现净利润 394 亿元，同比下降 50%。从收入构成看，证券公司营业收入主要来源仍然是证券经纪等业务，代理买卖证券业务净收入占营业收入的 51%，略低于

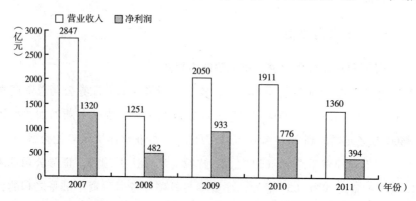

图2 2007～2011 年证券业营业收入与净利润情况

资料来源：证监会年报。

上年 56% 的水平，盈利模式单一的状况未得到根本性改变。证券公司各项业务和产品同质化特征明显，专业服务水平有待提升，创新能力亟待加强，服务的深度和广度难以满足我国实体经济多样化的投融资需求。

3. 业务创新持续推进，国际化进程逐步展开

业务创新稳步推进。2011 年，证券公司融资融券交易量稳步增长，风险得到有效控制，市场交易和登记结算活动有序进行。25 家证券公司获准开展此项业务，两市融资融券余额为 383 亿元。其中，融资余额为 376 亿元，融券余额为 7 亿元。8 家证券公司分别开展报价回购、约定购回式交易和现金管理产品等 3 项创新试点。证券公司直投子公司累计达 34 家，新增 4 家。证券业国际化稳步推进，2011 年末，证券公司香港子公司达 16 家，在香港设立的基金管理公司子公司达到 15 家。

（三）保险业运行情况

1. 资产规模持续扩大，保费收入平稳增长

2011 年末，保险业总资产 6.01 万亿元，同比增长 18.99%（见图 3）。保险机构 152 家，新增 10 家。其中，保险集团和控股公司 10 家，财产险公司 59 家，人身险公司 62 家，再保险公司 8 家，资产管理公司 11 家，出口信用保险公司 1 家，农村保险互助社 1 家。保险专业中介机构 2554 家，新增 4 家。行业集中度较高，财产险公司中，最大公司市场份额为 36.3%；最大 5 家公司市场份额为 74.4%。寿险公司中，最大公司市场份额为 33.3%；最大 5 家公司市场份额为 72.8%。2011 年，全国保费收入 1.43 万亿元，同比增长 10.4%。财产险保费收入增长最快。分险种看，财产险保费收入 4617 亿元，同比增长 18.5%；人身险保费收入 9699 亿元，同比增长 6.8%。险赔款和给付 3929 亿元，同比增长 22.8%（见图 4）。保险服务领域继续拓宽，保险业加快推进健康保险、养老保险发展，推动农村小额保险试点，参与新型农村合作医疗经办服务，启动变额年金保险试点。

2. 业务发展面临转型压力，结构调整稳步推进

在投资业务方面，受债券市场波动和股票市场震荡下行影响，保险业资金运用收益率下降，保险资产管理难度加大。2011 年，保险业资金运用余额约 5.5 万亿元，同比增长 20.48%（见图 5）；资金运用投资收益 1825.9 亿元；全年资

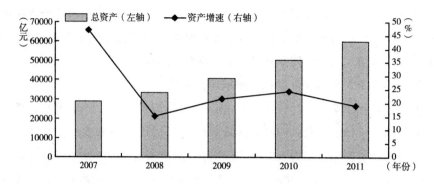

图3　2007～2011年保险业总资产及增速

资料来源：《中国金融稳定报告（2012）》。

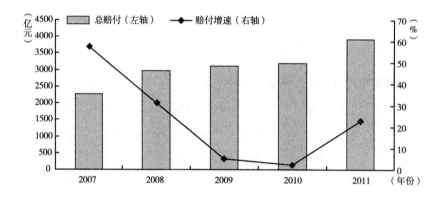

图4　2007～2011年保险业总赔付及增速变化情况

资料来源：《中国金融稳定报告（2012）》。

金运用平均收益率为3.57%，仅略高于一年期银行定期存款3.5%的水平，同比下降1.27个百分点。投资收益欠佳加大了保险公司流动性管理和偿付能力管理的压力。在财险业务方面，得益于财产险公司管理水平的提高和行业秩序的改善，财产险保费增长放缓，但赔付率和综合费用率都有所下降，承保利润达4.74%，为近年最好水平。2011年，受经济增长放缓和购车补贴调整、车辆限购等政策影响，财产险保费增速高位回落，全年财产险保费收入4617.9亿元，同比增长18.5%，增速同比下降17个百分点，但仍实现税前利润299.2亿元，同比增长32.6%。在寿险业务方面，人身险保费增速出现较大回落，2011年，保费收入9699.8亿元（其中寿险保费收入8695.6亿元），同比增长6.8%。在多种因素的影响下，寿险业全年税前利润 374.2 亿元，同比下降 43.3%。与此同时，寿险结构调整正在稳步推进。个人营销渠道同比增长 11.7%，10 年期以上期缴业务同比增长 9.6%，传统保障型业务较快增长，业务价值增长明显好于规模增长。

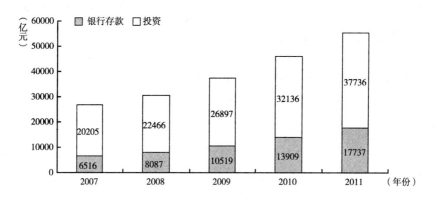

图 5　2007～2011 年保险业资金运用情况

资料来源：《中国金融稳定报告（2012）》。

3. 改革创新继续推进，对外开放水平进一步提高

2011 年 5 月，中国出口信用保险公司改革实施总体方案获国务院批准。6 月末，中投公司向中信保注资 200 亿元。6 月，中国人民保险集团股份有限公司引入战略投资者。12 月，新华人寿保险股份有限公司以 A + H 股方式成功上市，募集资金约 133 亿元。通过改革，保险公司资本实力和抗风险能力显著增强。同时，保险业启动商业银行投资保险公司股权试点，探索设立自保公司和农村保险互助社，推进营销员管理体制改革。保险业基本实现了全面对外开放。外资可设立独资财产险公司，在人身险公司的股权占比最高可达 50%。外资保险公司可经营除法定业务外的其他保险业务。截至 2011 年末，共有 16 个国家和地区的保险公司在我国设立了 54 家外资保险公司，设立各级分支机构近 1300 家。

4. 偿付能力总体下降，资本补充压力加大

2011 年，保险业整体偿付能力大幅下降，一些寿险公司偿付能力充足率较年初下降 60 个百分点以上，面临较大的资本补充压力。截至 2011 年底，中国人寿、中国平安、中国太保和新华保险的偿付能力充足率分别为 170.1%、166.7%、284% 和 155.95%。不难发现，除中国太保之外，其余三巨头的偿付能力充足率已逼近保监会 150% 的警戒线。全年共有 66 家保险公司增资 900 亿元，

15 家保险公司获批发行次级债 600.5 亿元，增加资本的公司数量和资金规模上都远超 2010 年。由于偿付能力不达标和资本金不足的公司受到限制规模、停批分支机构等措施的约束，保险公司普遍加强了资本管理，通过多种渠道提高偿付能力水平。2012 年上半年，四大保险上市公司的融资规模就达到 1035 亿元。

（四）信托业运行情况

1. 信托资产规模与资本金规模持续高速增长

2007 年"新两规"以来，信托业信托资产规模几乎每年以万亿元以上的规模增长，并不断刷新纪录。2011 年末，全国共有 66 家信托公司正常营业，管理的信托资产超过 4.8 万亿元，同比增速高达 58.24%（见图 6）。2012 年 2 季度末，全行业信托资产规模再创新高，达到 5.54 万亿元，较年初增长 15.18%。2007 年以来，信托行业净资本从 470 亿元增加到 707 亿元，5 年间增加了 50.43%。信托公司净资本不断增加是推进信托资产规模增长的一个重要原因。其中，从 2011 年初至 2012 年 6 月末已完成增加注册资本的信托公司数量达到 15 家，总共完成增资额 126.17 亿元。截至 2011 年底信托公司的平均注册资本已由 2010 年的 12 亿元增加到现在的超过 13 亿元。其中，爱建信托一举发力，增资 20 亿元成功跻身三甲。

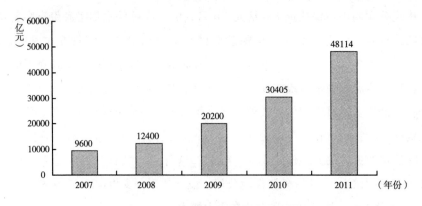

图 6　2007~2011 年信托资产规模

2. 发展的驱动因素有所改变

2008~2010 年，信托业快速增长的主要驱动力是银信理财合作业务和房地产信托业务，前者贡献了规模，后者贡献了利润。2011 年以来，随着资产管理市场的快速成长与信托制度安排的灵活性增强，信托业的增长驱动因素发生了变化，由银信合作业务为主，转变为以非银信理财合作单一资金信托、银信理财合作单一资金信托、集合资金信托"三足鼎立"的发展模式。

3. 信托业务收入结构日趋合理

2009 年以前，信托业务收入占信托业收入总额的比例较低。2009 年该比例首次超过 50%，到 2011 年末，达到 78.78%，说明信托公司的利润来源和收入结构更加合理，信托主业不断加强，可持续的盈利模式趋于成熟和稳定（见表 4）。面对着各种各样的调控政策，开拓新的投资领域是维护较高投资收益的重要保障。2009 年信托证券账户的暂停、信政合作、银信合作的限制大大降低了证券投资、信政和银信的规模；2010 年开始的房地产调控政策及房地产信托监管政策，使得房地产信托不能大展拳脚；2011 年票据类信托、同业存款信托开始被叫停。2012 年，信托资金在基础产业、工商企业、矿产能源、保障房和艺术品等领域的投资规模扩大。

表 4　信托业各项业务收入占比

单位：%

业　务	2007 年	2008 年	2009 年	2010 年	2011 年			
					1 季度	2 季度	3 季度	4 季度
利息收入	—	—	—	13.70	11.40	11.60	11.30	10.28
信托业务收入	31	40	52.70	55.90	53.30	54	53.30	78.78
投资收益				24.00	15.20	18.60	15.80	14.12

资料来源：中国信托业协会。

二　金融企业竞争力监测结果

（一）金融企业竞争力监测范围

2012 年，中国产业与企业竞争力研究中心对 1385 家上市企业的竞争力进行了跟踪和监测，其中包括了 39 家金融行业上市公司，较 2011 年增加了 4 家，新增金融企业为 2011 年上市的新华保险、东吴证券、方正证券和国海证券，3 家新的证券公司使得证券业上市公司总数首次超过银行业上市公司总数。此次金融

企业竞争力监测范围涵盖银行、证券、保险和信托 4 个子行业，涉及 17 家证券公司、15 家银行、4 家保险公司、3 家金融信托公司（见表5）。

表5　2012 年金融企业竞争力监测名单

序号	公司代码	股票简称	上市公司全称	子行业
1	601398. SH	工商银行	中国工商银行股份有限公司	银行业
2	601288. SH	农业银行	中国农业银行股份有限公司	银行业
3	601939. SH	建设银行	中国建设银行股份有限公司	银行业
4	601318. SH	中国平安	中国平安保险(集团)股份有限公司	保险业
5	601988. SH	中国银行	中国银行股份有限公司	银行业
6	600016. SH	民生银行	中国民生银行股份有限公司	银行业
7	601328. SH	交通银行	交通银行股份有限公司	银行业
8	601166. SH	兴业银行	兴业银行股份有限公司	银行业
9	000776. SZ	广发证券	广发证券股份有限公司	证券业
10	600000. SH	浦发银行	上海浦东发展银行股份有限公司	银行业
11	601998. SH	中信银行	中信银行股份有限公司	银行业
12	601818. SH	光大银行	中国光大银行股份有限公司	银行业
13	000001. SZ	深发展 A	深圳发展银行股份有限公司	银行业
14	600036. SH	招商银行	招商银行股份有限公司	银行业
15	601628. SH	中国人寿	中国人寿保险股份有限公司	保险业
16	600015. SH	华夏银行	华夏银行股份有限公司	银行业
17	601601. SH	中国太保	中国太平洋保险(集团)股份有限公司	保险业
18	601169. SH	北京银行	北京银行股份有限公司	银行业
19	601336. SH	新华保险	新华人寿保险股份有限公司	保险业
20	600030. SH	中信证券	中信证券股份有限公司	证券业
21	601009. SH	南京银行	南京银行股份有限公司	银行业
22	600369. SH	西南证券	西南证券股份有限公司	证券业
23	600816. SH	安信信托	安信信托投资股份有限公司	信托业
24	600837. SH	海通证券	海通证券股份有限公司	证券业
25	601688. SH	华泰证券	华泰证券股份有限公司	证券业
26	600999. SH	招商证券	招商证券股份有限公司	证券业
27	601788. SH	光大证券	光大证券股份有限公司	证券业
28	601377. SH	兴业证券	兴业证券股份有限公司	证券业
29	000562. SZ	宏源证券	宏源证券股份有限公司	证券业
30	000728. SZ	国元证券	国元证券股份有限公司	证券业
31	601555. SH	东吴证券	东吴证券股份有限公司	证券业
32	000783. SZ	长江证券	长江证券股份有限公司	证券业
33	601901. SH	方正证券	方正证券股份有限公司	证券业
34	000563. SZ	陕国投 A	陕西省国际信托股份有限公司	信托业
35	600109. SH	国金证券	国金证券股份有限公司	证券业
36	000750. SZ	国海证券	国海证券股份有限公司	证券业
37	600643. SH	爱建股份	上海爱建股份有限公司	信托业
38	601099. SH	太平洋	太平洋证券股份有限公司	证券业
39	000686. SZ	东北证券	东北证券股份有限公司	证券业

资料来源：根据中国产业与企业竞争力研究中心监测数据整理。

（二）金融企业竞争力监测结果

2012 年全行业基础竞争力排名监测结果显示，39 家金融企业竞争力在全行业中排名位于第 34～1368 名（见表 6）。

表 6　2012 年金融企业竞争力监测排名

股票简称	基础竞争力	规模竞争力	效率竞争力	增长竞争力	行业内排名	总排名
工商银行	0.8250	0.6433	0.2091	-0.0274	1	34
农业银行	0.7828	0.5844	0.2004	-0.0019	2	43
建设银行	0.7826	0.6124	0.2014	-0.0313	3	44
中国平安	0.6484	0.4185	0.0214	0.2085	4	75
中国银行	0.6404	0.5830	0.0863	-0.0289	5	78
民生银行	0.5921	0.3217	0.2227	0.0478	6	94
交通银行	0.5821	0.4161	0.1899	-0.0240	7	98
兴业银行	0.5680	0.2836	0.2793	0.0051	8	103
广发证券	0.5658	-0.0686	-0.2356	0.8700	9	104
浦发银行	0.5579	0.3099	0.2466	0.0014	10	112
中信银行	0.5535	0.3340	0.2170	0.0025	11	116
光大银行	0.4729	0.2393	0.2296	0.0040	12	176
深发展 A	0.4570	0.1696	0.1178	0.1695	13	184
招商银行	0.4534	0.3541	0.1210	-0.0217	14	186
中国人寿	0.4184	0.4540	0.0165	-0.0521	15	215
华夏银行	0.4051	0.1670	0.2206	0.0175	16	229
中国太保	0.3562	0.3033	0.0013	0.0516	17	282
北京银行	0.2847	0.1133	0.1979	-0.0265	18	360
新华保险	0.2151	0.1848	-0.0236	0.0538	19	472
中信证券	0.1474	0.1701	0.0204	-0.0431	20	584
南京银行	0.0394	-0.0529	0.0756	0.0167	21	752
西南证券	-0.0632	-0.3497	-0.1781	0.4646	22	895
安信信托	-0.1478	-0.5740	0.2885	0.1377	23	972
海通证券	-0.2495	0.0059	-0.1852	-0.0702	24	1063
华泰证券	-0.3034	-0.0660	-0.1592	-0.0781	25	1093
招商证券	-0.3319	-0.0934	-0.1515	-0.0870	26	1110
光大证券	-0.3571	-0.1197	-0.1664	-0.0710	27	1125
兴业证券	-0.4496	-0.2628	-0.1579	-0.0288	28	1165
宏源证券	-0.4892	-0.2663	-0.1698	-0.0530	29	1182
国元证券	-0.5755	-0.2564	-0.2596	-0.0595	30	1209
东吴证券	-0.6023	-0.3501	-0.1929	-0.0593	31	1218
长江证券	-0.6044	-0.2749	-0.2141	-0.1153	32	1219
方正证券	-0.6282	-0.2896	-0.1908	-0.1479	33	1225
陕国投 A	-0.6609	-0.6005	-0.0345	-0.0259	34	1238
国金证券	-0.6853	-0.4097	-0.1228	-0.1528	35	1248
国海证券	-0.7171	-0.4271	-0.1791	-0.1110	36	1260
爱建股份	-0.8006	-0.5860	-0.1917	-0.0229	37	1283
太平洋	-1.3594	-0.4867	-0.1452	-0.7274	38	1363
东北证券	-1.4422	-0.8066	-0.3028	-0.3327	39	1368

资料来源：根据中国产业与企业竞争力研究中心监测数据整理。

1. 金融行业整体竞争力排名情况

从金融行业整体分布情况来看,本次监测显示2012年有7家金融企业跻身100强,不仅远高于2010年的水平,而且相较2011年5家金融企业跻身前100强的状况也有了进一步提升;全行业排名位于前300名的金融企业数量为17家,多于2011年的10家;全行业排名位于第701名以后的企业数量为19家(见图7)。总体而言,2010年以来,金融企业竞争力水平在不断提升,跻身前300名的企业数量持续攀升,金融企业整体竞争力排名表现出稳步的上升态势。

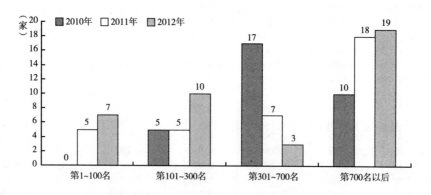

图7 2010～2012年金融企业基础竞争力排名分布情况

资料来源:根据中国产业与企业竞争力研究中心监测数据整理。

2. 金融业子行业竞争力分布情况

从子行业分布情况来看,2012年银行业整体竞争实力依然显著高于非银行类金融企业,15家银行在金融行业内部排名分布在第1～21名,行业内10强中上市银行占到8家,在金融行业内上市银行整体竞争力水平表现突出。受市场波动影响,各证券公司竞争力有所弱化,17家证券公司中,仅广发证券和中信证券进入金融行业内前20名,分别位列第9名和第20名。作为证券业的排头兵,广发证券行业内排名第9,全行业排名第104,与2011年全行业总排名第17、金融业排名第1的情况不可同日而言,而东北证券、太平洋证券、国海证券、国金证券依然在金融业竞争力排名榜的尾部徘徊。中国平安、中国人寿、中国太保和新华保险4家保险企业在金融业内部的排名分别为第5名、第15名、第17名和第19名,体现出保险企业整体水平优良,具备一定的基础竞争力。信托业企业整体排名靠后，安信信托、陕国投 A 和爱建股份 3 家上市公司在金融业内部排名分列第 23 名、第 34 名和第 37 名（见图 8）。

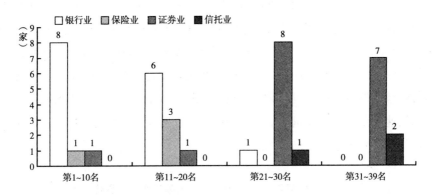

图 8 2012 年金融企业行业内竞争力排名分布情况

资料来源：根据中国产业与企业竞争力研究中心监测数据整理。

3. 金融业各项竞争力指标的情况

从各竞争力指标来看，规模竞争力指标得分位居前四名的分别是工商银行、建设银行、农业银行、中国银行四大国有银行，其规模竞争力得分依次为 0.6433、0.6124、0.5844、0.5830；得分位居后四名的分别是安信信托、爱建股份、陕国投 A、东北证券，其规模竞争力得分依次为 -0.5740、-0.5860、-0.6005 和 -0.8066。整体来看，银行业规模竞争力排名靠前，中国人寿、中国平安等保险企业规模竞争力在金融行业内居中，证券业规模竞争力较弱，而信托业行业整体在规模上不占优势。各子行业效率竞争力指标位居前十的企业中，除了排名首位的安信信托外，其他均为银行，与 2011 年同期比，银行业的效率竞争力有所提升，得分最低的五家企业均来自于证券行业。增长竞争力得分排名首位的仍是广发证券，以 0.8700 的得分远超排名第 2 的西南证券（0.4646）和排名第 3 的中国平安（0.2085），得分最低的是太平洋证券，金融企业增长竞争力的分布较为分散，中小型金融企业的增长性较好。以银行业为例，2011 年，工商银行、农业银行、中国银行、建设银行、交通银行五大银行净利润同比增长 25.6%，而中型上市银行净利润增速高达 46.5%，高出五大行 20.9 个百分点。

4. 各子行业内部排名变动情况

从各子行业内部来看，剔除 2011 年上市的 4 家企业，2012 年与 2011 年金融

业基础竞争力排名动态比较显示，16 家上市金融公司排名上升、17 家公司排名下滑、2 家公司排名未发生变化（见表7）。从各子行业内部看，2012 年排名上升、下降及不发生变化的银行分别为 10 家、4 家、1 家，继续呈现良好的上升势头；13 家券商中只有 2 家券商排名上升，有 11 家排名下降，整体竞争力排名继续下滑；3 家保险公司中 1 家上升，2 家下滑，4 家信托公司则是 3 家排名上升，1 家排名不变。子行业的基础竞争力排名变化显示，银行业竞争力进一步提升，证券行业整体排名继续下滑。其中，银行业近年高速增长的主要推动因素是资产规模的高速扩张、资产质量的显著提升以及手续费收入的快速增长。这些与宏观经济政策、自身战略转型息息相关。

表7　2012 年与 2011 年金融业子行业基础竞争力变化情况

单位：家

子行业	上升	下降	不变	总计
银行	10	4	1	15
证券	2	11	0	13
保险	1	2	0	3
信托	3	0	1	4
总计	16	17	2	35

资料来源：根据中国产业与企业竞争力研究中心监测数据整理。

（三）引入动态因素后的金融企业综合竞争力情况

2012 年的综合竞争力分析继续引入动态指数因素，通过上市公司 2012 年半年报的数据来反映企业竞争力的动态变化。上市企业最终的综合竞争力由 2011 年年报数据基础竞争力和 2012 年半年报数据动态指数加权平均计算得出。考虑动态指数因素后，在 39 家金融企业中，进入 2012 年主板 300 强综合竞争力排名的金融企业为 15 家，其中进入 100 强金融企业达到 8 家，分别是工商银行、建设银行、农业银行、中国平安、中国银行、广发证券、民生银行和兴业银行（见表8）。2012 年上半年，非周期类行业经营业绩明显优于周期行业，2455 家上市公司披露中报共实现净利润 1.02 万亿元，同比下降 1.54%，银行业仍表现抢眼，保持业绩同比稳定增长，16 家上市银行净利润 5452.29 亿元，占比高达53.57%。与之相应，工商银行、建设银行、农业银行的全行业综合竞争力排名进一步提升。但值得关注的是，在经济持续下行的背景下，信贷有效需求不足、息差缩减和中间业务收入增速锐减等因素导致银行业利润增速放缓明显。2012年中报显示，五大商业银行上半年实现净利润4127亿元。其中，工商银行、农业银行、中国银行、建设银行、交通银行各实现净利润1232亿元、805亿元、716亿元、1063亿元和311亿元，同比增速分别为12.49%、20.75%、7.58%、14.57%和17.78%。建设银行、工商银行、中国银行上半年净利增速较2011年同期增速出现了超过30%的下滑。2012年上半年，保险业投资收益率持续不佳、净利润下滑，寿险保费未有明显起色，其中银保渠道持续萎缩；财险在经历近三年高增长后正在逐步回归均衡。中国平安上半年净利润139.59亿元，同比增长9.42%；新华保险上半年净利润达19.04亿元，同比增长7.3%。中国太保、中国人寿的业绩则双双倒退。受市场低迷影响，112家证券公司合计实现中期营业收入706.28亿元，净利润226.59亿元，下滑幅度分别为6%和13%。其中，19家上市券商实现营业收入341.46亿元，实现净利润117.6亿元，营业收入同比下降7.2%，净利润同比下降15.5%，证券业"靠天吃饭"的格局并未得到明显改变。

表8　2012年综合竞争力监测结果

股票简称	2011年年报基础竞争力	2012年中报动态指数	综合竞争力	2011年年报基础竞争力	2012年中报动态指数	综合竞争力	综合竞争力行业内排名
	得分	得分	得分	排名	排名	排名	
工商银行	0.8250	0.8449	0.8310	34	30	29	1
建设银行	0.7826	0.8233	0.7948	44	36	37	2
农业银行	0.7828	0.7684	0.7785	43	51	40	3
中国平安	0.6484	0.5799	0.6279	75	112	76	4
中国银行	0.6404	0.5952	0.6268	78	100	77	5
广发证券	0.5658	0.6458	0.5898	104	82	83	6
民生银行	0.5921	0.5767	0.5875	94	114	85	7
兴业银行	0.5680	0.5923	0.5753	103	101	93	8
中信银行	0.5535	0.5424	0.5502	116	129	109	9
浦发银行	0.5579	0.5161	0.5454	112	149	113	10
交通银行	0.5821	0.4428	0.5403	98	199	120	11
招商银行	0.4534	0.6288	0.5060	186	86	139	12
中国人寿	0.4184	0.5014	0.4433	215	154	179	13
平安银行	0.4570	0.3299	0.4188	184	315	202	14
华夏银行	0.4051	0.2774	0.3668	229	375	252	15

注：2012年深发展吸收合并平安银行，新银行将更名为平安银行。

资料来源：中国产业与企业竞争力研究中心监测数据。

（四）典型企业分析

2012 年，近年来位居金融行业前四名的工商银行首次名列榜首，显示出不容忽视的稳定性和强大的实力，农业银行、建设银行和中国平安的基础竞争力排名也有明显提高，均首次进入前四强（见表9）。金融行业竞争力排名前三位的均为大型银行，在一定程度上说明，在波动性的市场环境中，业务配置较为均衡的大型企业能保持较好的综合竞争力。根据惯例，我们选取排名前四位的金融企业进行个案分析。

表9　四家典型金融企业2010 年与2011 年竞争力变化情况

股票简称	规模竞争力	效率竞争力	增长竞争力	基础竞争力	行业内排名	
					2011 年	2012 年
工商银行	0.6433	0.2091	− 0.0274	0.8250	3	1
农业银行	0.5844	0.2004	− 0.0019	0.7828	6	2
建设银行	0.6124	0.2014	− 0.0313	0.7826	5	3
中国平安	0.4185	0.0214	0.2085	0.6484	13	4

资料来源：根据中国产业与企业竞争力研究中心监测数据整理。

1. 工商银行

2011 年，工商银行实现净利润2084 亿元，较2010 年增长25.6%。工商银行在全球银行业中继续保持净利润、市值和客户存款总额第一的地位，贷款余额12.3 万亿元、总资产规模15.23 万亿元，分别攀升至全球第1 和第3 的地位，规模优势进一步提升。在规模扩张和息差增长的同时，工商银行非息业务获得较好的发展，2011 年中间业务收入占总收入比重达到21%，对全行收入和盈利的贡献较为明显。全年成功发行880 亿元次级债券，资本充足率和核心资本充足率分别达到13.17% 和10.07%，资本内生能力增强。同时，受益于成本控制的卓有成效，工商银行成本收入比维持在29.38% 的较低水平。而且，工商银行资产质量不断改善，以较低的拨备水平实现较高的拨备覆盖，有力支撑了业绩表现。2012 年上半年，工商银行实现净利润1232 亿元，同比增长12.5%，

受经济增速放缓、金融脱媒发展、金融改革加速、监管更趋严格等因素综合影响，我国银行业可能出现资产增速适度下降、息差逐步收窄、不良资产有所反弹的态势，利润增长将明显减速。

2012 年，工商银行在全行业竞争力排名第 34 位，较之 2011 年的第 45 位，进一步提升，并首度位列金融行业内部基础竞争力榜首。其基础竞争力得分为 0.8250，主要贡献来自于它的规模竞争力得分为 0.6433，其规模竞争力在金融行业排名首位，效率竞争力得分为 0.2091，较 2011 年的 -0.0042 也有较大幅度增长。工商银行竞争力得分雷达图如图 9 所示，其核心竞争力在于规模竞争力，销售收入、净资产、净利润三项规模指标的得分都是金融行业最高分，相对而言，近三年销售收入增长率和净利润增长率指标等增长竞争力得分低于金融行业平均水平。近年来，工商银行战略领先，经营稳健扎实：向低资本占用型业务、全能型金融服务中介、全球化大型金融集团的"三个转变"脉络清晰。需要指出的是，规模优势始终是工商银行竞争力的主要来源，在资产、贷款、存款、盈利等领先市场地位的背后隐含着庞大的客户基础（411 万公司客户和 2.82 亿个人客户）、广泛的网点数量（16648 个网点）和持续的创新能力（3200 种金融产品）。借助规模优势和领先战略，工商银行拥有资金成本优势和经营成本上的规模经济，也为业务发展奠定了较好的基础，保证了其中长期的盈利能力，但同时也因此带来了经营效率上的损失。

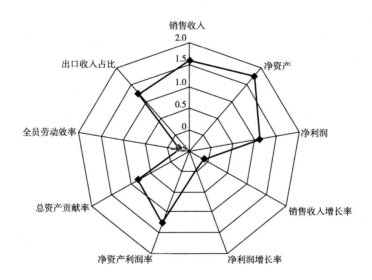

图 9　工商银行竞争力得分雷达图

2. 农业银行

近年来，农业银行制定了中长期发展战略，旨在使农业银行 3 年发生显著变

化、5 年发生根本变化、10 年建成世界一流银行。2010 年,农业银行在沪港两地成功上市,各项业绩指标持续优化,业务经营稳健向好。一是各项业务实现跨越式发展。2011 年,总资产规模达到 116775.77 亿元,同比增长 13.0%,存款和贷款规模分别较年初增加 8.3% 和 13.6%;实现净利润 1219.56 亿元,同比增长 28.5%。二是县域金融成长性良好,领先优势逐渐凸显。截至 2011 年末,县域贷款及垫款净额同比增长 15.5%;存款余额同比增长 11.1%,均高于全行平均增速。全年实现县域金融业务营业收入 1454.76 亿元,同比增长 35.75%,在营业收入中比重上升至 38.5%;实现税前利润 557.18 亿元,同比增长 61.4%。三是市场竞争力大幅度提升。在主要业务领域的竞争优势进一步巩固。中间业务收入实现快速增长,同比增长 49%。四是管理能力大幅提升。成本收入比为 35.89%,较 2010 年下降 2.70 个百分点;2011 年末的不良率和拨备覆盖率分别为 1.55% 和 263.1%,较年初均有明显改善。从目前看,虽然农业银行 2011 年的成本收入同比下降 2.70 个百分点,但相较其他国有银行仍高出 4~5 个百分点。其经营方面仍有改善空间但改善速度明显放缓。此外,2011 年末公司资本充足率和核心资本充足率分别为 11.94% 和 9.50%,均同比下降,分别略高于和刚好符合对系统重要银行的监管标准,2012 年再融资压力仍然存在。

在 2012 年中国企业竞争力监测结果中,农业银行在金融行业的竞争力排名第 2 位,在全部上市公司中的总排名为第 43 位,其基础竞争力得分为 0.7828,仅次于行业内排名首位的工商银行,农业银行竞争力的来源也主要来自规模竞争力,其规模竞争力得分为 0.5844,其次是效率竞争力得分为 0.2004。从雷达图中可以看出(见图 10),农业银行净资产、净利润、净资产利润率、总资产贡献率、出口收入占比等指标得分均表现不俗,这使得农业银行基础竞争力较强,但全员劳动效率指标和销售收入增长率指标得分均小于 0,说明农业银行上述指标的竞争力低于行业平均水平,有待于进一步加强。农业银行上市之初被认为是国有大行中最具成长性的一家公司。原因就在于:一方面,县域金融是农业银行特色业务,差异化竞争的优势所在,也是未来的盈利增长点。农行网点众多且大量分布在中西部地区,随着中国经济发展重心的内移农行必将更加受益于这种趋势。另一方面,与同业相比基础较差,资产质量和经营效率都有巨大的改善空间,而这种经营能力的回归也将提升公司的整体盈利水平。

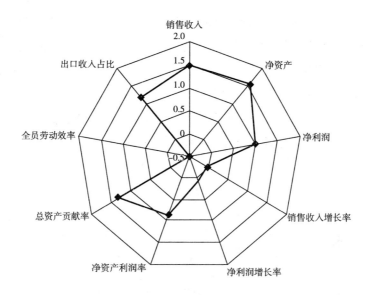

图10 农业银行竞争力得分雷达图

3. 建设银行

建设银行于 2005 年 10 月在香港联合交易所挂牌上市，2007 年 9 月在上海证券交易所挂牌上市。2011 年末，市值为 1747 亿美元，居全球上市银行第 2 位，仅次于工商银行。2011 年，总资产规模突破 12 万亿元，全年实现净利润 1694 亿元，较 2010 年增长 25.48%。平均资产回报率和加权平均净资产收益率分别为 1.47% 和 22.51%，净利息收益率达 2.70%，成本收入比为 29.79%，主要财务指标继续保持同业领先水平。业绩增长的驱动因素主要是生息资产规模增长、息差回升、手续费较快增长和成本控制有效。其中，生息资产规模上升 13.5%，净息差提升 21 个基点。与农业银行类似，建设银行也走资本内生式增长的路径。由于分红率下降提高利润留存比例，增厚核心资本，核心资本充足率仍较 2010 年上升了 57 个基点，在此背景下，2011 年 4 季度建设银行进行了较大幅度的资产减值损失计提，显示大型银行在资本充足率达标的前提下进行业绩平滑的思路，也进一步说明了目前银行业已经向资本效益为导向的新型商业银行转变的积极趋势。此外，受益于 400 亿元次级债的发行，资本充足率同比上升 1 个百分点至 13.68%。公司资本充足率在同业中处于较高水平，融资压力不大。

在 2012 年中国企业竞争力监测结果中，建设银行在金融行业的竞争力排名

位居第 3，在全部上市公司中的总排名为第 44 位，其基础竞争力得分为 0.7826，与其他大型银行相似，主要来源于规模竞争力得分为 0.6124 和效率竞争力得分为 0.2014。从建设银行的雷达图中可以看出（见图 11），建设银行销售收入、净资产、净利润、净资产利润率、出口收入占比等指标得分均位居行业内排名前列，而且高于综合排名第二位的农业银行，这直接导致建设银行增长竞争力水平大幅提升，但其增长力指标和全员劳动效率有待提高。

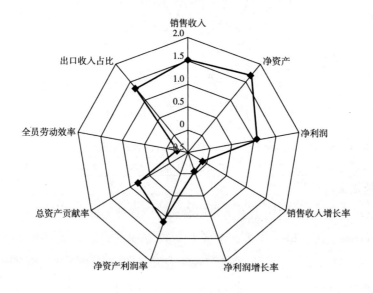

图11　建设银行竞争力得分雷达图

4. 中国平安

中国平安 1988 年成立于深圳，是中国第一家股份制保险企业。截至 2011 年，中国平安用 23 年的时间发展成为总资产 2.3 万亿元、净资产 1713 亿元、净利润 226 亿元，集保险、银行、投资等金融业务为一体的综合金融集团。2011 年，中国平安总资产达到 22854 亿元，同比增长 95.1%；营业收入 2489 亿元，同比增长 31.4%。中国平安净利润的结构呈现多元化趋势，2009 ~ 2011 年，寿险的净利润贡献占比从 71.6% 下降至 44.2%，而产险的净利润贡献占比却从 4.7% 上升至 22.0%。银行业务由于并购深发展的因素，2011 年贡献了集团净利润中的约 1/3，其中深发展贡献 56 亿元，平安银行贡献 24 亿元。从保费收入来衡量，平安寿险为中国第二大寿险公司，平安产险为中国第二大产险公司。同时，交叉销售带来显著的协同效应，2011 年产险保费的 14.3%、信托计划的 9.4%、银行零售存款和信用卡的 42.9% 都来自交叉销售。战略领先、多元化发展是中国平安的制胜之道。从金融体制改革与创新角度看，中国平安是金融板块重创新能力最强的公司之一。从金融改革带给保险业的压力来看，平安作为保险板块最市场化的公司，度过 2011 年整合深发展的阶段后，综合金融平台有成本消化能力应对费率放开带来的价格战。

表 10　中国平安发展大事记

年份	主要事件
1988	深圳成立，最初只开办财产保险业务，称为"深圳平安保险公司"
1992	更名为"中国平安保险公司"，从区域性公司发展为全国性公司
1994	引入高盛、摩根为战略投资者；开展寿险业务
1995	收购中国工商银行珠江三角洲金融信托联合公司，更名为"平安信托"
1996	平安证券成立；保费突破 100 亿元
2002	汇丰参股；保费突破 500 亿元，总资产突破 1000 亿元
2003	成立"中国平安保险（集团）股份有限公司"
2004	H 股上市成功；收购并增持福建亚洲银行，改名为"平安银行"；平安养老险成立
2005	平安健康险公司、资产管理公司成立
2006	收购深圳市商业银行
2007	A 股成功上市；平安银行吸收合并深商行，更名为"深圳平安银行"；投资富通，推进国际化战略
2008	中国平安入选财富 500 强；寿险保费收入首次突破 1000 亿元；富通亏损，继续专注国内业务
2010	持股深发展 29.9%；"平安大华基金公司"成立；健康险引进战略投资者 Discovery；总资产突破 1 万亿元
2011	平安银行注入深发展，持股比例升至 52%
2012	深发展吸收合并平安银行，新银行将更名为"平安银行"

在 2012 年中国企业竞争力监测结果中，中国平安在金融行业的竞争力排名升至第 4 位，在全行业总排名升为第 75 位，在保险行业中表现亮眼，是保险业唯一进入金融业排名前 10 名和全行业前 100 名的机构。其基础竞争力得分（0.6404）也超过了保险业翘楚、国内最大的专业寿险公司——中国人寿（0.4184）。中国平安的竞争力主要来源于规模竞争力得分为 0.4185 和增长竞争力得分为 0.2085，尤其是，其增长竞争力的得分不仅明显高于中国人寿 -0.0521 的得分水平，而且明显高于行业内排名前三的工商银行（-0.0274）、农业银行（-0.0019）和建设银行（-0.0313）。从雷达图中可以看出（图 12），由于近 3

年来业务增长迅速，中国平安营业收入从 2009 年的 1528 亿元猛增到 2011 年的 2722 亿元，总资产从 2009 年的 9357 亿元猛增到 2011 年的 22854 亿元，增速远高于行业内平均水平，这直接导致其增长竞争力水平大幅提升，使得其竞争力地位跃居保险业首位。

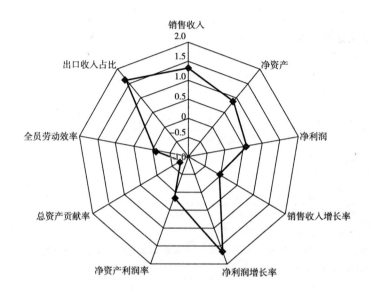

图 12　中国平安竞争力得分雷达图

偿付能力监管是保险监管的核心，也是保护保险消费者利益的关键所在。中国平安 2011 年的偿付能力充足率为 167%，较 2010 年的 198% 下降了 31 个百分点，偿付能力已接近 150% 的监管指标。近期平安证券投行团队集体跳槽和研究所大规模裁员，以及原深发展员工主动或被动离职震荡，反映了不同行业之间的文化、盈利模式、渠道管理的差异，也说明中国平安在探索多元化经营模式的同时，还要寻求业务发展的平衡点，进而提高盈利能力，实现稳健增长。

三　市场波动与金融企业竞争力

（一）金融业的顺周期性

近年来，得益于金融改革的深入和监管水平的提升，中国金融体系在商业化转型、增强财务稳健性等方面取得显著进展。中国金融体系整体稳定，金融改革进展良好，金融机构实力不断增强，金融服务和产品日益多样化，有力地支持了经济发展。但即便如此，金融业的运行状况也受制于宏观经济形势的变动。国际经验表明，金融业的景气周期几乎重合于或者稍滞后于宏观经济的景气周期。由于金融业风险识别能力的局限性和微观金融机构的有限理性，金融业具有内在顺周期特征。通常来说，在经济高涨期，金融企业收益会增加；在经济萧条期，金融企业收益会下跌。虽然经济环境是决定金融业经营业绩的重要变量，但相对于这一外生变量，金融企业自身的发展战略、经营策略及管理文化等内生变量会对其经营起到更具决定性的作用。

（二）不同子行业在市场波动中的差异化表现

由于银行、证券、保险、信托等业务具有自身细分特性，因此相同的经济波动对金融企业的影响在不同的子行业表现有所不同。银行业 2011 年在规模增长和盈利提升指标上都表现优异，目前处于景气周期顶部，但面临温和增加的不良贷款余额以及更加严厉的资本和表外业务监管。证券业面临股票交易额萎缩、经纪业务净手续费率下滑的不利情况，目前处于景气周期底部，但直接投资、融资融券和转融通等创新业务监管的放松将有力地推动创新业务的发展。寿险业受累于银保新规的实施、货币政策的紧缩和行业增员的困难，2011 年寿险保费同比下滑 8.6%，为 2000 年以来的首次负增长，处于景气周期底部，但模式转型已启动，健康险和养老险是主要方向且潜力巨大；财险业增速放缓，行业处于调整阶段，未来政策将刺激行业发展。信托业具有滞后性特征，接近景气周期顶部，信托业务结构需根据政策和市场变化持续进行良性调整。

（三）金融企业平滑市场波动的应对之策

综合化经营的大型金融企业能够通过规模经济和范围经济实现协同效应，通过业务结构多元化和交叉销售提高收益，通过声誉效应和市场力量降低筹资成本，实现在既定投入和风险水平上的更高收益；同时，采用综合化经营模式的金融企业资产负债结构更均衡，各项业务具有不同的周期波动特征和不同的相关性，使其在经济下行阶段的表现更为稳健。由于银行、证券、保险、信托等业务具有不同的周期，综合化经营可以熨平金融企业收益的亲周期波动，有利于其保

持稳定的经营业绩和持续经营。

因此，在市场波动中，受冲击较大的是业务单一、规模较小的金融机构，它们没有足够的规模与多样化的业务来平抑市场冲击。而那些从事综合性业务的大型金融机构受到的冲击相对较小。从长远来看，金融企业可以利用经济周期的非同步性，通过合理的网络布局、业务结构和客户结构增强自身在经济波动中的减震能力，平抑经济周期对经营的不利影响。目前，国际大型金融企业的经验是：稳步加快国际化、综合化经营，分享新兴市场成长红利；发挥多元化业务的周期非同步性优势，平抑周期影响；重视零售业务，在宏观经济发生变化时，零售业务收益与经济波动关联度较低，收益相对稳定，因而在经济周期的不同阶段中可以保持持续增长，成为利润的"稳定器"。

（四）提升金融企业竞争力的措施

在经济波动的背景下，金融业要从发展战略、业务流程、业务结构、金融创新等多个方面寻找提升竞争力的突破口。

就银行业而言，一是推动改革创新和结构调整，服务实体经济，切实加大对战略产业、农村金融、小微企业的金融支持力度；二是继续深化综合经营，稳步推进海外扩张，提升国际竞争力；三是加快流程银行建设，加强信息化建设，整合电子化渠道，提升运营效率；四是有序推进金融创新，强化资本管理，建立有效的资本约束机制，完善流动性管理框架，提升综合实力和金融风险防范能力。

就证券业而言，一是提升服务能力，实现自身转型发展；二是继续深化改革，稳步推进对外开放，大力鼓励创新，着力培育证券机构核心竞争力，积极提高其为实体经济服务的水平；三是推进专项创新业务试点，优化收入结构，探索多渠道盈利模式；四是丰富资产管理产品，提高资产管理能力；五是围绕自身功能定位，探索综合金融服务模式

就保险业而言，一是充实资本实力，缓解偿付压力，股票市场的持续萎靡与产品结构凸显畸形加速了保险公司的资本消耗，应多渠道融资以缓解偿付压力势在必行；二是优化寿险业务结构，提升销售渠道管理水平，发展长期限、期缴的保障型产品，推动银行代理渠道专业化转型，大力开拓电话、网络等新型销售渠道；三是加大财产险创新力度，积极发展绿色保险、科技保险、文化产业保险等新兴业务，进一步扩大出口信用保险、航运保险等业务；四是利用投资新政增强

投资主动性和灵活性，提升保险投资收益率和收益稳定性。

就信托业而言，一是要强化风险防范意识，完善防范化解风险的措施，树立更加市场化的经营管理理念；二是加快战略转型，充分发掘信托制度的本源价值，集中精力提升自主管理能力；三是随着政策红利的消失，积极实现由被动向主动型财富管理盈利模式的转变；四是提升综合化金融服务能力，扩大市场发展空间，应对完整经济周期变化的考验。

B.12
经济波动下的文化企业竞争力研究

杨维富 王飞

2011 年的全球经济仍处于金融危机余波的影响之下，欧美债务危机的阴影使得世界经济在低速增长中频繁波动。国内经济总体来说运行平稳，但金融危机后扩张性政策带来的通货膨胀问题不断加剧，经济增长减速与物价快速上涨相互交织，各个产业面临着复杂的经营环境和竞争压力。对于文化产业来说，2011 年既面临着成本快速增长、外部需求下降等不利因素，但同时也有政策环境变更、产业整合重组等利好因素刺激，整体表现在国民经济各个行业中较为突出，成为 2011 年各行业普遍低迷下为数不多的亮点之一。本文将对全年文化产业中的代表企业进行分析，按照中国社会科学院中国产业与企业竞争力研究中心的"企业竞争力监测指标体系"对样本企业的竞争力发展情况进行深入分析，为文化产业及企业的未来发展提出有针对性的政策建议。

一　2011 年我国文化产业发展的整体特征

受到全球债务危机的冲击和国内通货膨胀与经济波动的影响，2011 年我国文化行业面临的政策、市场、成本、资金等环境发生了较大变化，整个产业运行呈现出规模增长快、环境变化大、业绩波动强的特征。

1. 2011 年文化产业的规模实现了较快增长

《中国文化产业年度发展报告》显示，2011 年我国文化产业总产值预计超过 3.9 万亿元，占 GDP 比重将首次超过 3%，文化产业对国民经济增长的贡献不断上升。据此估计，2011 年我国文化产业的 GDP 将超过 1.3 万亿元，比 2010 年增长 30%。文化产业中数字出版、微电影、云电视等新业态不断发展，展现出蓬勃的创新活力。2011 年，全国共有公共图书馆 2952 个，比 2002 年末增加 255 个；博物馆 2650 个，增加 1139 个；艺术表演团体 7069 个，增加 4482 个；有线广播电视用户 20209 万户，增加 10352 万户；年末广播节目综合人口覆盖率为 97.1％；电视节目综合人口覆盖率为 97.8％。2011 年共生产电视剧 469 部 14939 集，动画电视 261444 分钟；生产故事影片 558 部，科教、纪录、动画和特种影片 131 部；出版各类报纸 467 亿份，各类期刊 33 亿册，图书 77 亿册（张）。总体来看，2011 年作为国家优先发展的战略性产业，文化产业获得了较快增长，不仅电影、电视等传统的文化产业企业获得了发展，内容创意产业等新兴文化衍生品行业也表现出更好的市场掌控力和话语权，行业发展呈现良好态势。

2. 文化产业面临的环境发生较大变化

近年来，中国经济强国的地位不断提升，相应文化强国的战略目标也逐渐明确，同时在中国转变经济增长方式背景下，绿色环保的文化产业重要性日益彰显。国家在文化传媒领域出台了一系列重要的扶持政策，文化产业面临的政策环境发生了较大变化。继 2009 年的《文化产业振兴规划》将文化产业发展上升到国家战略高度后，"十二五"规划又提出推动文化产业成为国民经济支柱性产业，而 2010 年 12 月的中央经济工作会议又再次强调促进文化产业发展，推动其成为国民经济支柱产业。2011 年 10 月的中国共产党第十七届中央委员会第六次全体会议明确提出"深化文化体制改革、促进文化大发展大繁荣"，审议通过了《中共中央关于深化文化体制改革、推动社会主义文化大发展大繁荣若干重大问题的决定》，并在会议上提出了建设"文化强国"的目标。本次会议是关系到我国文化产业的一次重要会议，极大地推动了我国文化体制的进一步改革以及文化产业发展的进一步发展和繁荣，成为影响 2011 年及以后文化产业发展的重大政策变更。与此同时，一系列相应配套政策也相继发布，表明国家监管部门已经将文化产业的发展上升到重要的战略位置，这些扶持政策包括：加快推动文化体制改革，促进全国统一有效市场的形成；继续推进企业的转企改制，支持企业之间的并购整合，培育国有骨干企业，支持国有企业做强做大；财政补贴、税收优惠、金融支持，加速文化产业与资本市场的有效对接；加强科技创新在推动文化产业发展中的作用，使科技与文化产业的发展更好的结合；加强产业园区和产业集群建设；等等。总体来看，2011 年文化产业发展政策环境产生了积极变化，总体效力超过了以往的政策扶持力度。

3. 文化产业的业绩出现大幅波动

2011 年我国经济出现一定波动，虽然 GDP 每季度增长率波动不大，但同期

的信贷增长、物价水平变化率均超过前几年的可比期间，在这种环境下，文化产业的经营业绩也出现了大幅波动。从文化产业的市场表现来看，2011年产业价值出现明显波动。以中信传媒指数（CI005028）为例，2011年文化产业市场表现分为两个阶段：1~9月，中信传媒指数累计下跌20.45%，主要原因是2010年在大规模经济刺激下，文化产业估值过高，而随着2011年经济增速下滑，文化产业业绩增长受阻而市场价值回落。10~12月，在政策重大利好刺激下，文化产业整体估值出现明显上涨，总体上涨4.47%，其中10月单月上涨21.4%。在文化产业内部，就报业、出版发行业等核心传统传媒行业而言，2011年国有骨干企业的发展获得更多的政策支持和政策倾斜，对外兼并、重组整合与做大做强受到政策鼓励，一批规模大业务全的龙头骨干企业集团逐渐形成，并形成我国文化传媒产业的中坚力量。在影视、动漫、网络、广告、会展等非核心的新兴传媒行业，国家要求促进行业的整体繁荣，提高行业繁荣度和人民满意度，行业的市场化程度进一步提升，出现了国有和民营企业均受益的局面。

二 2011年文化类企业（上市公司）的总体经营情况

在行业快速发展、政策扶持加大以及业绩出现波动的背景下，2011年文化类企业经营出现了一定变化，在此以上市文化类企业作为分析对象，从几个方面对文化上市公司在2011年的经营情况进行回顾。

1. 2011年我国文化类上市公司总体经营情况保持良好，上市公司规模进一步扩大

2011年在文化产业深受政策扶持的刺激下，文化企业的上市热情进一步提高，全年共有4家企业成功上市，这些企业上市呈现整体规模偏小的特点。在当年上市的4家公司凤凰传媒（601928.SH）、光线传媒（300251.SZ）、方直科技（300235.SZ）、上海钢联（300226.SZ）中，仅凤凰传媒1家登陆上海主板，其他3家公司均为创业板公司，表明文化企业总体以小规模公司为主。从股本也可以看出，凤凰传媒股本超过25亿股，而其他3家公司均不到3亿股，其中最小的上海钢联仅发行8千万股。从上市文化类公司的估值水平上看，2011年末平均市盈率为31倍，高于我国全部上市公司平均市盈率，其中网络、动漫、广告等新兴行业的公司估值普遍较高，如乐视网（300104.SZ）的静态市盈率达到58

倍，表明市场对新兴文化行业的普遍看好。截至 2011 年末，上市文化类公司达到 31 家，其中在 2007 年 IPO 重启后上市的达到 15 家，占了文化类上市公司的一半，表明了文化产业在近几年的快速发展。

从股本情况来看，截至 2011 年末，我国文化类上市公司总股本达到 171.81 亿股，比 2010 年末同比增长 36.8%，是近年来环比股本增长最快的一年。总市值达到 2008.97 亿元，比 2010 年末同比增长 13.14%。在 31 家上市公司当中，凤凰传媒（601928.SH）的市值规模最大，2011 年末达到 212.75 亿元；百事通（600637.SH）市值规模排名第二，总市值达到 167.61 亿元；而市值规模最小的 S＊ST 万鸿（600681.SH）总市值仅为 8.25 亿元。产业中市值规模最大差距相差约 204 亿元，虽然与 2010 年相比企业市值规模差距处于下降趋势，但总体来看，我国文化企业的发展差距仍旧较大，产业资源正逐步向优势企业聚集，企业间良性竞争环境正在形成。

2011 年 31 家文化类上市公司总资产达到 1063.63 亿元，同比增长 30.91%，资产增长情况在近年来也是最好的一年。资产总规模最大的凤凰传媒（601928.SH）2011 年末资产总额为 123.5 亿元，同比增长 62.28%，由增长速度来看明显呈现迅速增长势头。电广传媒（000917.SZ）总资产 112.28 亿元排名第二，资产规模与 2010 年基本持平。S＊ST 万鸿（600681.SH）资产总规模仅为 1.48 亿元。产业资产规模最大差距为 122.02 亿元，与 2010 年相比资产规模差距进一步拉大，产业资源配置呈现集中态势。另外，2011 年末 31 家上市文化类公司负债总额达到 390.66 亿元，同比增长 24.2%。其中，电广传媒（000917.SZ）负债规模最大，达到 74.31 亿元，同比下降 3.4%；歌华有线（600037.SH）负债总额排名第二，达到 57.97 亿元，同比增长 49.98%。总体来看，2011 年 31 家上市公司资产增长规模略高于负债增长规模，表明产业发展仍呈现出健康稳健的态势。

从经营情况来看，2011 年 31 家上市公司总体经营良好。除 S＊ST 聚友（000693.SZ）和 ST 万鸿（600681.SH）的年度资产负债率分别为 125.81% 和 1199.5%，存在较大的财务风险外，其他上市公司的资产负债情况较为良好，平均资产负债率为 36.62%，比 2010 年下降了 4 个百分点，表明财务状况依然稳健。2011 年，31 家上市公司经营收入达到 546.8 亿元，同比增长 22.9%。其中，中文传媒（600373.SH）经营收入最高，达到 69.81 亿元。从净利润来看，2011

年产业净利润总额达到 70.59 亿元。其中，中南传媒（601098.SH）当年净利润总额最高为 8.06 亿元，占全部上市公司营业利润总额的 11.41%。与 2010 年所占比重相比，文化产业利润集中度有所下降，产业竞争更趋于合理化。

总体来看，文化产业资产构成上具有一定的独特性，即实物资产在企业的资产构成中的占比比传统产业要小，而无形资产比重相对较大，表现出一定的轻资产特点。我国文化企业在文化产品的附加价值创造方面明显不足，是造成文化企业竞争力落后于国外大型文化集团的主要原因。

2. 2011 年按行业分类的上市文化类公司经营情况分析

按证监会的上市公司行业分类标准，目前我国 31 家文化类上市公司分属于出版业、信息传播服务业、广播电影电视业和其他传播、文化产业四类。其中，出版业包括 10 家上市公司，位居第一；信息传播服务业中有 8 家上市公司；广播电影电视业有 7 家上市公司；其他传播、文化产业包括 6 家上市公司。从整体分布上看，各类文化子产业上市公司分布较为平均，表明文化产业的整体发展水平较以往年份更加协调。

表 1　2011 年按行业分文化类上市公司数量情况

单位：家

类　　型	出版业	信息传播服务业	广播电影电视业	其他传播、文化产业
上市公司数量	10	8	7	6

从上市公司总股本数量来看，出版业上市公司拥有的股本数量最多，2011 年出版业总股本数量达到 77.96 亿股，占整个文化类上市公司股本数量的 45.38%；信息传播服务业上市公司 2011 年末的股本数量为 37.85 亿股，在整个文化类上市公司中数量居第二位，比重为 22.01%；而广播电影电视业上市公司股本总量为 25.28 亿股，在文化类上市公司总股本中比重为 14.78%。在市值方面，出版业市值最高，达到 773.6 亿元，占文化类上市公司比重的 38.5%；信息传播服务业上市公司 2011 年末总市值达到 511.3 亿元，所占比重为 25.45%；其他传播、文化产业类上市公司所占总市值比重最小，仅为 11.75%。在企业资产负债方面，出版业总资产规模最大达到 460.4 亿元，占整个文化类上市公司比重的 41.4%；其他传播、文化产业类上市公司资产规模最小，为 132 亿元，在文化产业上市公司资产占比仅为 11.87%。在企业营业收入方面，出版业上市公司

2011 年营业收入达到 288.08 亿元，在整个文化类上市公司中所占比重最高，达到 50.7%；信息传播服务业上市公司营业收入比重最小，仅为 12.5%。在企业净利润方面，各个细类行业利润额相差也较为明显，2011 年净利润最高的是出版业，利润额达到 30.64 亿元；最低的是其他传播、文化产业类上市公司，为 11.92 亿元。

可以看出，与 2010 年相比，2011 年其他传播、文化产业整体规模有了大幅提高；相对于 2010 年，出版行业类文化产业在公司转型发展过程中更为成功，使得传统的出版业务有了明显增长。这也从一个侧面反映出 2011 年国家对文化产业，特别是出版产业的大力扶持取得了显著的成效。

3. 2011 年不同区域文化类上市公司经营情况分析

从各上市公司地区分布来看，2011 年末我国 31 家文化类上市公司中，北京上市公司数量增长最快，从 2010 年的 2 家增长到 7 家，上海、浙江、广东和湖南省各有 3 家。总体来看，我国文化类上市公司分布比较分散，文化产业呈现区域多样化发展格局，产业布局更趋于合理化。

表 2　2011 年按区域分类文化类上市公司数量情况

单位：家

省　份	湖南	北京	海南	安徽	四川	江西	陕西	辽宁	上海	湖北	广东	其他
上市公司数量	3	7	1	2	2	1	1	1	3	2	3	5

从 2011 年各地区文化类上市公司的经营情况来看，北京文化类上市公司经营业绩最好，各项指标优于其他省市地区。2011 年 7 家上市公司总资产为 192.3 亿元，占全部文化类上市公司总资产的 18.6%；总市值达到 326.45 亿元，占全部文化类上市公司总市值的 16.25%。

从地区分布情况来看，2011 年文化行业的地区发展趋于合理化，一方面，文化产业在基础较好的北京、上海等地发展速度进一步加快，有关上市公司进行了经营战略的调整，使其更为符合消费者的需求偏好。另一方面，其他省份文化产业发展迅猛，特别是湖南省上市公司无论是在企业规模，还是在盈利水平方面都有较大幅度的提升。行业资源分布结构更趋于合理化，其他地区新上市企业不断出现。

三 文化产业上市公司竞争力分析

1. 文化类上市公司的竞争力分析得分

在本部分分析中，依然采用国内较为成熟的中国社科院企业竞争力分析评价模型进行全方位研究。2011 年仍然采用规模竞争力、效率竞争力及增长竞争力三个维度作为企业基础竞争力的代表指标，通过一定的数据处理形成企业基础竞争力测度指数。其中，规模竞争力主要由销售收入、净资产和净利润等构成；效率竞争力主要由净资产利润率、总资产贡献率及全员劳动效率等构成；增长竞争力主要由近三年销售收入增长率和净利润增长率等构成。由此，文化产业类上市公司的基础竞争力指标可以反映出企业的静态竞争能力和动态竞争力发展方向，从而较全面地评价出此类上市公司的现状和未来发展趋势。根据中国证监会对上市公司的分类以及对中国社会科学院中国产业与企业竞争力研究中心监测资料的调整后，在 2011 年上市公司年报基础上进行计算，2011 年末 17 家主板文化类上市公司的竞争力得分如表 3 所示（由于中小板企业包括的行业较少，在比较中可能产生数据偏差；创业板企业集中上市出现在 2011 年内不具可比性，因此，此处仅分析沪深两市主板 17 家文化类上市公司的数据）。

表 3　沪深两市主板文化类上市公司竞争力

上市公司名称	基础竞争力	规模竞争力	效率竞争力	增长竞争力	行业内排名	总排名
中文传媒	0.5686	0.3060	0.0022	0.2603	1	103
北巴传媒	0.3862	0.1466	0.0460	0.1936	2	246
中南传媒	0.3500	0.3121	− 0.0366	0.0745	3	286
凤凰传媒	0.2549	0.3156	− 0.0776	0.0170	4	407
电广传媒	0.2454	0.2117	0.0439	− 0.0102	5	426
时代出版	0.2221	0.1700	− 0.0003	0.0523	6	464
华闻传媒	0.2166	0.2373	− 0.0391	0.0184	7	469
博瑞传播	0.1852	0.1042	0.0146	0.0664	8	524
皖新传媒	0.1642	0.2081	− 0.0512	0.0072	9	556
中视传媒	0.1412	0.0482	0.0889	0.0041	10	596
广电网络	0.0635	0.0797	− 0.1166	0.1004	11	708
出版传媒	0.0559	0.0625	0.0324	− 0.0391	12	719
歌华有线	0.0291	0.1533	− 0.1280	0.0038	13	764
浙报传媒	0.0055	0.0830	0.0521	− 0.1297	14	797
ST 万鸿	− 0.1574	− 0.5383	0.3103	0.0707	15	998
ST 传媒	− 1.2398	− 0.7204	− 0.2991	− 0.2202	16	1402
S＊ST 聚友	− 1.5145	− 1.0962	0.1043	− 0.5227	17	1419

中文传媒在文化类上市公司中总竞争力排名第一，而在整个上市公司中总排名为第 103 位。中文传媒基础竞争力得分为 0.5686，规模竞争力、效率竞争力、增长竞争力得分分别为 0.3060、0.0022 和 0.2603。与 2010 年相比，中文传媒在行业内竞争力的位置由第 2 位上升到行业首位，但在全部上市公司整体排名中由第 49 名下降到第 103 名。从与 2010 年指标对比来看，中文传媒虽然规模竞争力有所上升，但增长竞争力和效率竞争力均有所下降，而导致该公司总体竞争力下降较多的主要因素是增长竞争力指标由 2010 年的 0.4081 下降到 0.2603。

总体来看，2011 年文化类上市公司整体排名更加趋于集中。排名在 200 名以内的企业数量由 2010 年的 3 家下降到 1 家；位居第 200~400 名的企业数量与 2010 年持平，仍为 2 家；而居第 400~600 名的企业数量由 2010 年的 1 家大幅增加到 7 家；2011 年排名在第 600~800 名的企业数量仍然为 4 家；居第 800~1000 名的企业数量为 1 家；2011 年没有排名在第 1000~1400 名的企业；排名在第 1400~1600 名的企业数量为 2 家。可以看出，文化类上市公司分布更为广泛，说明在一些文化类上市公司发展的同时另一些文化公司经营发展水平相对下降，可能原因是国家政策倾向不同，企业所面对的经营发展环境也不一致。但总体上，文化企业的整体竞争力有所上升，突出表明在 7 家企业集中在全部上市公司中第 400~600 名的区间，说明虽然个别文化企业竞争力有所下降，但行业整体水平却在显著提高。

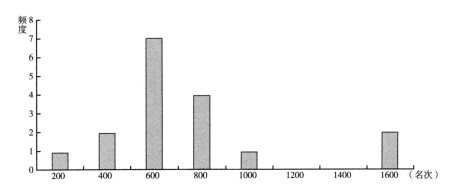

图 1 文化企业竞争力排名频度分布情况

2. 文化类上市公司的基础竞争力分析

我们采用结构分析的视角，利用上市公司自身的基础竞争力和各部分竞争力

之间的总体与部分关系分析不同的竞争力维度对总体上市公司竞争力排名的贡献情况。

将文化类上市公司在2011年的竞争力情况进行分组，可以看到文化类上市公司竞争力趋于集中的态势更为明显。在此类上市公司中，基础竞争力得分主要分布在0~0.5，这一分值中的上市公司共有13家，比2010年多了4家；而分布在0.5~1.0、-0.5~0、-1.5~-1、-2~-1.5的各有1家，分别是ST万鸿、ST传媒、S*ST聚友及中文传媒4家。这种多数集中在一个区域，其他少数几家上市公司较为分散的格局表明文化产业的基础竞争能力相对于2010年水平有所上升，主要是行业整体竞争力的提升，而不再是个别企业依据特殊优势取得较好成绩。这反映出文化行业在政策持续推动下，整体发展环境的改善和资源的集中。

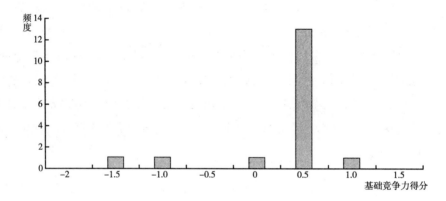

图2 文化企业基础竞争力得分频度

由于基础竞争力包括规模竞争力、效率竞争力和增长竞争力三大部分，因此，需要分别分析这三类竞争能力在17家主板文化类上市公司中的分布情况。

在规模竞争力方面，17家文化类上市公司的得分分布情况表现为：上市公司规模主要分布在0~0.5，共有14家公司，说明在规模竞争力方面，大部分文化类上市公司各自规模分布较为适中，代表了行业整体的最优规模水平。另外，得分在-0.5~0的公司共有2家，在-1.5~-1的公司有1家，表明文化类上市公司当中，仍有1/5左右的公司规模与经营状况存在较大偏差，其现有规模对公司正常经营并没有起到促进作用。规模竞争力反映的是上市公司资产、收益和净利润等规模指标的绝对水平，从经济学上讲，一定的规模是降低生产成本、获取规模收益以及提高抗风险能力的重要因素，在2011年企业所面临的经营环境变化中，企业成本趋于上升，只有保持了一定的规模，才能借此维持市场占有率以及较强的议价能力，在市场竞争中保持自己相对优势，有利于整合更多的资源，提升企业自身的竞争能力。

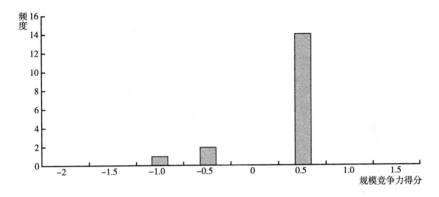

图3 文化企业规模竞争力得分频度

进一步比较效率竞争力，可以看出在文化类上市公司当中，其主要的效率得分集中在0.5~1，这一分值的上市公司共有9家，其次为0~0.5的上市公司，共有8家。这一分布水平表明在国家大力扶持文化产业的背景下，文化类上市公司在利用公司资产、人员和资源创造价值的效率方面取得了较大进步，代表了文化行业的社会平均生产效率，因此也是行业内一般产品的定价基准水平。从行业细分来看，由于我国文化类上市公司主要集中在出版、广播电影电视等少数几个子行业，行业经营模式大体相当，经营效率竞争力有相似表现是较为合理的。与以往各个文化上市公司效率竞争力差异明显的情况相比，可以看出2011年多数公司都在提高经营效率上进行了积极努力，其效果也是比较明显的。

从2011年文化类上市公司的增长水平计算得到的增长竞争力得分分布情况来分析，17家上市公司的增长竞争力得分呈现出分布较为集中的特征，其中有12家上市公司的增长竞争力得分在0.5~1，代表了文化传播行业的平均增长水平。0~0.5的文化类上市公司共有4家，也是2011年主板文化类上市公司中第二多的得分分布。仅有1家文化类上市公司在2011年的增长竞争力得分为负，表明其近期的经营业绩处于负增长状态。从增长竞争力分布上更为集中的态势可

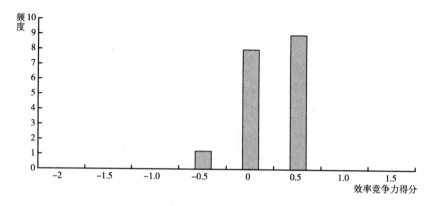

图4　文化企业效率竞争力得分频度

以看出，在2011年的整体经济波动加大背景下，文化产业的发展并没有受到过多的干扰。这与我们对文化产业属于周期类行业的认识存在一定的差异。究其原因，主要是2011年对文化产业来说是政策环境大变革的一年，政策层面的多项刺激措施与文化体制改革的累积性影响在当年逐步显现，再加上文化市场经过多年培育和发展，文化需求在许多地方呈现爆发式增长，这些有利条件为文化企业经营业绩快速增长提供了良好的外部环境。从17家主板公司增长得分分布相近这一明显特征可以判断出2011年全行业企业均得到了较好的增长绩效。

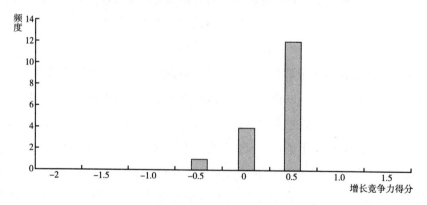

图5　文化企业增长竞争力得分频度

以上从规模、效率和增长竞争力三个角度对文化类上市公司的基础竞争力排名进行了分析，可以看出，增长和效率对上市公司的总体竞争力起到了加强的作用，在分布上更为近似，而规模竞争力方面则与总体之间的差距较大，从一个侧面反映了增长和效率竞争力的逐步集中是进一步提升行业总体竞争力的重要因素。

在规模、效率和增长竞争力三个方面来看，传播文化类上市公司规模弱小，不仅与国内主要行业大型企业相比主要资产显得规模不足，与国外大型传媒集团相比，中国文化企业的发展也仍处于起步状态。因此，在国内经营环境剧烈变化的前提下，文化企业应该更好地借助国家对文化产业重视之机，通过兼并、重组来提高本身的规模，发挥出企业的规模效率优势。可以看出，2011年在外部经济普遍衰退、国内经济波动加大的环境下，文化产业能够取得较好成绩主要取决于政策支持和前期年度一系列产业基础设施的培育和完善，是在多年积累基础上出现的增长拐点。可以预见，文化产业将随着我国经济步入产业升级和结构调整逐步上升为新的支柱产业和先导产业，并在促进经济发展、平抑经济波动等方面发挥出更大的作用。但也要看到，我国文化产业的发展仍然处于幼稚阶段，不仅在规模、效率和增长基础上仍然较为薄弱，相应的文化产业基础设施也还不够完备，政策、法律环境和调控手段也有不足。在这样的条件下，进一步促进和推动文化产业快速健康发展，需要进一步完善政策体系，加强市场引导，促进产业整合，发挥比较优势，在多方面采取有力措施。

四　近期推动文化产业和文化企业发展的政策建议

总体来看，随着文化产业政策环境的不断改善，文化企业生存发展能力的日益增强，我国文化产业和文化企业正在步入快速发展的黄金时期。但文化产业在我国国民经济中的地位仍然弱小，对经济的支持作用和本身的抗风险、抗波动能力还有待提高。在下一阶段，特别是"十二五"时期，应继续将文化产业作为创新和新兴产业加以政策支持，使文化产业成为推动经济发展的新动力，不断促进我国产业结构升级。

第一，进一步加强文化产业和文化经营企业的经营政策支持。当前我国文化企业总体上经营模式单一、趋同，企业规模偏小，市场竞争力较弱，即使在上市的文化公司中，集中于某些领域的现象也比较普遍。因此，应进一步推动文化企业加强创新能力建设，推动文化企业集团化建设、规模化发展，在文化产业上形成以大型企业集团为支撑的市场竞争主体结构，形成主营业务突出、拥有自主知

识产权、核心竞争力明显的文化企业集团。在政策上，一要清理现有阻碍企业整合的地区、市场限制，鼓励企业通过兼并重组等形式，形成一批跨地区、跨部门的大型文化企业集团。二要推动文化企业经营模式创新，支持开展连锁经营，实现规模扩张；鼓励放开经营，凡是国家法律法规没有禁止的领域，都应允许各类所有制企业进入经营。三是加快文化产业创新。知识密集是文化企业的产业属性之一，而创新能力与知识密集程度具有密切的相关性。要加强政策引导，依据不同的经营形态和产品载体，通过鼓励高新技术产业与文化产品研发、产业化的融合发展，促进各种文化产品生产、传播、消费模式创新。

第二，进一步推动文化产业和企业发展的人才政策。文化产业的特点是人力资源占比高，人力成本是文化企业的最重要成本。这一资本结构决定了发展文化产业首先要进一步加强文化产业人才培养。一要进一步完善吸引人才政策。对于管理人才、资本运营人才、经纪人才和科技创新人才等各类急需人才都应进一步加强政策吸引力，特别是对于具有较高知识素养和管理能力，同时拥有海外文化企业管理经验的高层次领军人物要加强引进力度，建立持续、快捷、便利的人才吸引模式，发挥出人才的最大潜能。二要加强人才培养。建立包括高等学校、大专院校、社会培养等全方位、立体化的人才培养机制。高等院校要加大文化产业人才培养力度，在学科建设和课程设置中突出文化产业人才培育。尝试文化企业与学校、研究机构联合办学，培养多层次人才。三要强化人才统计和管理工作。加强人才统计，动态发展我国文化产业人才的规模和结构，形成对文化产业人才的选拔与激励政策，充分调动起文化从业人员的积极性和主动性。

第三，进一步提高财政政策对文化企业的支持力度。当前我国文化产业获得财政补贴及税负优势与其他行业相比并不突出，未明显表现出政策支持意图。为此，一要增加政府财政资金的支持力度。通过设立文化产业发展基金，加强对初创企业、技术创新企业等类型文化企业的财政支持，引导和扶持文化产业不断创新发展。二要健全税收减免优惠政策。一方面，要研究和制定针对文化企业和文化产业的税收免税优惠政策，减轻文化企业的实际税负负担，不仅要在文化产业生产环节上减免相关流转税，以降低企业生产成本，而且要积极争取对经营过程中的各项费用在现有税收政策法规下增加抵扣；另一方面，进一步扩大现有税收减免范围，特别是对文化类高科技企业，要采取积极措施使其依法享受文化行业税收优惠和高新技术领域相关税收支持，以扩大企业积累，增强自身发展潜力。三要综合运用财政政策引导资金的投向。利用财政预算、财政补贴、国债借款等多种财政政策工具，引导并调整文化产业的空间布局，促进先进文化产业的发展，尤其是推动一批重要的文化机构和重点文化项目得到较快的发展，迅速形成文化产业的规模效应和成本优势。

第四，进一步改善我国文化产业的投融资环境。文化企业由于固定资产较少，无形资产占比高，在申请信贷资金支持方面困难较多，为解决文化企业有效资金供给不足的问题，需要进一步改善产业的投融资环境，促进投融资主体的多元化。一要进一步吸引国内民间资本进入文化产业。鼓励、引导和支持社会资金参与文化投资，对民营文化产业企业，应享受同国有文化产业企业同等的待遇。同时在注册资本、经营范围、最低人员要求等方面降低企业准入条件。二要积极扩大外资投资文化产业的范围。通过吸引外资，与国际著名文化企业加强合资合作，迅速提高我国文化产业和企业的技术水平和竞争力。三要鼓励与引导设立文化产业投资基金。文化企业资产少、信贷资源稀缺，需要发挥股权融资对企业发展的支持作用，因此要鼓励文化企业与金融资本直接对接融合，不仅要建立与完善文化产业无形资产评价体系，实现无形资产的有效质押，而且要加快产业自身积累，积极建立产业发展基金，引导和规范私募股权基金、天使基金等高风险偏好的投资者进入，鼓励文化产业投资担保公司发展，形成全方面的文化产业金融服务体系。四要进一步完善政府支持基金发展。当前我国部分国有文化单位改制、改革尚在进行之中，受到体制问题约束，在市场竞争中处于劣势。对于改制企业，应由当地政府设立文化体制改革支持基金，对转制类文化企业通过政府采购、无息借款等方式给予一定支持，从而扶持转制企业这类特殊市场主体早日适应市场环境，提高其自我发展能力。

第五，大力发展文化产业和文化企业的品牌效应。品牌是文化产业重要的资产和竞争力的体现，要做大做强文化产业，提高文化产业和企业的市场占有率，必须以品牌为核心，培育一批有世界影响力的著名文化品牌。一要重视对历史文化资源的挖掘和再利用。历史资源、文化遗产是我国特有、世界知名的中国文化符号，将这些历史文化资源与现代文化产业经营理念相融合，以企业经营的方式重新挖掘和利用资源，可以有效而迅速地建立文化品牌、扩大品牌影响力。因此，有条件的地区应加大对历史文化资源的挖掘力度，提供必要的政策资金支

持，培育有特色的文化品牌。二要中外结合培育现代文化品牌。现代文化中西方文化占据重要地位，西方文化品牌正逐渐被越来越多的国人所接受，因此，要迅速开发培育文化品牌，需要积极利用现有的外部资源，中西结合，发挥两方面优势，借助西方品牌认可度高的优势，不断推广新的文化品牌。三要注重加强文化品牌的管理。文化品牌是知识创造的结果，在培育过程中必须注重对知识产权的保护，只有不断改善市场环境，品牌效应才能得到发挥。同时，要积极制定文化产品的质量体制和服务标准，品牌本身包含着均等化要求，只有统一标准才能使品牌深入人心。

第六，进一步规范我国文化市场建设。文化产业和企业发展离不开文化市场的培育和不断发展壮大。文化市场不仅为文化产品提供消费需求和场所，更为文化产品的生产和流通提供必要的基础和条件。当前我国文化产业发展中的突出问题与文化市场不发达有密切关系。因此，下一步加快文化产业发展中，一要进一步促进文化市场的集中统一，形成有序竞争、开放搞活的市场环境。一方面，继续清理地区准入限制性政策规定，加快市场统一步伐；另一方面，加快统一市场的各类基础性设施建设，推动市场整合。二要促进各类文化产业配套市场发展。要促进专业性的文化投融资市场发展，形成相对专业的文化产品投资、融资和定价平台；要促进文化产权市场发展，形成专门促进文化产权交易的统一平台，促进产权流转。要推进文化人才、信息等要素市场发展，建立各类文化人才交流中心、信息网络平台，提高文化产业要素流通效率，降低流通成本。

第七，促进我国文化产业企业提升国际竞争力。文化产品属于智力和知识密集型产品，消耗的自然资源少、无污染，与服务类产品一样是提升国际贸易结构、优化贸易格局的最优选择。因此，在我国当前自然资源价格优势和人口红利逐渐消失的情况下，大力发展文化产品输出和跨境贸易具有极大的战略意义。一要积极扩大文化产品出口。采取退税、贴补等国际贸易政策鼓励文化企业开拓海外市场，规划发展文化产品出口基地、出口贸易保税园区等贸易区域。二要积极培育外向型骨干文化产业企业和重大工程项目，特别要发挥我国传统历史文化在亚洲及周边地区的影响力，树立对外文化交流的窗口和品牌，以文化交流促进文化贸易，同时引进国外先进制作理念和技术，不断提升文化产品的质量和内涵。

参考文献

《中国统计年鉴 2011》，中国统计出版社，2012。

《中国文化产业年度发展报告》，北京大学出版社，2012。

迟树功：《将文化产业培育成支柱性产业的政策体系研究》，《理论学刊》2011 年第 1 期。

企 业 篇

Enterprise

B.13

鲁泰纺织：天价衬衫背后的
高速发展之路

张 亮

"这件衬衫在市场上可卖到 5699 元，是我们鲁泰最值得称赞的成品之一。"
在鲁泰纺织的产品中心，一位讲解员自豪地向《中国经营报》记者讲解了鲁泰
颇具竞争力的一款衬衫，她还告诉记者，鲁泰的衬衫多是千元以上的中高端衬
衫，在国外颇受欢迎。

几千元的衬衫，对于做服装加工的企业来说，简直想都不敢想，但山东鲁泰
纺织股份有限公司做到了。多年来，鲁泰走出了一条以科技创新提升产品附加值
之路，鲁泰生产的色织面料畅销欧美市场，成为国际知名衬衫品牌的首选面料，
其出口营业收入占公司总收入的 85%。鲁泰，已成为高档面料的代名词。

数据可以说明一切。在全行业平均利润率不足 3% 的形势下，鲁泰却凭借着
科技贡献率的推动，2011 年毛利率高达 31%。

作为亚洲乃至全球的色织布行业龙头企业——鲁泰纺织，一直以来被认为是
国内纺织制造行业不可多得的优秀企业之一，鲁泰纺织的核心竞争力主要表现为

重在风险的企业文化价值观、高度完善的产业链、强大的技术研发实力、优异的内部管理能力、对行业系统性风险超强的抵抗能力等。

一 "用外国人的钱赚外国人的钱"

"鲁泰公司"的前身是淄博第七棉纺厂，最初成立是在 1987 年，当时员工只有 300 余人。当时正值全国棉纺工业的低潮，市场经济环境形势不好，时任"七棉"负责人的刘石祯意识到企业要发展，仅靠自己的资金、设备、技术、市场远远不够，必须借助强大的外力，才能使企业始终处于优良的运转状态。于是他便积极寻求与外商合资的机会，想拓展国际市场挣外国人手中的"洋"钱。

1988 年 8 月 17 日，泰国外交部经济司司长达奈及泰国泰中促进投资贸易商会会长李景河、泰国泰纶纺织有限公司总经理许植楠等人来山东访问。时任山东省外经委副主任的武忠恕、省纺织厅厅长平茅庐便与泰方初步协商合资办纱厂，并签订了意向书。最终初步确定了由泰国泰纶纺织有限公司与"七棉"合资兴办两万锭的棉纺厂。

1988 年 9 月，泰国泰纶纺织有限公司与淄博第七棉纺厂合资成立鲁泰纺织有限公司。"鲁"是指齐鲁大地，寓意"人杰地灵"含义；"泰"指泰方投资者。这便是"鲁泰"两个字的由来和诞生过程。同年 12 月，鲁泰公司凭借强烈的开放意识，拿到当时国家经贸部签发的年出口 1928 吨涤棉纱的出口许可证。

1989 年，当外方投资的一期注册资本 275 万美元到位后，在拆除国产设备、安装 2 万锭日本进口设备的过程中，中方夜以继日地苦干，仅用 55 天的时间就完成了外方预期 3 个月的艰巨任务，折服了日本技术人员。鲁泰公司的前身淄博第七棉纺厂创业初只是一个 3 万锭的纺纱工厂。

1990 年 3 月 30 日，鲁泰纺织有限公司正式开业。时任省长的赵志浩出席鲁泰开业仪式并剪彩，刘石祯任董事长、总经理。公司投资总额 1100 万美元，注册资本 550 万美元，中、泰双方各出资 275 万美元，出资比例各占 50%。此时，公司原有的国产设备全部更新为进口设备，引进了日本丰田、村田等先进纺纱设备，产品由低档纱转为高档纱。开始生产 45 支以上的混纺纱，纱线品质达到了乌斯特 25% 以上，在当时的国际纱线市场上被誉为"中国的茅台酒"。

合资的第一年，鲁泰纺织即实现销售收入 2270 万元，利润 168 万元，出口创

汇 449 万美元。在全国纺织行业中创造了当年设备安装完毕、当年产品投产、当年出口创汇、当年获取利润的先例。外方被鲁泰人表现出的敬业和实干精神所感动，他们表示每年按企业合同的分红分文不带走，全部用于鲁泰公司的扩大再生产。

鲁泰公司董事会秘书秦桂玲向记者描述了当年的一个小插曲。当时，泰方投资第七棉纺厂的目的就是让中国为其提供原材料纱线，然而由于合资后鲁泰初次生产的纱线质地就已经达到了很好的质量水准，泰方认为这样的纱线在泰国国内使用太过于浪费，随后转卖给新加坡的企业。后来随着鲁泰纺出来的纱质地进一步提高，出口目的地遂转向日本，新加坡企业已被剔除出鲁泰的客户圈。

鲁泰产品当年能够顺利打入日本市场，与一个叫做藤原英利的日本老先生分不开。藤原英利早年被称为日本的"格子布大王"。1994 年，已经 54 岁的他，受鲁泰公司董事长刘石桢的邀请，来到了鲁泰。藤原先生担任鲁泰公司高级技术顾问。

在藤原先生的指导下，鲁泰公司开始引进色织布生产技术工艺。为不断提升产品的品质，他经常深入车间进行技术指导，形成的每日生产例会制度，一直坚持到现在。

正是在他的推动下，鲁泰与美国陶氏化学公司合作研究弹力布生产工艺，也是在他的推动下，鲁泰全面实施"6S"管理，使企业的生产与管理能占领市场鳌头。

作为一家上市公司，鲁泰 52% 以上是外资持股，公司拥有 4 名外籍董事。人才的国际化，使鲁泰能够站在全球化的高度，面向广阔的国际市场。有人总结说，鲁泰实行的是"中国的 CEO，意大利的首席设计师，日本的生产总监，美国的品牌策划"。

1991 年，公司新上并条机 3 台，细纱机 5 台，筒络机 1 台投入使用。鲁泰逐步走上了发展正轨，销售业绩逐年上升。此后公司的发展轨迹，如同"借海行舟"。用刘石桢的话就是"七个外"："用外国人的钱，买外国的设备，引进外国的技术，借鉴外国的管理经验，全部产品外销，获得了外汇收入，赚了外国人的钱。"

二　衬衫的"特异功能"

作为传统产业和劳动密集型产业，纺织很难与高科技画上等号，但是鲁泰总经理刘子斌认为，现代纺织业已不是传统意义上的制造业，新型纺织材料的研发、纺织技术的不断创新已成为纺织业的发展方向。

鲁泰纺织目前色织布的产量达到1.3亿米，占全球总产量的18%，是原来纺织大国日本全国总产量的3倍。因为技术上的领先，鲁泰色织布已经成为全球高色织布的代名词。

鲁泰是一家先后发行A、B股的上市公司，与大多数纺织类上市公司不同的是，鲁泰没有靠扩大规模做大路产品，也没有将募集的资金投资于其他领域，而是用于购买先进纺织设备，聘请国内外知名专家，踏踏实实做主业，认认真真做纺织精品，力求打造全球高端纺织企业。他们平均每年用于技术研发的经费要占销售收入的5%以上。

在鲁泰，最引人注目的部门是技术研发中心，成立于2000年的鲁泰技术中心是这家企业的中枢与智囊，拥有700多名员工，2007年被国家发改委、科技部等五部委联合认定为"国家级企业技术中心"。在这里，拥有国际先进的试验、打样及检测设备，鲁泰的一项项科技成果都是从这里走向工厂，再进入市场。

鲁泰开发生产的价值几千元的衬衫，面料纱支高达300英支，并经过最高水平的液氨整理。更令人叫绝的是，这种衬衫还具有"特异功能"：领子、袖口易脏的地方，具有抗污、拒油的性能；容易沾染污渍的地方，采用特殊的防水处理，轻轻一抖，水珠就如珍珠般滚落；热天后背容易出汗，衬衫的肩部和后片具有很好的吸水特性。更难得的是，在经过三种后整理技术处理后，面料的颜色、色光和缩水率却保持完全一致。目前，除了鲁泰，这样的产品还没有企业能够生产。

像这样的创新成就在鲁泰还有很多。由鲁泰自主研发的1.94tex纯棉超高支面料、棉麻免烫抗皱面料服装、免烫衬衫嵌条及多功能衬衫等多项产品技术达到国际领先水平，公司的COM纺纱技术和液氨整理免烫技术率先实现了传统纺织产品的革命性进步，代表了当今世界色织面料生产的最高水平。多功能人性化衬衫、300支纯棉超高支高密面料及半缸染色节能工艺技术等4项成果获得中国纺织工业协会科学技术进步奖，其"半缸染色技术"的产业化应用，使公司吨纱用水、电、汽在2006年大幅降低的基础上，2007年又分别降低了36%、15%和26%。

鲁泰的新品开发已经形成 82 个系列、几十万个花色品种。公司先后有 15 项新产品、新技术通过省级科技成果鉴定，其中，3 项成果居国际领先水平，9 项居国际先进水平。公司共申报 38 项专利技术，其中 19 项为发明专利。其新产品贡献率已占到企业销售收入的 68% 以上。

科技创新，靠一家企业闭门造车难成气候，要做国际市场上"叫得响"的产品，就必须具有国际化的视野，具有整合全球资源和市场的能力。鲁泰始终重视产业集成创新，先后与东华大学、瑞士科莱恩国际有限公司、美国陶氏化学等建立了合作关系，并建立了博士后科研工作站，保证了技术开发活动的科学性和准确性。

美国陶氏公司是全球著名的化学公司，由其研发的 DOW XLA 纤维是第一个被成功推向全球纺织市场的聚烯烃性纤维。这种纤维具备非常优越的性能，能够抵抗强烈的化学药剂和高温，是制作高档面料的绝佳原料。当然，由于技术问题及价格的不菲也很难为纺织企业所使用。

鲁泰是陶氏 XLA 纤维进入中国后的第一个合作伙伴。早在 2003 年，鲁泰就与陶氏公司结成战略合作伙伴关系，他们共同构筑了 ×LA 纤维的研发、织造、生产的互动平台。正是在鲁泰的技术中心，双方联合研发出全球首款免烫级别达 35 级的弹性免烫衬衫面料。陶氏还帮助鲁泰将这款面料向全球的采购渠道推荐，该产品在美国、欧洲以及日本市场均取得了非常好的销售业绩，众多知名服装品牌纷纷采用。

为了使产品更符合国际高端市场的需求，鲁泰聘请意大利著名设计师 Paolo Corlte，建立了"意大利鲁泰厂"，每年可研制 1800 多个花色，使企业在色织面料花色与风格的开发上，向国际顶级产品靠拢。

鲁泰纺织技术研发中心主任张建祥告诉记者，鲁泰的研发体系并不止步于各个研究中心，而是面向集团所有的岗位进行激励，真正做到了全员研发。鲁泰鼓励所有员工向研发中心提建议，并将建议的质量作为月度优秀职工的考核因素之一。公司每年拿出三四百万元来对这些提出优秀建议的员工进行奖励。

三　5699 元的品质控制

纺织是一个产业链很长的产业，单靠某一个环节、某一家企业很难实现产品的创新。为了实现产品的高品质，鲁泰从过去单纯的纺纱，不断向两头延伸。

服装的款式设计、工艺都受到面料的影响，要提高服装档次，满足人们的需求，就离不开优质的面料。而要拥有优质的面料，就必须要获得优质的纱线。棉花又是制约纱线的前提，是高档色织面料的优质原材料。

棉花是纺织最基本的原料，为了保证原料的高品质。2002 年起，鲁泰开始在最适宜长绒棉生产的新疆地区种植长绒棉。种子是优产的根本保证，要种出优质的棉花，就要有优质的种子。公司联合农业科研部门，进行大量的湿地育种实验，经过多年的努力，终于培育了多个适应当地环境的优质品种。

鲁泰通过学习美国、以色列、荷兰等国的经验，实现了直达面苗根系的单株灌溉，低灌技术可有效减少土壤水分的蒸发，节约了成本，大大降低了病虫害的概率，为绿色产品的生产基地奠定了基础。目前公司在新疆长绒棉种植面积已达13 万亩，占公司需求的近 40%。稳定的高品质原料供应，为企业控制成本、保证产品质量、抵御市场风险波动，奠定了坚实的基础。目前公司生产的鲁泰高档色织面料，占公司出口总量 65% 以上，高档面料也因科技含量高、工艺设计新颖、品质优良而成为世界高端色织面料的代名词。

鲁泰的全产业链扩张并不止步于此，下游品牌的建设也是鲁泰今后发展的主要方向之一。主营色织布料的鲁泰纺织，选择了不再为他人作嫁衣，倾力打造自己的品牌，让更多的人感知到鲁泰的品牌文化。因此，以良好的品质做基础，领先的研发做支撑，企业决策层着力打造"鲁泰格蕾芬"这一具有中国创造和创意特色的精品服饰品牌来改变人们的着装方式。

为了加快推进品牌战略，鲁泰集团在近年来开始实行弯道超越。他们立足高端市场，确定了"借船出海"的品牌发展战略，引进了世界著名品牌"阿兰德隆"作为发展品牌的起步点，凭借过硬的产品质量，迅速扩大了影响，并带动公司自主品牌"鲁泰格蕾芬"的发展与壮大。如今，鲁泰拥有"LT·GRFF"（鲁泰格蕾芬）、"BESSSHIRT"（佰杰斯）、"AD"（阿兰德隆）、"ARROW"（箭牌）、"LUTHAI"（鲁泰）等众多品牌，走上了多品牌化发展道路。

良好的品牌形象，让鲁泰在市场开拓上呈现攻城拔寨之势，其高档面料"鲁泰格蕾芬"是主要针对商务人士的精品品牌，以满足商务人士较高的消费需求，该品牌采用经纬全线织造，并且 80% 以上销往海外主要发达经济体。

"由 300 支纱制成的'鲁泰格蕾芬'高档衬衫之所以能够在国际市场卖出

5000 多元的高价，正是缘于其代表了当前纺织技术的最高水平。"在国内实现网上营销的基础上，鲁泰格蕾芬的品牌旗舰店在北京、上海等核心城市的布局基本完成，形成了线上、线下双轨并行之势。

经过近 20 年的发展。鲁泰已从过去一个仅有 3 万锭的小纱厂，发展成为集棉花种植、纺纱、漂染、织布、后整理及成衣于一体的产业链完整的制造商。

通过产业链的优化和组织机构的完善，鲁泰的主导产业更加突出，资源配置更加合理，各产业运行更加灵活，公司形成了以金属纱线、高档色织面料和高档衬衫为主导的产业集群，并成为阿玛尼等国际知名品牌高端供应商，这一切与公司完善的产业链结构密不可分。

B》.14

格力电器：技术和营销无缝对接

王永强

9 月 20 日，合肥，一个标志性的场合，董明珠最终未现身。董明珠是格力集团董事长，格力电器（000651.SZ）董事长兼总裁。当日，合肥晶弘电器有限公司（下称"晶弘电器"）宣布，晶弘冰箱已于 2012 年 5 月全面进入格力销售体系——盛世欣兴贸易有限公司（下称"盛世欣兴"）。熟悉董明珠的人都知道，在其珠海总部六楼的办公室内，最奢华的物件正是一台六门晶弘冰箱。

由此也就不难理解 9 月 20 日董明珠未曾现身的"拧巴"：一方面，2011 年业内即开始传出格力电器希望将渠道对其他品牌开放的消息，晶弘电器宣布进入盛世欣兴，验证了传言非虚；另一方面，一直在人前强调专注于空调研发和制造的董明珠，在 5 月 25 日格力原掌舵人朱江洪退休、格力进入"董时代"后，并不打算这么快就宣布"变脸"。

事实上，自 1991 年朱江洪将海利空调器厂重组为格力电器以来，"朱抓技术、董管营销"的空调专业主义就一直助推并见证了格力的不断成功。2012 年董明珠进一步表示，格力空调要在 2015 年实现 2000 亿元的年销售目标。

一 研发至上

年营收 2000 亿元是个什么概念？8 月 24 日格力电器发布的半年报显示：营业收入 483.03 亿元，同比增长 20%；净利润 28.7 亿元，同比增长 30%。若按照 20% 的同比增速估算，2011 年实现总营收 835.17 亿元的格力电器，2012 年营业额可望略超 1000 亿元。

但考虑到并不明朗的全球经济前景及格力空调的市场份额，格力的增速又难免不让人担忧。倘若格力电器完成 2012 年年产 4000 万台空调的产能目标，那么，该公司所占全球空调总产量的份额将接近 40%。在全球市场，格力空调已

连续 7 年产销第一；产业在线的数据显示，2012 冷冻年（空调业的惯例是上年 8 月 1 日到次年 7 月 31 日算作一个冷冻年）格力空调市场份额高达 42.7%，约为行业第二至第五的总和。

显然，格力电器必须开辟"新战场"。"2000 亿（元）也好，3000 亿（元）也好，空间在哪里，在于企业自己去寻找，我依然坚持 2000 亿（元）要实现的时候，（格力）依然是专业化的企业。大家都觉得天花板到了，我觉得天花板到了是这个企业没有核心技术。行业是不可能倒闭的，只有企业倒闭。"董明珠强调称："我也不是竞争过别人，要把别人打垮了，我从来不是打垮别人，我要打垮的是自己的过去，创造一个新的。"

而被董明珠寄予厚望的"新的"格力是中央空调。"格力作为一个专业化的企业，增长 30% 也好，40% 也好，这个比例是家用空调，商用空调差距还很大，这个市场有三五百亿元的增长是可能的。怎么做到三五百亿元的增长？是用户说了算，公司技术上需要有突破。我们今年新开发出来的高效变频离心机是世界首创，也是独一无二的，任何一个中央空调只要换上我的主机，在任何末端不变的情况下马上实现节能 40%，你认为有没有市场？"董明珠说。

按照董明珠提供的数据，格力的离心机订单，已经无法供货。别的企业再要购买格力的离心机，最早也要到 2013 年 1 月才能供货，这给了董明珠增长的信心。

但说起来容易做起来难，格力怎样实现自己在技术上的突破？在格力的"朱董配"时代，技术出身的朱江洪坚持工业精神，喜欢抠产品细节。具有相当美学天赋的朱江洪甚至自己动手设计空调外观，连格力珠海工厂园区内的树木花草布局都是出自朱江洪之手。董明珠虽非技术出身，却一直崇尚产品创新。早在 2001 年，董明珠刚刚就任格力电器总裁之时，格力就已准备进军商用空调。但作为商用空调最关键也是最难突破的技术，离心机如何研发成为难点和焦点。掌握离心机技术的约克、开立这类企业并不会将技术卖给格力，因此，格力唯有自主研发。经过艰难攻关，没有任何技术累积、4 年磨一剑的格力终于在 2005 年推出了第一台自主研发的商用离心机，格力将装备了自主技术的产品卖给了黄山某家五星级国际酒店。

"我们视同自己的宝贝一样，每年跟踪，在这个过程中看我们的产品有什么样的变化。从目前来讲，我们感觉运转到现在有 7 年的时间了，非常好。但这并不标志着我们在这个行业走在了领先的地位，只能说别人有了，我们也能做了，仅仅是一个小小的突破。"董明珠很谨慎。

来自格力研究院技术人员的介绍显示，相较于朱江洪，董明珠对于自主研发的要求力度有过之而无不及。朱江洪也会要求格力的研发人员每年要搞出领先性产品，但没有数量要求，几百款产品总有一两个产品可以做到领先。但董明珠不同，她要求研发人员必须清楚地设定目标——3年后的产品究竟是什么样子、具体参数多少，均需——列明。

"中央空调的最大特点就是如何提高效率。一般的离心机能效比是6.5%～7%，格力现在的能效比可以达到11.2%。这个突破就靠技术上，我们的技术人员用心去做，为了离心机里面某一个部件做了一万多次的试验，坏了多少次，扔掉重来，要进行了一万多次。"董明珠表示，效率的提升给用户带来了成本的降低，因为五星级酒店的中央空调一天24小时、一年365天都要开，如果别的厂商电费需要1000万元，格力产品却只需要600万元，客户怎能不选择格力。

"格力未来五到十年的战略还是专业化，专业化永远不可能有天花板，一定有新技术，我们总是要不断创新。我记得在（20世纪）80年代，家里有电风扇，周围的邻居都跑过来。今天，可能风扇也有人用，但是大部分被空调替代了。未来的十年有什么样的发展？我说，哪一天格力人创造一个空调不要花一分钱电费，这就是创新。过去的空调送风15米，我说是电风扇；我们现在创造的空调还有一点风，如果没有风达到25度，人的感觉是什么，这是需要研究的。"董明珠说。

相映成趣的是，董明珠虽然一直要求格力高管像她自己一样具备牺牲和奉献精神，却对技术人员考虑得更为周到。接任格力电器董事长职位后的第一把火，董明珠就"烧"向了技术研发，包括产品及激励机制的重建，"想要多少钱给多少钱"。目前，格力电器拥有国内外专利6000多项，其中发明专利1300多项，仅2011年就申请专利1480多项，平均每天4项专利问世。

二 渠道制胜

1990年，当36岁的董明珠加入格力电器前身——海利空调器厂时，她还只是一名毫无营销经验的单身母亲，儿子只有8岁。但没有退路的董明珠，以一名基层业务员特有的坚毅和"难缠"，连续40天追讨前任留下的42万元欠债，令

时任格力电器总经理朱江洪刮目相看。

1992 年，凭借着勤奋和诚恳，董明珠在安徽的销售额达到了 1600 万元，占整个公司的 1/8。随后，她被调往南京，彼时，总部位于江苏泰州的春兰空调正如日中天。但一年内，董明珠神奇地将格力在南京的销售额提升至 3650 万元。

战功赫赫之下，1994 年，董明珠被擢升为格力电器经营部部长。而其任内首创的"淡季贴息返利"模式，亦让格力销售业绩蒸蒸日上。所谓的"淡季贴息返利"，即格力将渠道商预先交付公司的定金，在销售淡季时，将其交付之日起产生的利息以返利方式交回渠道商。董明珠的用意很明显，面对当年竞争空前激烈的空调市场，渠道商普遍亏本，淡季更是难熬，而只有与渠道商捆绑在一起，格力的未来发展才会更为平坦。

这一策略的效果立即在 1995 年得到体现，格力电器官方网站介绍称："创新的营销模式奠定了格力电器在行业内的领导地位，保证了格力不断跨越巅峰，从 1995 年开始产销量、市场占有率、销售额连续 15 年居于行业前列。"

董明珠却未敢稍微放松。1996 年夏季气温较往年显低，属于冷夏，空调销量不佳，渠道商低价混战。已升为销售经理的董明珠宁可让出市场也不降价，她带领 23 名营销业务员奋力迎战国内一些厂家成百上千人的营销队伍。

势单力孤之下，1996 年 8 月 31 日，董明珠再次祭出"奇兵"——她宣布拿出 1 亿元利润的 2% 按销售额比例补贴给格力经销商，群情激荡之下，当年格力销售额同比增长 17%，首次超过春兰。这即格力首创的"年终返利"模式，被业内誉为"格力模式"，沿用至今。

但只有这些还不够，即便同是格力的渠道商，因为销售额的多寡直接影响其最终利润，同一区域经销商的价格战也不时爆发。而为了制止格力在湖北的四大经销商恶性价格战，1997 年，董明珠再次推出了格力"股份制区域性销售公司模式"的试点——成立湖北格力空调销售公司，即以格力为主导，集合四家经销商资金入股，形成利益共同体。随后这一模式扩张到全国，并延续至今。

但有了这些还不够。20 世纪 90 年代末 21 世纪初，苏宁、国美等全国电器连锁巨头开始出现，格力位于全国各地的销售公司，需要通过向国美、苏宁等巨头供货来分销产品，但后者为了进一步扩张规模，彼此间不时爆出促销价格战。而"美苏"尚可将促销成本向供货商"转嫁"，但为"美苏"争霸提供"弹药"的主要家电品牌厂商及分销渠道商却苦在心里，有口难言。

同时，国美、苏宁等仰赖规模，一直希望通过与格力等品牌厂商以直接供货的方式来降低中间成本，但与渠道商利益紧紧绑在一起的格力电器却对此无法接受。原因很简单。其一，"美苏"规模如此，已然要求多多；规模更大之后，格力将如何自处？其二，朱江洪和董明珠对格力的渠道商寄有厚望。

2003 年 11 月，主张空调专业主义的朱江洪、董明珠等管理层希望坚守空调路线，而这一主张与格力集团准备将格力品牌用于发展小家电、商标权使用和归属等问题意见相左，格力集团与格力电器掀起第一次"父子之争"。截至 2003 年底，格力集团直接持有的格力电器股份仍高达 50.28%，朱江洪、董明珠等明显"胳膊难拧过大腿"。

彼时，如何增加管理层在公司战略选择上的发言权重，已经成为"朱董配"不得不思考的难题。而作为核心高管，朱江洪、董明珠所能依赖的无非是公司业绩及直接影响公司业绩的技术研发、产品制造和渠道分销商。

也正是在这一形势下，2003 年底，成都国美与四川新兴格力电器销售公司的合同到期。由于在供货方式是否通过格力渠道商的条款上无法达成一致，2004 年 3 月，成都国美单方将格力空调大幅降价清仓处理，"霸气"的黄光裕与"强势"的董明珠火星撞地球——格力宣布退出国美全国门店，进一步开始自建专卖店。

朱江洪、董明珠等深知渠道商的利害攸关。此后格力电器发生的一系列"龃龉"，背后都脱不开渠道商的身影。经过种种斡旋及渠道商等的力挺，2005 年 12 月，格力集团将格力商标无偿转让给格力电器，并力保时年 60 岁的朱江洪"超期服役"。2006 年 8 月，格力电器董事长朱江洪更身兼任格力集团董事长、总裁和党委书记，才彻底平息了第一次"父子之争"。

这期间，格力高管与渠道商们亦堪称相互投桃报李。2006 年 3 月，格力电器进行股权分置改革，引入战略投资者。在朱江洪、董明珠主持下，格力集团向京海投资转让约 10% 的格力电器股权，以改变格力集团国资"一股独大"的局面，格力电器与渠道商"我中有你、你中有我"的格局终于成形。

京海投资的股东为格力电器的 10 家区域销售公司：河北格力电器营销有限公司出资比例为 28%、重庆精信格力中央空调工程有限公司出资比例为 19%、河南格力电器市场营销有限公司出资比例为 17%、山东格力电器市场营销有限公司出资比例为 10%、浙江格力电器销售有限公司出资比例为 9%、湖南格力家

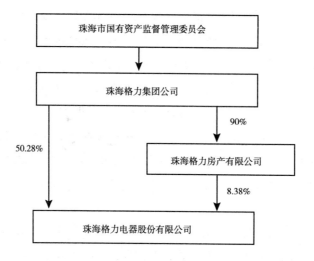

图1 格力电器2005年底股权构成

资料来源：格力电器2005年年报。

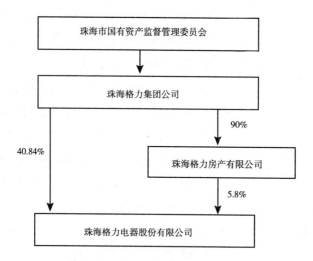

图2 格力电器2006年底股权构成

资料来自：格力电器2006年年报。

用电器销售有限公司出资比例为5%、四川新兴格力电器销售有限责任公司出资比例为5%、江西赣兴格力空调销售有限公司出资比例为3%、北京明珠盛兴格力中央空调销售有限公司出资比例为2%、天津格力空调销售有限公司出资比例为2%。

至此，通过与主要渠道商交叉持股，格力电器自建渠道闹"革命"的阶段宣告结束；而因为双方彻底绑定的利益关系，格力电器核心高管对于渠道商的影响力有增无减。5月25日，在67岁的朱江洪离任前最后一次主持的股东大会上，格力集团推荐的格力电器拟任董事候选人、格力集团总裁周少强，仅获得现场股东投票的36.6%，未达当选规定的50%，因而落选。这是格力电器核心领导新旧交替的该次股东大会唯一未获通过的议案，也被业界视为包括京海投资在内的格力电器"小股东"票决大股东的"第二次革命"：前一次，朱江洪成功"集权"并超期服役；是次，董明珠集格力集团、格力电器三大要职于一身，几乎重演六七年前的一幕。

但无论如何，2012年格力电器中报业绩不错，公司仍然专注于做大做强空调业务；在技术领先的逻辑下，其空调专业主义仍足以保证公司产品的竞争力，而良好的业绩亦有利于公司各利益方的治理结构平衡。

三 格力的明日隐忧

全球经济形势尚不明朗，但格力这边风景独好，仍在冲刺年销售额1000亿元的高歌猛进中。在后"朱董配"时代，格力电器依然专注于家用及中央空调核心技术的研发突破，公司对核心渠道商的强大掌控和影响力，都构成了其核心竞争力，但外界对其发展的担忧却也从未消失。

5月25日，珠海国资委推荐的格力电器拟任总裁周少强被否出局虽然告一段落，珠海国资也表示接受投票结果，看起来第二次"父子之争"已经偃旗息鼓。董明珠2012年"两会"期间接受采访时也称，公司2011年纳税53亿元，政府怎会对管理层不满意？

不难发现，国资大股东对格力电器核心管理层的容忍度，正是建立在格力电器未来良好的业绩预期上。但问题也正在于此。8月，格力电器某省核心渠道商曾告诉相熟的媒体记者，对于格力电器2012年的"千亿冲刺"，他们已经感受到提前打款的压力——由于经济形势不佳，国内空调经销商正迎来新一轮洗牌，格力空调尽管较受欢迎，但产品的库存积压难免有所增加。但在董明珠强势的"保增长"要求下，该渠道商不得不借款垫付新一冷年订单资金。

不难发现，格力电器对渠道商的强大掌控力很可能导致其对隐形库存增加

"一叶障目"。由于格力电器与主要渠道商交叉持股，一旦其零售终端的库存成为显性问题，恐怕就更不容易解决。

这绝非危言耸听。国内一些领先的主要体育用品厂商对终端渠道的掌控方式类似于格力，但在店租、人力成本等的挤压下，诸如李宁、安踏等公司纷纷采取去库存、优化店铺布局等"自救"举措。而反映上述情况的格力渠道商，年销售额约占格力电器的5%强，表明格力电器的终端库存确有检视必要。

此外，在格力产品的多元化上，小家电产品占比不足2%，无须多想。而晶弘电器尽管多次对外否认与格力的关系，但其成为率先进入格力电器渠道的冰箱品牌，难免惹人遐想。成立于2006年的晶弘电器，最初以向欧美市场销售代工冰箱为主；2010年完成资产重组后，业务重点转向自主品牌生产，并将产品定位于重点满足中高端消费需求。这与格力空调的崛起有相似之处——直至现在，格力出口仍以替大金等贴牌代工为主。

而格力高层受访最新透露出的信息表明，格力未来也希望借由中央空调的可延展性，进一步由设备生产商向楼宇的空调、供电、照明、安全等系统的集成商转变。这无疑让人振奋，但其中央空调怎样脱颖而出、确立行业领先优势，无疑是更急迫的任务。

此外，58岁的董明珠一直希望在公司中找到"第二个董明珠"式的接班人，但至少目前看来，在格力电器内部，还没有这样的"小荷"露头。

附　　录

Appendix

B.15

附录1　企业竞争力监测的理论与方法

金碚　李钢

从 2003 年起，以中国社会科学院工业经济研究所专家以及以其为主体的中国社会科学院中国产业与企业竞争力研究中心与中国经营报社共同开始进行企业竞争力监测项目，目前，已经对中国企业竞争力进行了连续 10 年的监测。通过对企业竞争力的监测，发现中国企业竞争力的现状和变化趋势，以及同企业竞争力相关的重要现象和问题，同时发布企业竞争力项目的研究成果，从而能更好帮助企业提升竞争力。2012 年是第 10 次发表研究报告。本年度的中国企业竞争力报告以 2010 年企业竞争力监测结果为背景，专注于市场波动对企业竞争力的影响。

企业竞争力研究主要集中于两个方面，即企业竞争力表现的测评与企业竞争力源泉的探求。当然，这两个方面也不是完全独立，在监测过程中可能会发现一些新的问题，从而促进我们进一步研究企业竞争力来源及其变化趋势；对企业竞争力来源进行研究，也有助于我们对竞争力的概念及表现形成更深入的理解，从而推进企业竞争力研究的理论进展和形成更科学的监测方法。

一 竞争力的概念、源泉与表现

在我们的研究中将企业竞争力定义为：在竞争性市场中，一个企业所具有的能够持续地比其他企业更有效地向市场提供产品或服务，并获得盈利和自身发展的综合素质和条件。企业竞争力是企业生存和发展的长期决定因素。当然，企业经营的成败也不是仅由其竞争力所决定，如市场条件（特别是市场的非经济性垄断和封闭）和机遇、外部环境的偶然性变动、企业决策的不确定性后果等也会对一个企业经营的成败产生重大的甚至是决定性的影响。但是，从科学的意义上说，竞争力是决定企业经营成败和命运的所有因果关系中最基本和最关键的因素。

竞争力是一个非常复杂的现象，竞争力可以不同的假设条件为前提，从不同层面进行分析和研究。那么，在理论上如何解释为什么一些企业能够长期地比另一些企业拥有更高的市场占有率和盈利率呢？经典的主流经济学所进行的研究和分析是以假定"企业同质"为基本逻辑前提的，即假定企业都是具有经济人理性的、精于计算的，并按微观经济学的原理和方法进行决策和行动。但竞争力研究的目的却是要解释"企业异质"，即为什么有些企业竞争力强，有些企业竞争力弱；或者，什么样的企业能够具有长久的竞争力，什么样的企业一定不会有竞争力。在经济学领域内，竞争力的实质就是经济效率或者生产率的差异，对竞争力的经济学研究主要集中于：成本－价格和差异化现象。如果引入不确定性则可以延伸到对"企业家"的创新和承担风险能力的研究。如果将竞争力研究深入到企业内部，进入管理经济学和企业经济学的领域，则形成了经济学同管理学相结合的研究范式。而当深入到对竞争力的一些原生性因素的研究，即探讨企业"核心能力"时，则是将经典经济学所不涉及的因素——理念、价值观、文化等非理性因素引入了竞争力研究的领域。

企业竞争力监测则是试图以数量化的方法，对企业竞争力的总体及分类状况进行全景式的观察和分析。考虑到数据的来源和质量，起先我们的监测以国内上市公司为起点和基础，希望通过对上市公司竞争力的监测分析，获得对中国企业竞争力管中窥豹的影像，进而将分析研究的视野逐步扩大到更广的范围。从

2006年起我们对企业竞争力的监测已经不再局限于国内上市公司，也包括部分非上市企业；从2007年起，我们的研究范围进一步扩大，即把监测范围逐步扩大到海外上市公司。这将使得企业竞争力研究建立在更广泛的企业竞争力监测的数据基础之上。

用数据说话，即用数据来反映企业竞争力状况，是人们对竞争力分析和评价的一个普遍期望，因为人们相信：数据胜于强辩，没有数据就没有说服力。从连续四年的中国企业竞争力监测成果可以看到，对企业竞争力状况进行持续的量化观察，从数据分析入手，进行全景式研究，进而发现具有重要意义的倾向性现象和问题，引导进一步的深入研究，是一条非常有价值的竞争力研究路线。但企业竞争力监测的目的不仅是监测企业竞争力的强弱，更重要的是分析企业竞争力强弱的原因。因而我们不仅利用显示性指标对企业的竞争力进行监测，还希望能探求不同企业竞争力差距存在的原因，从而帮助企业提升竞争力。在前三年对企业竞争力进行监测过程中我们积累了大量的企业竞争力的数据与资料，也不断完善了我们监测方法。

二　竞争力监测的理论与方法

1. 竞争力监测基本逻辑

企业竞争力测评或监测的基本逻辑是：首先要尽可能地用比较综合性的测评指标，特别是具有显示性的指标，把企业在市场竞争中的业绩即竞争力的结果表现出来，这是企业竞争力强弱的最终显示性表现。就跟比赛打球一样，得分多少是运动员或者球队竞争力的显示性表现。你打赢了，得了更多的分，就是你竞争力的显示性指标，可以直接说明你有较强的竞争力。

在各种能够为社会提供产品或服务的组织中，企业是一种能够在高效率地提供产品或服务的过程中持续地创造盈利的组织。企业使用有限资源生产出尽可能多的产品或服务，并且还能够获得利润，反映了企业组织的高效率性，而竞争力的本质就是效率。所以，在企业竞争力评估中，基本的竞争力显示性指标主要有两类：一类是市场占有率；另一类是盈利率。前者反映企业所生产的产品或服务在多大程度上为市场所接受，后者反映了企业长期发展的基本条件和经济目标的实现程度。而从长期来看，这两个指标具有一致性或者同一性。

因为，只有为市场所接受，即长期拥有较高的市场占有率的企业才能长期保持较高的盈利率，反之，只有拥有长期盈利能力的企业才能持续地保持较高的市场占有率。

企业竞争力监测中除了可以直接计量的显示性指标外，还有另一类是难以直接计量的因素，比如企业家的精神、企业的理念、管理水平、品牌价值等。对于这些不能直接量化的因素，我们就希望用一些间接计量的指标来反映。这种间接计量的方法，一般是通过对一些特殊人群的问卷调查来实现。也就是说，我们承认竞争力因素中有一部分能够直接量化，也有一部分不能直接量化，而只能间接地量化。

当然，得分多少只能说明当前的输赢，从而在相当程度上反映竞争力的强弱，却未必能百分之百地表明竞争力的实际状况，这也像足球比赛，也许巴西队是公认最强的球队（竞争力最强），但不见得每次都得冠军。一个最有实力的运动员，也未必在每次比赛中都是优胜者。所以，还需要有另一类指标，即分析性指标来更详细具体地反映企业的实际竞争力状况。这些指标可以解释企业为什么有竞争力，或者为什么缺乏竞争力。换句话说，测评指标特别是其中的显示性测评指标所反映的是竞争的结果或者竞争力的最终表现，而分析性指标所反映的是竞争力的原因或者决定因素。因此，与测评指标不同，分析性指标是一个为数较多的多角度、多层次的指标体系。

2. 跨行业企业竞争力的监测

竞争力监测的一个重要问题是不同行业之间企业是否能比较其竞争力？基于以下理由，我们对不同行业企业进行了监测，并比较了它们的竞争力强弱。

第一，企业之间不仅在产品市场竞争，而且在要素市场也有竞争，不同行业的企业之间虽然在产品市场上不构成竞争关系，但在要素市场上却存在竞争。所以，企业竞争力是要素市场竞争力与产品市场竞争力的综合体现。产品市场的竞争力是企业竞争力测量的基础，而要素市场的竞争力是企业竞争力的重要源泉。要素市场的竞争力在很大程度上决定产品市场的竞争力，同时，产品市场的竞争力又会反过来影响要素市场的竞争力。可以说，企业之间存在竞争是绝对的，而没有竞争却是相对的。

第二，竞争关系存在与否与竞争力是否能进行比较是两个不同的概念。例如，IBM与兰田股份公司产品并没有竞争关系，但人们都会承认IBM的竞争力强于兰田股份公司。这表明，没有直接竞争关系的企业之间的相对竞争力也是可以间接地进行比较的。

第三，通过测量企业在本行业中的位势，可以比较不同行业间企业的相对竞争力状况。也就是以产品市场的企业群体为基础测量出各行业中企业的相对竞争优势。具体方法是：先在同一行业内测量企业的竞争力，然后将不同行业的企业按相对竞争力进行排序，测量出企业在全部监测对象中竞争力的强弱。详细内容参见"数据的处理方式"部分。

基于上述的理解，我们从 2003 年就开始对不同行业企业竞争力进行监测，经过几年的努力，不断完善监测和分析方法，理论界和企业界对我们的监测方式及结果表示了高度的认同。

3. 竞争力监测指标选择与分类

由于企业竞争力是一种综合因素，可以进行多方面的分析比较，因而可以用众多指标从不同的方面来评测企业的竞争力。无论选择哪些指标以及各指标的权重如何确定，都多少含有一定的主观判断因素。我们对指标的选择及其权重的确定是在中国社会科学院重大课题"产业与企业竞争力研究"（金碚研究员主持）的基础上，经过多次修正而确定的。我们的企业竞争力监测指标选择遵循了以下原则：

（1）至少在理论上，指标与企业竞争力密切相关；

（2）"硬指标"即基础数据指标易于取得，并且比较客观、真实；

（3）指标要从不同侧面反映企业的竞争力；

（4）指标的数量尽可能控制在一定范围内，尽可能选取综合性较强的指标；

（5）避免选取需要依赖于人的专业经验才能判断优劣的指标，如资产负债率；

（6）各指标之间要有一定的制衡关系。

选取指标和确定指标权重的步骤如图 1 所示。

经过如图 1 所示的流程，中国社会科学院产业与企业竞争力研究中心企业竞争力监测的指标体系由两大类因素构成，即基础数据与动态指数。每年根据监测的需要确定是否采用动态指数，2011 年企业竞争力监测时只采用了基础数据。

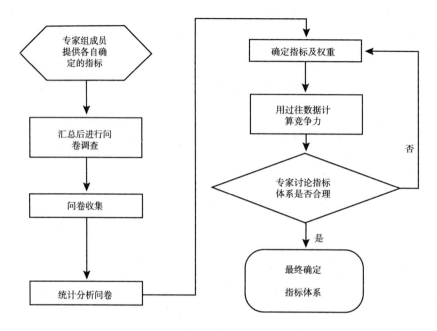

图1 企业竞争力监测指标的选取程序

三 数据处理说明

1. 竞争力监测基础数据指标的权重

中国社会科学院中国产业与企业竞争力研究中心企业竞争力监测体系的指标权重如表1所示。

表1 深沪两市上市公司竞争力监测体系的指标权重

因素	指 标	权重	因素	指 标	权重
规模因素	销售收入	19	效率因素	净资产利润率	8
	净资产	10		总资产贡献率	8
	净利润	15		全员劳动效率	6
	权重小计	44		出口收入占销售收入比重	5
增长因素	近三年销售收入增长率	16			
	近三年净利润增长率	13			
	权重小计	29		权重小计	27

2. 竞争力基础数据计算方法

我们首先将被监测企业的每一指标进行标准化处理，指标的原始数据经过标准化处理后称为指标标准值。各指标标准值与指标权重相乘后可以直接相加，从而得出因素的标准值。因素的标准值与因素的权重相乘后直接相加得到竞争力标准值。

数据的标准化处理按以下步骤进行：

（1）对规模类指标（包括销售收入、净资产、净利润）取自然对数；

（2）计算某一行业（假设为 A 行业）的监测企业数（设 A 行业共有 N 个企业）；

（3）计算 A 行业所有监测企业某一指标（以净利润为例）的平均值，设为

$$\overline{Q} = \frac{\sum_{i=1}^{N} Q_i}{N} \text{；}$$

（4）计算 A 行业所有监测企业净利润的标准差 $S = \sqrt{\dfrac{\sum_{i=1}^{N}(Q_i - \overline{Q})^2}{N}}$；

（5）计算 A 行业某一监测企业（假设为企业 X）净利润的标准值 $D_i = \dfrac{Q_i - \overline{Q}}{S}$，如果 D_i 小于 -3 则令其为 -3，如果 D_i 大于 3 则令其为 3；

（6）重复第 4 步计算 A 行业所有监测企业净利润的标准值；

（7）重复（2）至（5）步计算 A 行业所有监测企业其他指标（包括销售收入、总资产贡献率、净资产利润率、净资产、近三年净利润增长率、全员劳动效率、近三年销售收入增长率、出口收入占销售收入比重等）的标准值；

（8）将企业各指标的标准值乘以该指标权重后相加，得到每个企业的竞争力基础数据的标准值。

由于分行业计算出各指标的标准值，因而因素、竞争力的标准值等均带有了行业信息的标准值，即都是经过行业平均值调整后的数值，反映了企业相对竞争优势的强弱。因此，将所有企业的竞争力标准值直接进行排序具有科学的比较意义。特别需要强调的是，对指标原始数据进行标准化处理是在行业内部进行的，而标准化后的数值是在不同行业之间进行比较，

所以，企业竞争力的比较反映的是各企业在各自行业中的相对竞争力位势。基于这样的理解，我们不仅可以直接依据各企业竞争力标准值对企业竞争力进行全行业比较；同样，也可以根据各因素及指标的标准值对全行业企业进行比较。

3. 竞争力动态指数计算的方法

本报告所反映的企业竞争力检测结果使用的基础数据取自上市公司的年报或由年报的数据计算出来，从而保证数据的客观性。基础数据主要是通过企业的财务或统计数据直接测量企业竞争力状况，但企业竞争力中的有些因素是难以用企业的财务指标来直接进行测量的，如企业的品牌价值、企业的管理水平、企业文化等。往年，对那些不可直接量化的竞争力因素采取间接计量的方式进行测评，即通过对特殊人群的问卷调查进行统计分析，以前年度的报告将调查数据综合称为人气指数。在企业竞争力监测中，另一个难题是企业竞争力总是在变化的，而在实际监测中我们很难得到能够直接反映企业当前情况的财务数据，因而对企业竞争力基础数据的监测结果总是反映了过去时点（或时期）上的企业竞争力的竞争力表现，即过去的竞争力状况"投影"。在较稳定的经济环境下，企业竞争力的变化相对缓慢；但当经济环境剧烈变动时，企业竞争力的变化可能会较为迅速。因此，人气指数的另一个作用就是反映企业竞争力的最新变化；不过，按往年的方式所监测的人气指数具有样本上和主观判断上的局限性。从2009年开始，我们尝试使用上市公司半年报的数据来反映企业竞争力的动态变化，因此称之为动态指数。动态指数的计算方法与竞争力基础数据的计算方法基本相同。其目的是力图以更客观的数据来反映企业竞争力的最新近变化趋势。

4. 竞争力综合竞争力排名

我们采用下式计算企业综合竞争力得分：

企业综合竞争力得分 = 基础竞争力 × 0.7 + 动态指数 × 0.3

按企业综合竞争力得分排序，得到了主板上市公司的综合竞争力排名；按同样的方式可以得到中小板上市公司的综合竞争力排名。

企业综合竞争力监测的指标体系如表2所示。

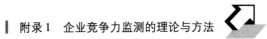

表 2　竞争力监测体系构成

目　标	因　素	子因素	指　标
竞争力	基础数据 权重为70	规模子因素	销售收入
			净资产
			净利润
		增长子因素	近三年销售收入增长率
			近三年净利润增长率
		效率子因素	净资产利润率
			总资产贡献率
			全员劳动效率
			出口收入占销售收入比重
	动态指数 权重为30	规模子因素	销售收入
			净资产
			净利润
		增长子因素	近三年销售收入增长率
			近三年净利润增长率
		效率子因素	净资产利润率
			总资产贡献率
			全员劳动效率
			出口收入占销售收入比重

B.16

附录2 2012年沪深两市主板上市公司竞争力300强

行业	证券代码	公司中文名称	2011年年报基础竞争力	2012年中报基础竞争力	综合竞争力	排名
制造业	000425.SZ	徐工集团工程机械股份有限公司	1.3152	1.5403	1.3827	1
房地产业	000656.SZ	金科地产集团股份有限公司	1.3251	1.2558	1.3043	2
采掘业	600546.SH	山煤国际能源集团股份有限公司	1.1568	1.2268	1.1778	3
制造业	000876.SZ	新希望六和股份有限公司	1.1861	1.0877	1.1566	4
制造业	600031.SH	三一重工股份有限公司	1.0622	1.3335	1.1436	5
采掘业	600028.SH	中国石油化工股份有限公司	1.1548	1.1079	1.1407	6
采掘业	601857.SH	中国石油天然气股份有限公司	1.1442	1.1087	1.1335	7
批发和零售业	600335.SH	国机汽车股份有限公司	1.3653	0.5852	1.1313	8
电煤水	600795.SH	国电电力发展股份有限公司	1.1691	0.8734	1.0803	9
社会服务业	000069.SZ	深圳华侨城股份有限公司	1.0603	0.9988	1.0419	10
交通运输仓储业	600575.SH	芜湖港储运股份有限公司	0.9865	1.1492	1.0353	11
制造业	000157.SZ	中联重科股份有限公司	0.9612	1.1318	1.0124	12
综合类	600653.SH	上海申华控股股份有限公司	1.0115	0.9822	1.0027	13
社会服务业	601117.SH	中国化学工程股份有限公司	0.9716	0.9929	0.9780	14
制造业	601989.SH	中国船舶重工股份有限公司	0.9882	0.9479	0.9761	15
信息技术业	000066.SZ	中国长城计算机深圳股份有限公司	0.9360	0.9747	0.9476	16
制造业	600873.SH	梅花生物科技集团股份有限公司	0.9482	0.8818	0.9283	17
农林牧渔业	601118.SH	海南天然橡胶产业集团股份有限公司	0.9794	0.7802	0.9197	18
制造业	000536.SZ	华映科技(集团)股份有限公司	0.8657	0.9618	0.8945	19
社会服务业	600057.SH	福建省厦门象屿股份有限公司	0.9215	0.8159	0.8898	20
制造业	600690.SH	青岛海尔股份有限公司	0.8227	1.0260	0.8837	21
制造业	600104.SH	上海汽车集团股份有限公司	0.7262	1.2256	0.8760	22
房地产业	000002.SZ	万科企业股份有限公司	0.9082	0.7738	0.8679	23
房地产业	600048.SH	保利房地产(集团)股份有限公司	0.8908	0.7607	0.8518	24
建筑业	601668.SH	中国建筑股份有限公司	0.9217	0.6805	0.8493	25
制造业	000527.SZ	广东美的电器股份有限公司	0.8525	0.8335	0.8468	26
社会服务业	601888.SH	中国国旅股份有限公司	0.7235	1.1264	0.8444	27

续表

行业	证券代码	公司中文名称	2011 年年报基础竞争力	2012 年中报基础竞争力	综合竞争力	排名
制造业	000651.SZ	珠海格力电器股份有限公司	0.7849	0.9454	0.8330	28
金融保险业	601398.SH	中国工商银行股份有限公司	0.8250	0.8449	0.8310	29
批发和零售业	600704.SH	浙江物产中大元通集团股份有限公司	0.7727	0.9500	0.8259	30
制造业	601299.SH	中国北车股份有限公司	0.7931	0.8614	0.8136	31
综合类	600510.SH	黑牡丹(集团)股份有限公司	1.0325	0.3012	0.8131	32
农林牧渔业	600598.SH	黑龙江北大荒农业股份有限公司	0.8240	0.7847	0.8122	33
社会服务业	000809.SZ	铁岭新城投资控股股份有限公司	1.3811	−0.5155	0.8121	34
电煤水	600886.SH	国投电力控股股份有限公司	0.8578	0.6660	0.8003	35
综合类	601678.SH	滨化集团股份有限公司	0.8727	0.6137	0.7950	36
金融保险业	601939.SH	中国建设银行股份有限公司	0.7826	0.8233	0.7948	37
制造业	601766.SH	中国南车股份有限公司	0.7800	0.8252	0.7936	38
电煤水	601991.SH	大唐国际发电股份有限公司	0.7959	0.7457	0.7808	39
金融保险业	601288.SH	中国农业银行股份有限公司	0.7828	0.7684	0.7785	40
制造业	600703.SH	三安光电股份有限公司	0.8278	0.6519	0.7750	41
制造业	601607.SH	上海医药集团股份有限公司	0.7831	0.7544	0.7745	42
批发和零售业	600153.SH	厦门建发股份有限公司	0.7522	0.8216	0.7730	43
制造业	600307.SH	甘肃酒钢集团宏兴钢铁股份有限公司	0.7877	0.7369	0.7725	44
制造业	000418.SZ	无锡小天鹅股份有限公司	0.8274	0.6262	0.7670	45
制造业	600362.SH	江西铜业股份有限公司	0.7231	0.7919	0.7438	46
电煤水	600900.SH	中国长江电力股份有限公司	0.7757	0.6635	0.7420	47
电煤水	600642.SH	申能股份有限公司	0.7504	0.7202	0.7413	48
制造业	000059.SZ	辽宁华锦通达化工股份有限公司	0.8934	0.3741	0.7376	49
制造业	600582.SH	天地科技股份有限公司	0.7163	0.7538	0.7275	50
制造业	000639.SZ	西王食品股份有限公司	0.9052	0.3089	0.7263	51
交通运输仓储业	601006.SH	大秦铁路股份有限公司	0.7468	0.6743	0.7251	52
制造业	600585.SH	安徽海螺水泥股份有限公司	0.7482	0.6489	0.7184	53
房地产业	600383.SH	金地(集团)股份有限公司	0.7623	0.6000	0.7136	54
综合类	601718.SH	际华集团股份有限公司	0.6893	0.7594	0.7103	55
采掘业	600403.SH	河南大有能源股份有限公司	0.7033	0.6938	0.7005	56
采掘业	601088.SH	中国神华能源股份有限公司	0.6968	0.7050	0.6992	57
制造业	600019.SH	宝山钢铁股份有限公司	0.6413	0.8336	0.6990	58
制造业	000709.SZ	河北钢铁股份有限公司	0.6787	0.7459	0.6989	59
农林牧渔业	000860.SZ	北京顺鑫农业股份有限公司	0.6926	0.6968	0.6938	60
制造业	600067.SH	冠城大通股份有限公司	0.6596	0.7708	0.6930	61
电煤水	600011.SH	华能国际电力股份有限公司	0.6052	0.8861	0.6895	62

续表

行业	证券代码	公司中文名称	2011年年报基础竞争力	2012年中报基础竞争力	综合竞争力	排名
综合类	600687.SH	浙江刚泰控股(集团)股份有限公司	0.9627	0.0499	0.6889	63
综合类	600811.SH	东方集团股份有限公司	0.6396	0.7887	0.6843	64
制造业	601717.SH	郑州煤矿机械集团股份有限公司	0.6216	0.8246	0.6825	65
制造业	000568.SZ	泸州老窖股份有限公司	0.6011	0.8509	0.6761	66
制造业	600111.SH	内蒙古包钢稀土(集团)高科技股份有限公司	0.7408	0.4973	0.6678	67
制造业	600875.SH	东方电气股份有限公司	0.7037	0.5720	0.6642	68
制造业	600741.SH	华域汽车系统股份有限公司	0.6018	0.7968	0.6603	69
制造业	600073.SH	上海梅林正广和股份有限公司	0.7559	0.4335	0.6592	70
电煤水	600780.SH	山西通宝能源股份有限公司	0.6574	0.6361	0.6510	71
综合类	600881.SH	吉林亚泰(集团)股份有限公司	0.7617	0.3922	0.6508	72
电煤水	000602.SZ	广东金马旅游集团股份有限公司	0.7090	0.4934	0.6443	73
制造业	601727.SH	上海电气集团股份有限公司	0.6118	0.7124	0.6420	74
制造业	600537.SH	亿晶光电科技股份有限公司	0.8239	0.1871	0.6328	75
金融保险业	601318.SH	中国平安保险(集团)股份有限公司	0.6484	0.5799	0.6279	76
金融保险业	601988.SH	中国银行股份有限公司	0.6404	0.5952	0.6268	77
制造业	000858.SZ	宜宾五粮液股份有限公司	0.5474	0.8029	0.6240	78
批发和零售业	600729.SH	重庆百货大楼股份有限公司	0.5538	0.7804	0.6218	79
制造业	600519.SH	贵州茅台酒股份有限公司	0.5305	0.8147	0.6158	80
综合类	000701.SZ	厦门信达股份有限公司	0.6007	0.5820	0.5951	81
制造业	000970.SZ	北京中科三环高技术股份有限公司	0.4839	0.8430	0.5916	82
金融保险业	000776.SZ	广发证券股份有限公司	0.5658	0.6458	0.5898	83
建筑业	601390.SH	中国中铁股份有限公司	0.5900	0.5870	0.5891	84
金融保险业	600016.SH	中国民生银行股份有限公司	0.5921	0.5767	0.5875	85
房地产业	000024.SZ	招商局地产控股股份有限公司	0.5428	0.6837	0.5851	86
制造业	600677.SH	航天通信控股集团股份有限公司	0.5572	0.6485	0.5846	87
制造业	600612.SH	老凤祥股份有限公司	0.5511	0.6600	0.5838	88
批发和零售业	600755.SH	厦门国贸集团股份有限公司	0.6053	0.5331	0.5837	89
制造业	601992.SH	北京金隅股份有限公司	0.6033	0.5349	0.5828	90
制造业	600518.SH	康美药业股份有限公司	0.5474	0.6649	0.5827	91
批发和零售业	600694.SH	大商股份有限公司	0.4141	0.9597	0.5778	92
金融保险业	601166.SH	兴业银行股份有限公司	0.5680	0.5923	0.5753	93
制造业	000778.SZ	新兴铸管股份有限公司	0.5798	0.5603	0.5739	94
批发和零售业	600827.SH	上海友谊集团股份有限公司	0.5609	0.5971	0.5718	95
制造业	600549.SH	厦门钨业股份有限公司	0.5008	0.7340	0.5708	96
制造业	000625.SZ	重庆长安汽车股份有限公司	0.6704	0.3342	0.5696	97

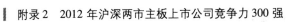
续表

行业	证券代码	公司中文名称	2011年年报基础竞争力	2012年中报基础竞争力	综合竞争力	排名
制造业	000100.SZ	TCL集团股份有限公司	0.5772	0.5456	0.5677	98
建筑业	601186.SH	中国铁建股份有限公司	0.5619	0.5781	0.5668	99
信息技术业	600406.SH	国电南瑞科技股份有限公司	0.5897	0.5100	0.5658	100
制造业	000401.SZ	唐山冀东水泥股份有限公司	0.6597	0.3430	0.5647	101
建筑业	601800.SH	中国交通建设股份有限公司	0.5583	0.5771	0.5639	102
制造业	600086.SH	东方金钰股份有限公司	0.5266	0.6439	0.5618	103
制造业	000630.SZ	铜陵有色金属集团股份有限公司	0.5493	0.5886	0.5611	104
制造业	000338.SZ	潍柴动力股份有限公司	0.5729	0.5305	0.5602	105
电煤水	000883.SZ	湖北能源集团股份有限公司	0.5622	0.5544	0.5598	106
制造业	000933.SZ	河南神火煤电股份有限公司	0.5301	0.6230	0.5580	107
批发和零售业	600739.SH	辽宁成大股份有限公司	0.6217	0.4009	0.5555	108
金融保险业	601998.SH	中信银行股份有限公司	0.5535	0.5424	0.5502	109
综合类	600635.SH	上海大众公用事业(集团)股份有限公司	0.5973	0.4354	0.5487	110
房地产业	600823.SH	上海世茂股份有限公司	0.5500	0.5405	0.5471	111
制造业	000550.SZ	江铃汽车股份有限公司	0.5351	0.5736	0.5466	112
金融保险业	600000.SH	上海浦东发展银行股份有限公司	0.5579	0.5161	0.5454	113
制造业	000060.SZ	深圳市中金岭南有色金属股份有限公司	0.5514	0.5254	0.5436	114
制造业	600005.SH	武汉钢铁股份有限公司	0.5471	0.5346	0.5434	115
制造业	600809.SH	山西杏花村汾酒厂股份有限公司	0.4423	0.7791	0.5433	116
交通运输仓储业	601111.SH	中国国际航空股份有限公司	0.5490	0.5285	0.5428	117
信息技术业	600100.SH	同方股份有限公司	0.5836	0.4439	0.5417	118
制造业	000885.SZ	河南同力水泥股份有限公司	0.5453	0.5301	0.5407	119
金融保险业	601328.SH	交通银行股份有限公司	0.5821	0.4428	0.5403	120
房地产业	600748.SH	上海实业发展股份有限公司	0.4448	0.7551	0.5379	121
制造业	600401.SH	海润光伏科技股份有限公司	0.5436	0.5010	0.5308	122
房地产业	000402.SZ	金融街控股股份有限公司	0.5207	0.5488	0.5291	123
批发和零售业	600822.SH	上海物资贸易股份有限公司	0.5339	0.5118	0.5273	124
批发和零售业	600721.SH	新疆百花村股份有限公司	0.5620	0.4426	0.5262	125
制造业	000596.SZ	安徽古井贡酒股份有限公司	0.4513	0.6999	0.5259	126
制造业	000761.SZ	本钢板材股份有限公司	0.6062	0.3362	0.5252	127
农林牧渔业	000998.SZ	袁隆平农业高科技股份有限公司	0.4484	0.6870	0.5199	128
批发和零售业	600278.SH	东方国际创业股份有限公司	0.5036	0.5572	0.5197	129
制造业	000703.SZ	恒逸石化股份有限公司	0.5190	0.5209	0.5196	130
制造业	600667.SH	无锡市太极实业股份有限公司	0.4839	0.6027	0.5195	131
制造业	600160.SH	浙江巨化股份有限公司	0.5005	0.5554	0.5170	132

续表

行业	证券代码	公司中文名称	2011年年报基础竞争力	2012年中报基础竞争力	综合竞争力	排名
房地产业	600094.SH	上海大名城企业股份有限公司	0.6444	0.2111	0.5144	133
批发和零售业	600500.SH	中化国际(控股)股份有限公司	0.4682	0.6205	0.5139	134
制造业	000422.SZ	湖北宜化工股份有限公司	0.5093	0.5232	0.5134	135
制造业	000039.SZ	中国国际海运集装箱(集团)股份有限公司	0.4841	0.5801	0.5129	136
制造业	600418.SH	安徽江淮汽车股份有限公司	0.5482	0.4289	0.5124	137
电煤水	600027.SH	华电国际电力股份有限公司	0.4440	0.6698	0.5117	138
金融保险业	600036.SH	招商银行股份有限公司	0.4534	0.6288	0.5060	139
建筑业	000961.SZ	江苏中南建设集团股份有限公司	0.6827	0.0905	0.5050	140
综合类	600805.SH	江苏悦达投资股份有限公司	0.5441	0.4133	0.5049	141
信息技术业	000063.SZ	中兴通讯股份有限公司	0.5258	0.4509	0.5034	142
房地产业	000537.SZ	天津广宇发展股份有限公司	0.5955	0.2822	0.5015	143
制造业	601003.SH	柳州钢铁股份有限公司	0.6214	0.2207	0.5012	144
综合类	600846.SH	上海同济科技实业股份有限公司	0.5328	0.4244	0.5003	145
制造业	600600.SH	青岛啤酒股份有限公司	0.4761	0.5567	0.5003	146
制造业	600166.SH	北汽福田汽车股份有限公司	0.4796	0.5469	0.4998	147
制造业	600282.SH	南京钢铁股份有限公司	0.5216	0.4474	0.4993	148
交通运输仓储业	600115.SH	中国东方航空股份有限公司	0.5010	0.4883	0.4972	149
制造业	600060.SH	青岛海信电器股份有限公司	0.5223	0.4366	0.4966	150
房地产业	600684.SH	广州珠江实业开发股份有限公司	0.4462	0.5958	0.4911	151
制造业	601600.SH	中国铝业股份有限公司	0.6246	0.1776	0.4905	152
交通运输仓储业	600029.SH	中国南方航空股份有限公司	0.4299	0.6283	0.4895	153
交通运输仓储业	600787.SH	中储发展股份有限公司	0.4991	0.4664	0.4893	154
制造业	600006.SH	东风汽车股份有限公司	0.5137	0.4306	0.4888	155
制造业	000572.SZ	海马汽车集团股份有限公司	0.6487	0.1033	0.4851	156
制造业	000666.SZ	经纬纺织机械股份有限公司	0.6507	0.0970	0.4846	157
制造业	000581.SZ	无锡威孚高科技集团股份有限公司	0.4821	0.4870	0.4835	158
制造业	601877.SH	浙江正泰电器股份有限公司	0.3884	0.7046	0.4833	159
综合类	600770.SH	江苏综艺股份有限公司	0.5605	0.3014	0.4828	160
制造业	000825.SZ	山西太钢不锈钢股份有限公司	0.5185	0.3851	0.4785	161
制造业	601058.SH	赛轮股份有限公司	0.4880	0.4372	0.4728	162
制造业	000528.SZ	广西柳工机械股份有限公司	0.5250	0.3504	0.4726	163
制造业	600309.SH	烟台万华聚氨酯股份有限公司	0.4199	0.5887	0.4705	164
制造业	600375.SH	华菱星马汽车(集团)股份有限公司	0.5623	0.2432	0.4665	165
社会服务业	600138.SH	中青旅控股股份有限公司	0.5009	0.3817	0.4652	166
房地产业	000042.SZ	深圳市长城投资控股股份有限公司	0.4960	0.3689	0.4579	167

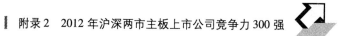
续表

行业	证券代码	公司中文名称	2011 年年报基础竞争力	2012 年中报基础竞争力	综合竞争力	排名
社会服务业	600754. SH	上海锦江国际酒店发展股份有限公司	0.4478	0.4771	0.4566	168
信息技术业	600050. SH	中国联合网络通信股份有限公司	0.4032	0.5688	0.4529	169
制造业	000895. SZ	河南双汇投资发展股份有限公司	0.4182	0.5259	0.4505	170
批发和零售业	000411. SZ	浙江英特集团股份有限公司	0.5458	0.2276	0.4504	171
信息技术业	600271. SH	航天信息股份有限公司	0.3895	0.5892	0.4494	172
制造业	600066. SH	郑州宇通客车股份有限公司	0.4190	0.5168	0.4483	173
制造业	600983. SH	合肥荣事达三洋电器股份有限公司	0.4607	0.4142	0.4468	174
批发和零售业	600859. SH	北京王府井百货(集团)股份有限公司	0.4277	0.4907	0.4466	175
制造业	000799. SZ	酒鬼酒股份有限公司	0.2992	0.7896	0.4463	176
制造业	600199. SH	安徽金种子酒业股份有限公司	0.3149	0.7510	0.4458	177
制造业	600815. SH	厦门厦工机械股份有限公司	0.4322	0.4728	0.4444	178
金融保险业	601628. SH	中国人寿保险股份有限公司	0.4184	0.5014	0.4433	179
批发和零售业	000963. SZ	华东医药股份有限公司	0.3773	0.5877	0.4404	180
制造业	600660. SH	福耀玻璃工业集团股份有限公司	0.4232	0.4788	0.4398	181
制造业	600839. SH	四川长虹电器股份有限公司	0.4471	0.4221	0.4396	182
房地产业	600376. SH	北京首都开发股份有限公司	0.4587	0.3911	0.4384	183
综合类	000009. SZ	中国宝安集团股份有限公司	0.4748	0.3529	0.4382	184
制造业	000623. SZ	吉林敖东药业集团股份有限公司	0.4395	0.4157	0.4324	185
综合类	600622. SH	上海嘉宝实业(集团)股份有限公司	0.3645	0.5901	0.4322	186
制造业	000587. SZ	金叶珠宝股份有限公司	0.3502	0.6225	0.4319	187
交通运输仓储业	600018. SH	上海国际港务(集团)股份有限公司	0.4395	0.4116	0.4311	188
制造业	600801. SH	华新水泥股份有限公司	0.4697	0.3396	0.4306	189
制造业	600366. SH	宁波韵升股份有限公司	0.3862	0.5328	0.4302	190
建筑业	600170. SH	上海建工集团股份有限公司	0.4825	0.3070	0.4299	191
制造业	600835. SH	上海机电股份有限公司	0.3832	0.5382	0.4297	192
批发和零售业	000417. SZ	合肥百货大楼集团股份有限公司	0.4212	0.4450	0.4283	193
制造业	600869. SH	三普药业股份有限公司	0.4161	0.4568	0.4283	194
房地产业	600266. SH	北京城建投资发展股份有限公司	0.4654	0.3393	0.4276	195
批发和零售业	000626. SZ	连云港如意集团股份有限公司	0.3805	0.5339	0.4265	196
制造业	600150. SH	中国船舶工业股份有限公司	0.4208	0.4366	0.4256	197
制造业	600535. SH	天士力制药集团股份有限公司	0.4077	0.4596	0.4232	198
电煤水	000027. SZ	深圳能源集团股份有限公司	0.4192	0.4282	0.4219	199
电煤水	601139. SH	深圳市燃气集团股份有限公司	0.3612	0.5548	0.4193	200
制造业	600619. SH	上海海立(集团)股份有限公司	0.3707	0.5314	0.4189	201
金融保险业	000001. SZ	深圳发展银行股份有限公司	0.4570	0.3299	0.4188	202

行业	证券代码	公司中文名称	2011年年报基础竞争力	2012年中报基础竞争力	综合竞争力	排名
制造业	000729. SZ	北京燕京啤酒股份有限公司	0.4060	0.4307	0.4134	203
批发和零售业	600655. SH	上海豫园旅游商城股份有限公司	0.4439	0.3419	0.4133	204
制造业	600765. SH	中航重机股份有限公司	0.4527	0.3112	0.4102	205
制造业	600300. SH	维维食品饮料股份有限公司	0.4058	0.4154	0.4087	206
制造业	000680. SZ	山推工程机械股份有限公司	0.4778	0.2446	0.4078	207
制造业	600887. SH	内蒙古伊利实业集团股份有限公司	0.3249	0.6000	0.4074	208
房地产业	600648. SH	上海外高桥保税区开发股份有限公司	0.4075	0.4050	0.4068	209
制造业	600761. SH	安徽合力股份有限公司	0.3144	0.6180	0.4055	210
建筑业	600970. SH	中国中材国际工程股份有限公司	0.5198	0.1277	0.4021	211
农林牧渔业	600313. SH	中垦农业资源开发股份有限公司	0.2966	0.6398	0.3996	212
制造业	600219. SH	山东南山铝业股份有限公司	0.3806	0.4439	0.3996	213
社会服务业	000826. SZ	桑德环境资源股份有限公司	0.4050	0.3860	0.3993	214
电煤水	000939. SZ	武汉凯迪电力股份有限公司	0.5542	0.0375	0.3992	215
电煤水	600098. SH	广州发展实业控股集团股份有限公司	0.3189	0.5851	0.3987	216
农林牧渔业	000713. SZ	合肥丰乐种业股份有限公司	0.4144	0.3617	0.3986	217
制造业	600089. SH	特变电工股份有限公司	0.3983	0.3968	0.3979	218
综合类	600649. SH	上海城投控股股份有限公司	0.4160	0.3530	0.3971	219
制造业	600143. SH	金发科技股份有限公司	0.3710	0.4572	0.3968	220
制造业	600577. SH	铜陵精达特种电磁线股份有限公司	0.3281	0.5479	0.3941	221
房地产业	000006. SZ	深圳市振业（集团）股份有限公司	0.3278	0.5448	0.3929	222
房地产业	600743. SH	华远地产股份有限公司	0.3983	0.3802	0.3929	223
制造业	600792. SH	云南煤业能源股份有限公司	0.5127	0.1132	0.3928	224
制造业	000538. SZ	云南白药集团股份有限公司	0.3707	0.4431	0.3924	225
房地产业	000011. SZ	深圳市物业发展（集团）股份有限公司	0.4850	0.1726	0.3913	226
批发和零售业	000906. SZ	南方建材股份有限公司	0.5816	−0.0545	0.3907	227
信息技术业	000938. SZ	紫光股份有限公司	0.4190	0.3244	0.3906	228
批发和零售业	600723. SH	北京首商集团股份有限公司	0.1691	0.8978	0.3877	229
制造业	600079. SH	武汉人福医药集团股份有限公司	0.3617	0.4471	0.3873	230
批发和零售业	600120. SH	浙江东方集团股份有限公司	0.3831	0.3955	0.3868	231
农林牧渔业	600467. SH	山东好当家海洋发展股份有限公司	0.3626	0.4426	0.3866	232
制造业	600581. SH	新疆八一钢铁股份有限公司	0.4402	0.2557	0.3849	233
制造业	000878. SZ	云南铜业股份有限公司	0.3594	0.4410	0.3838	234
制造业	000877. SZ	新疆天山水泥股份有限公司	0.4153	0.3032	0.3817	235
制造业	000400. SZ	许继电气股份有限公司	0.3425	0.4711	0.3811	236
采掘业	600348. SH	阳泉煤业（集团）股份有限公司	0.3859	0.3645	0.3795	237

续表

行业	证券代码	公司中文名称	2011 年年报基础竞争力	2012 年中报基础竞争力	综合竞争力	排名
房地产业	600503. SH	华丽家族股份有限公司	0.3911	0.3491	0.3785	238
制造业	600808. SH	马鞍山钢铁股份有限公司	0.4651	0.1718	0.3771	239
制造业	000726. SZ	鲁泰纺织股份有限公司	0.3869	0.3529	0.3767	240
房地产业	600208. SH	新湖中宝股份有限公司	0.4214	0.2702	0.3760	241
制造业	600525. SH	长园集团股份有限公司	0.3899	0.3427	0.3757	242
制造业	000887. SZ	安徽中鼎密封件股份有限公司	0.3468	0.4343	0.3731	243
制造业	600117. SH	西宁特殊钢股份有限公司	0.3179	0.5010	0.3728	244
制造业	600963. SH	岳阳林纸股份有限公司	0.3979	0.3142	0.3728	245
电煤水	600008. SH	北京首创股份有限公司	0.4366	0.2232	0.3726	246
房地产业	600240. SH	北京华业地产股份有限公司	0.4287	0.2389	0.3718	247
制造业	600673. SH	广东东阳光铝业股份有限公司	0.3548	0.4079	0.3707	248
房地产业	600791. SH	京能置业股份有限公司	0.5018	0.0642	0.3705	249
社会服务业	000415. SZ	渤海租赁股份有限公司	0.3672	0.3712	0.3684	250
制造业	000982. SZ	宁夏中银绒业股份有限公司	0.2656	0.6073	0.3681	251
金融保险业	600015. SH	华夏银行股份有限公司	0.4051	0.2774	0.3668	252
制造业	000789. SZ	江西万年青水泥股份有限公司	0.4182	0.2434	0.3658	253
制造业	600182. SH	佳通轮胎股份有限公司	0.4061	0.2683	0.3647	254
交通运输仓储业	600368. SH	广西五洲交通股份有限公司	0.3322	0.4398	0.3645	255
采掘业	600547. SH	山东黄金矿业股份有限公司	0.3271	0.4506	0.3641	256
制造业	600380. SH	健康元药业集团股份有限公司	0.4021	0.2724	0.3632	257
制造业	600295. SH	内蒙古鄂尔多斯资源股份有限公司	0.3229	0.4559	0.3628	258
房地产业	000863. SZ	三湘股份有限公司	0.4900	0.0658	0.3628	259
制造业	600196. SH	上海复星医药(集团)股份有限公司	0.2882	0.5358	0.3625	260
信息技术业	600487. SH	江苏亨通光电股份有限公司	0.3083	0.4869	0.3619	261
制造业	600480. SH	凌云工业股份有限公司	0.3649	0.3469	0.3595	262
制造业	000521. SZ	合肥美菱股份有限公司	0.3316	0.4180	0.3576	263
批发和零售业	000861. SZ	广东海印集团股份有限公司	0.3288	0.4242	0.3575	264
制造业	000869. SZ	烟台张裕葡萄酿酒股份有限公司	0.2954	0.5008	0.3570	265
制造业	600507. SH	方大特钢科技股份有限公司	0.4979	0.0199	0.3545	266
综合类	600175. SH	美都控股股份有限公司	0.3563	0.3493	0.3542	267
房地产业	600256. SH	新疆广汇实业股份有限公司	0.3080	0.4614	0.3541	268
电煤水	601158. SH	重庆水务集团股份有限公司	0.3569	0.3440	0.3531	269
制造业	000650. SZ	仁和药业股份有限公司	0.3312	0.3938	0.3499	270
制造业	000792. SZ	青海盐湖工业股份有限公司	0.2944	0.4782	0.3495	271
制造业	600841. SH	上海柴油机股份有限公司	0.4567	0.0936	0.3477	272

续表

行业	证券代码	公司中文名称	2011年年报 基础竞争力	2012年中报 基础竞争力	综合 竞争力	排名
制造业	000960. SZ	云南锡业股份有限公司	0.4647	0.0718	0.3468	273
制造业	000999. SZ	华润三九医药股份有限公司	0.3105	0.4287	0.3460	274
制造业	000921. SZ	海信科龙电器股份有限公司	0.1847	0.7220	0.3459	275
房地产业	600663. SH	上海陆家嘴金融贸易区开发股份有限公司	0.3527	0.3294	0.3457	276
制造业	000012. SZ	中国南玻集团股份有限公司	0.3706	0.2761	0.3422	277
制造业	600277. SH	内蒙古亿利能源股份有限公司	0.3605	0.2892	0.3391	278
信息技术业	000851. SZ	大唐高鸿数据网络技术股份有限公司	0.3407	0.3351	0.3390	279
交通运输仓储业	600377. SH	江苏宁沪高速公路股份有限公司	0.3604	0.2810	0.3366	280
制造业	600085. SH	北京同仁堂股份有限公司	0.2977	0.4263	0.3363	281
传播与文化产业	000917. SZ	湖南电广传媒股份有限公司	0.2810	0.4602	0.3348	282
批发和零售业	600785. SH	银川新华百货商业集团股份有限公司	0.2621	0.5039	0.3347	283
批发和零售业	600858. SH	银座集团股份有限公司	0.2849	0.4494	0.3343	284
采掘业	600188. SH	兖州煤业股份有限公司	0.3257	0.3519	0.3336	285
制造业	000423. SZ	山东东阿阿胶股份有限公司	0.3202	0.3639	0.3333	286
制造业	600352. SH	浙江龙盛集团股份有限公司	0.3351	0.3289	0.3333	287
传播与文化产业	600373. SH	中文天地出版传媒股份有限公司	0.5036	- 0.0659	0.3327	288
电煤水	600461. SH	江西洪城水业股份有限公司	0.3764	0.2278	0.3318	289
制造业	600686. SH	厦门金龙汽车集团股份有限公司	0.3241	0.3465	0.3308	290
制造业	000708. SZ	大冶特殊钢股份有限公司	0.2819	0.4446	0.3307	291
制造业	600183. SH	广东生益科技股份有限公司	0.3207	0.3476	0.3288	292
制造业	600141. SH	湖北兴发化工集团股份有限公司	0.2840	0.4327	0.3286	293
传播与文化产业	601098. SH	中南出版传媒集团股份有限公司	0.3690	0.2263	0.3262	294
批发和零售业	000028. SZ	国药集团一致药业股份有限公司	0.2782	0.4332	0.3247	295
农林牧渔业	600108. SH	甘肃亚盛实业(集团)股份有限公司	0.2489	0.4958	0.3230	296
制造业	600276. SH	江苏恒瑞医药股份有限公司	0.2466	0.4970	0.3217	297
房地产业	000043. SZ	中航地产股份有限公司	0.4018	0.1328	0.3211	298
制造业	000786. SZ	北新集团建材股份有限公司	0.3160	0.3270	0.3193	299
批发和零售业	000501. SZ	武汉武商集团股份有限公司	0.2681	0.4370	0.3188	300

附录3 2012年沪深两市主板上市公司基础竞争力监测标准值

证券代码	公司中文名称	基 础竞争力	规 模竞争力	效 率竞争力	增 长竞争力	排名
000809.SZ	铁岭新城投资控股股份有限公司	1.3811	0.1798	0.3819	0.8194	1
600335.SH	国机汽车股份有限公司	1.3653	0.4020	0.0934	0.8700	2
000656.SZ	金科地产集团股份有限公司	1.3251	0.3807	0.0744	0.8700	3
000425.SZ	徐工集团工程机械股份有限公司	1.3152	0.5371	0.0380	0.7402	4
000876.SZ	新希望六和股份有限公司	1.1861	0.5031	0.0567	0.6263	5
600795.SH	国电电力发展股份有限公司	1.1691	0.6143	0.1330	0.4218	6
600546.SH	山煤国际能源集团股份有限公司	1.1568	0.2458	0.8188	0.0921	7
600028.SH	中国石油化工股份有限公司	1.1548	0.9739	-0.0284	0.2093	8
601857.SH	中国石油天然气股份有限公司	1.1442	1.0226	-0.0488	0.1705	9
600031.SH	三一重工股份有限公司	1.0622	0.6257	0.0829	0.3535	10
000069.SZ	深圳华侨城股份有限公司	1.0603	0.7276	0.0694	0.2633	11
600510.SH	黑牡丹(集团)股份有限公司	1.0325	0.2606	-0.0242	0.7961	12
600653.SH	上海申华控股股份有限公司	1.0115	0.3507	0.2116	0.4491	13
601989.SH	中国船舶重工股份有限公司	0.9882	0.6450	0.0279	0.3153	14
600575.SH	芜湖港储运股份有限公司	0.9865	0.3280	0.0144	0.6442	15
601118.SH	海南天然橡胶产业集团股份有限公司	0.9794	0.7049	0.0006	0.2740	16
601117.SH	中国化学工程股份有限公司	0.9716	0.8216	0.0784	0.0716	17
600687.SH	浙江刚泰控股(集团)股份有限公司	0.9627	0.0482	0.3372	0.5773	18
000157.SZ	中联重科股份有限公司	0.9612	0.6276	0.0199	0.3138	19
600873.SH	梅花生物科技集团股份有限公司	0.9482	0.2455	-0.0265	0.7292	20
000066.SZ	中国长城计算机深圳股份有限公司	0.9360	0.3660	0.0213	0.5488	21
601668.SH	中国建筑股份有限公司	0.9217	0.6724	0.1290	0.1203	22
600057.SH	福建省厦门象屿股份有限公司	0.9215	0.5123	0.0395	0.3697	23
000002.SZ	万科企业股份有限公司	0.9082	0.7505	0.1355	0.0222	24
000639.SZ	西王食品股份有限公司	0.9052	0.0500	0.0211	0.8340	25
000059.SZ	辽宁华锦通达化工股份有限公司	0.8934	0.4045	-0.0415	0.5305	26
600048.SH	保利房地产(集团)股份有限公司	0.8908	0.6754	0.1824	0.0330	27

续表

证券代码	公司中文名称	基础竞争力	规模竞争力	效率竞争力	增长竞争力	排名
601678. SH	滨化集团股份有限公司	0.8727	0.3250	0.1790	0.3687	28
000536. SZ	华映科技（集团）股份有限公司	0.8657	0.1263	-0.0731	0.8124	29
600886. SH	国投电力控股股份有限公司	0.8578	0.4382	0.1035	0.3162	30
000527. SZ	广东美的电器股份有限公司	0.8525	0.6861	0.0392	0.1271	31
600703. SH	三安光电股份有限公司	0.8278	0.1395	0.0607	0.6276	32
000418. SZ	无锡小天鹅股份有限公司	0.8274	0.3147	0.1757	0.3370	33
601398. SH	中国工商银行股份有限公司	0.8250	0.6433	0.2091	-0.0274	34
600598. SH	黑龙江北大荒农业股份有限公司	0.8240	0.6853	-0.0372	0.1758	35
600537. SH	亿晶光电科技股份有限公司	0.8239	0.1348	0.0154	0.6736	36
600690. SH	青岛海尔股份有限公司	0.8227	0.6282	0.0072	0.1873	37
601991. SH	大唐国际发电股份有限公司	0.7959	0.6584	-0.0199	0.1573	38
601299. SH	中国北车股份有限公司	0.7931	0.6726	-0.0626	0.1832	39
600307. SH	甘肃酒钢集团宏兴钢铁股份有限公司	0.7877	0.4631	0.0323	0.2923	40
000651. SZ	珠海格力电器股份有限公司	0.7849	0.6669	0.0063	0.1117	41
601607. SH	上海医药集团股份有限公司	0.7831	0.4901	-0.0615	0.3544	42
601288. SH	中国农业银行股份有限公司	0.7828	0.5844	0.2004	-0.0019	43
601939. SH	中国建设银行股份有限公司	0.7826	0.6124	0.2014	-0.0313	44
601766. SH	中国南车股份有限公司	0.7800	0.6733	-0.0449	0.1516	45
600900. SH	中国长江电力股份有限公司	0.7757	0.5310	0.0817	0.1629	46
600704. SH	浙江物产中大元通集团股份有限公司	0.7727	0.3962	0.0262	0.3503	47
600383. SH	金地（集团）股份有限公司	0.7623	0.5663	0.1519	0.0441	48
600881. SH	吉林亚泰（集团）股份有限公司	0.7617	0.4880	-0.0320	0.3057	49
600073. SH	上海梅林正广和股份有限公司	0.7559	0.1716	-0.0225	0.6068	50
600153. SH	厦门建发股份有限公司	0.7522	0.5515	0.1018	0.0990	51
600642. SH	申能股份有限公司	0.7504	0.4747	0.1952	0.0805	52
600585. SH	安徽海螺水泥股份有限公司	0.7482	0.5294	0.0828	0.1360	53
601006. SH	大秦铁路股份有限公司	0.7468	0.5724	0.1103	0.0642	54
600111. SH	内蒙古包钢稀土（集团）高科技股份有限公司	0.7408	0.3502	-0.0068	0.3974	55
600104. SH	上海汽车集团股份有限公司	0.7262	0.7669	0.1251	-0.1658	56
601888. SH	中国国旅股份有限公司	0.7235	0.5394	0.1045	0.0796	57
600362. SH	江西铜业股份有限公司	0.7231	0.5885	0.0005	0.1342	58
600582. SH	天地科技股份有限公司	0.7163	0.3732	0.1211	0.2219	59
000602. SZ	广东金马旅游集团股份有限公司	0.7090	0.2013	0.1041	0.4035	60
601633. SH	长城汽车股份有限公司	0.7041	0.4368	-0.0253	0.2927	61
600875. SH	东方电气股份有限公司	0.7037	0.5658	-0.0231	0.1609	62

续表

证券代码	公司中文名称	基 础竞争力	规 模竞争力	效 率竞争力	增 长竞争力	排名
600403. SH	河南大有能源股份有限公司	0.7033	0.0034	0.6364	0.0636	63
601088. SH	中国神华能源股份有限公司	0.6968	0.6776	- 0.0330	0.0522	64
000860. SZ	北京顺鑫农业股份有限公司	0.6926	0.5271	0.1059	0.0596	65
601718. SH	际华集团股份有限公司	0.6893	0.5233	- 0.0389	0.2049	66
000961. SZ	江苏中南建设集团股份有限公司	0.6827	0.0813	0.0128	0.5885	67
000709. SZ	河北钢铁股份有限公司	0.6787	0.5673	0.0192	0.0921	68
000625. SZ	重庆长安汽车股份有限公司	0.6704	0.3920	- 0.0623	0.3407	69
000401. SZ	唐山冀东水泥股份有限公司	0.6597	0.3566	0.0601	0.2429	70
600067. SH	冠城大通股份有限公司	0.6596	0.3025	0.2140	0.1430	71
600780. SH	山西通宝能源股份有限公司	0.6574	0.1798	0.0495	0.4281	72
000666. SZ	经纬纺织机械股份有限公司	0.6507	0.2963	0.0185	0.3359	73
000572. SZ	海马汽车集团股份有限公司	0.6487	0.2931	- 0.0665	0.4221	74
601318. SH	中国平安保险(集团)股份有限公司	0.6484	0.4185	0.0214	0.2085	75
600094. SH	上海大名城企业股份有限公司	0.6444	0.2431	0.3557	0.0456	76
600019. SH	宝山钢铁股份有限公司	0.6413	0.6712	0.0070	- 0.0370	77
601988. SH	中国银行股份有限公司	0.6404	0.5830	0.0863	- 0.0289	78
600811. SH	东方集团股份有限公司	0.6396	0.3277	- 0.0283	0.3402	79
601600. SH	中国铝业股份有限公司	0.6246	0.5641	- 0.0633	0.1238	80
600739. SH	辽宁成大股份有限公司	0.6217	0.3344	0.2491	0.0382	81
601717. SH	郑州煤矿机械集团股份有限公司	0.6216	0.3120	0.1761	0.1335	82
601003. SH	柳州钢铁股份有限公司	0.6214	0.3873	0.0428	0.1913	83
601727. SH	上海电气集团股份有限公司	0.6118	0.6607	0.0098	- 0.0587	84
000761. SZ	本钢板材股份有限公司	0.6062	0.4453	0.1060	0.0549	85
600755. SH	厦门国贸集团股份有限公司	0.6053	0.4272	0.0884	0.0897	86
600011. SH	华能国际电力股份有限公司	0.6052	0.7229	- 0.0053	- 0. 1123	87
601992. SH	北京金隅股份有限公司	0.6033	0.4390	- 0.0560	0.2203	88
600741. SH	华域汽车系统股份有限公司	0.6018	0.5011	0.0107	0.0900	89
000568. SZ	泸州老窖股份有限公司	0.6011	0.3040	0.1692	0.1279	90
000701. SZ	厦门信达股份有限公司	0.6007	0.3632	0.0066	0.2308	91
600635. SH	上海大众公用事业(集团)股份有限公司	0.5973	0.3014	0.2452	0.0507	92
000537. SZ	天津广宇发展股份有限公司	0.5955	0.1028	0.3746	0.1181	93
600016. SH	中国民生银行股份有限公司	0.5921	0.3217	0.2227	0.0478	94
601390. SH	中国中铁股份有限公司	0.5900	0.6181	- 0.1001	0.0719	95
600406. SH	国电南瑞科技股份有限公司	0.5897	0.2380	0.1546	0.1970	96
600100. SH	同方股份有限公司	0.5836	0.3264	0.2009	0.0563	97

证券代码	公司中文名称	基础竞争力	规模竞争力	效率竞争力	增长竞争力	排名
601328. SH	交通银行股份有限公司	0.5821	0.4161	0.1899	− 0.0240	98
000906. SZ	南方建材股份有限公司	0.5816	0.2440	− 0.0490	0.3866	99
000778. SZ	新兴铸管股份有限公司	0.5798	0.4635	− 0.0435	0.1597	100
000100. SZ	TCL集团股份有限公司	0.5772	0.4833	0.0150	0.0790	101
000338. SZ	潍柴动力股份有限公司	0.5729	0.5220	− 0.0375	0.0884	102
601166. SH	兴业银行股份有限公司	0.5680	0.2836	0.2793	0.0051	103
000776. SZ	广发证券股份有限公司	0.5658	− 0.0686	− 0.2356	0.8700	104
600375. SH	华菱星马汽车(集团)股份有限公司	0.5623	0.2223	− 0.0541	0.3941	105
000883. SZ	湖北能源集团股份有限公司	0.5622	0.3017	− 0.0178	0.2782	106
600721. SH	新疆百花村股份有限公司	0.5620	− 0.0593	− 0.0228	0.6441	107
601186. SH	中国铁建股份有限公司	0.5619	0.6072	− 0.0484	0.0031	108
600827. SH	上海友谊集团股份有限公司	0.5609	0.4999	− 0.0009	0.0620	109
600770. SH	江苏综艺股份有限公司	0.5605	0.1614	0.1085	0.2906	110
601800. SH	中国交通建设股份有限公司	0.5583	0.5915	0.0569	− 0.0901	111
600000. SH	上海浦东发展银行股份有限公司	0.5579	0.3099	0.2466	0.0014	112
600677. SH	航天通信控股集团股份有限公司	0.5572	0.1934	0.1661	0.1977	113
000939. SZ	武汉凯迪电力股份有限公司	0.5542	0.1075	0.3332	0.1135	114
600729. SH	重庆百货大楼股份有限公司	0.5538	0.3346	0.0390	0.1802	115
601998. SH	中信银行股份有限公司	0.5535	0.3340	0.2170	0.0025	116
000060. SZ	深圳市中金岭南有色金属股份有限公司	0.5514	0.3471	0.0372	0.1671	117
600612. SH	老凤祥股份有限公司	0.5511	0.3246	0.0546	0.1719	118
600823. SH	上海世茂股份有限公司	0.5500	0.3546	0.0264	0.1689	119
000630. SZ	铜陵有色金属集团股份有限公司	0.5493	0.4824	− 0.0269	0.0937	120
601111. SH	中国国际航空股份有限公司	0.5490	0.6498	0.1045	− 0.2054	121
600418. SH	安徽江淮汽车股份有限公司	0.5482	0.3739	− 0.0220	0.1964	122
600518. SH	康美药业股份有限公司	0.5474	0.2562	0.0368	0.2544	123
000858. SZ	宜宾五粮液股份有限公司	0.5474	0.4242	− 0.0551	0.1783	124
600005. SH	武汉钢铁股份有限公司	0.5471	0.5294	0.0639	− 0.0462	125
000411. SZ	浙江英特集团股份有限公司	0.5458	0.1658	0.2454	0.1346	126
000885. SZ	河南同力水泥股份有限公司	0.5453	0.1592	− 0.0384	0.4244	127
600805. SH	江苏悦达投资股份有限公司	0.5441	0.2648	0.1682	0.1111	128
600401. SH	海润光伏科技股份有限公司	0.5436	0.2237	0.0429	0.2771	129
000024. SZ	招商局地产控股股份有限公司	0.5428	0.5106	− 0.0196	0.0518	130
000550. SZ	江铃汽车股份有限公司	0.5351	0.3566	0.0700	0.1084	131
600822. SH	上海物资贸易股份有限公司	0.5339	0.3884	0.0857	0.0599	132

续表

证券代码	公司中文名称	基 础竞争力	规 模竞争力	效 率竞争力	增 长竞争力	排名
600846. SH	上海同济科技实业股份有限公司	0.5328	0.1535	0.0116	0.3677	133
600519. SH	贵州茅台酒股份有限公司	0.5305	0.4258	-0.0227	0.1275	134
601558. SH	华锐风电科技(集团)股份有限公司	0.5302	0.3564	0.0893	0.0845	135
000933. SZ	河南神火煤电股份有限公司	0.5301	0.3914	0.0139	0.1248	136
600086. SH	东方金钰股份有限公司	0.5266	0.0759	0.0996	0.3510	137
601233. SH	桐昆集团股份有限公司	0.5264	0.3574	-0.0434	0.2124	138
000063. SZ	中兴通讯股份有限公司	0.5258	0.4338	0.0607	0.0313	139
000528. SZ	广西柳工机械股份有限公司	0.5250	0.4236	-0.0235	0.1249	140
600060. SH	青岛海信电器股份有限公司	0.5223	0.3796	-0.0018	0.1445	141
600282. SH	南京钢铁股份有限公司	0.5216	0.3908	0.0984	0.0324	142
000402. SZ	金融街控股股份有限公司	0.5207	0.4387	0.0699	0.0120	143
600970. SH	中国中材国际工程股份有限公司	0.5198	0.1341	0.3928	-0.0071	144
000703. SZ	恒逸石化股份有限公司	0.5190	0.4133	0.0158	0.0900	145
000825. SZ	山西太钢不锈钢股份有限公司	0.5185	0.5306	0.0094	-0.0214	146
600006. SH	东风汽车股份有限公司	0.5137	0.3464	0.1168	0.0505	147
600792. SH	云南煤业能源股份有限公司	0.5127	0.1979	0.0117	0.3031	148
000422. SZ	湖北宜化化工股份有限公司	0.5093	0.3477	-0.0077	0.1693	149
600278. SH	东方国际创业股份有限公司	0.5036	0.2592	0.1427	0.1018	150
600373. SH	中文天地出版传媒股份有限公司	0.5036	0.3080	-0.0753	0.2709	151
600791. SH	京能置业股份有限公司	0.5018	0.1171	0.2695	0.1151	152
600115. SH	中国东方航空股份有限公司	0.5010	0.5927	0.0738	-0.1655	153
600138. SH	中青旅控股股份有限公司	0.5009	0.4559	0.0027	0.0423	154
600549. SH	厦门钨业股份有限公司	0.5008	0.3092	0.0153	0.1763	155
600160. SH	浙江巨化股份有限公司	0.5005	0.2842	0.0167	0.1996	156
600787. SH	中储发展股份有限公司	0.4991	0.3160	0.1375	0.0456	157
600507. SH	方大特钢科技股份有限公司	0.4979	0.2942	0.0084	0.1953	158
000042. SZ	深圳市长城投资控股股份有限公司	0.4960	0.1425	0.1108	0.2427	159
600734. SH	福建实达集团股份有限公司	0.4925	0.0031	0.5098	-0.0203	160
601933. SH	永辉超市股份有限公司	0.4910	0.3089	0.0690	0.1130	161
000863. SZ	三湘股份有限公司	0.4900	0.0210	0.0752	0.3938	162
601058. SH	赛轮股份有限公司	0.4880	0.1715	0.0625	0.2541	163
600058. SH	五矿发展股份有限公司	0.4857	0.5831	-0.0416	-0.0558	164
000011. SZ	深圳市物业发展(集团)股份有限公司	0.4850	0.0761	0.2229	0.1860	165
000039. SZ	中国国际海运集装箱(集团)股份有限公司	0.4841	0.5085	-0.0474	0.0230	166
000970. SZ	北京中科三环高技术股份有限公司	0.4839	0.2197	0.0344	0.2298	167

续表

证券代码	公司中文名称	基 础竞争力	规 模竞争力	效 率竞争力	增 长竞争力	排名
600667. SH	无锡市太极实业股份有限公司	0.4839	0.1180	−0.0289	0.3948	168
600170. SH	上海建工集团股份有限公司	0.4825	0.2983	−0.0039	0.1882	169
000581. SZ	无锡威孚高科技集团股份有限公司	0.4821	0.2707	0.0568	0.1546	170
600166. SH	北汽福田汽车股份有限公司	0.4796	0.4434	−0.0528	0.0890	171
000680. SZ	山推工程机械股份有限公司	0.4778	0.3570	0.0161	0.1047	172
600600. SH	青岛啤酒股份有限公司	0.4761	0.3894	0.0463	0.0405	173
000800. SZ	一汽轿车股份有限公司	0.4760	0.3611	0.1316	−0.0166	174
000009. SZ	中国宝安集团股份有限公司	0.4748	0.2919	0.1202	0.0627	175
601818. SH	中国光大银行股份有限公司	0.4729	0.2393	0.2296	0.0040	176
600801. SH	华新水泥股份有限公司	0.4697	0.3220	0.0458	0.1019	177
600500. SH	中化国际(控股)股份有限公司	0.4682	0.4802	−0.0290	0.0171	178
600266. SH	北京城建投资发展股份有限公司	0.4654	0.3247	0.0892	0.0515	179
600808. SH	马鞍山钢铁股份有限公司	0.4651	0.4737	0.0533	−0.0619	180
000960. SZ	云南锡业股份有限公司	0.4647	0.2995	−0.0436	0.2088	181
600983. SH	合肥荣事达三洋电器股份有限公司	0.4607	0.1418	0.0227	0.2963	182
600376. SH	北京首都开发股份有限公司	0.4587	0.4173	0.0081	0.0333	183
000001. SZ	深圳发展银行股份有限公司	0.4570	0.1696	0.1178	0.1695	184
600841. SH	上海柴油机股份有限公司	0.4567	0.1665	−0.0433	0.3334	185
600036. SH	招商银行股份有限公司	0.4534	0.3541	0.1210	−0.0217	186
600765. SH	中航重机股份有限公司	0.4527	0.1946	0.0677	0.1904	187
000596. SZ	安徽古井贡酒股份有限公司	0.4513	0.1626	0.0238	0.2648	188
000998. SZ	袁隆平农业高科技股份有限公司	0.4484	0.2163	0.1397	0.0924	189
600754. SH	上海锦江国际酒店发展股份有限公司	0.4478	0.2683	0.0888	0.0907	190
600839. SH	四川长虹电器股份有限公司	0.4471	0.4305	−0.0469	0.0635	191
600684. SH	广州珠江实业开发股份有限公司	0.4462	0.0546	0.2740	0.1175	192
600748. SH	上海实业发展股份有限公司	0.4448	0.2513	0.2002	−0.0067	193
600027. SH	华电国际电力股份有限公司	0.4440	0.5221	0.0395	−0.1177	194
600655. SH	上海豫园旅游商城股份有限公司	0.4439	0.3328	0.0557	0.0553	195
600809. SH	山西杏花村汾酒厂股份有限公司	0.4423	0.1986	0.0505	0.1932	196
600581. SH	新疆八一钢铁股份有限公司	0.4402	0.3495	0.0252	0.0655	197
000623. SZ	吉林敖东药业集团股份有限公司	0.4395	0.1273	0.3051	0.0071	198
600018. SH	上海国际港务(集团)股份有限公司	0.4395	0.4576	−0.0014	−0.0167	199
600008. SH	北京首创股份有限公司	0.4366	0.1720	0.1472	0.1174	200
600815. SH	厦门厦工机械股份有限公司	0.4322	0.3257	−0.0208	0.1274	201
600029. SH	中国南方航空股份有限公司	0.4299	0.6281	0.0355	−0.2336	202

续表

证券代码	公司中文名称	基础竞争力	规模竞争力	效率竞争力	增长竞争力	排名
600240. SH	北京华业地产股份有限公司	0.4287	0.1803	0.1730	0.0754	203
600859. SH	北京王府井百货(集团)股份有限公司	0.4277	0.3231	0.1037	0.0009	204
001896. SZ	河南豫能控股股份有限公司	0.4264	0.0386	0.0296	0.3582	205
600660. SH	福耀玻璃工业集团股份有限公司	0.4232	0.2966	0.0067	0.1199	206
600208. SH	新湖中宝股份有限公司	0.4214	0.3727	0.0411	0.0076	207
000417. SZ	合肥百货大楼集团股份有限公司	0.4212	0.2238	0.1634	0.0340	208
600150. SH	中国船舶工业股份有限公司	0.4208	0.5182	0.0124	- 0.1098	209
600309. SH	烟台万华聚氨酯股份有限公司	0.4199	0.3431	0.0196	0.0572	210
000027. SZ	深圳能源集团股份有限公司	0.4192	0.3903	0.0557	- 0.0268	211
000938. SZ	紫光股份有限公司	0.4190	0.1357	0.2731	0.0102	212
600066. SH	郑州宇通客车股份有限公司	0.4190	0.3247	- 0.0115	0.1058	213
600051. SH	宁波联合集团股份有限公司	0.4190	0.2477	0.1313	0.0400	214
601628. SH	中国人寿保险股份有限公司	0.4184	0.4540	0.0165	- 0.0521	215
000895. SZ	河南双汇投资发展股份有限公司	0.4182	0.3857	0.0342	- 0.0016	216
000789. SZ	江西万年青水泥股份有限公司	0.4182	0.2149	- 0.0582	0.2615	217
600869. SH	三普药业股份有限公司	0.4161	0.2577	- 0.0640	0.2223	218
600649. SH	上海城投控股股份有限公司	0.4160	0.3885	- 0.0277	0.0552	219
000877. SZ	新疆天山水泥股份有限公司	0.4153	0.2780	- 0.0371	0.1744	220
000713. SZ	合肥丰乐种业股份有限公司	0.4144	0.1741	0.1281	0.1122	221
600694. SH	大商股份有限公司	0.4141	0.3463	0.0838	- 0.0160	222
600535. SH	天士力制药集团股份有限公司	0.4077	0.2318	0.0772	0.0986	223
600648. SH	上海外高桥保税区开发股份有限公司	0.4075	0.3385	0.0789	- 0.0098	224
000925. SZ	浙江众合机电股份有限公司	0.4074	- 0.0540	- 0.0502	0.5116	225
600182. SH	佳通轮胎股份有限公司	0.4061	0.1472	- 0.0055	0.2643	226
000729. SZ	北京燕京啤酒股份有限公司	0.4060	0.3158	0.0617	0.0285	227
600300. SH	维维食品饮料股份有限公司	0.4058	0.1847	0.0899	0.1313	228
600015. SH	华夏银行股份有限公司	0.4051	0.1670	0.2206	0.0175	229
000826. SZ	桑德环境资源股份有限公司	0.4050	0.1574	0.0963	0.1512	230
600688. SH	中国石化上海石油化工股份有限公司	0.4043	0.5090	0.0246	- 0.1292	231
600050. SH	中国联合网络通信股份有限公司	0.4032	0.5306	- 0.0599	- 0.0675	232
600380. SH	健康元药业集团股份有限公司	0.4021	0.2071	- 0.0032	0.1983	233
000043. SZ	中航地产股份有限公司	0.4018	0.2370	0.0010	0.1638	234
601311. SH	骆驼集团股份有限公司	0.4001	0.1356	0.0861	0.1785	235
600089. SH	特变电工股份有限公司	0.3983	0.4362	- 0.0316	- 0.0062	236
600743. SH	华远地产股份有限公司	0.3983	0.1941	0.2141	- 0.0099	237

续表

证券代码	公司中文名称	基 础 竞争力	规 模 竞争力	效 率 竞争力	增 长 竞争力	排名
600963. SH	岳阳林纸股份有限公司	0.3979	0.2085	0.0996	0.0898	238
601669. SH	中国水利水电建设股份有限公司	0.3978	0.4156	− 0.0168	− 0.0010	239
600503. SH	华丽家族股份有限公司	0.3911	0.1043	0.2639	0.0230	240
600354. SH	甘肃省敦煌种业股份有限公司	0.3902	0.2444	0.0417	0.1042	241
600525. SH	长园集团股份有限公司	0.3899	0.1155	0.0977	0.1767	242
600271. SH	航天信息股份有限公司	0.3895	0.3009	0.0338	0.0547	243
601877. SH	浙江正泰电器股份有限公司	0.3884	0.3000	0.0044	0.0840	244
000726. SZ	鲁泰纺织股份有限公司	0.3869	0.2413	0.1062	0.0394	245
600366. SH	宁波韵升股份有限公司	0.3862	0.1868	0.0352	0.1641	246
600348. SH	阳泉煤业(集团)股份有限公司	0.3859	0.2444	0.0208	0.1208	247
600835. SH	上海机电股份有限公司	0.3832	0.3898	0.0083	− 0.0148	248
601258. SH	庞大汽贸集团股份有限公司	0.3832	0.4713	− 0.1225	0.0344	249
600120. SH	浙江东方集团股份有限公司	0.3831	0.2068	0.1655	0.0108	250
600998. SH	九州通医药集团股份有限公司	0.3821	0.3391	0.0484	− 0.0054	251
600219. SH	山东南山铝业股份有限公司	0.3806	0.3428	− 0.0296	0.0673	252
000626. SZ	连云港如意集团股份有限公司	0.3805	0.2401	0.0799	0.0605	253
000529. SZ	广东广弘控股股份有限公司	0.3780	0.0108	− 0.0563	0.4234	254
601929. SH	吉视传媒股份有限公司	0.3776	0.1030	− 0.0292	0.3038	255
000963. SZ	华东医药股份有限公司	0.3773	0.2281	0.1206	0.0286	256
600461. SH	江西洪城水业股份有限公司	0.3764	− 0.0935	− 0.0327	0.5026	257
600502. SH	安徽水利开发股份有限公司	0.3762	− 0.1209	0.2099	0.2872	258
600287. SH	江苏舜天股份有限公司	0.3752	0.0597	0.2049	0.1105	259
600159. SH	北京市大龙伟业房地产开发股份有限公司	0.3749	− 0.0597	0.0690	0.3656	260
600143. SH	金发科技股份有限公司	0.3710	0.2945	− 0.0012	0.0777	261
600619. SH	上海海立(集团)股份有限公司	0.3707	0.2439	0.0095	0.1173	262
000538. SZ	云南白药集团股份有限公司	0.3707	0.3022	− 0.0380	0.1065	263
000012. SZ	中国南玻集团股份有限公司	0.3706	0.2838	− 0.0163	0.1031	264
601098. SH	中南出版传媒集团股份有限公司	0.3690	0.3144	− 0.0225	0.0771	265
600528. SH	中铁二局股份有限公司	0.3673	0.2065	0.1136	0.0472	266
000415. SZ	渤海租赁股份有限公司	0.3672	0.2524	0.1412	− 0.0264	267
600782. SH	新余钢铁股份有限公司	0.3661	0.3790	0.0144	− 0.0274	268
600480. SH	凌云工业股份有限公司	0.3649	0.1706	0.0839	0.1104	269
600622. SH	上海嘉宝实业(集团)股份有限公司	0.3645	0.1510	0.0612	0.1524	270
600889. SH	南京化纤股份有限公司	0.3645	0.0073	0.0258	0.3314	271
601677. SH	河南明泰铝业股份有限公司	0.3640	0.2044	0.0351	0.1245	272

续表

证券代码	公司中文名称	基础竞争力	规模竞争力	效率竞争力	增长竞争力	排名
600467. SH	山东好当家海洋发展股份有限公司	0. 3626	0. 2016	0. 0309	0. 1302	273
600079. SH	武汉人福医药集团股份有限公司	0. 3617	0. 1671	- 0. 0718	0. 2664	274
601139. SH	深圳市燃气集团股份有限公司	0. 3612	0. 2425	0. 0391	0. 0796	275
600277. SH	内蒙古亿利能源股份有限公司	0. 3605	0. 2727	0. 0883	- 0. 0005	276
600377. SH	江苏宁沪高速公路股份有限公司	0. 3604	0. 2682	0. 0726	0. 0197	277
000788. SZ	北大国际医院集团西南合成制药股份有限公司	0. 3598	0. 0583	- 0. 0077	0. 3093	278
000878. SZ	云南铜业股份有限公司	0. 3594	0. 4006	0. 1283	- 0. 1696	279
601158. SH	重庆水务集团股份有限公司	0. 3569	0. 2128	0. 0928	0. 0514	280
600175. SH	美都控股股份有限公司	0. 3563	0. 1833	0. 0148	0. 1582	281
601601. SH	中国太平洋保险(集团)股份有限公司	0. 3562	0. 3033	0. 0013	0. 0516	282
600673. SH	广东东阳光铝业股份有限公司	0. 3548	0. 1889	0. 0656	0. 1003	283
600663. SH	上海陆家嘴金融贸易区开发股份有限公司	0. 3527	0. 3131	0. 0428	- 0. 0033	284
600693. SH	福建东百集团股份有限公司	0. 3523	0. 0288	0. 2987	0. 0247	285
000587. SZ	金叶珠宝股份有限公司	0. 3502	0. 1116	- 0. 0169	0. 2555	286
601899. SH	紫金矿业集团股份有限公司	0. 3485	0. 3086	- 0. 0101	0. 0499	287
000887. SZ	安徽中鼎密封件股份有限公司	0. 3468	0. 1299	0. 0233	0. 1936	288
600225. SH	天津松江股份有限公司	0. 3433	0. 1238	0. 0627	0. 1567	289
600409. SH	唐山三友化工股份有限公司	0. 3426	0. 2723	- 0. 0391	0. 1093	290
000400. SZ	许继电气股份有限公司	0. 3425	0. 1791	0. 0906	0. 0728	291
601333. SH	广深铁路股份有限公司	0. 3422	0. 3554	- 0. 0198	0. 0065	292
600231. SH	凌源钢铁股份有限公司	0. 3421	0. 2671	0. 0784	- 0. 0033	293
600810. SH	神马实业股份有限公司	0. 3414	0. 1978	0. 0877	0. 0559	294
000851. SZ	大唐高鸿数据网络技术股份有限公司	0. 3407	0. 1143	0. 1054	0. 1210	295
600458. SH	株洲时代新材料科技股份有限公司	0. 3392	0. 1348	- 0. 0515	0. 2559	296
600248. SH	陕西延长石油化建股份有限公司	0. 3390	- 0. 1926	0. 0222	0. 5094	297
601636. SH	株洲旗滨集团股份有限公司	0. 3381	0. 0960	- 0. 0700	0. 3122	298
600724. SH	宁波富达股份有限公司	0. 3355	0. 2622	- 0. 0192	0. 0924	299
600352. SH	浙江龙盛集团股份有限公司	0. 3351	0. 2718	- 0. 0220	0. 0853	300
000430. SZ	张家界旅游集团股份有限公司	0. 3337	- 0. 1666	0. 4186	0. 0818	301
000652. SZ	天津泰达股份有限公司	0. 3329	0. 2293	0. 0324	0. 0713	302
600368. SH	广西五洲交通股份有限公司	0. 3322	0. 0013	- 0. 0256	0. 3565	303
000521. SZ	合肥美菱股份有限公司	0. 3316	0. 2335	- 0. 0411	0. 1392	304
000650. SZ	仁和药业股份有限公司	0. 3312	0. 0933	0. 0523	0. 1856	305
600662. SH	上海强生控股股份有限公司	0. 3310	0. 3046	- 0. 0742	0. 1006	306
000932. SZ	湖南华菱钢铁股份有限公司	0. 3302	0. 4230	- 0. 0211	- 0. 0716	307

证券代码	公司中文名称	基础竞争力	规模竞争力	效率竞争力	增长竞争力	排名
000861. SZ	广东海印集团股份有限公司	0.3288	0.0260	0.2397	0.0631	308
600577. SH	铜陵精达特种电磁线股份有限公司	0.3281	0.2395	0.0281	0.0605	309
000006. SZ	深圳市振业(集团)股份有限公司	0.3278	0.1886	0.1024	0.0368	310
600509. SH	新疆天富热电股份有限公司	0.3273	0.0653	0.1190	0.1429	311
600547. SH	山东黄金矿业股份有限公司	0.3271	0.1661	−0.0127	0.1737	312
600188. SH	兖州煤业股份有限公司	0.3257	0.3581	−0.0452	0.0128	313
600887. SH	内蒙古伊利实业集团股份有限公司	0.3249	0.4179	0.0664	−0.1594	314
600675. SH	中华企业股份有限公司	0.3247	0.2941	0.0313	−0.0007	315
600686. SH	厦门金龙汽车集团股份有限公司	0.3241	0.3147	−0.0207	0.0301	316
600295. SH	内蒙古鄂尔多斯资源股份有限公司	0.3229	0.3385	−0.0456	0.0300	317
601100. SH	江苏恒立高压油缸股份有限公司	0.3218	0.0191	−0.0266	0.3293	318
601898. SH	中国中煤能源股份有限公司	0.3217	0.4700	−0.0536	−0.0947	319
000927. SZ	天津一汽夏利汽车股份有限公司	0.3214	0.2275	0.0957	−0.0018	320
600183. SH	广东生益科技股份有限公司	0.3207	0.2183	0.0414	0.0610	321
000423. SZ	山东东阿阿胶股份有限公司	0.3202	0.1621	0.0850	0.0731	322
600386. SH	北京巴士传媒股份有限公司	0.3200	0.1363	−0.0120	0.1957	323
600098. SH	广州发展实业控股集团股份有限公司	0.3189	0.3253	0.0264	−0.0329	324
600268. SH	国电南京自动化股份有限公司	0.3186	0.1374	0.0829	0.0983	325
000935. SZ	四川双马水泥股份有限公司	0.3182	0.1128	−0.0654	0.2708	326
600117. SH	西宁特殊钢股份有限公司	0.3179	0.2436	0.0954	−0.0211	327
600068. SH	中国葛洲坝集团股份有限公司	0.3172	0.2636	−0.0098	0.0634	328
000031. SZ	中粮地产(集团)股份有限公司	0.3171	0.3164	−0.0853	0.0860	329
600350. SH	山东高速股份有限公司	0.3163	0.2310	0.0491	0.0362	330
000786. SZ	北新集团建材股份有限公司	0.3160	0.2270	−0.0588	0.1477	331
601113. SH	义乌华鼎锦纶股份有限公司	0.3153	0.0640	−0.0648	0.3161	332
600199. SH	安徽金种子酒业股份有限公司	0.3149	0.0878	−0.0548	0.2820	333
600396. SH	沈阳金山能源股份有限公司	0.3147	0.0789	0.0789	0.1569	334
600761. SH	安徽合力股份有限公司	0.3144	0.2317	0.0187	0.0640	335
000999. SZ	华润三九医药股份有限公司	0.3105	0.2282	0.0846	−0.0023	336
600126. SH	杭州钢铁股份有限公司	0.3103	0.3232	−0.0325	0.0196	337
000951. SZ	中国重汽集团济南卡车股份有限公司	0.3089	0.3506	−0.0327	−0.0091	338
600491. SH	龙元建设集团股份有限公司	0.3086	0.0029	0.3068	−0.0010	339
600487. SH	江苏亨通光电股份有限公司	0.3083	0.2208	−0.0368	0.1243	340
600256. SH	新疆广汇实业股份有限公司	0.3080	0.3082	−0.0180	0.0178	341
600246. SH	北京万通地产股份有限公司	0.3063	0.2672	0.0790	−0.0399	342

续表

证券代码	公司中文名称	基础竞争力	规模竞争力	效率竞争力	增长竞争力	排名
601777. SH	力帆实业(集团)股份有限公司	0.3060	0.2495	0.0325	0.0240	343
600595. SH	河南中孚实业股份有限公司	0.3058	0.2745	-0.0426	0.0739	344
600325. SH	珠海华发实业股份有限公司	0.3050	0.3259	-0.0140	-0.0068	345
600303. SH	辽宁曙光汽车集团股份有限公司	0.3013	0.1883	0.0761	0.0369	346
601018. SH	宁波港股份有限公司	0.3005	0.2723	0.0045	0.0237	347
000799. SZ	酒鬼酒股份有限公司	0.2992	0.0153	0.0574	0.2265	348
600773. SH	西藏城市发展投资股份有限公司	0.2989	0.1691	0.3120	-0.1822	349
000707. SZ	湖北双环科技股份有限公司	0.2977	0.1847	0.0940	0.0190	350
600085. SH	北京同仁堂股份有限公司	0.2977	0.2317	-0.0367	0.1028	351
600313. SH	中垦农业资源开发股份有限公司	0.2966	0.0533	0.2279	0.0154	352
000869. SZ	烟台张裕葡萄酿酒股份有限公司	0.2954	0.2565	-0.0329	0.0717	353
000792. SZ	青海盐湖工业股份有限公司	0.2944	0.3001	-0.0428	0.0370	354
600196. SH	上海复星医药(集团)股份有限公司	0.2882	0.2738	-0.0476	0.0620	355
600498. SH	烽火通信科技股份有限公司	0.2881	0.2486	-0.0312	0.0707	356
601566. SH	九牧王股份有限公司	0.2871	0.1361	0.0600	0.0911	357
600415. SH	浙江中国小商品城集团股份有限公司	0.2867	0.3112	-0.0485	0.0240	358
600858. SH	银座集团股份有限公司	0.2849	0.1981	0.0456	0.0412	359
601169. SH	北京银行股份有限公司	0.2847	0.1133	0.1979	-0.0265	360
600141. SH	湖北兴发化工集团股份有限公司	0.2840	0.1993	-0.0231	0.1078	361
600812. SH	华北制药股份有限公司	0.2838	0.2256	-0.0402	0.0983	362
000708. SZ	大冶特殊钢股份有限公司	0.2819	0.2533	0.0096	0.0191	363
600966. SH	山东博汇纸业股份有限公司	0.2818	0.1810	0.0898	0.0110	364
600676. SH	上海交运股份有限公司	0.2811	0.2027	-0.0214	0.0999	365
000917. SZ	湖南电广传媒股份有限公司	0.2810	0.2063	0.0828	-0.0081	366
000962. SZ	宁夏东方钽业股份有限公司	0.2804	0.1085	0.0254	0.1465	367
000987. SZ	广州友谊集团股份有限公司	0.2801	0.1267	0.1544	-0.0010	368
600410. SH	北京华胜天成科技股份有限公司	0.2801	0.2021	0.0507	0.0273	369
600657. SH	信达地产股份有限公司	0.2798	0.2538	0.0412	-0.0152	370
000028. SZ	国药集团一致药业股份有限公司	0.2782	0.2381	0.0174	0.0227	371
000888. SZ	峨眉山旅游股份有限公司	0.2775	0.0103	0.1303	0.1368	372
000603. SZ	盛达矿业股份有限公司	0.2767	-0.3769	0.0900	0.5636	373
600742. SH	长春一汽富维汽车零部件股份有限公司	0.2764	0.2260	-0.0609	0.1113	374
600717. SH	天津港股份有限公司	0.2717	0.3102	-0.0223	-0.0162	375
600832. SH	上海东方明珠(集团)股份有限公司	0.2713	0.2706	-0.0502	0.0509	376
600177. SH	雅戈尔集团股份有限公司	0.2712	0.3364	-0.0211	-0.0441	377

续表

证券代码	公司中文名称	基 础 竞争力	规 模 竞争力	效 率 竞争力	增 长 竞争力	排名
600639. SH	上海金桥出口加工区开发股份有限公司	0.2708	0.1841	0.0784	0.0083	378
000021. SZ	深圳长城开发科技股份有限公司	0.2708	0.2662	0.0158	- 0.0112	379
000078. SZ	深圳市海王生物工程股份有限公司	0.2704	0.1286	- 0.0236	0.1654	380
600210. SH	上海紫江企业集团股份有限公司	0.2696	0.2513	- 0.0442	0.0626	381
000910. SZ	大亚科技股份有限公司	0.2688	0.2098	0.0879	- 0.0288	382
000501. SZ	武汉武商集团股份有限公司	0.2681	0.2485	- 0.0024	0.0220	383
000718. SZ	苏宁环球股份有限公司	0.2678	0.2587	0.0112	- 0.0020	384
000559. SZ	万向钱潮股份有限公司	0.2677	0.2475	- 0.0317	0.0519	385
600685. SH	广州广船国际股份有限公司	0.2673	0.2818	0.0607	- 0.0752	386
600010. SH	内蒙古包钢钢联股份有限公司	0.2670	0.4163	- 0.0653	- 0.0840	387
601107. SH	四川成渝高速公路股份有限公司	0.2670	0.1471	0.0172	0.1026	388
600506. SH	新疆库尔勒香梨股份有限公司	0.2658	- 0.3655	0.2162	0.4151	389
600242. SH	中昌海运股份有限公司	0.2657	- 0.1451	0.0218	0.3890	390
000982. SZ	宁夏中银绒业股份有限公司	0.2656	0.0550	0.0239	0.1867	391
600221. SH	海南航空股份有限公司	0.2655	0.4206	0.0756	- 0.2307	392
601908. SH	北京京运通科技股份有限公司	0.2655	0.0862	0.0230	0.1563	393
600501. SH	航天晨光股份有限公司	0.2651	0.1093	0.0753	0.0805	394
601216. SH	内蒙古君正能源化工股份有限公司	0.2633	0.1870	- 0.0673	0.1436	395
000488. SZ	山东晨鸣纸业集团股份有限公司	0.2629	0.3475	- 0.0249	- 0.0596	396
600618. SH	上海氯碱化工股份有限公司	0.2627	0.1894	- 0.0269	0.1002	397
600785. SH	银川新华百货商业集团股份有限公司	0.2621	0.1227	0.1053	0.0341	398
600522. SH	江苏中天科技股份有限公司	0.2614	0.2242	- 0.0236	0.0607	399
600587. SH	山东新华医疗器械股份有限公司	0.2611	0.0285	- 0.0444	0.2770	400
600062. SH	华润双鹤药业股份有限公司	0.2605	0.2292	0.0352	- 0.0040	401
000540. SZ	中天城投集团股份有限公司	0.2602	0.2164	- 0.0001	0.0440	402
000698. SZ	沈阳化工股份有限公司	0.2601	0.2398	- 0.0523	0.0726	403
600531. SH	河南豫光金铅股份有限公司	0.2595	0.2206	0.0065	0.0324	404
000936. SZ	江苏华西村股份有限公司	0.2588	0.1320	0.1463	- 0.0194	405
000561. SZ	陕西烽火电子股份有限公司	0.2568	0.0901	0.0839	0.0828	406
600522. SZ	广州白云山制药股份有限公司	0.2568	0.1429	0.0594	0.0545	407
600216. SH	浙江医药股份有限公司	0.2562	0.2193	0.0520	- 0.0152	408
000731. SZ	四川美丰化工股份有限公司	0.2548	0.1792	0.0410	0.0345	409
000930. SZ	中粮生物化学(安徽)股份有限公司	0.2542	0.2237	- 0.0676	0.0981	410
600327. SH	无锡商业大厦大东方股份有限公司	0.2537	0.1532	0.0901	0.0103	411
000629. SZ	攀钢集团钢铁钒钛股份有限公司	0.2529	0.3530	- 0.0263	- 0.0738	412

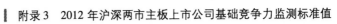
续表

证券代码	公司中文名称	基础竞争力	规模竞争力	效率竞争力	增长竞争力	排名
600481. SH	双良节能系统股份有限公司	0.2528	0.1729	0.0956	−0.0157	413
600626. SH	上海申达股份有限公司	0.2506	0.1961	0.0269	0.0276	414
600578. SH	北京京能热电股份有限公司	0.2501	0.1069	0.0555	0.0877	415
600665. SH	天地源股份有限公司	0.2489	0.1523	0.0844	0.0123	416
600108. SH	甘肃亚盛实业(集团)股份有限公司	0.2489	0.2630	−0.0425	0.0284	417
600862. SH	南通科技投资集团股份有限公司	0.2485	−0.0156	0.0017	0.2624	418
000937. SZ	冀中能源股份有限公司	0.2484	0.2335	0.0588	−0.0439	419
600588. SH	用友软件股份有限公司	0.2479	0.2204	−0.0217	0.0491	420
000977. SZ	浪潮电子信息产业股份有限公司	0.2478	0.0923	0.0638	0.0916	421
600718. SH	东软集团股份有限公司	0.2475	0.2368	0.0036	0.0071	422
000793. SZ	华闻传媒投资集团股份有限公司	0.2469	0.2338	−0.0088	0.0218	423
600203. SH	福建福日电子股份有限公司	0.2469	0.0244	0.0982	0.1243	424
601010. SH	文峰大世界连锁发展股份有限公司	0.2467	0.1955	0.0744	−0.0232	425
600276. SH	江苏恒瑞医药股份有限公司	0.2466	0.2124	−0.0557	0.0899	426
000690. SZ	广东宝丽华新能源股份有限公司	0.2464	0.1054	0.0185	0.1225	427
600975. SH	湖南新五丰股份有限公司	0.2444	0.0291	0.1121	0.1032	428
600973. SH	宝胜科技创新股份有限公司	0.2432	0.1450	0.0393	0.0590	429
000892. SZ	星美联合股份有限公司	0.2427	−0.3336	0.2056	0.3707	430
600893. SH	西安航空动力股份有限公司	0.2424	0.2380	−0.0412	0.0456	431
000981. SZ	银亿房地产股份有限公司	0.2418	0.2728	0.0289	−0.0600	432
600298. SH	安琪酵母股份有限公司	0.2408	0.1250	0.0221	0.0937	433
601799. SH	常州星宇车灯股份有限公司	0.2408	0.0294	0.0609	0.1504	434
600552. SH	安徽方兴科技股份有限公司	0.2397	−0.0107	−0.0194	0.2698	435
600668. SH	浙江尖峰集团股份有限公司	0.2396	0.0755	0.0556	0.1084	436
000589. SZ	贵州轮胎股份有限公司	0.2387	0.1873	−0.0142	0.0656	437
000807. SZ	云南铝业股份有限公司	0.2384	0.2170	−0.0416	0.0630	438
600267. SH	浙江海正药业股份有限公司	0.2382	0.2106	−0.0375	0.0651	439
000551. SZ	创元科技股份有限公司	0.2375	0.1465	0.0262	0.0649	440
600332. SH	广州药业股份有限公司	0.2365	0.1989	−0.0011	0.0387	441
600449. SH	宁夏建材集团股份有限公司	0.2353	0.1450	0.0127	0.0776	442
600426. SH	山东华鲁恒升化工股份有限公司	0.2350	0.2049	0.0180	0.0122	443
600122. SH	江苏宏图高科技股份有限公司	0.2337	0.2709	−0.0220	−0.0152	444
600308. SH	山东华泰纸业股份有限公司	0.2322	0.2256	0.0244	−0.0178	445
000822. SZ	山东海化股份有限公司	0.2321	0.2324	0.0615	−0.0618	446
601928. SH	江苏凤凰出版传媒股份有限公司	0.2321	0.3182	−0.1064	0.0203	447

证券代码	公司中文名称	基础竞争力	规模竞争力	效率竞争力	增长竞争力	排名
601208. SH	四川东材科技集团股份有限公司	0.2317	0.0524	0.0805	0.0988	448
601618. SH	中国冶金科工股份有限公司	0.2307	0.5157	−0.1400	−0.1449	449
600252. SH	广西梧州中恒集团股份有限公司	0.2293	0.0546	0.0239	0.1508	450
600189. SH	吉林森林工业股份有限公司	0.2291	0.1945	0.0758	−0.0413	451
600664. SH	哈药集团股份有限公司	0.2275	0.3039	−0.0627	−0.0137	452
600872. SH	中炬高新技术实业(集团)股份有限公司	0.2273	0.1248	−0.0375	0.1400	453
000901. SZ	航天科技控股集团股份有限公司	0.2266	−0.0508	0.0040	0.2735	454
000732. SZ	泰禾集团股份有限公司	0.2259	0.1808	0.0161	0.0291	455
600009. SH	上海国际机场股份有限公司	0.2253	0.1924	0.0084	0.0246	456
600310. SH	广西桂东电力股份有限公司	0.2249	0.0138	0.0962	0.1149	457
600169. SH	太原重工股份有限公司	0.2248	0.3101	−0.0712	−0.0140	458
600489. SH	中金黄金股份有限公司	0.2246	0.1845	0.0115	0.0286	459
600056. SH	中国医药保健品股份有限公司	0.2242	0.1758	−0.0057	0.0541	460
600322. SH	天津市房地产发展(集团)股份有限公司	0.2240	0.2282	−0.0416	0.0374	461
600720. SH	甘肃祁连山水泥集团股份有限公司	0.2238	0.1619	−0.0252	0.0871	462
600054. SH	黄山旅游发展股份有限公司	0.2235	0.1559	0.0856	−0.0180	463
000829. SZ	天音通信控股股份有限公司	0.2226	0.2711	0.0170	−0.0655	464
600425. SH	新疆青松建材化工(集团)股份有限公司	0.2223	0.1272	−0.0683	0.1634	465
000525. SZ	南京红太阳股份有限公司	0.2217	0.1654	−0.0004	0.0567	466
600563. SH	厦门法拉电子股份有限公司	0.2204	0.0529	0.0525	0.1150	467
600586. SH	山东金晶科技股份有限公司	0.2189	0.1492	−0.0202	0.0898	468
600594. SH	贵州益佰制药股份有限公司	0.2166	0.0774	0.0680	0.0712	469
600828. SH	成商集团股份有限公司	0.2158	−0.0023	0.2299	−0.0117	470
000969. SZ	安泰科技股份有限公司	0.2151	0.1881	−0.0142	0.0412	471
601336. SH	新华人寿保险股份有限公司	0.2151	0.1848	−0.0236	0.0538	472
601011. SH	七台河宝泰隆煤化工股份有限公司	0.2145	0.1276	0.0056	0.0814	473
600070. SH	浙江富润股份有限公司	0.2141	−0.0116	−0.0472	0.2728	474
600343. SH	陕西航天动力高科技股份有限公司	0.2131	−0.0330	0.0305	0.2156	475
000856. SZ	唐山冀东装备工程股份有限公司	0.2117	0.0043	−0.0557	0.2630	476
600499. SH	广东科达机电股份有限公司	0.2115	0.1062	−0.0185	0.1238	477
600438. SH	通威股份有限公司	0.2114	0.2082	0.0653	−0.0621	478
000685. SZ	中山公用事业集团股份有限公司	0.2109	−0.0213	0.2536	−0.0214	479
001696. SZ	重庆宗申动力机械股份有限公司	0.2104	0.1788	0.0480	−0.0164	480
000862. SZ	宁夏银星能源股份有限公司	0.2101	−0.0263	−0.0877	0.3242	481
600511. SH	国药集团药业股份有限公司	0.2101	0.1589	0.0610	−0.0098	482

续表

证券代码	公司中文名称	基 础竞争力	规 模竞争力	效 率竞争力	增 长竞争力	排名
600125.SH	中铁铁龙集装箱物流股份有限公司	0.2094	0.0575	0.0939	0.0580	483
600176.SH	中国玻纤股份有限公司	0.2091	0.1993	0.0375	-0.0278	484
000671.SZ	阳光城集团股份有限公司	0.2085	0.2136	-0.0707	0.0656	485
600026.SH	中海发展股份有限公司	0.2080	0.3188	0.0032	-0.1139	486
600198.SH	大唐电信科技股份有限公司	0.2074	0.1378	0.0686	0.0010	487
000616.SZ	亿城集团股份有限公司	0.2071	0.1718	0.0346	0.0007	488
600536.SH	中国软件与技术服务股份有限公司	0.2066	0.1460	0.0500	0.0106	489
600880.SH	成都博瑞传播股份有限公司	0.2066	0.0904	0.0469	0.0692	490
600118.SH	中国东方红卫星股份有限公司	0.2065	0.1871	-0.0191	0.0385	491
000801.SZ	四川九洲电器股份有限公司	0.2054	0.0508	0.0219	0.1327	492
600888.SH	新疆众和股份有限公司	0.2049	0.1087	-0.0214	0.1175	493
000926.SZ	湖北福星科技股份有限公司	0.2048	0.2911	-0.0860	-0.0003	494
600784.SH	鲁银投资集团股份有限公司	0.2046	0.1699	-0.0520	0.0867	495
600269.SH	江西赣粤高速公路股份有限公司	0.2042	0.1578	0.0512	-0.0048	496
600874.SH	天津创业环保集团股份有限公司	0.2038	0.2193	0.0155	-0.0310	497
600559.SH	河北衡水老白干酒业股份有限公司	0.2036	0.0086	0.0449	0.1501	498
600867.SH	通化东宝药业股份有限公司	0.2036	0.0218	0.0782	0.1036	499
600161.SH	北京天坛生物制品股份有限公司	0.2034	0.0580	0.0551	0.0902	500
000830.SZ	鲁西化工集团股份有限公司	0.2033	0.2595	-0.0661	0.0099	501
600270.SH	中外运空运发展股份有限公司	0.2029	0.1002	0.1317	-0.0290	502
000659.SZ	珠海中富实业股份有限公司	0.2029	0.1249	0.1170	-0.0391	503
000661.SZ	长春高新技术产业(集团)股份有限公司	0.2017	0.0288	0.0986	0.0743	504
000410.SZ	沈阳机床股份有限公司	0.2010	0.2298	-0.0613	0.0324	505
600128.SH	江苏弘业股份有限公司	0.1988	0.0520	0.1445	0.0023	506
600572.SH	浙江康恩贝制药股份有限公司	0.1983	0.0979	-0.0132	0.1136	507
600728.SH	佳都新太科技股份有限公司	0.1978	0.0257	0.0201	0.1520	508
600726.SH	华电能源股份有限公司	0.1967	0.2124	-0.0806	0.0649	509
600416.SH	湘潭电机股份有限公司	0.1948	0.1967	-0.0865	0.0847	510
600644.SH	乐山电力股份有限公司	0.1941	-0.0142	0.0635	0.1448	511
600021.SH	上海电力股份有限公司	0.1937	0.3782	-0.0560	-0.1286	512
600158.SH	中体产业集团股份有限公司	0.1935	0.1214	0.1542	-0.0821	513
000517.SZ	荣安地产股份有限公司	0.1933	0.1289	-0.0256	0.0900	514
600061.SH	中纺投资发展股份有限公司	0.1924	0.0384	-0.0349	0.1889	515
601369.SH	西安陕鼓动力股份有限公司	0.1918	0.2426	-0.0379	-0.0129	516
000523.SZ	广州市浪奇实业股份有限公司	0.1903	0.0190	0.0561	0.1151	517

证券代码	公司中文名称	基础竞争力	规模竞争力	效率竞争力	增长竞争力	排名
600845. SH	上海宝信软件股份有限公司	0.1897	0.1699	−0.0041	0.0239	518
600895. SH	上海张江高科技园区开发股份有限公司	0.1889	0.2180	0.0246	−0.0537	519
000755. SZ	山西三维集团股份有限公司	0.1873	0.0866	−0.0529	0.1536	520
600570. SH	恒生电子股份有限公司	0.1867	0.1236	0.0115	0.0516	521
600802. SH	福建水泥股份有限公司	0.1862	0.0632	−0.0718	0.1948	522
000020. SZ	深圳中恒华发股份有限公司	0.1860	−0.0966	−0.0061	0.2887	523
000419. SZ	长沙通程控股股份有限公司	0.1859	0.0911	0.0122	0.0827	524
600551. SH	时代出版传媒股份有限公司	0.1856	0.1615	−0.0316	0.0557	525
000921. SZ	海信科龙电器股份有限公司	0.1847	0.3176	−0.0089	−0.1240	526
600993. SH	马应龙药业集团股份有限公司	0.1843	0.0396	0.0780	0.0667	527
600521. SH	浙江华海药业股份有限公司	0.1842	0.0756	−0.0040	0.1127	528
600096. SH	云南云天化股份有限公司	0.1835	0.2649	−0.0356	−0.0458	529
000725. SZ	京东方科技集团股份有限公司	0.1819	0.3422	0.0104	−0.1708	530
000868. SZ	安徽安凯汽车股份有限公司	0.1818	0.1180	−0.0303	0.0942	531
600976. SH	武汉健民药业集团股份有限公司	0.1815	0.0175	0.0563	0.1077	532
000759. SZ	中百控股集团股份有限公司	0.1814	0.2515	−0.0640	−0.0061	533
000823. SZ	广东汕头超声电子股份有限公司	0.1805	0.1346	0.0347	0.0112	534
600320. SH	上海振华重工（集团）股份有限公司	0.1791	0.3478	0.0881	−0.2568	535
600288. SH	大恒新纪元科技股份有限公司	0.1789	0.1715	−0.0023	0.0098	536
600797. SH	浙大网新科技股份有限公司	0.1778	0.1878	−0.0408	0.0307	537
600569. SH	安阳钢铁股份有限公司	0.1757	0.3195	−0.0125	−0.1313	538
000733. SZ	中国振华（集团）科技股份有限公司	0.1750	0.1040	0.0310	0.0399	539
600113. SH	浙江东日股份有限公司	0.1749	−0.0556	0.1758	0.0547	540
000026. SZ	飞亚达（集团）股份有限公司	0.1747	0.0367	0.0660	0.0720	541
600561. SH	江西长运股份有限公司	0.1733	−0.0694	0.1627	0.0800	542
600420. SH	上海现代制药股份有限公司	0.1707	0.0498	−0.0242	0.1452	543
600388. SH	福建龙净环保股份有限公司	0.1700	0.1407	0.0728	−0.0435	544
000513. SZ	丽珠医药集团股份有限公司	0.1698	0.1521	−0.0741	0.0918	545
601126. SH	北京四方继保自动化股份有限公司	0.1692	0.0523	0.1097	0.0071	546
600723. SH	北京首商集团股份有限公司	0.1691	0.2544	0.1323	−0.2176	547
600516. SH	方大炭素新材料科技股份有限公司	0.1690	0.1995	−0.0248	−0.0057	548
600548. SH	深圳高速公路股份有限公司	0.1690	0.1097	−0.0488	0.1081	549
000683. SZ	内蒙古远兴能源股份有限公司	0.1687	0.1530	−0.0450	0.0607	550
000983. SZ	山西西山煤电股份有限公司	0.1683	0.2132	−0.0288	−0.0162	551
600580. SH	卧龙电气集团股份有限公司	0.1681	0.1146	0.0655	−0.0121	552

续表

证券代码	公司中文名称	基础竞争力	规模竞争力	效率竞争力	增长竞争力	排名
600584. SH	江苏长电科技股份有限公司	0.1663	0.1294	0.0176	0.0193	553
601567. SH	宁波三星电气股份有限公司	0.1662	0.0889	− 0.0605	0.1379	554
000632. SZ	福建三木集团股份有限公司	0.1648	0.1214	− 0.0485	0.0919	555
600105. SH	江苏永鼎股份有限公司	0.1646	0.1142	0.0424	0.0079	556
600236. SH	广西桂冠电力股份有限公司	0.1640	0.1428	− 0.0121	0.0333	557
000547. SZ	神州学人集团股份有限公司	0.1620	0.0677	0.0457	0.0487	558
600783. SH	鲁信创业投资集团股份有限公司	0.1608	− 0.0567	− 0.0198	0.2372	559
600725. SH	云南云维股份有限公司	0.1607	0.2030	− 0.0525	0.0102	560
600255. SH	安徽鑫科新材料股份有限公司	0.1599	0.1212	− 0.0178	0.0565	561
600460. SH	杭州士兰微电子股份有限公司	0.1598	0.0566	− 0.0598	0.1630	562
000619. SZ	芜湖海螺型材科技股份有限公司	0.1596	0.1392	0.0807	− 0.0603	563
600329. SH	天津中新药业集团股份有限公司	0.1595	0.1646	− 0.0713	0.0662	564
601137. SH	宁波博威合金材料股份有限公司	0.1591	0.0921	− 0.0065	0.0735	565
600775. SH	南京熊猫电子股份有限公司	0.1591	0.1350	− 0.0643	0.0884	566
600004. SH	广州白云国际机场股份有限公司	0.1585	0.1356	0.0084	0.0144	567
601801. SH	安徽新华传媒股份有限公司	0.1581	0.2025	− 0.0550	0.0106	568
600611. SH	大众交通(集团)股份有限公司	0.1575	0.3396	− 0.0257	− 0.1564	569
000404. SZ	华意压缩机股份有限公司	0.1571	0.1314	− 0.0095	0.0352	570
600597. SH	光明乳业股份有限公司	0.1563	0.2560	0.0737	− 0.1733	571
000735. SZ	海口农工贸(罗牛山)股份有限公司	0.1555	0.1699	− 0.0413	0.0269	572
600488. SH	天津天药药业股份有限公司	0.1536	0.0374	0.0659	0.0502	573
600533. SH	南京栖霞建设股份有限公司	0.1526	0.1678	− 0.0090	− 0.0062	574
600187. SH	黑龙江国中水务股份有限公司	0.1515	− 0.2652	0.1194	0.2973	575
600429. SH	北京三元食品股份有限公司	0.1514	0.0741	0.0010	0.0764	576
600803. SH	河北威远生物化工股份有限公司	0.1513	0.0260	− 0.0413	0.1666	577
600565. SH	重庆市迪马实业股份有限公司	0.1513	0.0545	0.0730	0.0237	578
000881. SZ	中国大连国际合作(集团)股份有限公司	0.1496	0.1560	0.1380	− 0.1444	579
000988. SZ	华工科技产业股份有限公司	0.1494	0.1051	− 0.0519	0.0962	580
000050. SZ	天马微电子股份有限公司	0.1492	0.1746	0.0350	− 0.0604	581
600315. SH	上海家化联合股份有限公司	0.1487	0.1492	− 0.0298	0.0293	582
600052. SH	浙江广厦股份有限公司	0.1487	0.1324	0.0568	− 0.0405	583
600030. SH	中信证券股份有限公司	0.1474	0.1701	0.0204	− 0.0431	584
600336. SH	澳柯玛股份有限公司	0.1471	0.0684	− 0.0562	0.1349	585
600017. SH	日照港股份有限公司	0.1461	0.1030	− 0.0289	0.0720	586
000016. SZ	康佳集团股份有限公司	0.1459	0.2375	− 0.0262	− 0.0654	587

续表

证券代码	公司中文名称	基础竞争力	规模竞争力	效率竞争力	增长竞争力	排名
600794. SH	张家港保税科技股份有限公司	0.1456	-0.2888	0.2538	0.1806	588
600200. SH	江苏吴中实业股份有限公司	0.1453	0.0930	-0.0177	0.0701	589
000506. SZ	中润资源投资股份有限公司	0.1451	0.0694	0.0882	-0.0124	590
600289. SH	亿阳信通股份有限公司	0.1438	0.1267	-0.0475	0.0646	591
600381. SH	青海贤成矿业股份有限公司	0.1436	-0.1098	-0.0853	0.3388	592
600251. SH	新疆冠农果茸集团股份有限公司	0.1433	0.0004	0.0375	0.1054	593
601808. SH	中海油田服务股份有限公司	0.1428	0.2111	-0.0683	0.0000	594
600345. SH	武汉长江通信产业集团股份有限公司	0.1427	0.0995	-0.0559	0.0990	595
600399. SH	抚顺特殊钢股份有限公司	0.1415	0.1230	0.0867	-0.0682	596
600422. SH	昆明制药集团股份有限公司	0.1411	0.0796	-0.0530	0.1145	597
600195. SH	中牧实业股份有限公司	0.1408	0.1382	-0.0530	0.0556	598
600884. SH	宁波杉杉股份有限公司	0.1403	0.1275	0.0403	-0.0275	599
600981. SH	江苏汇鸿股份有限公司	0.1394	0.1085	0.0644	-0.0335	600
600601. SH	方正科技集团股份有限公司	0.1392	0.2075	-0.0747	0.0064	601
000850. SZ	安徽华茂纺织股份有限公司	0.1389	0.1188	-0.0403	0.0604	602
600290. SH	华仪电气股份有限公司	0.1370	0.0010	0.0654	0.0706	603
600697. SH	长春欧亚集团股份有限公司	0.1359	0.1432	-0.0346	0.0273	604
000045. SZ	深圳市纺织（集团）股份有限公司	0.1336	-0.0291	0.0046	0.1581	605
600423. SH	柳州化工股份有限公司	0.1333	0.0827	0.0275	0.0231	606
600757. SH	长江出版传媒股份有限公司	0.1329	0.1681	-0.0132	-0.0219	607
600699. SH	辽源均胜电子股份有限公司	0.1329	0.0328	-0.0042	0.1043	608
600763. SH	通策医疗投资股份有限公司	0.1328	-0.2217	0.2374	0.1171	609
600022. SH	山东钢铁股份有限公司	0.1321	0.3291	-0.0315	-0.1655	610
600340. SH	华夏幸福基业投资开发股份有限公司	0.1311	0.3507	0.1079	-0.3275	611
600557. SH	江苏康缘药业股份有限公司	0.1305	0.0570	0.0695	0.0039	612
000682. SZ	东方电子股份有限公司	0.1296	0.0783	0.0308	0.0204	613
600063. SH	安徽皖维高新材料股份有限公司	0.1289	0.1230	-0.0306	0.0365	614
000753. SZ	福建漳州发展股份有限公司	0.1288	-0.0309	0.0513	0.1084	615
601880. SH	大连港股份有限公司	0.1273	0.1498	-0.0882	0.0658	616
000612. SZ	焦作万方铝业股份有限公司	0.1270	0.2017	-0.0175	-0.0572	617
601000. SH	唐山港集团股份有限公司	0.1262	0.0731	-0.0431	0.0961	618
000048. SZ	深圳市康达尔（集团）股份有限公司	0.1260	0.0385	0.0416	0.0459	619
600879. SH	航天时代电子技术股份有限公司	0.1247	0.1409	-0.0018	-0.0144	620
000965. SZ	天津天保基建股份有限公司	0.1241	0.0847	0.0037	0.0357	621
600830. SH	香溢融通控股集团股份有限公司	0.1241	-0.0158	0.1479	-0.0080	622

续表

证券代码	公司中文名称	基 础 竞争力	规 模 竞争力	效 率 竞争力	增 长 竞争力	排名
600871. SH	中国石化仪征化纤股份有限公司	0.1239	0.3549	-0.0417	-0.1893	623
600258. SH	北京首都旅游股份有限公司	0.1236	0.1578	0.0108	-0.0450	624
600064. SH	南京新港高科技股份有限公司	0.1225	0.1969	-0.0859	0.0115	625
600826. SH	上海兰生股份有限公司	0.1225	-0.0584	0.0531	0.1278	626
000880. SZ	潍柴重机股份有限公司	0.1220	0.0631	-0.0597	0.1186	627
600197. SH	新疆伊力特实业股份有限公司	0.1212	0.0353	0.0308	0.0551	628
000738. SZ	中航动力控制股份有限公司	0.1200	0.0634	-0.0689	0.1254	629
000900. SZ	现代投资股份有限公司	0.1186	0.0312	0.0804	0.0071	630
000541. SZ	佛山电器照明股份有限公司	0.1183	0.0974	0.0456	-0.0247	631
000593. SZ	四川大通燃气开发股份有限公司	0.1159	-0.2109	0.1515	0.1752	632
600745. SH	中茵股份有限公司	0.1157	-0.0243	0.1613	-0.0212	633
600776. SH	东方通信股份有限公司	0.1157	0.1759	-0.0560	-0.0042	634
000428. SZ	华天酒店集团股份有限公司	0.1154	0.1313	-0.0222	0.0064	635
600351. SH	亚宝药业集团股份有限公司	0.1154	0.0591	0.0354	0.0209	636
600527. SH	江苏江南高纤股份有限公司	0.1149	0.0653	-0.0429	0.0924	637
600674. SH	四川川投能源股份有限公司	0.1144	0.0069	-0.0120	0.1195	638
601519. SH	上海大智慧股份有限公司	0.1132	0.0882	-0.0312	0.0563	639
600967. SH	包头北方创业股份有限公司	0.1127	0.0999	-0.0262	0.0390	640
600007. SH	中国国际贸易中心股份有限公司	0.1125	0.2329	-0.1238	0.0034	641
600750. SH	江中药业股份有限公司	0.1103	0.1146	-0.0713	0.0671	642
000918. SZ	嘉凯城集团股份有限公司	0.1099	0.2860	-0.0215	-0.1545	643
000911. SZ	南宁糖业股份有限公司	0.1095	0.1127	0.0070	-0.0102	644
600819. SH	上海耀皮玻璃集团股份有限公司	0.1095	0.0897	-0.0519	0.0717	645
600370. SH	江苏三房巷实业股份有限公司	0.1074	0.0172	-0.0214	0.1116	646
600978. SH	广东省宜华木业股份有限公司	0.1073	0.1353	-0.0511	0.0231	647
600523. SH	贵州贵航汽车零部件股份有限公司	0.1068	0.1054	-0.0767	0.0781	648
000889. SZ	秦皇岛渤海物流控股股份有限公司	0.1058	-0.0560	0.0102	0.1516	649
600883. SH	云南博闻科技实业股份有限公司	0.1045	-0.2006	-0.0583	0.3634	650
000948. SZ	云南南天电子信息产业股份有限公司	0.1041	0.1397	-0.0456	0.0100	651
000700. SZ	江南模塑科技股份有限公司	0.1039	0.0589	0.0354	0.0096	652
600339. SH	新疆独山子天利高新技术股份有限公司	0.1035	0.0679	-0.0654	0.1009	653
600292. SH	重庆九龙电力股份有限公司	0.1025	0.0917	0.1477	-0.1369	654
000592. SZ	福建中福实业股份有限公司	0.1020	0.0202	-0.0600	0.1418	655
000839. SZ	中信国安信息产业股份有限公司	0.1017	0.1720	0.0226	-0.0929	656
600651. SH	上海飞乐音响股份有限公司	0.1016	0.0439	0.0525	0.0052	657

证券代码	公司中文名称	基 础竞争力	规 模竞争力	效 率竞争力	增 长竞争力	排名
600033. SH	福建发展高速公路股份有限公司	0.1004	0.0613	0.0865	-0.0474	658
000979. SZ	中弘控股股份有限公司	0.0997	0.1518	0.1640	-0.2161	659
600829. SH	哈药集团三精制药股份有限公司	0.0988	0.1532	-0.0642	0.0098	660
600654. SH	上海飞乐股份有限公司	0.0971	0.0289	0.0156	0.0527	661
000990. SZ	诚志股份有限公司	0.0961	0.0751	0.0431	-0.0220	662
600804. SH	成都鹏博士电信传媒集团股份有限公司	0.0960	0.1640	-0.0722	0.0043	663
600778. SH	新疆友好(集团)股份有限公司	0.0946	0.0766	-0.0754	0.0935	664
600361. SH	北京华联综合超市股份有限公司	0.0935	0.1922	-0.0276	-0.0711	665
600039. SH	四川路桥建设股份有限公司	0.0934	-0.1108	-0.0510	0.2552	666
600759. SH	海南正和实业集团股份有限公司	0.0927	0.0684	-0.0251	0.0494	667
000811. SZ	烟台冰轮股份有限公司	0.0919	0.0174	-0.0089	0.0833	668
600020. SH	河南中原高速公路股份有限公司	0.0912	0.0498	0.0336	0.0078	669
600990. SH	安徽四创电子股份有限公司	0.0906	0.0527	-0.0601	0.0980	670
600227. SH	贵州赤天化股份有限公司	0.0904	0.0848	-0.0152	0.0209	671
000158. SZ	石家庄常山纺织股份有限公司	0.0900	0.1375	-0.0478	0.0004	672
600711. SH	盛屯矿业集团股份有限公司	0.0881	-0.1359	-0.0742	0.2981	673
601116. SH	三江购物俱乐部股份有限公司	0.0872	0.1053	0.0155	-0.0336	674
000967. SZ	浙江上风实业股份有限公司	0.0857	0.0176	-0.0321	0.1002	675
000159. SZ	新疆国际实业股份有限公司	0.0857	0.0585	-0.0291	0.0562	676
601588. SH	北京北辰实业股份有限公司	0.0849	0.2786	-0.1633	-0.0304	677
600328. SH	内蒙古兰太实业股份有限公司	0.0847	0.0509	-0.0198	0.0535	678
600337. SH	美克国际家具股份有限公司	0.0843	0.0672	0.0295	-0.0124	679
600736. SH	苏州新区高新技术产业股份有限公司	0.0843	0.2040	-0.1060	-0.0138	680
600439. SH	河南瑞贝卡发制品股份有限公司	0.0840	0.1049	-0.0573	0.0364	681
600567. SH	安徽山鹰纸业股份有限公司	0.0834	0.1189	-0.0765	0.0410	682
600737. SH	中粮屯河股份有限公司	0.0833	0.1284	0.0039	-0.0490	683
000893. SZ	广州东凌粮油股份有限公司	0.0822	-0.2872	0.0774	0.2920	684
000810. SZ	华润锦华股份有限公司	0.0816	-0.0015	0.0288	0.0544	685
600831. SH	陕西广电网络传媒(集团)股份有限公司	0.0797	0.0642	-0.0869	0.1025	686
000957. SZ	中通客车控股股份有限公司	0.0794	0.0523	-0.0115	0.0387	687
600702. SH	四川沱牌舍得酒业股份有限公司	0.0790	0.0485	-0.0442	0.0746	688
601599. SH	江苏鹿港科技股份有限公司	0.0788	0.0473	-0.0085	0.0400	689
600647. SH	上海同达创业投资股份有限公司	0.0771	-0.2444	0.2305	0.0910	690
601188. SH	黑龙江交通发展股份有限公司	0.0770	-0.2379	-0.0694	0.3843	691
600606. SH	上海金丰投资股份有限公司	0.0751	0.0437	0.0368	-0.0055	692

续表

证券代码	公司中文名称	基 础 竞争力	规 模 竞争力	效 率 竞争力	增 长 竞争力	排名
600470. SH	安徽六国化工股份有限公司	0.0738	0.1290	− 0.0347	− 0.0205	693
600259. SH	广晟有色金属股份有限公司	0.0730	− 0.3371	0.2304	0.1798	694
000949. SZ	新乡化纤股份有限公司	0.0728	0.0656	0.0688	− 0.0616	695
600897. SH	厦门国际航空港股份有限公司	0.0727	− 0.1044	0.1453	0.0318	696
601106. SH	中国第一重型机械股份公司	0.0726	0.3258	− 0.0957	− 0.1576	697
600605. SH	上海汇通能源股份有限公司	0.0717	− 0.0678	0.1042	0.0353	698
600560. SH	北京金自天正智能控制股份有限公司	0.0716	− 0.0680	0.0363	0.1033	699
000502. SZ	绿景控股股份有限公司	0.0714	− 0.1176	0.2200	− 0.0310	700
600689. SH	上海三毛企业(集团)股份有限公司	0.0710	0.0102	0.0454	0.0154	701
600850. SH	上海华东电脑股份有限公司	0.0706	0.0681	− 0.0511	0.0536	702
000919. SZ	金陵药业股份有限公司	0.0687	0.1031	− 0.0453	0.0110	703
600446. SH	深圳市金证科技股份有限公司	0.0686	0.0908	− 0.0360	0.0137	704
000089. SZ	深圳市机场股份有限公司	0.0682	0.0404	− 0.0137	0.0415	705
000571. SZ	新大洲控股股份有限公司	0.0676	0.0268	− 0.0746	0.1154	706
600132. SH	重庆啤酒股份有限公司	0.0669	0.1005	− 0.0125	− 0.0211	707
000665. SZ	武汉塑料工业集团股份有限公司	0.0666	− 0.0433	− 0.0466	0.1565	708
601313. SH	江南嘉捷电梯股份有限公司	0.0645	− 0.1061	0.1087	0.0619	709
000516. SZ	西安开元投资集团股份有限公司	0.0634	0.0489	0.0097	0.0047	710
000748. SZ	长城信息产业股份有限公司	0.0631	0.0754	− 0.0019	− 0.0104	711
600075. SH	新疆天业股份有限公司	0.0623	0.1269	− 0.0157	− 0.0490	712
000046. SZ	泛海建设集团股份有限公司	0.0605	0.1796	− 0.1076	− 0.0115	713
000600. SZ	河北建投能源投资股份有限公司	0.0586	0.1252	− 0.0029	− 0.0637	714
600962. SH	国投中鲁果汁股份有限公司	0.0583	0.1268	0.0077	− 0.0762	715
600475. SH	无锡华光锅炉股份有限公司	0.0579	0.1190	− 0.0469	− 0.0142	716
601699. SH	山西潞安环保能源开发股份有限公司	0.0576	0.1853	− 0.0858	− 0.0419	717
600483. SH	福建南纺股份有限公司	0.0570	0.0157	− 0.0560	0.0973	718
600987. SH	浙江航民股份有限公司	0.0560	0.1120	− 0.0688	0.0128	719
600469. SH	风神轮胎股份有限公司	0.0558	0.2327	0.0206	− 0.1975	720
600630. SH	上海龙头(集团)股份有限公司	0.0547	0.1178	− 0.0706	0.0075	721
600262. SH	内蒙古北方重型汽车股份有限公司	0.0544	0.0304	− 0.0013	0.0253	722
601001. SH	大同煤业股份有限公司	0.0542	0.1198	− 0.0667	0.0011	723
600779. SH	四川水井坊股份有限公司	0.0541	0.0688	0.0051	− 0.0197	724
000997. SZ	福建新大陆电脑股份有限公司	0.0539	0.0903	− 0.0716	0.0351	725
601996. SH	广西丰林木业集团股份有限公司	0.0530	− 0.0086	0.0799	− 0.0183	726
000989. SZ	九芝堂股份有限公司	0.0510	0.0330	0.0708	− 0.0528	727

续表

证券代码	公司中文名称	基 础 竞争力	规 模 竞争力	效 率 竞争力	增 长 竞争力	排名
600260. SH	湖北凯乐科技股份有限公司	0.0510	0.0403	0.0146	− 0.0039	728
600137. SH	四川浪莎控股股份有限公司	0.0489	− 0.1238	0.0529	0.1199	729
000768. SZ	西安飞机国际航空制造股份有限公司	0.0488	0.2809	− 0.0887	− 0.1433	730
600824. SH	上海益民商业集团股份有限公司	0.0487	0.0180	0.0218	0.0089	731
600129. SH	重庆太极实业(集团)股份有限公司	0.0486	0.1486	− 0.0804	− 0.0196	732
601028. SH	江苏玉龙钢管股份有限公司	0.0484	0.1075	0.0017	− 0.0609	733
600261. SH	浙江阳光照明电器集团股份有限公司	0.0466	0.0727	− 0.0062	− 0.0199	734
600550. SH	保定天威保变电气股份有限公司	0.0465	0.1918	− 0.0287	− 0.1166	735
600710. SH	常林股份有限公司	0.0465	0.0664	− 0.0022	− 0.0178	736
000301. SZ	江苏吴江中国东方丝绸市场股份有限公司	0.0464	0.0698	− 0.0380	0.0147	737
000782. SZ	广东新会美达锦纶股份有限公司	0.0464	0.1369	0.0894	− 0.1799	738
600623. SH	双钱集团股份有限公司	0.0463	0.2275	0.0063	− 0.1874	739
600982. SH	宁波热电股份有限公司	0.0454	− 0.1254	0.1934	− 0.0226	740
600360. SH	吉林华微电子股份有限公司	0.0442	0.0169	0.0642	− 0.0368	741
600436. SH	漳州片仔癀药业股份有限公司	0.0434	0.0237	− 0.0243	0.0440	742
600505. SH	四川西昌电力股份有限公司	0.0432	− 0.1773	0.1948	0.0256	743
000950. SZ	重庆建峰化工股份有限公司	0.0430	0.0969	− 0.0706	0.0167	744
000539. SZ	广东电力发展股份有限公司	0.0425	0.3471	− 0.0024	− 0.3022	745
600892. SH	宝诚投资股份有限公司	0.0412	− 0.4891	0.0654	0.4649	746
600184. SH	北方光电股份有限公司	0.0409	− 0.0365	− 0.0841	0.1615	747
000756. SZ	山东新华制药股份有限公司	0.0406	0.0970	− 0.0823	0.0259	748
000715. SZ	中兴 − 沈阳商业大厦(集团)股份有限公司	0.0403	0.0520	− 0.0025	− 0.0093	749
000667. SZ	名流置业集团股份有限公司	0.0402	0.1423	− 0.0705	− 0.0316	750
000055. SZ	方大集团股份有限公司	0.0401	0.0135	− 0.0587	0.0854	751
601009. SH	南京银行股份有限公司	0.0394	− 0.0529	0.0756	0.0167	752
000070. SZ	深圳市特发信息股份有限公司	0.0391	0.0716	− 0.0603	0.0277	753
600123. SH	山西兰花科技创业股份有限公司	0.0359	0.0150	− 0.0701	0.0909	754
600864. SH	哈尔滨哈投投资股份有限公司	0.0357	− 0.0594	0.0838	0.0114	755
600133. SH	武汉东湖高新集团股份有限公司	0.0348	− 0.1115	− 0.0501	0.1964	756
600456. SH	宝鸡钛业股份有限公司	0.0344	0.1186	− 0.0356	− 0.0486	757
600059. SH	浙江古越龙山绍兴酒股份有限公司	0.0337	0.0466	− 0.0660	0.0531	758
600148. SH	长春一东离合器股份有限公司	0.0319	− 0.0665	0.0351	0.0633	759
000635. SZ	宁夏英力特化工股份有限公司	0.0313	0.0863	− 0.0623	0.0073	760
000679. SZ	大连友谊(集团)股份有限公司	0.0307	0.0788	− 0.0242	− 0.0239	761
000875. SZ	吉林电力股份有限公司	0.0300	0.0975	− 0.1087	0.0413	762

续表

证券代码	公司中文名称	基础 竞争力	规模 竞争力	效率 竞争力	增长 竞争力	排名
600371．SH	万向德农股份有限公司	0.0293	− 0.0697	0.1415	− 0.0424	763
600760．SH	中航黑豹股份有限公司	0.0280	− 0.3125	− 0.0675	0.4080	764
600172．SH	河南黄河旋风股份有限公司	0.0280	0.0185	− 0.0570	0.0664	765
600037．SH	北京歌华有线电视网络股份有限公司	0.0270	0.1434	− 0.1241	0.0078	766
600400．SH	江苏红豆实业股份有限公司	0.0269	0.0359	− 0.0292	0.0202	767
601002．SH	晋亿实业股份有限公司	0.0251	0.0692	− 0.0233	− 0.0207	768
600391．SH	四川成发航空科技股份有限公司	0.0249	− 0.0042	− 0.0044	0.0335	769
000153．SZ	安徽丰原药业股份有限公司	0.0247	− 0.0268	0.0227	0.0288	770
000637．SZ	茂名石化实华股份有限公司	0.0244	0.0518	0.0304	− 0.0578	771
600428．SH	中远航运股份有限公司	0.0240	0.1202	0.0243	− 0.1205	772
600299．SH	蓝星化工新材料股份有限公司	0.0240	0.2240	− 0.0282	− 0.1718	773
000920．SZ	南方汇通股份有限公司	0.0237	0.0454	− 0.0674	0.0457	774
600857．SH	哈工大首创科技股份有限公司	0.0234	− 0.1077	0.0974	0.0336	775
600652．SH	上海爱使股份有限公司	0.0230	0.1285	− 0.0341	− 0.0714	776
600633．SH	浙报传媒集团股份有限公司	0.0202	0.0677	0.0700	− 0.1175	777
600863．SH	内蒙古蒙电华能热电股份有限公司	0.0199	0.2693	0.1046	− 0.3540	778
601222．SH	江苏林洋电子股份有限公司	0.0196	0.0396	− 0.0519	0.0320	779
600995．SH	云南文山电力股份有限公司	0.0194	− 0.0432	0.0642	− 0.0016	780
600628．SH	上海新世界股份有限公司	0.0187	0.0867	− 0.0179	− 0.0502	781
600960．SH	山东滨州渤海活塞股份有限公司	0.0181	0.0456	− 0.0600	0.0325	782
600218．SH	安徽全柴动力股份有限公司	0.0181	0.0141	− 0.0993	0.1033	783
601177．SH	杭州前进齿轮箱集团股份有限公司	0.0176	0.0748	− 0.0539	− 0.0033	784
600317．SH	营口港务股份有限公司	0.0164	0.0539	− 0.0406	0.0031	785
601168．SH	西部矿业股份有限公司	0.0152	0.1110	− 0.0530	− 0.0427	786
000785．SZ	武汉中商集团股份有限公司	0.0140	0.0456	− 0.0330	0.0014	787
601872．SH	招商局能源运输股份有限公司	0.0138	0.0553	0.0637	− 0.1052	788
601616．SH	上海广电电气(集团)股份有限公司	0.0134	0.0118	0.0649	− 0.0633	789
600114．SH	东睦新材料集团股份有限公司	0.0127	− 0.0188	− 0.0468	0.0783	790
000022．SZ	深圳赤湾港航股份有限公司	0.0125	0.0023	0.0664	− 0.0562	791
000931．SZ	北京中关村科技发展(控股)股份有限公司	0.0115	0.1111	− 0.0799	− 0.0197	792
600486．SH	江苏扬农化工股份有限公司	0.0099	0.0735	0.0248	− 0.0884	793
000848．SZ	河北承德露露股份有限公司	0.0098	0.0627	− 0.0543	0.0014	794
600398．SH	凯诺科技股份有限公司	0.0091	0.0428	− 0.0335	− 0.0002	795
600088．SH	中视传媒股份有限公司	0.0091	0.0304	− 0.0291	0.0078	796
601999．SH	北方联合出版传媒(集团)股份有限公司	0.0079	0.0458	− 0.0033	− 0.0346	797

续表

证券代码	公司中文名称	基础竞争力	规模竞争力	效率竞争力	增长竞争力	排名
000816. SZ	江苏江淮动力股份有限公司	0.0067	0.0680	−0.0041	−0.0572	798
600589. SH	广东榕泰实业股份有限公司	0.0063	0.0317	0.0182	−0.0436	799
601666. SH	平顶山天安煤业股份有限公司	0.0047	0.1489	−0.0908	−0.0533	800
601101. SH	北京昊华能源股份有限公司	0.0043	−0.0079	−0.0476	0.0598	801
600529. SH	山东省药用玻璃股份有限公司	0.0042	0.0458	−0.0132	−0.0284	802
601700. SH	常熟风范电力设备股份有限公司	0.0027	0.0405	−0.0555	0.0177	803
000966. SZ	国电长源电力股份有限公司	0.0025	0.1616	−0.0486	−0.1105	804
000061. SZ	深圳市农产品股份有限公司	0.0022	0.0611	−0.0474	−0.0115	805
600695. SH	上海大江(集团)股份有限公司	0.0011	−0.0866	0.0759	0.0118	806
000599. SZ	青岛双星股份有限公司	0.0009	0.1416	−0.0008	−0.1399	807
000757. SZ	四川方向光电股份有限公司	−0.0011	−0.2260	0.4145	−0.1896	808
600233. SH	大连大杨创世股份有限公司	−0.0015	0.0052	0.0163	−0.0230	809
000608. SZ	阳光新业地产股份有限公司	−0.0017	0.0394	−0.0412	0.0002	810
000421. SZ	南京中北(集团)股份有限公司	−0.0026	0.0811	0.0025	−0.0862	811
600279. SH	重庆港九股份有限公司	−0.0031	−0.0964	−0.0201	0.1134	812
600101. SH	四川明星电力股份有限公司	−0.0033	−0.1039	0.0764	0.0241	813
600866. SH	广东肇庆星湖生物科技股份有限公司	−0.0034	0.0100	−0.0077	−0.0057	814
600220. SH	江苏阳光股份有限公司	−0.0037	0.0897	−0.0002	−0.0932	815
601007. SH	金陵饭店股份有限公司	−0.0038	0.0345	−0.0601	0.0218	816
601218. SH	江苏吉鑫风能科技股份有限公司	−0.0049	0.0317	0.0040	−0.0405	817
600222. SH	河南太龙药业股份有限公司	−0.0050	−0.0519	0.0258	0.0211	818
600495. SH	晋西车轴股份有限公司	−0.0050	0.0719	−0.0321	−0.0448	819
600229. SH	青岛碱业股份有限公司	−0.0063	0.0289	0.0486	−0.0838	820
600756. SH	山东浪潮齐鲁软件产业股份有限公司	−0.0077	−0.0026	0.0382	−0.0433	821
000407. SZ	山东胜利股份有限公司	−0.0090	0.0120	0.0688	−0.0898	822
600230. SH	沧州大化股份有限公司	−0.0098	0.0484	0.0144	−0.0725	823
000797. SZ	中国武夷实业股份有限公司	−0.0100	0.0546	−0.0498	−0.0148	824
000837. SZ	陕西秦川机械发展股份有限公司	−0.0105	0.0082	−0.0423	0.0236	825
600613. SH	上海永生投资管理股份有限公司	−0.0114	−0.2420	0.0882	0.1424	826
600764. SH	中电广通股份有限公司	−0.0116	0.0425	0.0181	−0.0722	827
000032. SZ	深圳市桑达实业股份有限公司	−0.0117	0.0217	0.0432	−0.0766	828
000566. SZ	海南海药股份有限公司	−0.0127	−0.0246	−0.0719	0.0839	829
601199. SH	江苏江南水务股份有限公司	−0.0128	−0.1730	0.0062	0.1540	830
000859. SZ	安徽国风塑业股份有限公司	−0.0139	0.0093	−0.0322	0.0089	831
600638. SH	上海新黄浦置业股份有限公司	−0.0140	0.0833	−0.1013	0.0040	832

续表

证券代码	公司中文名称	基础竞争力	规模竞争力	效率竞争力	增长竞争力	排名
600192. SH	兰州长城电工股份有限公司	-0.0151	-0.0081	-0.0684	0.0614	833
600637. SH	百视通新媒体股份有限公司	-0.0151	0.0930	0.2583	-0.3665	834
000702. SZ	湖南正虹科技发展股份有限公司	-0.0152	-0.0282	0.0719	-0.0588	835
000029. SZ	深圳经济特区房地产(集团)股份有限公司	-0.0164	0.0211	-0.0940	0.0565	836
000514. SZ	重庆渝开发股份有限公司	-0.0166	0.0544	-0.0835	0.0125	837
600448. SH	华纺股份有限公司	-0.0197	-0.0010	-0.0743	0.0556	838
600363. SH	江西联创光电科技股份有限公司	-0.0218	0.0148	-0.0060	-0.0305	839
000737. SZ	南风化工集团股份有限公司	-0.0231	0.0733	-0.0546	-0.0419	840
600478. SH	湖南科力远新能源股份有限公司	-0.0233	-0.0041	0.0372	-0.0563	841
600078. SH	江苏澄星磷化工股份有限公司	-0.0234	0.0821	0.0120	-0.1175	842
600789. SH	山东鲁抗医药股份有限公司	-0.0235	0.0434	-0.0320	-0.0348	843
000099. SZ	中信海洋直升机股份有限公司	-0.0237	-0.1341	0.0887	0.0218	844
600280. SH	南京中央商场(集团)股份有限公司	-0.0240	0.0690	-0.0703	-0.0227	845
600372. SH	中航航空电子设备股份有限公司	-0.0253	0.1717	-0.0727	-0.1243	846
600971. SH	安徽恒源煤电股份有限公司	-0.0275	-0.0140	0.0850	-0.0984	847
600596. SH	浙江新安化工集团股份有限公司	-0.0305	0.1326	0.0361	-0.1993	848
600395. SH	贵州盘江精煤股份有限公司	-0.0322	0.0081	-0.0258	-0.0146	849
600171. SH	上海贝岭股份有限公司	-0.0323	-0.0578	-0.0193	0.0448	850
601890. SH	江苏亚星锚链股份有限公司	-0.0327	0.0519	0.0171	-0.1017	851
600459. SH	贵研铂业股份有限公司	-0.0336	0.0705	-0.0155	-0.0886	852
600367. SH	贵州红星发展股份有限公司	-0.0347	0.0136	-0.0310	-0.0173	853
600558. SH	四川大西洋焊接材料股份有限公司	-0.0350	0.0601	-0.0541	-0.0410	854
600985. SH	安徽雷鸣科化股份有限公司	-0.0351	-0.0933	0.0007	0.0574	855
000409. SZ	泰复实业股份有限公司	-0.0352	-0.5304	0.0472	0.4480	856
000915. SZ	山东山大华特科技股份有限公司	-0.0357	-0.0272	-0.0423	0.0338	857
000582. SZ	北海港股份有限公司	-0.0360	-0.2139	-0.0272	0.2051	858
600636. SH	上海三爱富新材料股份有限公司	-0.0360	0.1960	0.1229	-0.3549	859
600834. SH	上海申通地铁股份有限公司	-0.0371	-0.0188	0.0918	-0.1100	860
600237. SH	安徽铜峰电子股份有限公司	-0.0387	-0.0393	-0.0452	0.0458	861
600666. SH	西南药业股份有限公司	-0.0390	-0.0513	-0.0100	0.0222	862
600716. SH	江苏凤凰置业投资股份有限公司	-0.0391	0.1088	0.0570	-0.2049	863
600650. SH	上海锦江国际实业投资股份有限公司	-0.0401	-0.0228	0.0126	-0.0300	864
000564. SZ	西安民生集团股份有限公司	-0.0404	-0.0008	-0.0886	0.0490	865
000780. SZ	内蒙古平庄能源股份有限公司	-0.0409	-0.1097	-0.0607	0.1295	866
600173. SH	卧龙地产集团股份有限公司	-0.0413	0.0317	-0.0556	-0.0174	867

证券代码	公司中文名称	基 础 竞争力	规 模 竞争力	效 率 竞争力	增 长 竞争力	排名
600323. SH	南海发展股份有限公司	− 0. 0415	− 0. 1161	0. 0076	0. 0670	868
600624. SH	上海复旦复华科技股份有限公司	− 0. 0423	− 0. 0703	0. 0055	0. 0226	869
600074. SH	江苏中达新材料集团股份有限公司	− 0. 0431	− 0. 0033	− 0. 0292	− 0. 0107	870
601789. SH	宁波建工股份有限公司	− 0. 0435	− 0. 1116	0. 1862	− 0. 1180	871
600479. SH	株洲千金药业股份有限公司	− 0. 0465	0. 0146	− 0. 0719	0. 0107	872
600590. SH	泰豪科技股份有限公司	− 0. 0481	0. 0786	− 0. 0763	− 0. 0504	873
000833. SZ	广西贵糖(集团)股份有限公司	− 0. 0485	0. 0195	− 0. 0174	− 0. 0506	874
600103. SH	福建省青山纸业股份有限公司	− 0. 0486	0. 0317	− 0. 0528	− 0. 0275	875
600249. SH	柳州两面针股份有限公司	− 0. 0494	− 0. 0609	− 0. 0369	0. 0483	876
000065. SZ	北方国际合作股份有限公司	− 0. 0499	− 0. 2713	0. 1419	0. 0794	877
000530. SZ	大连冷冻机股份有限公司	− 0. 0506	0. 0306	− 0. 0175	− 0. 0636	878
600740. SH	山西焦化股份有限公司	− 0. 0511	0. 1653	− 0. 0767	− 0. 1398	879
600167. SH	联美控股份有限公司	− 0. 0528	− 0. 2458	0. 0137	0. 1792	880
600038. SH	哈飞航空工业股份有限公司	− 0. 0533	0. 0766	− 0. 0863	− 0. 0436	881
601518. SH	吉林高速公路股份有限公司	− 0. 0539	− 0. 1399	0. 0133	0. 0727	882
600356. SH	牡丹江恒丰纸业股份有限公司	− 0. 0557	0. 0230	− 0. 0671	− 0. 0117	883
000978. SZ	桂林旅游股份有限公司	− 0. 0559	− 0. 0400	− 0. 1298	0. 1139	884
600482. SH	风帆股份有限公司	− 0. 0560	0. 1038	0. 0550	− 0. 2148	885
600226. SH	浙江升华拜克生物股份有限公司	− 0. 0572	0. 0537	0. 0381	− 0. 1490	886
600082. SH	天津海泰科技发展股份有限公司	− 0. 0573	0. 0350	− 0. 0635	− 0. 0287	887
600683. SH	京投银泰股份有限公司	− 0. 0578	0. 0767	− 0. 1356	0. 0011	888
600097. SH	上海开创国际海洋资源股份有限公司	− 0. 0585	0. 0126	0. 0650	− 0. 1361	889
000852. SZ	江汉石油钻头股份有限公司	− 0. 0591	0. 0013	− 0. 0024	− 0. 0581	890
600316. SH	江西洪都航空工业股份有限公司	− 0. 0604	0. 0528	− 0. 0390	− 0. 0742	891
000790. SZ	成都华神集团股份有限公司	− 0. 0605	− 0. 1080	− 0. 0270	0. 0745	892
600081. SH	东风电子科技股份有限公司	− 0. 0628	0. 0871	− 0. 0028	− 0. 1471	893
000610. SZ	西安旅游股份有限公司	− 0. 0628	− 0. 1222	− 0. 0555	0. 1149	894
600369. SH	西南证券股份有限公司	− 0. 0632	− 0. 3497	− 0. 1781	0. 4646	895
600555. SH	上海九龙山股份有限公司	− 0. 0636	− 0. 0539	− 0. 1462	0. 1365	896
000014. SZ	沙河实业股份有限公司	− 0. 0644	− 0. 1229	0. 0647	− 0. 0062	897
000553. SZ	湖北沙隆达股份有限公司	− 0. 0659	0. 0411	0. 0084	− 0. 1154	898
000886. SZ	海南高速公路股份有限公司	− 0. 0660	− 0. 1963	− 0. 0300	0. 1603	899
600508. SH	上海大屯能源股份有限公司	− 0. 0670	0. 0306	− 0. 0721	− 0. 0254	900
000533. SZ	广东万家乐股份有限公司	− 0. 0676	0. 0150	0. 0805	− 0. 1631	901
600658. SH	北京电子城投资开发股份有限公司	− 0. 0696	0. 0429	0. 1544	− 0. 2669	902

续表

证券代码	公司中文名称	基础竞争力	规模竞争力	效率竞争力	增长竞争力	排名
000819. SZ	岳阳兴长石化股份有限公司	− 0.0730	− 0.0012	0.0422	− 0.1140	903
000818. SZ	方大锦化化工科技股份有限公司	− 0.0734	0.1105	− 0.0343	− 0.1497	904
000040. SZ	宝安鸿基地产集团股份有限公司	− 0.0756	− 0.0054	0.1335	− 0.2038	905
000828. SZ	东莞发展控股股份有限公司	− 0.0772	− 0.1297	0.0035	0.0491	906
000905. SZ	厦门港务发展股份有限公司	− 0.0777	− 0.0142	− 0.0275	− 0.0360	907
600090. SH	新疆啤酒花股份有限公司	− 0.0795	0.0014	− 0.0581	− 0.0228	908
600814. SH	杭州解百集团股份有限公司	− 0.0802	− 0.0276	0.0007	− 0.0534	909
000570. SZ	常柴股份有限公司	− 0.0804	0.0780	0.0230	− 0.1814	910
600211. SH	西藏诺迪康药业股份有限公司	− 0.0808	− 0.0566	− 0.0312	0.0071	911
600614. SH	上海鼎立科技发展(集团)股份有限公司	− 0.0810	0.0011	− 0.0820	− 0.0001	912
600312. SH	河南平高电气股份有限公司	− 0.0824	0.0331	0.0532	− 0.1687	913
600241. SH	辽宁时代万恒股份有限公司	− 0.0842	− 0.0004	0.2009	− 0.2847	914
600767. SH	运盛(上海)实业股份有限公司	− 0.0895	− 0.1883	0.0118	0.0870	915
600077. SH	宋都基业投资股份有限公司	− 0.0905	0.1834	0.0435	− 0.3175	916
000796. SZ	易食集团股份有限公司	− 0.0908	− 0.1013	0.0801	− 0.0695	917
600641. SH	上海万业企业股份有限公司	− 0.0908	0.0388	− 0.0693	− 0.0603	918
600592. SH	福建龙溪轴承(集团)股份有限公司	− 0.0923	− 0.0751	0.0124	− 0.0296	919
600708. SH	上海海博股份有限公司	− 0.0936	− 0.0500	0.0257	− 0.0179	920
000812. SZ	陕西金叶科教集团股份有限公司	− 0.1015	− 0.0636	− 0.0323	− 0.0055	921
000973. SZ	佛山佛塑科技集团股份有限公司	− 0.1024	0.1692	0.0478	− 0.3194	922
000590. SZ	紫光古汉集团股份有限公司	− 0.1034	− 0.1275	− 0.0455	0.0696	923
600712. SH	南宁百货大楼股份有限公司	− 0.1038	− 0.0158	− 0.1049	0.0169	924
600609. SH	金杯汽车股份有限公司	− 0.1038	0.1090	− 0.0509	− 0.1619	925
600731. SH	湖南海利化工股份有限公司	− 0.1042	− 0.0865	− 0.0012	− 0.0166	926
600517. SH	上海置信电气股份有限公司	− 0.1053	− 0.0046	0.0525	− 0.1532	927
600223. SH	鲁商置业股份有限公司	− 0.1066	0.1367	− 0.0319	− 0.2114	928
000049. SZ	深圳市德赛电池科技股份有限公司	− 0.1091	0.0221	0.0968	− 0.2280	929
600178. SH	哈尔滨东安汽车动力股份有限公司	− 0.1110	0.0272	− 0.0141	− 0.1241	930
000558. SZ	莱茵达置业股份有限公司	− 0.1116	− 0.0132	− 0.0566	− 0.0417	931
000636. SZ	广东风华高新科技股份有限公司	− 0.1118	0.0903	0.0166	− 0.2187	932
000607. SZ	浙江华智控股股份有限公司	− 0.1119	− 0.0442	0.1143	− 0.1821	933
000752. SZ	西藏银河科技发展股份有限公司	− 0.1122	− 0.0799	− 0.0694	0.0371	934
000023. SZ	深圳市天地(集团)股份有限公司	− 0.1125	− 0.1023	0.0028	− 0.0130	935
000560. SZ	昆明百货大楼(集团)股份有限公司	− 0.1126	− 0.0419	− 0.0816	0.0108	936
600190. SH	锦州港股份有限公司	− 0.1133	− 0.0685	− 0.0705	0.0257	937

续表

证券代码	公司中文名称	基 础 竞争力	规 模 竞争力	效 率 竞争力	增 长 竞争力	排名
600235. SH	民丰特种纸股份有限公司	-0.1134	-0.0285	-0.0575	-0.0274	938
601008. SH	江苏连云港港口股份有限公司	-0.1148	-0.0722	-0.0636	0.0210	939
600389. SH	南通江山农药化工股份有限公司	-0.1150	0.0187	0.0328	-0.1664	940
600608. SH	上海宽频科技股份有限公司	-0.1155	-0.1071	0.2574	-0.2659	941
600107. SH	湖北美尔雅股份有限公司	-0.1164	-0.0965	-0.0744	0.0545	942
600291. SH	内蒙古西水创业股份有限公司	-0.1179	-0.0758	0.0285	-0.0706	943
600281. SH	太原化工股份有限公司	-0.1180	0.0519	-0.0791	-0.0908	944
600121. SH	郑州煤电股份有限公司	-0.1191	-0.0932	0.0218	-0.0476	945
600820. SH	上海隧道工程股份有限公司	-0.1192	0.0556	0.0146	-0.1894	946
600838. SH	上海九百股份有限公司	-0.1209	-0.2812	0.0418	0.1184	947
000678. SZ	襄阳汽车轴承股份有限公司	-0.1223	-0.1334	-0.0577	0.0687	948
600997. SH	开滦能源化工股份有限公司	-0.1223	0.0749	-0.0426	-0.1547	949
600979. SH	四川广安爱众股份有限公司	-0.1228	-0.1287	-0.0302	0.0361	950
600162. SH	深圳香江控股股份有限公司	-0.1230	0.0597	-0.1229	-0.0598	951
600318. SH	安徽巢东水泥股份有限公司	-0.1281	0.0445	-0.0594	-0.1131	952
600992. SH	贵州钢绳股份有限公司	-0.1285	-0.0037	-0.0753	-0.0494	953
600165. SH	宁夏新日恒力钢丝绳股份有限公司	-0.1286	-0.0210	-0.0735	-0.0341	954
600435. SH	北方导航控制技术股份有限公司	-0.1291	-0.0370	0.0191	-0.1111	955
600106. SH	重庆路桥股份有限公司	-0.1325	-0.2204	0.0300	0.0578	956
600671. SH	杭州天目山药业股份有限公司	-0.1326	-0.1820	0.0099	0.0395	957
600330. SH	天通控股股份有限公司	-0.1331	-0.0135	-0.0242	-0.0954	958
600463. SH	北京空港科技园区股份有限公司	-0.1335	-0.0402	-0.0710	-0.0223	959
000429. SZ	广东省高速公路发展股份有限公司	-0.1369	-0.0778	-0.0133	-0.0458	960
000798. SZ	中水集团远洋股份有限公司	-0.1371	-0.0878	0.1441	-0.1934	961
600253. SH	河南天方药业股份有限公司	-0.1374	0.0671	-0.0515	-0.1530	962
000795. SZ	太原双塔刚玉股份有限公司	-0.1376	0.0029	-0.0678	-0.0728	963
600331. SH	四川宏达股份有限公司	-0.1391	0.1348	-0.0769	-0.1970	964
600326. SH	西藏天路股份有限公司	-0.1398	-0.2800	-0.0592	0.1994	965
600485. SH	北京中创信测科技股份有限公司	-0.1428	-0.0284	-0.0629	-0.0515	966
600825. SH	上海新华传媒股份有限公司	-0.1442	0.0462	-0.0603	-0.1301	967
600738. SH	兰州民百(集团)股份有限公司	-0.1454	-0.1274	-0.0407	0.0227	968
600891. SH	哈尔滨秋林集团股份有限公司	-0.1458	-0.1927	-0.1078	0.1546	969
601798. SH	甘肃蓝科石化高新装备股份有限公司	-0.1466	-0.0783	-0.0615	-0.0068	970
600466. SH	四川迪康科技药业股份有限公司	-0.1475	-0.1499	-0.0187	0.0211	971
600816. SH	安信信托投资股份有限公司	-0.1478	-0.5740	0.2885	0.1377	972

续表

证券代码	公司中文名称	基 础 竞争力	规 模 竞争力	效 率 竞争力	增 长 竞争力	排名
600228. SH	江西昌九生物化工股份有限公司	- 0.1495	- 0.0745	0.0006	- 0.0756	973
600896. SH	中海(海南)海盛船务股份有限公司	- 0.1510	- 0.1451	0.0831	- 0.0891	974
600861. SH	北京城乡贸易中心股份有限公司	- 0.1541	0.0152	- 0.1113	- 0.0580	975
601958. SH	金堆城钼业股份有限公司	- 0.1547	0.0067	- 0.1245	- 0.0370	976
600302. SH	西安标准工业股份有限公司	- 0.1554	- 0.1138	- 0.0499	0.0083	977
600285. SH	河南羚锐制药股份有限公司	- 0.1559	- 0.1093	- 0.0350	- 0.0116	978
601918. SH	国投新集能源股份有限公司	- 0.1561	0.0081	- 0.0718	- 0.0924	979
000912. SZ	四川泸天化股份有限公司	- 0.1561	0.1026	- 0.0705	- 0.1882	980
600257. SH	大湖水殖股份有限公司	- 0.1565	- 0.0682	- 0.0080	- 0.0803	981
000034. SZ	深圳市深信泰丰(集团)股份有限公司	- 0.1579	- 0.2178	0.1416	- 0.0816	982
000980. SZ	黄山金马股份有限公司	- 0.1582	- 0.0996	- 0.0834	0.0247	983
000831. SZ	山西关铝股份有限公司	- 0.1592	- 0.0210	- 0.0550	- 0.0832	984
600333. SH	长春燃气股份有限公司	- 0.1595	- 0.0300	- 0.0124	- 0.1171	985
000882. SZ	北京华联商厦股份有限公司	- 0.1602	- 0.0976	- 0.0567	- 0.0059	986
600035. SH	湖北楚天高速公路股份有限公司	- 0.1612	- 0.0961	- 0.0591	- 0.0061	987
000716. SZ	南方黑芝麻集团股份有限公司	- 0.1616	- 0.1369	0.1127	- 0.1373	988
000721. SZ	西安饮食股份有限公司	- 0.1628	- 0.1261	- 0.0195	- 0.0172	989
600157. SH	永泰能源股份有限公司	- 0.1681	- 0.2252	0.1697	- 0.1126	990
000736. SZ	重庆国际实业投资股份有限公司	- 0.1699	- 0.0625	- 0.1292	0.0218	991
000555. SZ	深圳市太光电信股份有限公司	- 0.1721	- 0.4804	0.1603	0.1479	992
600682. SH	南京新街口百货商店股份有限公司	- 0.1722	- 0.0249	- 0.0807	- 0.0666	993
600071. SH	凤凰光学股份有限公司	- 0.1727	- 0.0709	- 0.0691	- 0.0327	994
000019. SZ	深圳市深宝实业股份有限公司	- 0.1728	- 0.1586	- 0.0813	0.0671	995
000723. SZ	山西美锦能源股份有限公司	- 0.1728	- 0.0173	- 0.0376	- 0.1179	996
000758. SZ	中国有色金属建设股份有限公司	- 0.1730	- 0.0462	- 0.0206	- 0.1062	997
600969. SH	湖南郴电国际发展股份有限公司	- 0.1731	- 0.0177	0.0726	- 0.2280	998
600621. SH	上海金陵股份有限公司	- 0.1735	- 0.0005	- 0.0647	- 0.1082	999
000037. SZ	深圳南山热电股份有限公司	- 0.1741	- 0.0334	0.0420	- 0.1827	1000
000544. SZ	中原环保股份有限公司	- 0.1751	- 0.1363	- 0.0309	- 0.0079	1001
000739. SZ	普洛股份有限公司	- 0.1766	- 0.0502	- 0.0520	- 0.0744	1002
000584. SZ	四川友利投资控股股份有限公司	- 0.1771	- 0.0260	- 0.0466	- 0.1046	1003
600681. SH	万鸿集团股份有限公司	- 0.1775	- 0.6017	0.3495	0.0746	1004
600573. SH	福建省燕京惠泉啤酒股份有限公司	- 0.1785	- 0.0372	- 0.0332	- 0.1080	1005
600353. SH	成都旭光电子股份有限公司	- 0.1812	- 0.1756	0.0677	- 0.0733	1006
600680. SH	上海普天邮通科技股份有限公司	- 0.1829	0.0442	- 0.0087	- 0.2184	1007

证券代码	公司中文名称	基础竞争力	规模竞争力	效率竞争力	增长竞争力	排名
600156. SH	湖南华升股份有限公司	- 0. 1840	- 0. 0908	- 0. 0253	- 0. 0679	1008
600526. SH	浙江菲达环保科技股份有限公司	- 0. 1842	- 0. 0668	- 0. 0470	- 0. 0703	1009
600836. SH	上海界龙实业集团股份有限公司	- 0. 1856	- 0. 0665	- 0. 0647	- 0. 0543	1010
600185. SH	格力地产股份有限公司	- 0. 1862	0. 0888	- 0. 0951	- 0. 1799	1011
600965. SH	河北福成五丰食品股份有限公司	- 0. 1871	- 0. 1013	- 0. 0007	- 0. 0851	1012
600855. SH	北京航天长峰股份有限公司	- 0. 1876	- 0. 0820	- 0. 0685	- 0. 0371	1013
000058. SZ	深圳赛格股份有限公司	- 0. 1877	- 0. 0698	- 0. 0911	- 0. 0268	1014
000717. SZ	广东韶钢松山股份有限公司	- 0. 1879	- 0. 1194	- 0. 0285	- 0. 0399	1015
600807. SH	山东天业恒基股份有限公司	- 0. 1880	- 0. 1284	- 0. 1085	0. 0488	1016
600433. SH	广东冠豪高新技术股份有限公司	- 0. 1887	- 0. 0052	0. 0622	- 0. 2457	1017
000705. SZ	浙江震元股份有限公司	- 0. 1897	- 0. 0879	- 0. 1094	0. 0077	1018
600272. SH	上海开开实业股份有限公司	- 0. 1916	- 0. 0693	- 0. 0709	- 0. 0514	1019
600152. SH	宁波维科精华集团股份有限公司	- 0. 1922	0. 1510	0. 0077	- 0. 3510	1020
000598. SZ	成都市兴蓉投资股份有限公司	- 0. 1924	0. 2670	0. 0549	- 0. 5143	1021
600072. SH	中船江南重工股份有限公司	- 0. 1924	- 0. 0240	- 0. 0718	- 0. 0967	1022
600378. SH	四川天一科技股份有限公司	- 0. 1975	- 0. 0684	- 0. 0742	- 0. 0548	1023
600853. SH	龙建路桥股份有限公司	- 0. 1991	- 0. 2006	- 0. 1490	0. 1505	1024
600243. SH	青海华鼎实业股份有限公司	- 0. 2009	- 0. 1036	0. 0017	- 0. 0989	1025
000903. SZ	昆明云内动力股份有限公司	- 0. 2009	- 0. 0526	- 0. 0123	- 0. 1359	1026
600201. SH	内蒙古金宇集团股份有限公司	- 0. 2016	- 0. 0426	- 0. 0662	- 0. 0928	1027
600806. SH	沈机集团昆明机床股份有限公司	- 0. 2055	0. 0042	- 0. 0972	- 0. 1125	1028
000898. SZ	鞍钢股份有限公司	- 0. 2069	0. 0549	- 0. 0324	- 0. 2294	1029
601886. SH	北京江河幕墙股份有限公司	- 0. 2073	- 0. 0497	- 0. 0555	- 0. 1021	1030
000902. SZ	中国服装股份有限公司	- 0. 2076	- 0. 0483	0. 0652	- 0. 2245	1031
600283. SH	钱江水利开发股份有限公司	- 0. 2084	- 0. 1848	- 0. 0516	0. 0279	1032
600513. SH	江苏联环药业股份有限公司	- 0. 2086	- 0. 1587	- 0. 0784	0. 0285	1033
600833. SH	上海第一医药股份有限公司	- 0. 2103	- 0. 1265	- 0. 0582	- 0. 0256	1034
600468. SH	天津百利特精电气股份有限公司	- 0. 2108	- 0. 1232	- 0. 0685	- 0. 0192	1035
600232. SH	浙江金鹰股份有限公司	- 0. 2114	- 0. 0098	0. 0296	- 0. 2312	1036
600545. SH	新疆城建(集团)股份有限公司	- 0. 2126	- 0. 2091	- 0. 0801	0. 0765	1037
000156. SZ	湖南嘉瑞新材料集团股份有限公司	- 0. 2127	- 0. 3077	- 0. 0320	0. 1270	1038
600490. SH	上海中科合臣股份有限公司	- 0. 2133	- 0. 2014	0. 0433	- 0. 0552	1039
000777. SZ	中核苏阀科技实业股份有限公司	- 0. 2154	- 0. 1175	- 0. 0719	- 0. 0260	1040
600207. SH	河南安彩高科股份有限公司	- 0. 2178	- 0. 0425	- 0. 0098	- 0. 1654	1041
000916. SZ	华北高速公路股份有限公司	- 0. 2179	- 0. 1331	- 0. 0408	- 0. 0440	1042

续表

证券代码	公司中文名称	基 础 竞争力	规 模 竞争力	效 率 竞争力	增 长 竞争力	排名
600112. SH	贵州长征电气股份有限公司	-0.2193	-0.1604	0.0333	-0.0921	1043
600746. SH	江苏索普化工股份有限公司	-0.2219	-0.0688	0.0775	-0.2306	1044
000928. SZ	中钢集团吉林炭素股份有限公司	-0.2223	-0.0562	-0.0148	-0.1514	1045
600093. SH	四川禾嘉股份有限公司	-0.2230	-0.1554	0.1147	-0.1824	1046
600476. SH	湖南湘邮科技股份有限公司	-0.2230	-0.0586	0.0643	-0.2287	1047
600297. SH	美罗药业股份有限公司	-0.2261	-0.0775	0.0079	-0.1565	1048
000766. SZ	通化金马药业集团股份有限公司	-0.2274	-0.2124	0.0366	-0.0516	1049
000687. SZ	保定天鹅股份有限公司	-0.2276	-0.0130	-0.0189	-0.1957	1050
600602. SH	上海广电电子股份有限公司	-0.2325	0.0202	-0.0645	-0.1882	1051
000096. SZ	深圳市广聚能源股份有限公司	-0.2347	-0.0239	-0.0918	-0.1191	1052
600599. SH	熊猫烟花集团股份有限公司	-0.2374	-0.2247	0.0236	-0.0362	1053
000531. SZ	广州恒运企业集团股份有限公司	-0.2383	0.0732	-0.0055	-0.3060	1054
600790. SH	浙江中国轻纺城集团股份有限公司	-0.2384	-0.0784	0.0014	-0.1614	1055
600744. SH	大唐华银电力股份有限公司	-0.2385	-0.2468	-0.1605	0.1688	1056
000710. SZ	成都天兴仪表股份有限公司	-0.2415	-0.2639	0.0721	-0.0497	1057
600701. SH	哈尔滨工大高新技术产业开发股份有限公司	-0.2427	-0.0291	-0.0870	-0.1267	1058
600629. SH	上海棱光实业股份有限公司	-0.2438	-0.0987	-0.0723	-0.0727	1059
600116. SH	重庆三峡水利电力(集团)股份有限公司	-0.2439	-0.1458	-0.0787	-0.0195	1060
000507. SZ	珠海港股份有限公司	-0.2447	-0.0049	0.0359	-0.2756	1061
000813. SZ	新疆天山毛纺织股份有限公司	-0.2486	-0.2011	0.0275	-0.0750	1062
600837. SH	海通证券股份有限公司	-0.2495	0.0059	-0.1852	-0.0702	1063
000088. SZ	深圳市盐田港股份有限公司	-0.2520	-0.1931	0.0009	-0.0598	1064
600496. SH	长江精工钢结构(集团)股份有限公司	-0.2535	-0.1008	-0.0054	-0.1473	1065
600311. SH	甘肃荣华实业(集团)股份有限公司	-0.2549	-0.1461	-0.0859	-0.0230	1066
600293. SH	湖北三峡新型建材股份有限公司	-0.2593	-0.0402	-0.0649	-0.1538	1067
000835. SZ	四川圣达实业股份有限公司	-0.2593	-0.0723	-0.0630	-0.1240	1068
600130. SH	宁波波导股份有限公司	-0.2624	0.0444	-0.0045	-0.3022	1069
600747. SH	大连大显控股股份有限公司	-0.2648	-0.0712	-0.0014	-0.1921	1070
600865. SH	百大集团股份有限公司	-0.2653	-0.0451	-0.1350	-0.0851	1071
000036. SZ	华联控股股份有限公司	-0.2657	0.0396	-0.0730	-0.1532	1072
000821. SZ	湖北京山轻工机械股份有限公司	-0.2757	-0.1873	-0.0457	-0.0428	1073
600131. SH	四川岷江水利电力股份有限公司	-0.2771	-0.1647	0.0657	-0.1781	1074
600543. SH	甘肃莫高实业发展股份有限公司	-0.2779	-0.1060	-0.0849	-0.0870	1075
600520. SH	铜陵中发三佳科技股份有限公司	-0.2794	-0.3168	-0.0655	0.1029	1076
600851. SH	上海海欣集团股份有限公司	-0.2798	0.0210	-0.0749	-0.2260	1077

续表

证券代码	公司中文名称	基 础 竞争力	规 模 竞争力	效 率 竞争力	增 长 竞争力	排名
600604. SH	上海二纺机股份有限公司	−0.2814	−0.2051	−0.0736	−0.0026	1078
000554. SZ	中国石化山东泰山石油股份有限公司	−0.2844	−0.0227	−0.1494	−0.1122	1079
000655. SZ	山东金岭矿业股份有限公司	−0.2846	−0.2432	−0.0551	0.0136	1080
000909. SZ	数源科技股份有限公司	−0.2857	0.0697	−0.0084	−0.3471	1081
000890. SZ	江苏法尔胜股份有限公司	−0.2894	0.0050	−0.0179	−0.2765	1082
000601. SZ	广东韶能集团股份有限公司	−0.2904	0.0231	0.0194	−0.3328	1083
600796. SH	浙江钱江生物化学股份有限公司	−0.2920	−0.1282	−0.0284	−0.1354	1084
000586. SZ	四川汇源光通信股份有限公司	−0.2922	−0.0158	−0.0390	−0.2374	1085
600616. SH	上海金枫酒业股份有限公司	−0.2926	0.0116	−0.0340	−0.2702	1086
600640. SH	中卫国脉通信股份有限公司	−0.2961	−0.0730	−0.0115	−0.2117	1087
600305. SH	江苏恒顺醋业股份有限公司	−0.2963	−0.0722	−0.0807	−0.1434	1088
600781. SH	上海辅仁实业(集团)股份有限公司	−0.3004	−0.1606	−0.0807	−0.0592	1089
000591. SZ	重庆桐君阁股份有限公司	−0.3006	−0.0548	−0.1512	−0.0945	1090
000695. SZ	天津滨海能源发展股份有限公司	−0.3014	−0.2540	−0.0808	0.0333	1091
600239. SH	云南城投置业股份有限公司	−0.3025	−0.1245	−0.1879	0.0098	1092
601688. SH	华泰证券股份有限公司	−0.3034	−0.0660	−0.1592	−0.0781	1093
600818. SH	中路股份有限公司	−0.3037	−0.1769	−0.0397	−0.0872	1094
600774. SH	武汉市汉商集团股份有限公司	−0.3044	−0.1837	−0.1543	0.0335	1095
600868. SH	广东梅雁水电股份有限公司	−0.3054	−0.0680	−0.1218	−0.1156	1096
600798. SH	宁波海运股份有限公司	−0.3064	−0.1231	−0.0801	−0.1031	1097
600843. SH	上工申贝(集团)股份有限公司	−0.3070	−0.0060	0.1495	−0.4506	1098
600099. SH	林海股份有限公司	−0.3073	−0.2164	−0.0064	−0.0846	1099
000573. SZ	东莞宏远工业区股份有限公司	−0.3076	−0.0154	−0.1091	−0.1831	1100
600393. SH	广州东华实业股份有限公司	−0.3089	−0.0981	−0.1189	−0.0919	1101
600055. SH	华润万东医疗装备股份有限公司	−0.3112	−0.1646	−0.0559	−0.0907	1102
600206. SH	有研半导体材料股份有限公司	−0.3135	−0.1174	0.0034	−0.1995	1103
600095. SH	哈尔滨高科技(集团)股份有限公司	−0.3169	−0.1662	−0.0480	−0.1027	1104
000779. SZ	兰州三毛实业股份有限公司	−0.3186	−0.2060	−0.0086	−0.1039	1105
600571. SH	信雅达系统工程股份有限公司	−0.3226	0.0384	−0.0449	−0.3161	1106
600645. SH	中源协和干细胞生物工程股份有限公司	−0.3232	−0.2898	0.0799	−0.1133	1107
600419. SH	新疆天宏纸业股份有限公司	−0.3288	−0.2013	−0.0236	−0.1039	1108
600727. SH	山东鲁北化工股份有限公司	−0.3302	−0.0597	−0.0818	−0.1887	1109
600999. SH	招商证券股份有限公司	−0.3319	−0.0934	−0.1515	−0.0870	1110
600355. SH	精伦电子股份有限公司	−0.3325	−0.1494	0.0125	−0.1957	1111
600455. SH	西安交大博通资讯股份有限公司	−0.3353	−0.0610	−0.0149	−0.2594	1112

续表

证券代码	公司中文名称	基础竞争力	规模竞争力	效率竞争力	增长竞争力	排名
600497. SH	云南驰宏锌锗股份有限公司	− 0. 3373	− 0. 1082	− 0. 0602	− 0. 1689	1113
600452. SH	重庆涪陵电力实业股份有限公司	− 0. 3400	− 0. 2096	− 0. 1001	− 0. 0304	1114
600576. SH	浙江万好万家实业股份有限公司	− 0. 3407	− 0. 2151	− 0. 0947	− 0. 0309	1115
000511. SZ	沈阳银基发展股份有限公司	− 0. 3411	− 0. 0927	− 0. 1843	− 0. 0640	1116
000923. SZ	河北宣化工程机械股份有限公司	− 0. 3423	− 0. 2052	− 0. 0456	− 0. 0915	1117
600984. SH	陕西建设机械股份有限公司	− 0. 3427	− 0. 2109	0. 0350	− 0. 1668	1118
000657. SZ	中钨高新材料股份有限公司	− 0. 3438	− 0. 0674	− 0. 0633	− 0. 2131	1119
600898. SH	三联商社股份有限公司	− 0. 3441	− 0. 1589	0. 1463	− 0. 3315	1120
000952. SZ	湖北广济药业股份有限公司	− 0. 3478	− 0. 1858	0. 0149	− 0. 1769	1121
600379. SH	陕西宝光真空电器股份有限公司	− 0. 3559	− 0. 2223	− 0. 1101	− 0. 0235	1122
000062. SZ	深圳华强实业股份有限公司	− 0. 3567	0. 0011	− 0. 1688	− 0. 1890	1123
000985. SZ	大庆华科股份有限公司	− 0. 3568	− 0. 0396	− 0. 0417	− 0. 2756	1124
601788. SH	光大证券股份有限公司	− 0. 3571	− 0. 1197	− 0. 1664	− 0. 0710	1125
000524. SZ	广州市东方宾馆股份有限公司	− 0. 3575	− 0. 2178	− 0. 1405	0. 0008	1126
000975. SZ	南方科学城发展股份有限公司	− 0. 3600	− 0. 1923	− 0. 0300	− 0. 1377	1127
600365. SH	通化葡萄酒股份有限公司	− 0. 3625	− 0. 3272	− 0. 0104	− 0. 0250	1128
601005. SH	重庆钢铁股份有限公司	− 0. 3654	− 0. 1192	− 0. 0157	− 0. 2305	1129
000510. SZ	四川金路集团股份有限公司	− 0. 3680	− 0. 3404	− 0. 0319	0. 0044	1130
600848. SH	上海自动化仪表股份有限公司	− 0. 3727	− 0. 1820	− 0. 0747	− 0. 1160	1131
600155. SH	河北宝硕股份有限公司	− 0. 3750	− 0. 2358	0. 1799	− 0. 3191	1132
600382. SH	广东明珠集团股份有限公司	− 0. 3814	− 0. 2427	0. 0667	− 0. 2054	1133
600568. SH	中珠控股股份有限公司	− 0. 3857	− 0. 0582	− 0. 0720	− 0. 2555	1134
600387. SH	浙江海越股份有限公司	− 0. 3859	− 0. 1711	− 0. 0668	− 0. 1480	1135
000548. SZ	湖南投资集团股份有限公司	− 0. 3884	− 0. 3187	− 0. 0730	0. 0033	1136
000534. SZ	广东万泽实业股份有限公司	− 0. 3941	− 0. 2395	− 0. 1034	− 0. 0513	1137
000546. SZ	吉林光华控股集团股份有限公司	− 0. 3948	− 0. 2838	0. 0009	− 0. 1118	1138
600012. SH	安徽皖通高速公路股份有限公司	− 0. 3954	− 0. 4600	0. 0611	0. 0036	1139
000503. SZ	海虹企业(控股)股份有限公司	− 0. 3967	− 0. 2436	− 0. 0246	− 0. 1285	1140
600777. SH	烟台新潮实业股份有限公司	− 0. 3984	− 0. 1077	− 0. 0880	− 0. 2027	1141
600530. SH	上海交大昂立股份有限公司	− 0. 4015	− 0. 0991	− 0. 0825	− 0. 2199	1142
600186. SH	河南莲花味精股份有限公司	− 0. 4026	− 0. 3410	− 0. 0692	0. 0076	1143
600119. SH	长发集团长江投资实业股份有限公司	− 0. 4030	− 0. 0125	− 0. 0678	− 0. 3226	1144
000403. SZ	振兴生化股份有限公司	− 0. 4038	− 0. 1735	− 0. 0608	− 0. 1694	1145
000968. SZ	太原煤气化股份有限公司	− 0. 4050	− 0. 1653	− 0. 1558	− 0. 0840	1146
600168. SH	武汉三镇实业控股股份有限公司	− 0. 4080	− 0. 2662	− 0. 0791	− 0. 0627	1147

证券代码	公司中文名称	基 础 竞争力	规 模 竞争力	效 率 竞争力	增 长 竞争力	排名
601919. SH	中国远洋控股股份有限公司	− 0. 4110	0. 0342	− 0. 1389	− 0. 3063	1148
000959. SZ	北京首钢股份有限公司	− 0. 4134	− 0. 1593	0. 0890	− 0. 3432	1149
000518. SZ	江苏四环生物股份有限公司	− 0. 4152	− 0. 2121	− 0. 0723	− 0. 1307	1150
000017. SZ	深圳中华自行车(集团)股份有限公司	− 0. 4165	− 0. 5230	0. 3822	− 0. 2757	1151
000638. SZ	万方地产股份有限公司	− 0. 4166	− 0. 1928	− 0. 1550	− 0. 0688	1152
000413. SZ	石家庄宝石电子玻璃股份有限公司	− 0. 4194	− 0. 2779	− 0. 0138	− 0. 1277	1153
000420. SZ	吉林化纤股份有限公司	− 0. 4241	− 0. 3643	− 0. 0392	− 0. 0206	1154
600321. SH	四川国栋建设股份有限公司	− 0. 4308	− 0. 1580	− 0. 0655	− 0. 2073	1155
000751. SZ	葫芦岛锌业股份有限公司	− 0. 4337	− 0. 3022	− 0. 0949	− 0. 0366	1156
600562. SH	江苏高淳陶瓷股份有限公司	− 0. 4349	− 0. 1750	− 0. 0191	− 0. 2408	1157
600284. SH	上海浦东路桥建设股份有限公司	− 0. 4378	− 0. 1976	− 0. 0548	− 0. 1854	1158
600847. SH	重庆万里控股(集团)股份有限公司	− 0. 4381	− 0. 5032	0. 0509	0. 0142	1159
600191. SH	包头华资实业股份有限公司	− 0. 4394	− 0. 1636	− 0. 0602	− 0. 2156	1160
600053. SH	江西中江地产股份有限公司	− 0. 4406	− 0. 1559	− 0. 2100	− 0. 0747	1161
000594. SZ	天津国恒铁路控股股份有限公司	− 0. 4460	− 0. 4828	− 0. 1611	0. 1978	1162
000004. SZ	深圳中国农大科技股份有限公司	− 0. 4473	− 0. 3279	0. 0322	− 0. 1516	1163
000010. SZ	北京深华新股份有限公司	− 0. 4492	− 0. 4044	− 0. 0220	− 0. 0228	1164
601377. SH	兴业证券股份有限公司	− 0. 4496	− 0. 2628	− 0. 1579	− 0. 0288	1165
600749. SH	西藏旅游股份有限公司	− 0. 4505	− 0. 2812	− 0. 1943	0. 0249	1166
000532. SZ	力合股份有限公司	− 0. 4517	− 0. 1958	0. 0140	− 0. 2700	1167
600854. SH	江苏春兰制冷设备股份有限公司	− 0. 4522	− 0. 1055	− 0. 0840	− 0. 2627	1168
000595. SZ	西北轴承股份有限公司	− 0. 4537	− 0. 2676	− 0. 0600	− 0. 1261	1169
600215. SH	长春经开(集团)股份有限公司	− 0. 4549	− 0. 2113	− 0. 2352	− 0. 0083	1170
600238. SH	海南椰岛(集团)股份有限公司	− 0. 4550	− 0. 3982	− 0. 0127	− 0. 0441	1171
600583. SH	海洋石油工程股份有限公司	− 0. 4579	− 0. 0708	− 0. 1756	− 0. 2116	1172
600209. SH	罗顿发展股份有限公司	− 0. 4673	− 0. 2379	− 0. 0080	− 0. 2214	1173
000760. SZ	湖北博盈投资股份有限公司	− 0. 4710	− 0. 1761	− 0. 0762	− 0. 2186	1174
600860. SH	北人印刷机械股份有限公司	− 0. 4741	− 0. 1483	− 0. 0923	− 0. 2335	1175
000711. SZ	黑龙江天伦置业股份有限公司	− 0. 4754	− 0. 3864	− 0. 1341	0. 0450	1176
000609. SZ	北京绵世投资集团股份有限公司	− 0. 4762	− 0. 5013	0. 0806	− 0. 0556	1177
600139. SH	四川西部资源控股股份有限公司	− 0. 4768	− 0. 4699	− 0. 0350	0. 0280	1178
600732. SH	上海新梅置业股份有限公司	− 0. 4786	− 0. 2916	− 0. 1114	− 0. 0755	1179
600696. SH	上海多伦实业股份有限公司	− 0. 4787	− 0. 3242	− 0. 2024	0. 0479	1180
600538. SH	北海国发海洋生物产业股份有限公司	− 0. 4875	− 0. 5181	0. 0446	− 0. 0139	1181
000562. SZ	宏源证券股份有限公司	− 0. 4892	− 0. 2663	− 0. 1698	− 0. 0530	1182

续表

证券代码	公司中文名称	基 础 竞争力	规 模 竞争力	效 率 竞争力	增 长 竞争力	排名
000692. SZ	沈阳惠天热电股份有限公司	- 0.4939	- 0.0855	- 0.1160	- 0.2924	1183
600080. SH	金花企业(集团)股份有限公司	- 0.4962	- 0.0780	- 0.0614	- 0.3568	1184
600432. SH	吉林吉恩镍业股份有限公司	- 0.4978	- 0.3070	- 0.0477	- 0.1431	1185
600870. SH	厦门华侨电子股份有限公司	- 0.5012	- 0.2545	- 0.0480	- 0.1986	1186
600758. SH	辽宁红阳能源投资股份有限公司	- 0.5075	- 0.3892	- 0.0693	- 0.0491	1187
600127. SH	湖南金健米业股份有限公司	- 0.5081	- 0.4106	- 0.0375	- 0.0600	1188
600566. SH	湖北洪城通用机械股份有限公司	- 0.5085	- 0.3205	- 0.1148	- 0.0731	1189
000976. SZ	广东开平春晖股份有限公司	- 0.5090	- 0.3810	- 0.0588	- 0.0692	1190
600179. SH	黑龙江黑化股份有限公司	- 0.5098	- 0.4163	- 0.1009	0.0075	1191
600301. SH	南宁化工股份有限公司	- 0.5147	- 0.4235	0.0222	- 0.1133	1192
600477. SH	浙江杭萧钢构股份有限公司	- 0.5192	- 0.2009	- 0.0574	- 0.2610	1193
600661. SH	上海新南洋股份有限公司	- 0.5224	- 0.1506	- 0.0939	- 0.2778	1194
600821. SH	天津劝业场(集团)股份有限公司	- 0.5330	- 0.1953	- 0.1440	- 0.1938	1195
000995. SZ	甘肃皇台酒业股份有限公司	- 0.5359	- 0.3097	- 0.0611	- 0.1651	1196
600247. SH	吉林成城集团股份有限公司	- 0.5375	- 0.3003	- 0.1450	- 0.0922	1197
600610. SH	中国纺织机械股份有限公司	- 0.5507	- 0.4709	- 0.0206	- 0.0593	1198
000993. SZ	福建闽东电力股份有限公司	- 0.5527	- 0.2636	- 0.0664	- 0.2228	1199
600212. SH	山东江泉实业股份有限公司	- 0.5538	- 0.2282	- 0.1374	- 0.1882	1200
600768. SH	宁波富邦精业集团股份有限公司	- 0.5544	- 0.4645	- 0.0497	- 0.0403	1201
600771. SH	东盛科技股份有限公司	- 0.5581	- 0.4135	- 0.0308	- 0.1137	1202
600306. SH	沈阳商业城股份有限公司	- 0.5633	- 0.1598	- 0.1453	- 0.2582	1203
600634. SH	上海澄海企业发展股份有限公司	- 0.5636	- 0.4628	- 0.1529	0.0520	1204
000150. SZ	宜华地产股份有限公司	- 0.5665	- 0.3242	- 0.1453	- 0.0970	1205
000552. SZ	甘肃靖远煤电股份有限公司	- 0.5667	- 0.4727	- 0.0167	- 0.0773	1206
600735. SH	山东新华锦国际股份有限公司	- 0.5680	- 0.0826	- 0.0393	- 0.4462	1207
000007. SZ	深圳市零七股份有限公司	- 0.5709	- 0.3838	0.0223	- 0.2094	1208
000728. SZ	国元证券股份有限公司	- 0.5755	- 0.2564	- 0.2596	- 0.0595	1209
600151. SH	上海航天汽车机电股份有限公司	- 0.5786	- 0.3207	- 0.0799	- 0.1781	1210
600769. SH	武汉祥龙电业股份有限公司	- 0.5822	- 0.4592	- 0.1062	- 0.0167	1211
000972. SZ	新疆中基实业股份有限公司	- 0.5903	- 0.4553	- 0.1512	0.0162	1212
000996. SZ	中国中期投资股份有限公司	- 0.5953	- 0.5259	- 0.0717	0.0023	1213
000712. SZ	广东锦龙发展股份有限公司	- 0.5958	- 0.4490	- 0.0723	- 0.0745	1214
000615. SZ	湖北金环股份有限公司	- 0.5959	- 0.4591	- 0.0940	- 0.0428	1215
600692. SH	上海亚通股份有限公司	- 0.6004	- 0.3953	- 0.0960	- 0.1090	1216
600532. SH	山东华阳科技股份有限公司	- 0.6019	- 0.5043	- 0.0285	- 0.0690	1217

证券代码	公司中文名称	基础 竞争力	规模 竞争力	效率 竞争力	增长 竞争力	排名
601555. SH	东吴证券股份有限公司	− 0. 6023	− 0. 3501	− 0. 1929	− 0. 0593	1218
000783. SZ	长江证券股份有限公司	− 0. 6044	− 0. 2749	− 0. 2141	− 0. 1153	1219
000416. SZ	民生投资管理股份有限公司	− 0. 6091	− 0. 1526	0. 0064	− 0. 4629	1220
000611. SZ	内蒙古时代科技股份有限公司	− 0. 6153	− 0. 3688	− 0. 0110	− 0. 2356	1221
000597. SZ	东北制药集团股份有限公司	− 0. 6198	− 0. 2951	− 0. 0349	− 0. 2898	1222
600084. SH	中信国安葡萄酒业股份有限公司	− 0. 6252	− 0. 4816	− 0. 0871	− 0. 0565	1223
000953. SZ	广西河池化工股份有限公司	− 0. 6252	− 0. 4750	− 0. 0710	− 0. 0792	1224
601901. SH	方正证券股份有限公司	− 0. 6282	− 0. 2896	− 0. 1908	− 0. 1479	1225
600856. SH	长春百货大楼集团股份有限公司	− 0. 6287	− 0. 3585	− 0. 0422	− 0. 2281	1226
600069. SH	河南银鸽实业投资股份有限公司	− 0. 6303	− 0. 3000	− 0. 0814	− 0. 2490	1227
600722. SH	河北金牛化工股份有限公司	− 0. 6356	− 0. 6930	0. 0104	0. 0471	1228
600319. SH	潍坊亚星化学股份有限公司	− 0. 6360	− 0. 3618	− 0. 0006	− 0. 2737	1229
600110. SH	中科英华高技术股份有限公司	− 0. 6413	− 0. 3893	− 0. 0593	− 0. 1926	1230
000670. SZ	舜元地产发展股份有限公司	− 0. 6441	− 0. 4721	− 0. 1115	− 0. 0605	1231
000668. SZ	荣丰控股集团股份有限公司	− 0. 6507	− 0. 3516	− 0. 1713	− 0. 1278	1232
601866. SH	中海集装箱运输股份有限公司	− 0. 6509	− 0. 0970	− 0. 0865	− 0. 4674	1233
000820. SZ	金城造纸股份有限公司	− 0. 6544	− 0. 4667	0. 0321	− 0. 2198	1234
601268. SH	二重集团(德阳)重型装备股份有限公司	− 0. 6554	− 0. 2528	− 0. 1077	− 0. 2949	1235
600493. SH	福建风竹纺织科技股份有限公司	− 0. 6589	− 0. 4418	0. 0440	− 0. 2611	1236
000803. SZ	四川金宇汽车城(集团)股份有限公司	− 0. 6595	− 0. 4273	− 0. 2004	− 0. 0317	1237
000563. SZ	陕西省国际信托股份有限公司	− 0. 6609	− 0. 6005	− 0. 0345	− 0. 0259	1238
600136. SH	武汉道博股份有限公司	− 0. 6610	− 0. 5051	− 0. 0209	− 0. 1351	1239
600390. SH	金瑞新材料科技股份有限公司	− 0. 6621	− 0. 4183	0. 0508	− 0. 2946	1240
000677. SZ	山东海龙股份有限公司	− 0. 6637	− 0. 6180	− 0. 0518	0. 0061	1241
000090. SZ	深圳市天健(集团)股份有限公司	− 0. 6712	− 0. 1259	− 0. 0165	− 0. 5287	1242
000025. SZ	深圳市特力(集团)股份有限公司	− 0. 6735	− 0. 3715	− 0. 1541	− 0. 1479	1243
600961. SH	株洲冶炼集团股份有限公司	− 0. 6755	− 0. 2044	− 0. 0599	− 0. 4111	1244
000408. SZ	金谷源控股股份有限公司	− 0. 6778	− 0. 2411	− 0. 0490	− 0. 3877	1245
000005. SZ	深圳世纪星源股份有限公司	− 0. 6811	− 0. 3957	− 0. 0983	− 0. 1871	1246
000606. SZ	青海明胶股份有限公司	− 0. 6847	− 0. 4794	0. 0376	− 0. 2429	1247
600109. SH	国金证券股份有限公司	− 0. 6853	− 0. 4097	− 0. 1228	− 0. 1528	1248
600876. SH	洛阳玻璃股份有限公司	− 0. 6881	− 0. 4908	− 0. 0592	− 0. 1381	1249
000681. SZ	远东实业股份有限公司	− 0. 6950	− 0. 4569	− 0. 0612	− 0. 1768	1250
000955. SZ	欣龙控股(集团)股份有限公司	− 0. 6950	− 0. 5985	− 0. 0164	− 0. 0801	1251
600890. SH	中房置业股份有限公司	− 0. 6978	− 0. 5254	0. 0833	− 0. 2556	1252

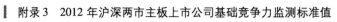

续表

证券代码	公司中文名称	基础 竞争力	规模 竞争力	效率 竞争力	增长 竞争力	排名
000727. SZ	南京华东电子信息科技股份有限公司	-0.7017	-0.4719	0.0153	-0.2450	1253
600579. SH	青岛黄海橡胶股份有限公司	-0.7049	-0.7017	0.0148	-0.0180	1254
600540. SH	新疆赛里木现代农业股份有限公司	-0.7061	-0.2278	-0.1803	-0.2979	1255
000802. SZ	北京京西风光旅游开发股份有限公司	-0.7079	-0.2848	-0.2112	-0.2119	1256
601179. SH	中国西电电气股份有限公司	-0.7080	-0.1537	-0.2063	-0.3479	1257
000913. SZ	浙江钱江摩托股份有限公司	-0.7144	-0.3749	-0.0258	-0.3137	1258
000617. SZ	济南柴油机股份有限公司	-0.7167	-0.4899	0.0202	-0.2470	1259
000750. SZ	国海证券股份有限公司	-0.7171	-0.4271	-0.1791	-0.1110	1260
000762. SZ	西藏矿业发展股份有限公司	-0.7182	-0.4837	-0.1243	-0.1102	1261
600713. SH	南京医药股份有限公司	-0.7234	-0.2717	-0.1412	-0.3104	1262
600087. SH	中国长江航运集团南京油运股份有限公司	-0.7259	-0.3655	-0.1228	-0.2375	1263
000815. SZ	中冶美利纸业股份有限公司	-0.7325	-0.4231	0.0014	-0.3108	1264
000836. SZ	天津鑫茂科技股份有限公司	-0.7359	-0.4024	-0.1175	-0.2160	1265
600679. SH	金山开发建设股份有限公司	-0.7368	-0.4311	-0.0198	-0.2859	1266
000720. SZ	山东新能泰山发电股份有限公司	-0.7378	-0.4293	-0.2569	-0.0516	1267
600217. SH	陕西秦岭水泥(集团)股份有限公司	-0.7386	-0.5249	-0.1005	-0.1131	1268
600894. SH	广州钢铁股份有限公司	-0.7423	-0.5763	-0.0638	-0.1022	1269
000791. SZ	西北永新化工股份有限公司	-0.7433	-0.5457	-0.0303	-0.1673	1270
000676. SZ	河南思达高科技股份有限公司	-0.7486	-0.6151	-0.0854	-0.0482	1271
600885. SH	武汉力诺太阳能集团股份有限公司	-0.7495	-0.7763	0.0507	-0.0239	1272
600714. SH	青海金瑞矿业发展股份有限公司	-0.7541	-0.6068	0.0239	-0.1711	1273
000155. SZ	川化股份有限公司	-0.7565	-0.3565	-0.0825	-0.3176	1274
000543. SZ	安徽省皖能股份有限公司	-0.7583	-0.2907	-0.1608	-0.3067	1275
600405. SH	北京动力源科技股份有限公司	-0.7637	-0.4730	-0.0649	-0.2258	1276
600988. SH	广东东方兄弟投资股份有限公司	-0.7805	-0.6670	-0.0853	-0.0282	1277
600359. SH	新疆塔里木农业综合开发股份有限公司	-0.7837	-0.3543	-0.5656	0.1361	1278
000929. SZ	兰州黄河企业股份有限公司	-0.7866	-0.4495	-0.0844	-0.2527	1279
000519. SZ	湖南江南红箭股份有限公司	-0.7867	-0.7040	0.0052	-0.0879	1280
000565. SZ	重庆三峡油漆股份有限公司	-0.7894	-0.5040	0.0309	-0.3164	1281
000033. SZ	深圳新都酒店股份有限公司	-0.7990	-0.5176	-0.1929	-0.0886	1282
600643. SH	上海爱建股份有限公司	-0.8006	-0.5860	-0.1917	-0.0229	1283
600617. SH	上海联华合纤股份有限公司	-0.8057	-0.6694	0.0943	-0.2306	1284
600397. SH	安源实业股份有限公司	-0.8113	-0.4424	-0.1947	-0.1743	1285
600163. SH	福建省南纸股份有限公司	-0.8216	-0.3509	-0.0689	-0.4018	1286
000627. SZ	天茂实业集团股份有限公司	-0.8238	-0.4062	-0.0540	-0.3636	1287

续表

证券代码	公司中文名称	基 础 竞争力	规 模 竞争力	效 率 竞争力	增 长 竞争力	排名
600444. SH	安徽国通高新管业股份有限公司	-0.8283	-0.8520	0.0264	-0.0027	1288
600408. SH	山西安泰集团股份有限公司	-0.8302	-0.2512	-0.0834	-0.4956	1289
000633. SZ	沈阳合金投资股份有限公司	-0.8329	-0.3595	-0.1226	-0.3508	1290
600076. SH	潍坊北大青鸟华光科技股份有限公司	-0.8359	-0.6507	-0.1374	-0.0478	1291
000806. SZ	北海银河高科技产业股份有限公司	-0.8360	-0.5549	-0.0629	-0.2182	1292
000691. SZ	海南亚太实业发展股份有限公司	-0.8362	-0.4849	-0.1749	-0.1764	1293
000672. SZ	白银铜城商厦(集团)股份有限公司	-0.8383	-0.7359	-0.1003	-0.0021	1294
000426. SZ	内蒙古兴业矿业股份有限公司	-0.8389	-0.4609	-0.2640	-0.1139	1295
600844. SH	丹化化工科技股份有限公司	-0.8482	-0.4609	0.0073	-0.3946	1296
000526. SZ	厦门银润投资股份有限公司	-0.8526	-0.7099	-0.0823	-0.0604	1297
600882. SH	山东大成农药股份有限公司	-0.8555	-0.7651	-0.0450	-0.0455	1298
000605. SZ	四环药业股份有限公司	-0.8577	-0.7721	0.0194	-0.1051	1299
600135. SH	乐凯胶片股份有限公司	-0.8644	-0.4428	-0.0226	-0.3990	1300
000505. SZ	海南珠江控股股份有限公司	-0.8846	-0.6527	-0.2101	-0.0217	1301
000767. SZ	山西漳泽电力股份有限公司	-0.9061	-0.3847	-0.4583	-0.0631	1302
000030. SZ	广东盛润集团股份有限公司	-0.9117	-0.5908	0.3995	-0.7204	1303
000787. SZ	创智信息科技股份有限公司	-0.9120	-0.6623	-0.1127	-0.1370	1304
000151. SZ	中成进出口股份有限公司	-0.9148	-0.5749	-0.1442	-0.1956	1305
000628. SZ	成都高新发展股份有限公司	-0.9163	-0.4909	-0.2393	-0.1861	1306
000509. SZ	华塑控股股份有限公司	-0.9167	-0.8198	-0.0165	-0.0805	1307
600512. SH	腾达建设集团股份有限公司	-0.9252	-0.3415	-0.2182	-0.3655	1308
600273. SH	华芳纺织股份有限公司	-0.9260	-0.3890	-0.0673	-0.4697	1309
600986. SH	科达集团股份有限公司	-0.9265	-0.7700	-0.1721	0.0156	1310
000722. SZ	湖南发展集团股份有限公司	-0.9276	-0.3066	-0.0581	-0.5629	1311
600213. SH	扬州亚星客车股份有限公司	-0.9304	-0.4831	-0.0791	-0.3683	1312
600980. SH	北矿磁材科技股份有限公司	-0.9421	-0.5616	-0.0517	-0.3288	1313
000663. SZ	福建省永安林业(集团)股份有限公司	-0.9538	-0.5156	-0.0973	-0.3408	1314
600620. SH	上海市天宸股份有限公司	-0.9681	-0.3810	-0.0903	-0.4968	1315
600346. SH	大连橡胶塑料机械股份有限公司	-0.9895	-0.5690	-0.0738	-0.3467	1316
600083. SH	广东博信投资控股股份有限公司	-0.9908	-0.6317	-0.0505	-0.3086	1317
000567. SZ	海南海德实业股份有限公司	-1.0057	-0.6423	-0.2565	-0.1069	1318
600234. SH	太原天龙集团股份有限公司	-1.0087	-0.6667	0.0127	-0.3547	1319
000971. SZ	湖北迈亚股份有限公司	-1.0115	-0.6849	-0.1098	-0.2168	1320
600715. SH	松辽汽车股份有限公司	-1.0143	-0.6071	-0.0617	-0.3456	1321
000035. SZ	中国科健股份有限公司	-1.0219	-0.9579	-0.0890	0.0249	1322

证券代码	公司中文名称	基础竞争力	规模竞争力	效率竞争力	增长竞争力	排名
600800.SH	天津环球磁卡股份有限公司	-1.0281	-0.6645	-0.1368	-0.2268	1323
600733.SH	成都前锋电子股份有限公司	-1.0430	-0.6106	-0.1732	-0.2592	1324
000585.SZ	东北电气发展股份有限公司	-1.0456	-0.7537	-0.0263	-0.2655	1325
600462.SH	延边石岘白麓纸业股份有限公司	-1.0460	-0.8171	-0.1345	-0.0944	1326
000958.SZ	石家庄东方热电股份有限公司	-1.0465	-0.8345	-0.1017	-0.1104	1327
600338.SH	西藏珠峰工业股份有限公司	-1.0470	-0.7666	-0.0857	-0.1947	1328
000662.SZ	索芙特股份有限公司	-1.0502	-0.4901	-0.1061	-0.4541	1329
000897.SZ	天津津滨发展股份有限公司	-1.0518	-0.3952	-0.3791	-0.2775	1330
000899.SZ	江西赣能股份有限公司	-1.0654	-0.4287	-0.2105	-0.4261	1331
600730.SH	中国高科集团股份有限公司	-1.0770	-0.5785	-0.1835	-0.3149	1332
600539.SH	太原狮头水泥股份有限公司	-1.0850	-0.5188	-0.0650	-0.5012	1333
600593.SH	大连圣亚旅游控股股份有限公司	-1.1135	-0.8045	-0.1001	-0.2089	1334
000056.SZ	深圳市国际企业股份有限公司	-1.1291	-1.1812	0.0214	0.0306	1335
600250.SH	南京纺织品进出口股份有限公司	-1.1317	-0.4876	-0.1901	-0.4540	1336
600149.SH	廊坊发展股份有限公司	-1.1356	-0.5811	0.0077	-0.5622	1337
000805.SZ	江苏炎黄在线物流股份有限公司	-1.1371	-0.8687	-0.0867	-0.1818	1338
600193.SH	上海创兴资源开发股份有限公司	-1.1432	-0.6927	-0.0437	-0.4068	1339
600877.SH	中国嘉陵工业股份有限公司(集团)	-1.1477	-0.4675	-0.0911	-0.5891	1340
600202.SH	哈尔滨空调股份有限公司	-1.1526	-0.5679	-0.1696	-0.4150	1341
600719.SH	大连热电股份有限公司	-1.1654	-0.6209	-0.1971	-0.3474	1342
600707.SH	彩虹显示器件股份有限公司	-1.1746	-0.4808	-0.0117	-0.6821	1343
600817.SH	西安宏盛科技发展股份有限公司	-1.1769	-0.8571	-0.0272	-0.2927	1344
000922.SZ	阿城继电器股份有限公司	-1.1797	-0.9178	-0.1454	-0.1165	1345
000545.SZ	吉林制药股份有限公司	-1.1989	-0.9367	0.0738	-0.3360	1346
600691.SH	东新电碳股份有限公司	-1.2047	-1.0289	-0.1336	-0.0422	1347
600385.SH	山东金泰集团股份有限公司	-1.2058	-1.1807	0.0457	0.0206	1348
000018.SZ	深圳中冠纺织印染股份有限公司	-1.2076	-0.8729	-0.0559	-0.2788	1349
600515.SH	海南海岛建设股份有限公司	-1.2077	-0.7545	-0.4017	-0.0515	1350
600615.SH	上海丰华(集团)股份有限公司	-1.2103	-0.7224	-0.3120	-0.1759	1351
600392.SH	太原理工天成科技股份有限公司	-1.2130	-0.4761	-0.3003	-0.4366	1352
600678.SH	四川金顶(集团)股份有限公司	-1.2197	-0.8384	-0.0587	-0.3226	1353
600793.SH	宜宾纸业股份有限公司	-1.2535	-0.7821	-0.0720	-0.3993	1354
600766.SH	烟台园城企业集团股份有限公司	-1.2692	-1.0713	-0.1432	-0.0547	1355
000576.SZ	江门甘蔗化工厂(集团)股份有限公司	-1.2742	-0.6334	-0.5270	-0.1138	1356
600146.SH	宁夏大元化工股份有限公司	-1.2935	-0.6881	-0.0648	-0.5406	1357

续表

证券代码	公司中文名称	基 础 竞争力	规 模 竞争力	效 率 竞争力	增 长 竞争力	排名
000504.SZ	北京赛迪传媒投资股份有限公司	−1.3087	−0.7953	−0.2994	−0.2139	1358
600698.SH	济南轻骑摩托车股份有限公司	−1.3249	−0.5812	−0.1331	−0.6106	1359
000520.SZ	长航凤凰股份有限公司	−1.3316	−0.5537	−0.3520	−0.4259	1360
000498.SZ	丹东化学纤维股份有限公司	−1.3479	−0.7375	−0.0888	−0.5215	1361
600556.SH	广西北生药业股份有限公司	−1.3526	−0.8571	−0.0389	−0.4566	1362
601099.SH	太平洋证券股份有限公司	−1.3594	−0.4867	−0.1452	−0.7274	1363
600358.SH	国旅联合股份有限公司	−1.3647	−0.7529	−0.3072	−0.3046	1364
600265.SH	云南景谷林业股份有限公司	−1.3745	−0.6459	−0.3914	−0.3373	1365
000697.SZ	陕西炼石有色资源股份有限公司	−1.4091	−0.8973	−0.1464	−0.3654	1366
600091.SH	包头明天科技股份有限公司	−1.4223	−0.8877	−0.1008	−0.4339	1367
000686.SZ	东北证券股份有限公司	−1.4422	−0.8066	−0.3028	−0.3327	1368
600421.SH	武汉国药科技股份有限公司	−1.4560	−1.1243	−0.1246	−0.2071	1369
000908.SZ	湖南天一科技股份有限公司	−1.5307	−1.0016	−0.3635	−0.1657	1370
600275.SH	湖北武昌鱼股份有限公司	−1.5317	−1.0107	0.0524	−0.5734	1371
000673.SZ	山西当代投资股份有限公司	−1.5700	−1.0458	−0.1245	−0.3997	1372
000622.SZ	岳阳恒立冷气设备股份有限公司	−1.5821	−1.0996	−0.0888	−0.3937	1373
000008.SZ	广东宝利来投资股份有限公司	−1.5998	−1.1152	−0.2226	−0.2620	1374
600706.SH	长安信息产业(集团)股份有限公司	−1.6104	−1.2397	−0.2874	−0.0834	1375
000669.SZ	吉林领先科技发展股份有限公司	−1.6378	−1.0688	−0.1212	−0.4477	1376
000838.SZ	国兴融达地产股份有限公司	−1.6622	−1.0693	−0.2954	−0.2975	1377
000068.SZ	深圳赛格三星股份有限公司	−1.7045	−0.9195	−0.1017	−0.6832	1378
000693.SZ	成都聚友网络股份有限公司	−1.7325	−1.1721	−0.0539	−0.5065	1379
600751.SH	天津市海运股份有限公司	−1.7338	−1.0912	−0.1333	−0.5093	1380
600753.SH	河南东方银星投资股份有限公司	−1.7638	−1.1127	−0.3020	−0.3491	1381
600656.SH	珠海市博元投资股份有限公司	−1.7710	−1.0015	−0.1040	−0.6655	1382
600145.SH	贵州国创能源控股(集团)股份有限公司	−1.8269	−1.0338	−0.3479	−0.4452	1383
000613.SZ	海南大东海旅游中心股份有限公司	−1.8325	−1.1057	−0.3452	−0.3815	1384
000557.SZ	广夏(银川)实业股份有限公司	−2.0007	−1.2389	−0.2978	−0.4641	1385

附录4 2012年中小板上市公司基础竞争力监测标准值

公司代码	企业全称	基 础竞争力	规 模竞争力	效 率竞争力	增 长竞争力	排名
002493.SZ	荣盛石化股份有限公司	2.0095	1.0285	0.3184	0.6626	1
002304.SZ	江苏洋河酒厂股份有限公司	1.9640	0.9659	0.4699	0.5283	2
002024.SZ	苏宁电器股份有限公司	1.5208	1.0726	0.4017	0.0465	3
002146.SZ	荣盛房地产发展股份有限公司	1.5082	0.8246	0.1942	0.4893	4
002204.SZ	大连华锐重工集团股份有限公司	1.4421	0.8311	-0.0213	0.6322	5
002042.SZ	华孚色纺股份有限公司	1.4002	0.5259	0.0043	0.8700	6
002081.SZ	苏州金螳螂建筑装饰股份有限公司	1.2864	0.6873	0.2831	0.3159	7
002310.SZ	北京东方园林股份有限公司	1.2740	0.3543	0.2773	0.6424	8
002482.SZ	深圳广田装饰集团股份有限公司	1.2444	0.5063	0.2632	0.4750	9
002375.SZ	浙江亚厦装饰股份有限公司	1.2432	0.5909	0.1539	0.4984	10
002563.SZ	浙江森马服饰股份有限公司	1.1987	0.7890	0.2617	0.1480	11
002269.SZ	上海美特斯邦威服饰股份有限公司	1.1945	0.7452	0.3452	0.1041	12
002648.SZ	浙江卫星石化股份有限公司	1.1945	0.4578	0.2669	0.4697	13
002051.SZ	中工国际工程股份有限公司	1.1873	0.5726	0.2420	0.3727	14
002128.SZ	内蒙古霍林河露天煤业股份有限公司	1.1842	0.7019	0.4643	0.0179	15
002415.SZ	杭州海康威视数字技术股份有限公司	1.1749	0.7035	0.2238	0.2476	16
002399.SZ	深圳市海普瑞药业股份有限公司	1.1495	0.5443	0.0396	0.5656	17
002585.SZ	江苏双星彩塑新材料股份有限公司	1.1031	0.3674	0.1133	0.6224	18
002431.SZ	棕榈园林股份有限公司	1.0304	0.3108	0.1605	0.5591	19
002155.SZ	湖南辰州矿业股份有限公司	1.0254	0.4672	0.1910	0.3672	20
002241.SZ	歌尔声学股份有限公司	0.9937	0.4480	0.1291	0.4166	21
002157.SZ	江西正邦科技股份有限公司	0.9868	0.5091	0.0805	0.3972	22
002311.SZ	广东海大集团股份有限公司	0.9778	0.6607	0.1263	0.1908	23
002601.SZ	河南佰利联化学股份有限公司	0.9732	0.2723	0.2132	0.4877	24
002075.SZ	江苏沙钢股份有限公司	0.9729	0.7912	0.0918	0.0900	25
002237.SZ	山东恒邦冶炼股份有限公司	0.9527	0.6035	-0.0028	0.3520	26
002623.SZ	常州亚玛顿股份有限公司	0.9345	0.0194	0.0451	0.8700	27

续表

公司代码	企业全称	基础竞争力	规模竞争力	效率竞争力	增长竞争力	排名
002085.SZ	浙江万丰奥威汽轮股份有限公司	0.9231	0.3843	0.1414	0.3974	28
002416.SZ	深圳市爱施德股份有限公司	0.9216	0.7648	0.1798	-0.0230	29
002142.SZ	宁波银行股份有限公司	0.9196	0.8653	-0.0839	0.1382	30
002092.SZ	新疆中泰化学(集团)股份有限公司	0.9157	0.7315	0.0380	0.1462	31
002422.SZ	四川科伦药业股份有限公司	0.9104	0.7029	0.1145	0.0930	32
002344.SZ	海宁中国皮革城股份有限公司	0.9080	0.3135	0.2887	0.3059	33
002574.SZ	浙江明牌珠宝股份有限公司	0.8977	0.5191	0.2708	0.1078	34
002408.SZ	淄博齐翔腾达化工股份有限公司	0.8968	0.4139	0.2858	0.1971	35
002594.SZ	比亚迪股份有限公司	0.8883	1.0227	-0.1164	-0.0180	36
002570.SZ	浙江贝因美科工贸股份有限公司	0.8865	0.5204	0.1564	0.2097	37
002419.SZ	天虹商场股份有限公司	0.8666	0.7461	0.0840	0.0366	38
002477.SZ	雏鹰农牧集团股份有限公司	0.8501	0.2018	0.2295	0.4188	39
002236.SZ	浙江大华技术股份有限公司	0.8433	0.2611	0.2429	0.3392	40
002475.SZ	深圳立讯精密工业股份有限公司	0.8367	0.3421	0.0428	0.4518	41
002450.SZ	北京康得新复合材料股份有限公司	0.8330	0.0913	0.1594	0.5823	42
002470.SZ	山东金正大生态工程股份有限公司	0.8218	0.6105	0.1370	0.0744	43
002069.SZ	大连獐子岛渔业集团股份有限公司	0.8199	0.4124	0.1357	0.2717	44
002202.SZ	新疆金风科技股份有限公司	0.8192	0.8894	-0.0600	-0.0101	45
002385.SZ	北京大北农科技集团股份有限公司	0.8130	0.6428	0.0234	0.1468	46
002226.SZ	安徽江南化工股份有限公司	0.8119	0.1940	0.0410	0.5768	47
002110.SZ	福建三钢闽光股份有限公司	0.7996	0.7547	0.0523	-0.0074	48
002008.SZ	深圳市大族激光科技股份有限公司	0.7986	0.4865	0.1777	0.1344	49
002032.SZ	浙江苏泊尔股份有限公司	0.7858	0.6031	0.1366	0.0461	50
002353.SZ	烟台杰瑞石油服务集团股份有限公司	0.7831	0.2649	0.1727	0.3454	51
002082.SZ	浙江栋梁新材股份有限公司	0.7722	0.4771	0.2525	0.0426	52
002572.SZ	索菲亚家居股份有限公司	0.7580	0.0528	0.1425	0.5627	53
002233.SZ	广东塔牌集团股份有限公司	0.7520	0.5202	0.1661	0.0657	54
002299.SZ	福建圣农发展股份有限公司	0.7404	0.4662	0.1203	0.1538	55
002503.SZ	东莞市搜于特服装股份有限公司	0.7341	0.1169	0.1346	0.4826	56
002429.SZ	深圳市兆驰股份有限公司	0.7224	0.4946	0.0279	0.1999	57
002309.SZ	中利科技集团股份有限公司	0.7207	0.4694	0.0658	0.1856	58
002293.SZ	罗莱家纺股份有限公司	0.6930	0.2880	0.1903	0.2146	59
002588.SZ	史丹利化肥股份有限公司	0.6785	0.4241	0.1659	0.0884	60
002068.SZ	江西黑猫炭黑股份有限公司	0.6775	0.3072	-0.0200	0.3903	61
002078.SZ	山东太阳纸业股份有限公司	0.6645	0.7004	-0.0064	-0.0294	62

续表

公司代码	企业全称	基 础 竞争力	规 模 竞争力	效 率 竞争力	增 长 竞争力	排名
002041. SZ	山东登海种业股份有限公司	0.6623	0.1572	0.1983	0.3069	63
002118. SZ	吉林紫鑫药业股份有限公司	0.6607	0.0964	0.1336	0.4307	64
002541. SZ	安徽鸿路钢结构(集团)股份有限公司	0.6508	0.3641	− 0.0362	0.3229	65
002029. SZ	福建七匹狼实业股份有限公司	0.6487	0.3621	0.2494	0.0371	66
002065. SZ	东华软件股份公司	0.6443	0.3546	0.1724	0.1174	67
002001. SZ	浙江新和成股份有限公司	0.6431	0.6045	0.2251	− 0.1865	68
002203. SZ	浙江海亮股份有限公司	0.6427	0.6360	0.0762	− 0.0695	69
002610. SZ	江苏爱康太阳能科技股份有限公司	0.6367	0.1500	0.0699	0.4168	70
002646. SZ	青海互助青稞酒股份有限公司	0.6350	0.0563	0.2237	0.3550	71
002628. SZ	成都市路桥工程股份有限公司	0.6347	0.2454	0.2342	0.1551	72
002294. SZ	深圳信立泰药业股份有限公司	0.6285	0.2367	0.1506	0.2411	73
002097. SZ	山河智能装备股份有限公司	0.6278	0.3206	0.1064	0.2008	74
002210. SZ	深圳市飞马国际供应链股份有限公司	0.6246	0.2344	0.2295	0.1606	75
002123. SZ	荣信电力电子股份有限公司	0.6166	0.2427	0.1670	0.2069	76
002285. SZ	深圳世联地产顾问股份有限公司	0.6070	0.1584	0.1892	0.2594	77
002410. SZ	广联达软件股份有限公司	0.6012	0.0728	0.2045	0.3238	78
002133. SZ	广宇集团股份有限公司	0.5995	0.2778	0.2360	0.0857	79
002637. SZ	浙江赞宇科技股份有限公司	0.5861	0.1219	0.1602	0.3040	80
002037. SZ	贵州久联民爆器材发展股份有限公司	0.5851	0.1985	0.1409	0.2457	81
002277. SZ	湖南友谊阿波罗商业股份有限公司	0.5827	0.4368	0.0419	0.1039	82
002556. SZ	安徽辉隆农资集团股份有限公司	0.5814	0.4941	0.0669	0.0204	83
002187. SZ	广州市广百股份有限公司	0.5813	0.5005	− 0.0015	0.0823	84
002394. SZ	江苏联发纺织股份有限公司	0.5804	0.3443	0.1475	0.0886	85
002250. SZ	联化科技股份有限公司	0.5792	0.3059	0.0862	0.1871	86
002091. SZ	江苏国泰国际集团国贸股份有限公司	0.5769	0.3350	0.3133	− 0.0714	87
002050. SZ	浙江三花股份有限公司	0.5688	0.4896	0.0942	− 0.0151	88
002589. SZ	山东瑞康医药股份有限公司	0.5677	0.1768	0.1688	0.2221	89
002011. SZ	浙江盾安人工环境股份有限公司	0.5658	0.5104	0.0235	0.0319	90
002245. SZ	江苏澳洋顺昌股份有限公司	0.5558	0.0921	0.2204	0.2433	91
002106. SZ	深圳莱宝高科技股份有限公司	0.5549	0.2292	0.2059	0.1197	92
002336. SZ	人人乐连锁商业集团股份有限公司	0.5461	0.6740	− 0.0325	− 0.0954	93
002264. SZ	福建新华都购物广场股份有限公司	0.5445	0.3594	0.0334	0.1518	94
002073. SZ	软控股份有限公司	0.5359	0.3657	0.0322	0.1380	95
002242. SZ	九阳股份有限公司	0.5274	0.5196	0.1755	− 0.1678	96
002223. SZ	江苏鱼跃医疗设备股份有限公司	0.5266	0.0726	0.1901	0.2639	97

续表

公司代码	企业全称	基 础 竞争力	规 模 竞争力	效 率 竞争力	增 长 竞争力	排名
002378. SZ	崇义章源钨业股份有限公司	0.5230	0.2158	0.1677	0.1395	98
002612. SZ	朗姿股份有限公司	0.5225	0.0987	0.0746	0.3492	99
002430. SZ	杭州杭氧股份有限公司	0.5206	0.5012	0.0365	-0.0171	100
002325. SZ	深圳市洪涛装饰股份有限公司	0.5177	0.1910	0.2273	0.0995	101
002267. SZ	陕西省天然气股份有限公司	0.5132	0.4302	0.0685	0.0145	102
002603. SZ	石家庄以岭药业股份有限公司	0.5126	0.3746	0.0061	0.1319	103
002183. SZ	深圳市怡亚通供应链股份有限公司	0.4982	0.4128	0.0153	0.0701	104
002152. SZ	广州广电运通金融电子股份有限公司	0.4942	0.3338	0.1681	-0.0077	105
002491. SZ	江苏通鼎光电股份有限公司	0.4936	0.1953	0.0671	0.2311	106
002063. SZ	远光软件股份有限公司	0.4896	-0.0637	0.3009	0.2524	107
002607. SZ	芜湖亚夏汽车股份有限公司	0.4888	0.1989	0.0818	0.2081	108
002038. SZ	北京双鹭药业股份有限公司	0.4882	0.0493	0.4116	0.0273	109
002244. SZ	杭州滨江房产集团股份有限公司	0.4877	0.6003	-0.0495	-0.0631	110
002400. SZ	广东省广告股份有限公司	0.4747	0.2713	0.1123	0.0911	111
002221. SZ	东华能源股份有限公司	0.4743	0.1987	0.1818	0.0938	112
002251. SZ	步步高商业连锁股份有限公司	0.4705	0.5219	-0.0222	-0.0293	113
002206. SZ	浙江海利得新材料股份有限公司	0.4635	0.2897	0.0647	0.1090	114
002271. SZ	北京东方雨虹防水技术股份有限公司	0.4624	0.1798	-0.0139	0.2966	115
002534. SZ	杭州锅炉集团股份有限公司	0.4582	0.4619	0.0066	-0.0103	116
002620. SZ	深圳瑞和建筑装饰股份有限公司	0.4566	-0.0005	0.2574	0.1997	117
002441. SZ	众业达电气股份有限公司	0.4538	0.4178	0.0319	0.0041	118
002154. SZ	浙江报喜鸟服饰股份有限公司	0.4518	0.2957	0.0325	0.1236	119
002327. SZ	深圳市富安娜家居用品股份有限公司	0.4517	0.1258	0.2003	0.1257	120
002006. SZ	浙江精功科技股份有限公司	0.4451	0.2476	0.2859	-0.0883	121
002539. SZ	成都市新都化工股份有限公司	0.4443	0.3782	0.0401	0.0260	122
002077. SZ	江苏大港股份有限公司	0.4432	0.1225	0.0291	0.2916	123
002567. SZ	唐人神集团股份有限公司	0.4392	0.3965	0.0207	0.0220	124
002442. SZ	龙星化工股份有限公司	0.4362	0.1663	0.0947	0.1752	125
002480. SZ	成都市新筑路桥机械股份有限公司	0.4245	0.2339	0.0192	0.1714	126
002129. SZ	天津中环半导体股份有限公司	0.4191	0.2988	-0.0778	0.1981	127
002191. SZ	深圳劲嘉彩印集团股份有限公司	0.4167	0.3402	0.2136	-0.1371	128
002440. SZ	浙江闰土股份有限公司	0.4159	0.4802	0.0188	-0.0831	129
002345. SZ	广东潮宏基实业股份有限公司	0.4152	0.1138	0.0533	0.2481	130
002062. SZ	宏润建设集团股份有限公司	0.4098	0.4615	0.1300	-0.1818	131
002396. SZ	福建星网锐捷通讯股份有限公司	0.4088	0.3152	0.0105	0.0832	132

续表

公司代码	企业全称	基础 竞争力	规模 竞争力	效率 竞争力	增长 竞争力	排名
002483. SZ	江苏润邦重工股份有限公司	0.4061	0.2341	0.0331	0.1388	133
002116. SZ	中国海诚工程科技股份有限公司	0.4054	0.1846	0.1331	0.0878	134
002033. SZ	丽江玉龙旅游股份有限公司	0.4041	− 0.1145	0.1413	0.3773	135
002543. SZ	广东万和新电气股份有限公司	0.4032	0.3221	0.0145	0.0666	136
002367. SZ	康力电梯股份有限公司	0.3989	0.1577	0.0879	0.1534	137
002080. SZ	中材科技股份有限公司	0.3900	0.3082	0.0010	0.0808	138
002048. SZ	宁波华翔电子股份有限公司	0.3844	0.4606	− 0.0106	− 0.0656	139
002100. SZ	新疆天康畜牧生物技术股份有限公司	0.3831	0.2062	0.0285	0.1484	140
002302. SZ	新疆西部建设股份有限公司	0.3793	0.1678	0.0473	0.1642	141
002140. SZ	东华工程科技股份有限公司	0.3763	0.2156	0.1199	0.0409	142
002313. SZ	深圳日海通讯技术股份有限公司	0.3752	0.0794	− 0.0208	0.3167	143
002372. SZ	浙江伟星新型建材股份有限公司	0.3734	0.2050	0.1146	0.0538	144
002208. SZ	合肥城建发展股份有限公司	0.3715	0.0437	0.1713	0.1565	145
002458. SZ	山东益生种畜禽股份有限公司	0.3647	− 0.0088	0.2119	0.1616	146
002405. SZ	北京四维图新科技股份有限公司	0.3481	0.1373	0.0182	0.1926	147
002308. SZ	广东威创视讯科技股份有限公司	0.3432	0.1043	0.1891	0.0498	148
002557. SZ	洽洽食品股份有限公司	0.3407	0.3533	0.0612	− 0.0738	149
002300. SZ	福建南平太阳电缆股份有限公司	0.3398	0.2601	0.0829	− 0.0031	150
002089. SZ	苏州新海宜通信科技股份有限公司	0.3370	− 0.0118	0.0873	0.2615	151
002478. SZ	江苏常宝钢管股份有限公司	0.3342	0.4268	0.1000	− 0.1926	152
002007. SZ	华兰生物工程股份有限公司	0.3299	0.1798	0.0840	0.0660	153
002424. SZ	贵州百灵企业集团制药股份有限公司	0.3295	0.1442	0.1241	0.0612	154
002597. SZ	安徽金禾实业股份有限公司	0.3225	0.2638	− 0.0406	0.0993	155
002535. SZ	林州重机集团股份有限公司	0.3224	0.1247	0.0720	0.1257	156
002108. SZ	沧州明珠塑料股份有限公司	0.3181	0.0427	0.1610	0.1145	157
002545. SZ	青岛东方铁塔股份有限公司	0.3165	0.2893	0.0144	0.0128	158
002489. SZ	浙江永强集团股份有限公司	0.3159	0.3978	− 0.0110	− 0.0710	159
002561. SZ	上海徐家汇商城股份有限公司	0.3154	0.2564	0.1885	− 0.1295	160
002647. SZ	浙江宏磊铜业股份有限公司	0.3143	0.2632	0.0536	− 0.0026	161
002617. SZ	露笑科技股份有限公司	0.3104	0.1504	0.0436	0.1163	162
002498. SZ	青岛汉缆股份有限公司	0.3089	0.4712	− 0.0146	− 0.1476	163
002056. SZ	横店集团东磁股份有限公司	0.3048	0.3877	− 0.1055	0.0226	164
002055. SZ	深圳市得润电子股份有限公司	0.3046	0.0912	0.0783	0.1351	165
002526. SZ	山东矿机集团股份有限公司	0.3003	0.2191	0.0112	0.0700	166
002228. SZ	厦门合兴包装印刷股份有限公司	0.2983	0.0870	0.0183	0.1930	167

公司代码	企业全称	基 础 竞争力	规 模 竞争力	效 率 竞争力	增 长 竞争力	排名
002463. SZ	沪士电子股份有限公司	0.2869	0.4307	0.0189	− 0.1626	168
002012. SZ	浙江凯恩特种材料股份有限公司	0.2853	0.0137	0.0493	0.2223	169
002220. SZ	大连天宝绿色食品股份有限公司	0.2848	0.1406	0.0086	0.1356	170
002177. SZ	广州御银科技股份有限公司	0.2839	− 0.0010	0.1616	0.1233	171
002641. SZ	永高股份有限公司	0.2824	0.2416	0.0386	0.0021	172
002083. SZ	孚日集团股份有限公司	0.2791	0.4487	− 0.0760	− 0.0936	173
002249. SZ	中山大洋电机股份有限公司	0.2698	0.3295	− 0.0062	− 0.0535	174
002276. SZ	浙江万马电缆股份有限公司	0.2698	0.2415	0.0707	− 0.0425	175
002497. SZ	四川雅化实业集团股份有限公司	0.2677	0.1329	− 0.0235	0.1583	176
002398. SZ	厦门市建筑科学研究院集团股份有限公司	0.2670	0.0370	0.0508	0.1792	177
002186. SZ	中国全聚德(集团)股份有限公司	0.2667	0.1036	0.1827	− 0.0195	178
002045. SZ	国光电器股份有限公司	0.2658	0.1813	0.0412	0.0433	179
002454. SZ	上海加冷松芝汽车空调股份有限公司	0.2616	0.2080	0.0117	0.0419	180
002010. SZ	浙江传化股份有限公司	0.2604	0.2876	0.0178	− 0.0451	181
002212. SZ	广东南洋电缆集团股份有限公司	0.2595	0.2307	0.1104	− 0.0816	182
002369. SZ	深圳市卓翼科技股份有限公司	0.2595	− 0.0065	− 0.0369	0.3029	183
002583. SZ	海能达通信股份有限公司	0.2581	0.1354	0.0068	0.1159	184
002533. SZ	金杯电工股份有限公司	0.2557	0.2539	0.0227	− 0.0209	185
002022. SZ	上海科华生物工程股份有限公司	0.2537	0.0073	0.2522	− 0.0058	186
002158. SZ	上海汉钟精机股份有限公司	0.2527	− 0.0609	0.2403	0.0732	187
002135. SZ	浙江东南网架股份有限公司	0.2512	0.3112	− 0.1166	0.0566	188
002305. SZ	武汉南国置业股份有限公司	0.2468	0.1216	0.1003	0.0249	189
002368. SZ	太极计算机股份有限公司	0.2455	0.1615	0.0660	0.0180	190
002456. SZ	深圳欧菲光科技股份有限公司	0.2444	− 0.0410	− 0.1269	0.4123	191
002234. SZ	山东民和牧业股份有限公司	0.2393	0.1441	0.0472	0.0479	192
002127. SZ	江苏新民纺织科技股份有限公司	0.2386	0.2350	− 0.1319	0.1355	193
002153. SZ	北京中长石基信息技术股份有限公司	0.2359	− 0.0096	0.2635	− 0.0181	194
002060. SZ	广东水电二局股份有限公司	0.2343	0.3652	− 0.0807	− 0.0501	195
002109. SZ	陕西兴化化学股份有限公司	0.2317	0.1088	0.1723	− 0.0494	196
002516. SZ	江苏旷达汽车织物集团股份有限公司	0.2223	0.0707	0.0181	0.1335	197
002508. SZ	杭州老板电器股份有限公司	0.2195	0.1601	− 0.0067	0.0661	198
002087. SZ	河南新野纺织股份有限公司	0.2193	0.2841	− 0.1127	0.0480	199
002101. SZ	广东鸿图科技股份有限公司	0.2165	0.0209	0.0440	0.1516	200
002376. SZ	山东新北洋信息技术股份有限公司	0.2090	− 0.0296	0.0851	0.1535	201
002340. SZ	深圳市格林美高新技术股份有限公司	0.2086	0.0961	− 0.1438	0.2563	202

续表

公司代码	企业全称	基础竞争力	规模竞争力	效率竞争力	增长竞争力	排名
002066. SZ	瑞泰科技股份有限公司	0.2045	0.0291	− 0.0898	0.2651	203
002371. SZ	北京七星华创电子股份有限公司	0.2018	0.0514	0.0483	0.1021	204
002252. SZ	上海莱士血液制品股份有限公司	0.1986	− 0.0974	0.2698	0.0263	205
002582. SZ	好想你枣业股份有限公司	0.1982	− 0.0243	− 0.0033	0.2258	206
002386. SZ	宜宾天原集团股份有限公司	0.1956	0.4792	− 0.0908	− 0.1928	207
002341. SZ	深圳市新纶科技股份有限公司	0.1928	− 0.0826	− 0.0332	0.3086	208
002417. SZ	福建三元达通讯股份有限公司	0.1923	− 0.1086	0.0458	0.2551	209
002602. SZ	浙江世纪华通车业股份有限公司	0.1914	0.0686	0.0024	0.1204	210
002608. SZ	江苏舜天船舶股份有限公司	0.1841	0.2995	0.0423	− 0.1577	211
002397. SZ	湖南梦洁家纺股份有限公司	0.1838	0.0509	0.0602	0.0726	212
002307. SZ	新疆北新路桥集团股份有限公司	0.1822	0.1954	0.0024	− 0.0156	213
002216. SZ	郑州三全食品股份有限公司	0.1786	0.2570	− 0.1105	0.0321	214
002315. SZ	焦点科技股份有限公司	0.1751	− 0.0804	0.1036	0.1519	215
002283. SZ	天润曲轴股份有限公司	0.1733	0.2535	− 0.0945	0.0143	216
002122. SZ	浙江天马轴承股份有限公司	0.1729	0.5046	− 0.0920	− 0.2397	217
002474. SZ	福建榕基软件股份有限公司	0.1715	− 0.1320	0.1032	0.2003	218
002324. SZ	上海普利特复合材料股份有限公司	0.1698	− 0.0115	0.0161	0.1652	219
002471. SZ	江苏中超电缆股份有限公司	0.1695	0.0802	0.0719	0.0174	220
002126. SZ	浙江银轮机械股份有限公司	0.1690	0.1427	− 0.0227	0.0489	221
002501. SZ	吉林利源铝业股份有限公司	0.1671	0.0794	0.0268	0.0608	222
002334. SZ	深圳市英威腾电气股份有限公司	0.1650	− 0.0677	0.0441	0.1886	223
002246. SZ	四川北方硝化棉股份有限公司	0.1635	− 0.0110	− 0.0776	0.2521	224
002292. SZ	广东奥飞动漫文化股份有限公司	0.1621	0.0658	− 0.0261	0.1225	225
002479. SZ	浙江富春江环保热电股份有限公司	0.1620	0.1419	0.0154	0.0048	226
002192. SZ	路翔股份有限公司	0.1616	− 0.2059	0.0517	0.3158	227
002565. SZ	上海绿新包装材料科技股份有限公司	0.1582	0.0791	0.1115	− 0.0323	228
002546. SZ	南京新联电子股份有限公司	0.1558	− 0.1390	0.1085	0.1863	229
002444. SZ	杭州巨星科技股份有限公司	0.1552	0.3247	− 0.0223	− 0.1471	230
002564. SZ	张家港化工机械股份有限公司	0.1548	0.1844	− 0.0061	− 0.0235	231
002436. SZ	深圳市兴森快捷电路科技股份有限公司	0.1533	0.0522	0.0071	0.0940	232
002358. SZ	河南森源电气股份有限公司	0.1515	− 0.0642	0.1069	0.1089	233
002163. SZ	中航三鑫股份有限公司	0.1450	0.2504	− 0.1656	0.0603	234
002179. SZ	中航光电科技股份有限公司	0.1412	0.2044	− 0.0613	− 0.0019	235
002225. SZ	濮阳濮耐高温材料(集团)股份有限公司	0.1388	0.1776	− 0.0515	0.0126	236
002559. SZ	江苏亚威机床股份有限公司	0.1361	− 0.0217	− 0.0439	0.2016	237

公司代码	企业全称	基 础竞争力	规 模竞争力	效 率竞争力	增 长竞争力	排名
002025. SZ	贵州航天电器股份有限公司	0.1356	0.0565	0.0891	− 0.0100	238
002021. SZ	中捷缝纫机股份有限公司	0.1319	0.0171	− 0.1459	0.2607	239
002143. SZ	四川高金食品股份有限公司	0.1313	0.0942	− 0.0145	0.0516	240
002614. SZ	厦门蒙发利科技(集团)股份有限公司	0.1310	0.2275	− 0.1077	0.0112	241
002190. SZ	四川成飞集成科技股份有限公司	0.1307	− 0.0042	− 0.0583	0.1931	242
002306. SZ	北京湘鄂情股份有限公司	0.1254	0.0582	0.0283	0.0389	243
002268. SZ	成都卫士通信息产业股份有限公司	0.1248	− 0.2128	0.1939	0.1437	244
002165. SZ	南京红宝丽股份有限公司	0.1227	0.0727	0.0452	0.0048	245
002003. SZ	浙江伟星实业发展股份有限公司	0.1202	0.2248	0.0126	− 0.1173	246
002406. SZ	许昌远东传动轴股份有限公司	0.1149	0.1244	− 0.0181	0.0086	247
002484. SZ	南通江海电容器股份有限公司	0.1147	0.0473	0.0137	0.0537	248
002538. SZ	安徽省司尔特肥业股份有限公司	0.1139	0.1677	0.0018	− 0.0556	249
002028. SZ	思源电气股份有限公司	0.1095	0.2933	− 0.0036	− 0.1803	250
002413. SZ	江苏常发制冷股份有限公司	0.1066	0.1164	− 0.0256	0.0158	251
002054. SZ	广东德美精细化工股份有限公司	0.1064	0.0788	0.1640	− 0.1364	252
002332. SZ	浙江仙琚制药股份有限公司	0.1054	0.1244	0.0167	− 0.0357	253
002115. SZ	三维通信股份有限公司	0.1052	0.0301	− 0.0680	0.1430	254
002273. SZ	浙江水晶光电科技股份有限公司	0.1038	− 0.1632	0.1221	0.1449	255
002537. SZ	青岛海立美达股份有限公司	0.0988	0.1575	− 0.0626	0.0038	256
002335. SZ	厦门科华恒盛股份有限公司	0.0935	− 0.0319	0.0073	0.1180	257
002167. SZ	广东东方锆业科技股份有限公司	0.0927	− 0.0679	− 0.0941	0.2546	258
002355. SZ	山东兴民钢圈股份有限公司	0.0893	0.1118	− 0.0005	− 0.0220	259
002275. SZ	桂林三金药业股份有限公司	0.0887	0.1658	0.0841	− 0.1612	260
002500. SZ	山西证券股份有限公司	0.0862	0.3026	− 0.0823	− 0.1340	261
002472. SZ	浙江双环传动机械股份有限公司	0.0856	0.0404	− 0.0002	0.0455	262
002255. SZ	苏州海陆重工股份有限公司	0.0824	0.1155	− 0.0509	0.0178	263
002350. SZ	北京科锐配电自动化股份有限公司	0.0823	− 0.0321	0.0915	0.0230	264
002387. SZ	黑牛食品股份有限公司	0.0817	0.0023	0.0808	− 0.0013	265
002550. SZ	常州千红生化制药股份有限公司	0.0810	0.0331	0.0857	− 0.0379	266
002291. SZ	佛山星期六鞋业股份有限公司	0.0808	0.1132	0.0040	− 0.0364	267
002262. SZ	江苏恩华药业股份有限公司	0.0771	− 0.0023	0.0588	0.0207	268
002393. SZ	天津力生制药股份有限公司	0.0752	0.1409	0.0099	− 0.0756	269
002284. SZ	浙江亚太机电股份有限公司	0.0740	0.1127	− 0.0931	0.0544	270
002604. SZ	山东龙力生物科技股份有限公司	0.0700	0.0961	− 0.0031	− 0.0231	271
002595. SZ	山东豪迈机械科技股份有限公司	0.0681	0.0500	0.0463	− 0.0282	272

公司代码	企业全称	基础竞争力	规模竞争力	效率竞争力	增长竞争力	排名
002586.SZ	浙江省围海建设集团股份有限公司	0.0680	0.0017	0.0093	0.0571	273
002144.SZ	宏达高科控股股份有限公司	0.0668	−0.1122	−0.0390	0.2181	274
002258.SZ	利尔化学股份有限公司	0.0641	−0.0084	0.0028	0.0697	275
002584.SZ	西陇化工股份有限公司	0.0636	0.0302	0.0450	−0.0116	276
002217.SZ	山东联合化工股份有限公司	0.0622	0.0531	0.0676	−0.0585	277
002014.SZ	黄山永新股份有限公司	0.0605	0.0672	0.0892	−0.0959	278
002240.SZ	广东威华股份有限公司	0.0594	0.1107	−0.0826	0.0313	279
002461.SZ	广州珠江啤酒股份有限公司	0.0592	0.3706	−0.1137	−0.1977	280
002070.SZ	福建众和股份有限公司	0.0589	0.0365	−0.0167	0.0390	281
002287.SZ	西藏奇正藏药股份有限公司	0.0587	0.0048	0.0428	0.0110	282
002626.SZ	厦门金达威集团股份有限公司	0.0574	−0.0727	0.0541	0.0760	283
002426.SZ	苏州胜利精密制造科技股份有限公司	0.0564	0.1028	−0.0100	−0.0364	284
002230.SZ	安徽科大讯飞信息科技股份有限公司	0.0556	−0.0838	0.0522	0.0872	285
002231.SZ	奥维通信股份有限公司	0.0554	−0.2137	−0.0744	0.3435	286
002243.SZ	深圳市通产丽星股份有限公司	0.0546	−0.0695	0.1280	−0.0039	287
002540.SZ	江苏亚太轻合金科技股份有限公司	0.0540	0.1632	−0.0875	−0.0217	288
002544.SZ	广州杰赛科技股份有限公司	0.0535	0.0080	0.0308	0.0147	289
002490.SZ	山东墨龙石油机械股份有限公司	0.0525	0.3579	−0.0473	−0.2581	290
002104.SZ	恒宝股份有限公司	0.0512	−0.1015	0.0998	0.0530	291
002548.SZ	深圳市金新农饲料股份有限公司	0.0510	0.0112	0.0855	−0.0458	292
002170.SZ	深圳市芭田生态工程股份有限公司	0.0488	0.0961	0.0907	−0.1380	293
002391.SZ	江苏长青农化股份有限公司	0.0486	0.0687	0.0373	−0.0573	294
002462.SZ	嘉事堂药业股份有限公司	0.0477	0.0962	−0.0656	0.0171	295
002449.SZ	佛山市国星光电股份有限公司	0.0477	0.1370	−0.0918	0.0025	296
002448.SZ	河南省中原内配股份有限公司	0.0468	−0.0038	0.0623	−0.0116	297
002314.SZ	雅致集成房屋股份有限公司	0.0443	0.2777	−0.0071	−0.2263	298
002485.SZ	希努尔男装股份有限公司	0.0425	0.1447	−0.0114	−0.0908	299
002437.SZ	哈尔滨誉衡药业股份有限公司	0.0419	−0.0048	0.0307	0.0160	300
002507.SZ	重庆市涪陵榨菜集团股份有限公司	0.0367	−0.0997	0.1159	0.0206	301
002531.SZ	天顺风能（苏州）股份有限公司	0.0365	0.0546	−0.0260	0.0079	302
002317.SZ	广东众生药业股份有限公司	0.0364	0.0105	0.0524	−0.0265	303
002099.SZ	浙江海翔药业股份有限公司	0.0350	−0.0009	0.0765	−0.0406	304
002296.SZ	河南辉煌科技股份有限公司	0.0341	−0.2600	0.1242	0.1699	305
002638.SZ	东莞勤上光电股份有限公司	0.0336	0.0533	−0.0266	0.0069	306
002121.SZ	深圳市科陆电子科技股份有限公司	0.0314	0.0234	−0.1580	0.1660	307

续表

公司代码	企业全称	基 础 竞争力	规 模 竞争力	效 率 竞争力	增 长 竞争力	排名
002079. SZ	苏州固锝电子股份有限公司	0.0302	−0.0318	0.0151	0.0469	308
002392. SZ	北京利尔高温材料股份有限公司	0.0300	0.0754	−0.1297	0.0843	309
002274. SZ	江苏华昌化工股份有限公司	0.0269	0.3001	−0.1103	−0.1629	310
002636. SZ	金安国纪科技股份有限公司	0.0238	0.1670	−0.0803	−0.0629	311
002457. SZ	宁夏青龙管业股份有限公司	0.0236	0.0614	−0.0698	0.0319	312
002593. SZ	厦门日上车轮集团股份有限公司	0.0232	0.0568	−0.0241	−0.0095	313
002266. SZ	浙江富春江水电设备股份有限公司	0.0227	0.0716	0.0317	−0.0806	314
002409. SZ	江苏雅克科技股份有限公司	0.0206	−0.0045	−0.0036	0.0288	315
002298. SZ	安徽鑫龙电器股份有限公司	0.0206	−0.1309	0.0548	0.0967	316
002627. SZ	湖北宜昌交运集团股份有限公司	0.0185	−0.0389	0.0030	0.0544	317
002215. SZ	深圳诺普信农化股份有限公司	0.0145	0.1027	0.0161	−0.1043	318
002453. SZ	苏州天马精细化学品股份有限公司	0.0139	−0.0724	0.0078	0.0785	319
002635. SZ	苏州安洁科技股份有限公司	0.0120	−0.1589	−0.0243	0.1951	320
002132. SZ	河南恒星科技股份有限公司	0.0086	0.1311	−0.1196	−0.0029	321
002434. SZ	浙江万里扬变速器股份有限公司	0.0078	0.1145	−0.1352	0.0285	322
002031. SZ	广东巨轮模具股份有限公司	0.0078	−0.0280	−0.0297	0.0655	323
002560. SZ	河南通达电缆股份有限公司	0.0061	−0.0664	0.2017	−0.1292	324
002093. SZ	国脉科技股份有限公司	0.0024	−0.0149	0.0537	−0.0363	325
002318. SZ	浙江久立特材科技股份有限公司	0.0024	0.2088	−0.0241	−0.1824	326
002094. SZ	青岛金王应用化学股份有限公司	0.0023	−0.1216	0.0378	0.0860	327
002320. SZ	海南海峡航运股份有限公司	0.0016	0.0302	0.0430	−0.0717	328
002488. SZ	浙江金固股份有限公司	0.0014	−0.0819	−0.0146	0.0980	329
002321. SZ	河南华英农业发展股份有限公司	−0.0006	0.0952	−0.0994	0.0036	330
002384. SZ	苏州东山精密制造股份有限公司	−0.0036	0.0559	−0.1251	0.0656	331
002004. SZ	重庆华邦制药股份有限公司	−0.0061	0.0917	−0.0045	−0.0933	332
002566. SZ	吉林省集安益盛药业股份有限公司	−0.0095	−0.0727	0.0468	0.0164	333
002130. SZ	深圳市沃尔核材股份有限公司	−0.0097	−0.1165	0.0524	0.0544	334
002403. SZ	浙江爱仕达电器股份有限公司	−0.0106	0.1936	−0.0539	−0.1503	335
002518. SZ	深圳科士达科技股份有限公司	−0.0133	0.0031	−0.0224	0.0060	336
002521. SZ	山东齐峰特种纸业股份有限公司	−0.0140	0.1694	−0.1374	−0.0460	337
002096. SZ	湖南南岭民用爆破器材股份有限公司	−0.0159	−0.1713	0.1187	0.0367	338
002044. SZ	江苏三友集团股份有限公司	−0.0197	−0.2143	0.0872	0.1075	339
002613. SZ	洛阳北方玻璃技术股份有限公司	−0.0198	0.0253	0.0326	−0.0777	340
002281. SZ	武汉光迅科技股份有限公司	−0.0213	0.0311	−0.0320	−0.0204	341
002631. SZ	德尔国际家居股份有限公司	−0.0219	−0.1162	0.1060	−0.0117	342

续表

公司代码	企业全称	基础竞争力	规模竞争力	效率竞争力	增长竞争力	排名
002642. SZ	北京荣之联科技股份有限公司	− 0.0307	− 0.1172	0.0754	0.0110	343
002520. SZ	浙江日发数码精密机械股份有限公司	− 0.0323	− 0.2069	0.0193	0.1553	344
002138. SZ	深圳顺络电子股份有限公司	− 0.0330	− 0.1167	− 0.0088	0.0926	345
002377. SZ	湖北国创高新材料股份有限公司	− 0.0356	− 0.1161	0.1496	− 0.0691	346
002510. SZ	天津汽车模具股份有限公司	− 0.0370	0.0443	− 0.1016	0.0203	347
002527. SZ	上海新时达电气股份有限公司	− 0.0375	− 0.0488	− 0.0358	0.0471	348
002407. SZ	多氟多化工股份有限公司	− 0.0403	0.1073	− 0.0591	− 0.0884	349
002554. SZ	华油惠博普科技股份有限公司	− 0.0407	− 0.1646	0.0086	0.1153	350
002404. SZ	浙江嘉欣丝绸股份有限公司	− 0.0438	0.1228	− 0.0079	− 0.1587	351
002330. SZ	山东得利斯食品股份有限公司	− 0.0449	0.1245	− 0.0758	− 0.0935	352
002342. SZ	巨力索具股份有限公司	− 0.0472	0.2114	− 0.0737	− 0.1850	353
002343. SZ	浙江禾欣实业集团股份有限公司	− 0.0485	0.1003	− 0.0329	− 0.1159	354
002185. SZ	天水华天科技股份有限公司	− 0.0515	0.0858	− 0.1144	− 0.0229	355
002360. SZ	山西同德化工股份有限公司	− 0.0522	− 0.2242	0.0790	0.0929	356
002176. SZ	江西特种电机股份有限公司	− 0.0527	− 0.1124	0.0212	0.0386	357
002418. SZ	浙江康盛股份有限公司	− 0.0545	0.0213	− 0.0858	0.0100	358
002576. SZ	江苏通达动力科技股份有限公司	− 0.0551	− 0.0624	0.0385	− 0.0312	359
002379. SZ	山东鲁丰铝箔股份有限公司	− 0.0566	− 0.0094	− 0.0398	− 0.0074	360
002131. SZ	浙江利欧股份有限公司	− 0.0571	0.0539	0.0048	− 0.1157	361
002519. SZ	江苏银河电子股份有限公司	− 0.0573	− 0.0108	0.0322	− 0.0144	362
002577. SZ	深圳雷柏科技股份有限公司	− 0.0582	− 0.0634	− 0.0335	0.0387	363
002630. SZ	华西能源工业股份有限公司	− 0.0592	0.1797	− 0.1421	− 0.0969	364
002254. SZ	烟台泰和新材料股份有限公司	− 0.0595	0.1741	− 0.0264	− 0.2072	365
002640. SZ	山西百圆裤业连锁经营股份有限公司	− 0.0606	− 0.2310	0.0141	0.1563	366
002088. SZ	山东鲁阳股份有限公司	− 0.0661	0.0379	0.0717	− 0.1756	367
002263. SZ	浙江大东南股份有限公司	− 0.0690	0.1846	− 0.0983	− 0.1554	368
002182. SZ	南京云海特种金属股份有限公司	− 0.0694	0.1464	− 0.0691	− 0.1467	369
002086. SZ	山东东方海洋科技股份有限公司	− 0.0701	− 0.0286	0.0301	− 0.0715	370
002229. SZ	福建鸿博印刷股份有限公司	− 0.0701	− 0.2280	0.0148	0.1431	371
002511. SZ	中顺洁柔纸业股份有限公司	− 0.0703	0.2049	− 0.1541	− 0.1211	372
002333. SZ	苏州罗普斯金铝业股份有限公司	− 0.0728	0.0370	− 0.0209	− 0.0888	373
002067. SZ	浙江景兴纸业股份有限公司	− 0.0760	0.3987	− 0.0819	− 0.3929	374
002532. SZ	新界泵业集团股份有限公司	− 0.0785	− 0.1069	− 0.0134	0.0418	375
002139. SZ	深圳拓邦股份有限公司	− 0.0794	− 0.1287	0.0671	− 0.0178	376
002156. SZ	南通富士通微电子股份有限公司	− 0.0796	0.1638	− 0.1307	− 0.1128	377

续表

公司代码	企业全称	基础竞争力	规模竞争力	效率竞争力	增长竞争力	排名
002465. SZ	广州海格通信集团股份有限公司	- 0. 0803	0. 2395	- 0. 1359	- 0. 1838	378
002339. SZ	积成电子股份有限公司	- 0. 0813	- 0. 1593	0. 0218	0. 0562	379
002616. SZ	广东长青(集团)股份有限公司	- 0. 0847	0. 0380	- 0. 0352	- 0. 0875	380
002443. SZ	浙江金洲管道科技股份有限公司	- 0. 0867	0. 2244	- 0. 0855	- 0. 2256	381
002195. SZ	上海海隆软件股份有限公司	- 0. 0874	- 0. 3449	0. 1458	0. 1117	382
002509. SZ	天广消防股份有限公司	- 0. 0876	- 0. 2862	0. 0886	0. 1099	383
002481. SZ	烟台双塔食品股份有限公司	- 0. 0882	- 0. 1556	- 0. 0414	0. 1088	384
002137. SZ	深圳市实益达科技股份有限公司	- 0. 0916	- 0. 0369	- 0. 0767	0. 0219	385
002161. SZ	深圳市远望谷信息技术股份有限公司	- 0. 0935	- 0. 1782	0. 0808	0. 0039	386
002600. SZ	广东江粉磁材股份有限公司	- 0. 0988	- 0. 0005	- 0. 0391	- 0. 0591	387
002420. SZ	广州毅昌科技股份有限公司	- 0. 1005	0. 1645	- 0. 1801	- 0. 0849	388
002015. SZ	江苏霞客环保色纺股份有限公司	- 0. 1076	0. 0243	- 0. 1374	0. 0054	389
002551. SZ	深圳市尚荣医疗股份有限公司	- 0. 1078	- 0. 2231	- 0. 0278	0. 1431	390
002598. SZ	山东省章丘鼓风机股份有限公司	- 0. 1085	- 0. 1507	0. 1398	- 0. 0976	391
002301. SZ	深圳市齐心文具股份有限公司	- 0. 1089	0. 0056	- 0. 0882	- 0. 0263	392
002035. SZ	中山华帝燃具股份有限公司	- 0. 1186	0. 0600	0. 2905	- 0. 4692	393
002005. SZ	广东德豪润达电气股份有限公司	- 0. 1199	0. 4096	- 0. 0054	- 0. 5241	394
002272. SZ	四川川润股份有限公司	- 0. 1204	- 0. 1436	- 0. 0214	0. 0446	395
002455. SZ	无锡百川化工股份有限公司	- 0. 1206	0. 0025	- 0. 0083	- 0. 1147	396
002303. SZ	深圳市美盈森环保科技股份有限公司	- 0. 1290	0. 0366	- 0. 0399	- 0. 1257	397
002290. SZ	苏州禾盛新型材料股份有限公司	- 0. 1310	- 0. 0127	- 0. 0467	- 0. 0717	398
002026. SZ	山东威达机械股份有限公司	- 0. 1329	- 0. 1844	0. 0477	0. 0038	399
002389. SZ	浙江南洋科技股份有限公司	- 0. 1331	- 0. 2069	0. 0108	0. 0630	400
002611. SZ	广东东方精工科技股份有限公司	- 0. 1337	- 0. 2648	0. 0673	0. 0639	401
002331. SZ	安徽皖通科技股份有限公司	- 0. 1379	- 0. 2368	0. 0040	0. 0950	402
002286. SZ	保龄宝生物股份有限公司	- 0. 1398	- 0. 0839	- 0. 0398	- 0. 0161	403
002238. SZ	深圳市天威视讯股份有限公司	- 0. 1414	0. 0169	- 0. 0290	- 0. 1293	404
002009. SZ	江苏天奇物流系统工程股份有限公司	- 0. 1417	- 0. 0106	- 0. 0798	- 0. 0512	405
002605. SZ	上海姚记扑克股份有限公司	- 0. 1426	- 0. 1442	- 0. 0129	0. 0144	406
002580. SZ	山东圣阳电源股份有限公司	- 0. 1429	- 0. 0953	- 0. 0974	0. 0498	407
002329. SZ	广西皇氏甲天下乳业股份有限公司	- 0. 1442	- 0. 1548	- 0. 0806	0. 0912	408
002119. SZ	宁波康强电子股份有限公司	- 0. 1442	- 0. 1043	- 0. 1187	0. 0788	409
002547. SZ	苏州春兴精工股份有限公司	- 0. 1454	- 0. 0982	- 0. 0425	- 0. 0047	410
002326. SZ	浙江永太科技股份有限公司	- 0. 1460	- 0. 0922	- 0. 0640	0. 0102	411
002030. SZ	中山大学达安基因股份有限公司	- 0. 1473	- 0. 2609	0. 0798	0. 0338	412

续表

公司代码	企业全称	基础 竞争力	规模 竞争力	效率 竞争力	增长 竞争力	排名
002232. SZ	启明信息技术股份有限公司	-0.1487	0.0335	-0.0383	-0.1438	413
002486. SZ	上海嘉麟杰纺织品股份有限公司	-0.1498	-0.0602	-0.1021	0.0125	414
002536. SZ	河南省西峡汽车水泵股份有限公司	-0.1504	-0.0178	-0.1084	-0.0243	415
002513. SZ	江苏蓝丰生物化工股份有限公司	-0.1526	0.0275	-0.0258	-0.1543	416
002295. SZ	广东精艺金属股份有限公司	-0.1551	0.0754	-0.0585	-0.1720	417
002522. SZ	浙江众成包装材料股份有限公司	-0.1559	-0.1459	0.0641	-0.0741	418
002361. SZ	安徽神剑新材料股份有限公司	-0.1587	-0.2028	0.0490	-0.0049	419
002632. SZ	浙江道明光学股份有限公司	-0.1611	-0.2124	0.0326	0.0188	420
002111. SZ	威海广泰空港设备股份有限公司	-0.1611	-0.1049	0.0355	-0.0917	421
002411. SZ	江苏九九久科技股份有限公司	-0.1653	-0.0453	-0.0483	-0.0717	422
002147. SZ	马鞍山方圆回转支承股份有限公司	-0.1665	-0.1110	-0.0346	-0.0209	423
002363. SZ	山东隆基机械股份有限公司	-0.1673	-0.0384	-0.0269	-0.1020	424
002423. SZ	中原特钢股份有限公司	-0.1674	0.1794	-0.1315	-0.2153	425
002150. SZ	江苏通润装备科技股份有限公司	-0.1675	-0.1775	0.0265	-0.0164	426
002159. SZ	武汉三特索道集团股份有限公司	-0.1728	-0.3363	0.0515	0.1120	427
002046. SZ	洛阳轴研科技股份有限公司	-0.1737	-0.1938	-0.0726	0.0927	428
002381. SZ	浙江双箭橡胶股份有限公司	-0.1738	-0.0356	-0.0838	-0.0544	429
002160. SZ	江苏常铝铝业股份有限公司	-0.1797	-0.0568	-0.0226	-0.1003	430
002592. SZ	南宁八菱科技股份有限公司	-0.1809	-0.2270	0.0303	0.0158	431
002643. SZ	烟台万润精细化工股份有限公司	-0.1810	-0.0120	-0.0468	-0.1222	432
002427. SZ	浙江尤夫高新纤维股份有限公司	-0.1830	-0.1080	0.0120	-0.0870	433
002421. SZ	深圳达实智能股份有限公司	-0.1845	-0.2371	-0.0221	0.0747	434
002090. SZ	江苏金智科技股份有限公司	-0.1891	-0.1778	-0.0055	-0.0058	435
002117. SZ	东港股份有限公司	-0.1896	-0.0443	-0.0773	-0.0680	436
002596. SZ	海南瑞泽新型建材股份有限公司	-0.1909	-0.1212	-0.0022	-0.0675	437
002505. SZ	湖南大康牧业股份有限公司	-0.1910	-0.1966	-0.1018	0.1074	438
002351. SZ	深圳市漫步者科技股份有限公司	-0.1918	0.0190	-0.0801	-0.1307	439
002328. SZ	上海新朋实业股份有限公司	-0.1958	0.1602	-0.0960	-0.2600	440
002098. SZ	福建浔兴拉链科技股份有限公司	-0.1984	-0.0766	-0.0469	-0.0748	441
002615. SZ	浙江哈尔斯真空器皿股份有限公司	-0.1988	-0.2508	0.0181	0.0339	442
002496. SZ	江苏辉丰农化股份有限公司	-0.2066	0.0606	-0.1063	-0.1609	443
002575. SZ	广东群兴玩具股份有限公司	-0.2101	-0.1959	-0.0105	-0.0038	444
002578. SZ	福建省闽发铝业股份有限公司	-0.2125	-0.1122	0.0335	-0.0667	445
002124. SZ	宁波天邦股份有限公司	-0.2137	-0.0433	-0.0741	-0.0963	446
002151. SZ	北京北斗星通导航技术股份有限公司	-0.2138	-0.2299	-0.0076	0.0236	447

公司代码	企业全称	基 础 竞争力	规 模 竞争力	效 率 竞争力	增 长 竞争力	排名
002224. SZ	浙江三力士橡胶股份有限公司	− 0. 2153	− 0. 1607	− 0. 0433	− 0. 0112	448
002184. SZ	上海海得控制系统股份有限公司	− 0. 2160	− 0. 0400	0. 0159	− 0. 1919	449
002558. SZ	重庆新世纪游轮股份有限公司	− 0. 2176	− 0. 3386	0. 0153	0. 1057	450
002433. SZ	广东太安堂药业股份有限公司	− 0. 2178	− 0. 1880	− 0. 0315	0. 0017	451
002316. SZ	深圳键桥通讯技术股份有限公司	− 0. 2193	− 0. 2733	0. 0010	0. 0530	452
002590. SZ	浙江万安科技股份有限公司	− 0. 2202	− 0. 1042	− 0. 1118	− 0. 0042	453
002280. SZ	杭州新世纪信息技术股份有限公司	− 0. 2241	− 0. 3373	− 0. 0213	0. 1345	454
002168. SZ	深圳市惠程电气股份有限公司	− 0. 2274	− 0. 1926	0. 0173	− 0. 0521	455
002435. SZ	长江润发机械股份有限公司	− 0. 2278	− 0. 0609	− 0. 0342	− 0. 1327	456
002064. SZ	浙江华峰氨纶股份有限公司	− 0. 2348	0. 0981	− 0. 1594	− 0. 1735	457
002460. SZ	江西赣锋锂业股份有限公司	− 0. 2383	− 0. 2229	− 0. 0434	0. 0280	458
002412. SZ	湖南汉森制药股份有限公司	− 0. 2385	− 0. 2253	0. 0100	− 0. 0232	459
002494. SZ	华斯农业开发股份有限公司	− 0. 2391	− 0. 1797	− 0. 0732	0. 0137	460
002356. SZ	深圳浩宁达仪表股份有限公司	− 0. 2476	− 0. 2035	− 0. 1016	0. 0574	461
002621. SZ	大连三垒机器股份有限公司	− 0. 2492	− 0. 2945	0. 0846	− 0. 0393	462
002149. SZ	西部金属材料股份有限公司	− 0. 2525	− 0. 0567	− 0. 1200	− 0. 0759	463
002439. SZ	北京启明星辰信息技术股份有限公司	− 0. 2529	− 0. 1888	− 0. 0056	− 0. 0585	464
002639. SZ	福建雪人股份有限公司	− 0. 2539	− 0. 2287	0. 0170	− 0. 0422	465
002348. SZ	广东高乐玩具股份有限公司	− 0. 2549	− 0. 1967	0. 0578	− 0. 1160	466
002569. SZ	浙江步森服饰股份有限公司	− 0. 2550	− 0. 1793	− 0. 0584	− 0. 0174	467
002523. SZ	株洲天桥起重机股份有限公司	− 0. 2579	− 0. 1016	0. 0012	− 0. 1575	468
002197. SZ	深圳市证通电子股份有限公司	− 0. 2582	− 0. 1914	− 0. 0131	− 0. 0537	469
002194. SZ	武汉凡谷电子技术股份有限公司	− 0. 2592	0. 1172	− 0. 0270	− 0. 3493	470
002634. SZ	浙江棒杰数码针织品股份有限公司	− 0. 2605	− 0. 3579	− 0. 0069	0. 1043	471
002401. SZ	中海网络科技股份有限公司	− 0. 2627	− 0. 2721	0. 0497	− 0. 0403	472
002322. SZ	宁波理工监测科技股份有限公司	− 0. 2654	− 0. 2978	− 0. 0445	0. 0769	473
002629. SZ	四川仁智油田技术服务股份有限公司	− 0. 2670	− 0. 2002	− 0. 0323	− 0. 0345	474
002606. SZ	大连电瓷集团股份有限公司	− 0. 2685	− 0. 1703	− 0. 0500	− 0. 0482	475
002196. SZ	浙江方正电机股份有限公司	− 0. 2738	− 0. 3296	0. 0123	0. 0435	476
002382. SZ	山东蓝帆塑胶股份有限公司	− 0. 2752	− 0. 0896	− 0. 1203	− 0. 0653	477
002357. SZ	四川富临运业集团股份有限公司	− 0. 2757	− 0. 3651	0. 0552	0. 0342	478
002205. SZ	新疆国统管道股份有限公司	− 0. 2761	− 0. 1532	− 0. 0275	− 0. 0955	479
002425. SZ	凯撒（中国）股份有限公司	− 0. 2785	− 0. 1997	− 0. 0238	− 0. 0549	480
002282. SZ	博深工具股份有限公司	− 0. 2788	− 0. 1676	− 0. 0231	− 0. 0881	481
002542. SZ	中化岩土工程股份有限公司	− 0. 2802	− 0. 3379	0. 0066	0. 0511	482

续表

公司代码	企业全称	基 础 竞争力	规 模 竞争力	效 率 竞争力	增 长 竞争力	排名
002247. SZ	浙江帝龙新材料股份有限公司	− 0. 2827	− 0. 2949	− 0. 0709	0. 0830	483
002346. SZ	上海柘中建设股份有限公司	− 0. 2874	− 0. 1844	− 0. 0126	− 0. 0905	484
002571. SZ	安徽德力日用玻璃股份有限公司	− 0. 2887	− 0. 1605	− 0. 1201	− 0. 0081	485
002352. SZ	马鞍山鼎泰稀土新材料股份有限公司	− 0. 2903	− 0. 1663	− 0. 0907	− 0. 0333	486
002581. SZ	淄博万昌科技股份有限公司	− 0. 2904	− 0. 3519	0. 1329	− 0. 0715	487
002495. SZ	广东佳隆食品股份有限公司	− 0. 2940	− 0. 2649	0. 0109	− 0. 0401	488
002288. SZ	广东超华科技股份有限公司	− 0. 2960	− 0. 3015	− 0. 0567	0. 0622	489
002445. SZ	江阴中南重工股份有限公司	− 0. 3018	− 0. 1266	− 0. 0774	− 0. 0978	490
002619. SZ	浙江巨龙管业股份有限公司	− 0. 3020	− 0. 3153	− 0. 0193	0. 0326	491
002562. SZ	兄弟科技股份有限公司	− 0. 3094	− 0. 1474	0. 0072	− 0. 1692	492
002374. SZ	山东丽鹏股份有限公司	− 0. 3105	− 0. 2785	− 0. 0124	− 0. 0196	493
002514. SZ	苏州宝馨科技实业股份有限公司	− 0. 3211	− 0. 3880	0. 0601	0. 0068	494
002624. SZ	浙江金磊高温材料股份有限公司	− 0. 3254	− 0. 3048	− 0. 0469	0. 0263	495
002013. SZ	湖北中航精机科技股份有限公司	− 0. 3263	− 0. 2337	− 0. 0888	− 0. 0038	496
002052. SZ	深圳市同洲电子股份有限公司	− 0. 3278	0. 0757	− 0. 0981	− 0. 3054	497
002043. SZ	德华兔宝宝装饰新材股份有限公司	− 0. 3303	− 0. 0702	− 0. 1106	− 0. 1495	498
002366. SZ	四川丹甫制冷压缩机股份有限公司	− 0. 3315	− 0. 1390	− 0. 1080	− 0. 0845	499
002438. SZ	江苏神通阀门股份有限公司	− 0. 3324	− 0. 2602	0. 0315	− 0. 1037	500
002549. SZ	湖南凯美特气体股份有限公司	− 0. 3360	− 0. 4544	0. 0866	0. 0318	501
002103. SZ	广博集团股份有限公司	− 0. 3377	− 0. 0792	− 0. 0762	− 0. 1823	502
002261. SZ	拓维信息系统股份有限公司	− 0. 3391	− 0. 2357	0. 0092	− 0. 1126	503
002209. SZ	广州达意隆包装机械股份有限公司	− 0. 3406	− 0. 1846	− 0. 0694	− 0. 0865	504
002573. SZ	北京国电清新环保技术股份有限公司	− 0. 3442	− 0. 0584	− 0. 0301	− 0. 2557	505
002219. SZ	甘肃独一味生物制药股份有限公司	− 0. 3521	− 0. 3560	0. 1637	− 0. 1599	506
002278. SZ	上海神开石油化工装备股份有限公司	− 0. 3551	− 0. 0896	− 0. 0776	− 0. 1880	507
002625. SZ	浙江龙生汽车部件股份有限公司	− 0. 3677	− 0. 4703	− 0. 0106	0. 1133	508
002074. SZ	江苏东源电器集团股份有限公司	− 0. 3681	− 0. 2369	0. 0022	− 0. 1333	509
002312. SZ	成都三泰电子实业股份有限公司	− 0. 3719	− 0. 2467	− 0. 1267	0. 0015	510
002579. SZ	惠州中京电子科技股份有限公司	− 0. 3733	− 0. 3028	− 0. 0957	0. 0253	511
002428. SZ	云南临沧鑫圆锗业股份有限公司	− 0. 3815	− 0. 2181	− 0. 0372	− 0. 1262	512
002141. SZ	广东蓉胜超微线材股份有限公司	− 0. 3859	− 0. 2914	− 0. 1813	0. 0868	513
002618. SZ	深圳丹邦科技股份有限公司	− 0. 3860	− 0. 3133	− 0. 0301	− 0. 0426	514
002390. SZ	贵州信邦制药股份有限公司	− 0. 3861	− 0. 2411	− 0. 0354	− 0. 1095	515
002645. SZ	江苏华宏科技股份有限公司	− 0. 3873	− 0. 2057	− 0. 0750	− 0. 1067	516
002347. SZ	安徽泰尔重工股份有限公司	− 0. 3880	− 0. 2246	− 0. 0982	− 0. 0652	517

公司代码	企业全称	基 础 竞争力	规 模 竞争力	效 率 竞争力	增 长 竞争力	排名
002591. SZ	江西恒大高新技术股份有限公司	− 0. 3891	− 0. 3439	0. 0313	− 0. 0765	518
002349. SZ	南通精华制药股份有限公司	− 0. 3897	− 0. 2936	0. 0729	− 0. 0231	519
002555. SZ	芜湖顺荣汽车部件股份有限公司	− 0. 3899	− 0. 2949	− 0. 1103	0. 0153	520
002248. SZ	威海华东数控股份有限公司	− 0. 3901	− 0. 1456	− 0. 1035	− 0. 1409	521
002169. SZ	广州智光电气股份有限公司	− 0. 3926	− 0. 2603	− 0. 0175	− 0. 1148	522
002017. SZ	东信和平智能卡股份有限公司	− 0. 3929	− 0. 1339	− 0. 0613	− 0. 1977	523
002476. SZ	山东宝莫生物化工股份有限公司	− 0. 3943	− 0. 1542	− 0. 0732	− 0. 1669	524
002459. SZ	秦皇岛天业通联重工股份有限公司	− 0. 3952	− 0. 0408	− 0. 1499	− 0. 2045	525
002388. SZ	深圳市新亚电子制程股份有限公司	− 0. 3998	− 0. 2552	− 0. 0621	− 0. 0825	526
002447. SZ	大连壹桥海洋苗业股份有限公司	− 0. 4067	− 0. 3421	− 0. 0605	− 0. 0041	527
002599. SZ	北京盛通印刷股份有限公司	− 0. 4067	− 0. 2795	− 0. 1163	− 0. 0109	528
002502. SZ	骅威科技股份有限公司	− 0. 4069	− 0. 2062	− 0. 0883	− 0. 1124	529
002528. SZ	深圳英飞拓科技股份有限公司	− 0. 4070	− 0. 1293	− 0. 0806	− 0. 1971	530
002213. SZ	深圳市特尔佳科技股份有限公司	− 0. 4070	− 0. 4753	0. 0706	− 0. 0024	531
002016. SZ	广东世荣兆业股份有限公司	− 0. 4076	− 0. 0886	− 0. 0282	− 0. 2909	532
002034. SZ	浙江美欣达印染集团股份有限公司	− 0. 4080	0. 0044	0. 1531	− 0. 5656	533
002530. SZ	江苏丰东热技术股份有限公司	− 0. 4081	− 0. 3272	− 0. 0962	0. 0153	534
002319. SZ	珠海市乐通化工股份有限公司	− 0. 4084	− 0. 2953	− 0. 0486	− 0. 0645	535
002402. SZ	深圳和而泰智能控制股份有限公司	− 0. 4121	− 0. 2465	− 0. 1010	− 0. 0646	536
002512. SZ	中山达华智能科技股份有限公司	− 0. 4216	− 0. 2451	− 0. 0776	− 0. 0989	537
002499. SZ	科林环保装备股份有限公司	− 0. 4217	− 0. 2921	− 0. 0536	− 0. 0760	538
002136. SZ	安徽安纳达钛业股份有限公司	− 0. 4275	− 0. 1621	0. 0318	− 0. 2973	539
002609. SZ	深圳市捷顺科技实业股份有限公司	− 0. 4296	− 0. 2994	− 0. 1098	− 0. 0204	540
002289. SZ	深圳市宇顺电子股份有限公司	− 0. 4315	− 0. 2096	− 0. 1575	− 0. 0645	541
002279. SZ	北京久其软件股份有限公司	− 0. 4328	− 0. 3626	− 0. 0707	0. 0005	542
002487. SZ	辽宁大金重工股份有限公司	− 0. 4346	− 0. 1422	− 0. 1711	− 0. 1212	543
002552. SZ	宝鼎重工股份有限公司	− 0. 4470	− 0. 2118	− 0. 0381	− 0. 1971	544
002469. SZ	山东三维石化工程股份有限公司	− 0. 4527	− 0. 3258	− 0. 0540	− 0. 0729	545
002253. SZ	四川川大智胜软件股份有限公司	− 0. 4546	− 0. 4130	0. 0117	− 0. 0533	546
002622. SZ	吉林永大集团股份有限公司	− 0. 4567	− 0. 1881	− 0. 0846	− 0. 1840	547
002354. SZ	大连科冕木业股份有限公司	− 0. 4624	− 0. 3279	− 0. 0424	− 0. 0921	548
002395. SZ	无锡双象超纤材料股份有限公司	− 0. 4632	− 0. 2141	− 0. 1066	− 0. 1425	549
002529. SZ	福建海源自动化机械股份有限公司	− 0. 4698	− 0. 2298	− 0. 1609	− 0. 0791	550
002076. SZ	广东雪莱特光电科技股份有限公司	− 0. 4767	− 0. 3529	− 0. 0307	− 0. 0932	551
002524. SZ	光正钢结构股份有限公司	− 0. 4776	− 0. 3375	− 0. 1194	− 0. 0207	552

续表

公司代码	企业全称	基 础 竞争力	规 模 竞争力	效 率 竞争力	增 长 竞争力	排名
002466.SZ	四川天齐锂业股份有限公司	-0.4794	-0.2258	-0.1412	-0.1124	553
002467.SZ	二六三网络通信股份有限公司	-0.4843	-0.2467	-0.0209	-0.2167	554
002517.SZ	泰亚鞋业股份有限公司	-0.4949	-0.3025	-0.0867	-0.1058	555
002297.SZ	湖南博云新材料股份有限公司	-0.4951	-0.3461	-0.1494	0.0005	556
002587.SZ	深圳市奥拓电子股份有限公司	-0.4964	-0.4393	-0.0227	-0.0344	557
002023.SZ	四川海特高新技术股份有限公司	-0.4970	-0.3138	-0.0346	-0.1486	558
002105.SZ	深圳信隆实业股份有限公司	-0.4977	-0.1423	-0.0628	-0.2925	559
002201.SZ	江苏九鼎新材料股份有限公司	-0.4996	-0.2974	-0.0655	-0.1367	560
002222.SZ	福建福晶科技股份有限公司	-0.5031	-0.4115	0.0077	-0.0994	561
002036.SZ	宁波宜科科技实业股份有限公司	-0.5037	-0.3203	-0.0921	-0.0912	562
002164.SZ	宁波东力传动设备股份有限公司	-0.5057	-0.1191	-0.1913	-0.1953	563
002171.SZ	安徽精诚铜业股份有限公司	-0.5076	0.1036	-0.1247	-0.4864	564
002380.SZ	南京科远自动化集团股份有限公司	-0.5077	-0.3434	-0.0267	-0.1375	565
002365.SZ	潜江永安药业股份有限公司	-0.5140	-0.1845	-0.0719	-0.2576	566
002414.SZ	武汉高德红外股份有限公司	-0.5156	-0.1060	-0.1233	-0.2863	567
002492.SZ	珠海恒基达鑫国际化工仓储股份有限公司	-0.5170	-0.4236	0.0210	-0.1144	568
002506.SZ	上海超日太阳能科技股份有限公司	-0.5225	-0.1041	-0.1827	-0.2357	569
002181.SZ	广东九州阳光传媒股份有限公司	-0.5320	-0.2913	-0.2244	-0.0163	570
002383.SZ	北京合众思壮科技股份有限公司	-0.5326	-0.1436	-0.1337	-0.2553	571
002464.SZ	昆山金利表面材料应用科技股份有限公司	-0.5329	-0.2987	-0.0705	-0.1637	572
002452.SZ	湖南长高高压开关集团股份有限公司	-0.5341	-0.2428	-0.0124	-0.2789	573
002235.SZ	厦门安妮股份有限公司	-0.5372	-0.3172	-0.0725	-0.1475	574
002568.SZ	上海百润香精香料股份有限公司	-0.5380	-0.5233	0.0439	-0.0585	575
002553.SZ	江苏南方轴承股份有限公司	-0.5424	-0.4247	-0.0464	-0.0713	576
002468.SZ	浙江艾迪西流体控制股份有限公司	-0.5449	-0.1460	-0.0921	-0.3068	577
002364.SZ	杭州中恒电气股份有限公司	-0.5472	-0.3578	-0.0499	-0.1395	578
002193.SZ	山东济宁如意毛纺织股份有限公司	-0.5484	-0.2494	-0.0952	-0.2038	579
002120.SZ	宁波新海电气股份有限公司	-0.5617	-0.2024	-0.1257	-0.2335	580
002260.SZ	广东伊立浦电器股份有限公司	-0.5655	-0.3039	-0.0378	-0.2238	581
002323.SZ	江苏中联电气股份有限公司	-0.5692	-0.3136	-0.0215	-0.2341	582
002338.SZ	长春奥普光电技术股份有限公司	-0.5843	-0.3868	-0.0970	-0.1005	583
002370.SZ	浙江亚太药业股份有限公司	-0.5929	-0.2537	-0.1315	-0.2077	584
002515.SZ	金字火腿股份有限公司	-0.5951	-0.4013	-0.1373	-0.0585	585
002633.SZ	申科滑动轴承股份有限公司	-0.6000	-0.3973	-0.1120	-0.0908	586
002337.SZ	天津赛象科技股份有限公司	-0.6065	-0.1420	-0.1355	-0.3291	587

续表

公司代码	企业全称	基 础 竞争力	规 模 竞争力	效 率 竞争力	增 长 竞争力	排名
002148. SZ	北京北纬通信科技股份有限公司	− 0. 6188	− 0. 4923	− 0. 0123	− 0. 1142	588
002125. SZ	湘潭电化科技股份有限公司	− 0. 6288	− 0. 2278	− 0. 0512	− 0. 3497	589
002373. SZ	北京联信永益科技股份有限公司	− 0. 6324	− 0. 2480	− 0. 1075	− 0. 2769	590
002180. SZ	珠海万力达电气股份有限公司	− 0. 6351	− 0. 5612	0. 0614	− 0. 1353	591
002432. SZ	天津九安医疗电子股份有限公司	− 0. 6368	− 0. 3140	− 0. 1561	− 0. 1667	592
002473. SZ	宁波圣莱达电器股份有限公司	− 0. 6408	− 0. 4838	− 0. 0532	− 0. 1039	593
002053. SZ	云南盐化股份有限公司	− 0. 6410	− 0. 0606	− 0. 1633	− 0. 4171	594
002084. SZ	广州海鸥卫浴用品股份有限公司	− 0. 6431	− 0. 1078	− 0. 1745	− 0. 3608	595
002644. SZ	兰州佛慈制药股份有限公司	− 0. 6449	− 0. 3716	− 0. 1502	− 0. 1231	596
002207. SZ	新疆准东石油技术股份有限公司	− 0. 6566	− 0. 4349	− 0. 0818	− 0. 1399	597
002504. SZ	江苏东光微电子股份有限公司	− 0. 6569	− 0. 4598	− 0. 0560	− 0. 1411	598
002451. SZ	上海摩恩电气股份有限公司	− 0. 6589	− 0. 3575	− 0. 0419	− 0. 2595	599
002173. SZ	浙江山下湖珍珠集团股份有限公司	− 0. 6626	− 0. 3773	− 0. 0473	− 0. 2380	600
002049. SZ	唐山晶源裕丰电子股份有限公司	− 0. 6720	− 0. 4086	− 0. 0700	− 0. 1934	601
002040. SZ	南京港股份有限公司	− 0. 6734	− 0. 4691	− 0. 1450	− 0. 0592	602
002020. SZ	浙江京新药业股份有限公司	− 0. 6807	− 0. 1677	− 0. 0319	− 0. 4811	603
002256. SZ	深圳市彩虹精细化工股份有限公司	− 0. 6813	− 0. 3598	− 0. 1396	− 0. 1820	604
002172. SZ	江苏澳洋科技股份有限公司	− 0. 6842	− 0. 2759	− 0. 5423	0. 1340	605
002270. SZ	山东法因数控机械股份有限公司	− 0. 6986	− 0. 3454	− 0. 1402	− 0. 2130	606
002359. SZ	山东齐星铁塔科技股份有限公司	− 0. 7118	− 0. 3083	− 0. 1575	− 0. 2460	607
002095. SZ	浙江网盛生意宝股份有限公司	− 0. 7201	− 0. 5423	− 0. 0613	− 0. 1164	608
002061. SZ	浙江江山化工股份有限公司	− 0. 7217	− 0. 4542	− 0. 1758	− 0. 0918	609
002446. SZ	广东盛路通信科技股份有限公司	− 0. 7298	− 0. 3491	− 0. 1823	− 0. 1984	610
002189. SZ	利达光电股份有限公司	− 0. 7354	− 0. 3829	− 0. 1182	− 0. 2343	611
002214. SZ	浙江大立科技股份有限公司	− 0. 7683	− 0. 4616	− 0. 0988	− 0. 2079	612
002227. SZ	深圳奥特迅电力设备股份有限公司	− 0. 7939	− 0. 4961	− 0. 0367	− 0. 2611	613
002134. SZ	天津普林电路股份有限公司	− 0. 8050	− 0. 3634	− 0. 1549	− 0. 2867	614
002058. SZ	上海威尔泰工业自动化股份有限公司	− 0. 8219	− 0. 7162	0. 0277	− 0. 1335	615
002198. SZ	广东嘉应制药股份有限公司	− 0. 8317	− 0. 7375	0. 0153	− 0. 1094	616
002018. SZ	安徽华星化工股份有限公司	− 0. 8562	− 0. 2542	− 0. 1293	− 0. 4728	617
002199. SZ	浙江东晶电子股份有限公司	− 0. 8675	− 0. 4873	− 0. 1786	− 0. 2016	618
002059. SZ	云南旅游股份有限公司	− 0. 9039	− 0. 3502	− 0. 1278	− 0. 4259	619
002175. SZ	桂林广陆数字测控股份有限公司	− 0. 9248	− 0. 6601	− 0. 0621	− 0. 2025	620
002057. SZ	中钢集团安徽天源科技股份有限公司	− 0. 9357	− 0. 3976	− 0. 1393	− 0. 3989	621
002071. SZ	江苏宏宝五金股份有限公司	− 0. 9813	− 0. 3473	− 0. 1354	− 0. 4987	622

续表

公司代码	企业全称	基 础 竞争力	规 模 竞争力	效 率 竞争力	增 长 竞争力	排名
002039.SZ	贵州黔源电力股份有限公司	-0.9904	-0.3240	-0.1831	-0.4832	623
002211.SZ	江苏宏达新材料股份有限公司	-1.0552	-0.4219	-0.2097	-0.4235	624
002239.SZ	江苏金飞达服装股份有限公司	-1.0586	-0.3666	-0.2133	-0.4786	625
002166.SZ	桂林莱茵生物科技股份有限公司	-1.0846	-0.7789	-0.1254	-0.1803	626
002107.SZ	山东沃华医药科技股份有限公司	-1.1082	-0.5707	-0.1559	-0.3816	627
002114.SZ	云南罗平锌电股份有限公司	-1.1211	-0.6790	-0.4862	0.0441	628
002188.SZ	浙江新嘉联电子股份有限公司	-1.1364	-0.6744	-0.2047	-0.2573	629
002178.SZ	上海延华智能科技(集团)股份有限公司	-1.1404	-0.7821	-0.0875	-0.2708	630
002174.SZ	梅花伞业股份有限公司	-1.1562	-0.6639	-0.1918	-0.3006	631
002259.SZ	四川升达林业产业股份有限公司	-1.1850	-0.5365	-0.2331	-0.4154	632
002072.SZ	山东德棉股份有限公司	-1.3324	-0.7747	-0.3813	-0.1764	633
002362.SZ	汉王科技股份有限公司	-1.3398	-0.6196	-0.4232	-0.2970	634
002113.SZ	湖南天润实业控股股份有限公司	-1.3810	-0.9310	0.0545	-0.5045	635
002218.SZ	深圳市拓日新能源科技股份有限公司	-1.3980	-0.5788	-0.3894	-0.4297	636
002027.SZ	七喜控股股份有限公司	-1.4425	-0.5129	-0.2193	-0.7103	637
002112.SZ	三变科技股份有限公司	-1.4694	-0.6002	-0.2681	-0.6012	638
002002.SZ	江苏金材科技股份有限公司	-1.5008	-0.7722	-0.1151	-0.6136	639
002047.SZ	深圳成霖洁具股份有限公司	-1.5266	-0.4718	-0.4185	-0.6362	640
002265.SZ	云南西仪工业股份有限公司	-1.5303	-0.7545	-0.1921	-0.5837	641
002145.SZ	中核华原钛白股份有限公司	-1.5398	-0.9329	-0.4887	-0.1182	642
002102.SZ	福建冠福现代家用股份有限公司	-1.5858	-0.6779	-0.3273	-0.5806	643
002162.SZ	上海斯米克建筑陶瓷股份有限公司	-1.6106	-0.5582	-0.4851	-0.5673	644
002019.SZ	浙江杭州鑫富药业股份有限公司	-1.8159	-0.7309	-0.5116	-0.5734	645
002200.SZ	云南绿大地生物科技股份有限公司	-1.8824	-0.9404	-0.3087	-0.6334	646

B.19

附录5 2012年创业板上市公司基础竞争力监测标准值

证券代码	公司中文名称	基础竞争力	规模竞争力	效率竞争力	增长竞争力	排名
300224.SZ	烟台正海磁性材料股份有限公司	1.7176	0.5579	0.3806	0.7791	1
300124.SZ	深圳市汇川技术股份有限公司	1.6807	0.7180	0.3674	0.5952	2
300022.SZ	吉峰农机连锁股份有限公司	1.4563	0.6684	0.2258	0.5621	3
300274.SZ	阳光电源股份有限公司	1.4377	0.5195	0.0483	0.8700	4
300070.SZ	北京碧水源科技股份有限公司	1.3944	0.7732	0.1605	0.4607	5
300003.SZ	乐普(北京)医疗器械股份有限公司	1.2824	0.7024	0.5605	0.0194	6
300267.SZ	湖南尔康制药股份有限公司	1.2538	0.2702	0.3067	0.6769	7
300197.SZ	深圳市铁汉生态环境股份有限公司	1.2387	0.4249	0.1933	0.6205	8
300146.SZ	汤臣倍健股份有限公司	1.2073	0.4428	0.2241	0.5404	9
300251.SZ	北京光线传媒股份有限公司	1.1888	0.4561	0.2784	0.4543	10
300257.SZ	浙江开山压缩机股份有限公司	1.1841	0.9086	0.0907	0.1848	11
300058.SZ	北京蓝色光标品牌管理顾问股份有限公司	1.1688	0.5010	0.3716	0.2963	12
300082.SZ	辽宁奥克化学股份有限公司	1.1198	0.9139	0.1613	0.0447	13
300005.SZ	北京探路者户外用品股份有限公司	1.0751	0.2092	0.5623	0.3036	14
300015.SZ	爱尔眼科医院集团股份有限公司	0.9983	0.5851	0.2576	0.1556	15
300104.SZ	乐视网信息技术(北京)股份有限公司	0.9779	0.2760	0.1135	0.5885	16
300133.SZ	浙江华策影视股份有限公司	0.9670	0.2265	0.4055	0.3350	17
300183.SZ	青岛东软载波科技股份有限公司	0.9605	0.2474	0.5289	0.1842	18
300217.SZ	镇江东方电热科技股份有限公司	0.9205	0.3092	0.1098	0.5015	19
300002.SZ	北京神州泰岳软件股份有限公司	0.9001	0.7714	0.0909	0.0378	20
300039.SZ	上海凯宝药业股份有限公司	0.8238	0.4389	0.3689	0.0159	21
300171.SZ	上海东富龙科技股份有限公司	0.8062	0.4909	0.0906	0.2248	22
300214.SZ	山东日科化学股份有限公司	0.7898	0.3956	0.2417	0.1524	23
300027.SZ	华谊兄弟传媒股份有限公司	0.7795	0.5347	0.2108	0.0340	24
300127.SZ	成都银河磁体股份有限公司	0.7692	0.2623	0.3192	0.1876	25
300024.SZ	沈阳新松机器人自动化股份有限公司	0.7486	0.4099	0.2996	0.0390	26
300115.SZ	深圳市长盈精密技术股份有限公司	0.7480	0.4178	0.1080	0.2223	27

续表

证券代码	公司中文名称	基础竞争力	规模竞争力	效率竞争力	增长竞争力	排名
300100. SZ	宁波双林汽车部件股份有限公司	0.7438	0.3950	0.2513	0.0976	28
300142. SZ	云南沃森生物技术股份有限公司	0.7412	0.4475	0.0581	0.2356	29
300026. SZ	天津红日药业股份有限公司	0.7338	0.2735	0.3360	0.1243	30
300128. SZ	苏州锦富新材料股份有限公司	0.7317	0.4842	0.0409	0.2065	31
300273. SZ	珠海和佳医疗设备股份有限公司	0.7312	0.1256	0.1694	0.4362	32
300080. SZ	河南新大新材料股份有限公司	0.7280	0.6749	0.0103	0.0428	33
300105. SZ	烟台龙源电力技术股份有限公司	0.7271	0.5063	0.1908	0.0301	34
300037. SZ	深圳新宙邦科技股份有限公司	0.7218	0.2991	0.2386	0.1841	35
300195. SZ	天津长荣印刷设备股份有限公司	0.6864	0.3074	0.2433	0.1356	36
300278. SZ	湖北华昌达智能装备股份有限公司	0.6682	− 0.1289	0.0500	0.7471	37
300154. SZ	深圳市瑞凌实业股份有限公司	0.6150	0.3723	− 0.0195	0.2623	38
300256. SZ	浙江星星瑞金科技股份有限公司	0.6141	0.1041	− 0.1202	0.6303	39
300182. SZ	北京捷成世纪科技股份有限公司	0.6116	0.1679	0.0680	0.3756	40
300020. SZ	银江股份有限公司	0.6116	0.2989	0.1768	0.1359	41
300138. SZ	晨光生物科技集团股份有限公司	0.6060	0.3561	0.1215	0.1284	42
300255. SZ	河北常山生化药业股份有限公司	0.6052	0.0932	0.0456	0.4664	43
300144. SZ	杭州宋城旅游发展股份有限公司	0.6035	0.4726	0.0167	0.1142	44
300158. SZ	山西振东制药股份有限公司	0.5921	0.5873	− 0.0592	0.0640	45
300088. SZ	芜湖长信科技股份有限公司	0.5851	0.3268	0.1096	0.1488	46
300064. SZ	郑州华晶金刚石股份有限公司	0.5837	0.2537	0.1409	0.1890	47
300159. SZ	新疆机械研究院股份有限公司	0.5829	0.0540	0.1141	0.4149	48
300134. SZ	深圳市大富科技股份有限公司	0.5453	0.6149	− 0.0670	− 0.0026	49
300048. SZ	北京合康亿盛变频科技股份有限公司	0.5264	0.3354	− 0.0616	0.2526	50
300025. SZ	杭州华星创业通信技术股份有限公司	0.4958	− 0.0574	0.2188	0.3344	51
300240. SZ	江苏飞力达国际物流股份有限公司	0.4828	0.4095	0.1580	− 0.0848	52
300150. SZ	北京世纪瑞尔技术股份有限公司	0.4799	0.0990	0.1166	0.2643	53
300119. SZ	天津瑞普生物技术股份有限公司	0.4742	0.3359	0.1006	0.0377	54
300203. SZ	聚光科技（杭州）股份有限公司	0.4669	0.4616	0.0283	− 0.0229	55
300102. SZ	厦门乾照光电股份有限公司	0.4638	0.2798	0.1264	0.0576	56
300096. SZ	易联众信息技术股份有限公司	0.4620	− 0.0096	0.2782	0.1935	57
300079. SZ	北京数码视讯科技股份有限公司	0.4595	0.3931	0.0922	− 0.0258	58
300145. SZ	南方泵业股份有限公司	0.4569	0.3413	0.0516	0.0641	59
300204. SZ	舒泰神（北京）生物制药股份有限公司	0.4220	− 0.0433	0.0143	0.4510	60
300071. SZ	北京华谊嘉信整合营销顾问集团股份有限公司	0.4131	0.1291	0.1803	0.1037	61
300029. SZ	江苏华盛天龙光电设备股份有限公司	0.4050	0.3753	0.0303	− 0.0005	62

续表

证券代码	公司中文名称	基 础 竞争力	规 模 竞争力	效 率 竞争力	增 长 竞争力	排名
300276. SZ	湖北三丰智能输送装备股份有限公司	0.3861	−0.1869	0.1852	0.3878	63
300207. SZ	欣旺达电子股份有限公司	0.3856	0.3970	−0.0669	0.0554	64
300012. SZ	深圳市华测检测技术股份有限公司	0.3808	0.1341	0.2164	0.0303	65
300072. SZ	北京三聚环保新材料股份有限公司	0.3727	0.2544	0.0878	0.0305	66
300160. SZ	江苏秀强玻璃工艺股份有限公司	0.3683	0.3141	0.0430	0.0112	67
300077. SZ	国民技术股份有限公司	0.3591	0.4264	−0.2477	0.1805	68
300186. SZ	广东大华农动物保健品股份有限公司	0.3438	0.4839	0.0448	−0.1849	69
300212. SZ	北京易华录信息技术股份有限公司	0.3436	0.0122	0.0876	0.2439	70
300222. SZ	科大智能科技股份有限公司	0.3420	−0.2564	0.0917	0.5068	71
300190. SZ	江苏维尔利环保科技股份有限公司	0.3289	−0.1123	−0.0496	0.4908	72
300043. SZ	广东星辉车模股份有限公司	0.3252	0.0727	0.1368	0.1156	73
300118. SZ	东方日升新能源股份有限公司	0.3017	0.6927	−0.2640	−0.1269	74
300263. SZ	洛阳隆华传热科技股份有限公司	0.2882	0.0947	0.1289	0.0645	75
300014. SZ	惠州亿纬锂能股份有限公司	0.2851	0.0673	0.1678	0.0500	76
300004. SZ	南方风机股份有限公司	0.2777	0.0915	0.1663	0.0199	77
300243. SZ	山东瑞丰高分子材料股份有限公司	0.2740	−0.0183	0.2117	0.0807	78
300258. SZ	江苏太平洋精锻科技股份有限公司	0.2688	0.0685	0.0789	0.1213	79
300001. SZ	青岛特锐德电气股份有限公司	0.2672	0.2852	0.0052	−0.0232	80
300219. SZ	广州市鸿利光电股份有限公司	0.2650	0.1134	0.0650	0.0865	81
300244. SZ	浙江迪安诊断技术股份有限公司	0.2649	−0.0740	−0.0203	0.3593	82
300008. SZ	上海佳豪船舶工程设计股份有限公司	0.2445	−0.0829	0.2474	0.0799	83
300135. SZ	江苏宝利沥青股份有限公司	0.2424	0.3444	−0.0072	−0.0948	84
300090. SZ	安徽盛运机械股份有限公司	0.2405	0.2236	−0.0723	0.0892	85
300168. SZ	万达信息股份有限公司	0.2262	0.2733	−0.0901	0.0430	86
300228. SZ	张家港富瑞特种装备股份有限公司	0.2157	0.1996	0.0124	0.0037	87
300268. SZ	万福生科（湖南）农业开发股份有限公司	0.2146	0.0741	0.1062	0.0342	88
300130. SZ	深圳市新国都技术股份有限公司	0.2004	0.0305	0.0164	0.1534	89
300083. SZ	东莞劲胜精密组件股份有限公司	0.1989	0.4482	−0.2385	−0.0108	90
300185. SZ	通裕重工股份有限公司	0.1916	0.7593	−0.1966	−0.3712	91
300006. SZ	重庆莱美药业股份有限公司	0.1913	0.0864	0.1492	−0.0443	92
300198. SZ	福建纳川管材科技股份有限公司	0.1876	−0.0390	0.1165	0.1101	93
300010. SZ	北京立思辰科技股份有限公司	0.1754	0.1127	0.1103	−0.0476	94
300193. SZ	深圳市佳士科技股份有限公司	0.1751	0.3645	−0.1373	−0.0521	95
300041. SZ	湖北回天胶业股份有限公司	0.1751	0.0933	0.1305	−0.0487	96
300237. SZ	山东美晨科技股份有限公司	0.1653	0.0049	0.0560	0.1044	97

续表

证券代码	公司中文名称	基 础 竞争力	规 模 竞争力	效 率 竞争力	增 长 竞争力	排名
300113. SZ	杭州顺网科技股份有限公司	0.1631	−0.2274	−0.0341	0.4245	98
300011. SZ	北京鼎汉技术股份有限公司	0.1628	−0.0388	0.0506	0.1510	99
300226. SZ	上海钢联电子商务股份有限公司	0.1578	−0.2056	0.0483	0.3152	100
300170. SZ	上海汉得信息技术股份有限公司	0.1572	0.1974	−0.0015	−0.0386	101
300221. SZ	广东银禧科技股份有限公司	0.1547	0.1773	0.0597	−0.0823	102
300125. SZ	大连易世达新能源发展股份有限公司	0.1539	0.1462	0.0583	−0.0507	103
300259. SZ	河南新天科技股份有限公司	0.1519	−0.2079	0.0128	0.3470	104
300202. SZ	辽宁聚龙金融设备股份有限公司	0.1493	−0.1327	0.0331	0.2490	105
300099. SZ	尤洛卡矿业安全工程股份有限公司	0.1355	−0.2014	0.2584	0.0785	106
300210. SZ	鞍山森远路桥股份有限公司	0.1318	−0.2200	0.2360	0.1158	107
300126. SZ	上海锐奇工具股份有限公司	0.1315	0.1744	−0.0164	−0.0265	108
300188. SZ	厦门市美亚柏科信息股份有限公司	0.1274	−0.1261	0.0960	0.1575	109
300047. SZ	深圳天源迪科信息技术股份有限公司	0.1274	0.1295	0.0743	−0.0764	110
300019. SZ	成都硅宝科技股份有限公司	0.1197	−0.1517	0.2516	0.0198	111
300275. SZ	重庆梅安森科技股份有限公司	0.1106	−0.2865	0.2875	0.1095	112
300166. SZ	北京东方国信科技股份有限公司	0.1093	−0.2492	0.0383	0.3202	113
300122. SZ	重庆智飞生物制品股份有限公司	0.1075	0.4850	−0.0036	−0.3739	114
300017. SZ	网宿科技股份有限公司	0.1016	0.0865	0.0769	−0.0618	115
300136. SZ	深圳市信维通信股份有限公司	0.1014	−0.2424	0.1440	0.1998	116
300281. SZ	广东金明精机股份有限公司	0.0841	−0.2015	0.1370	0.1486	117
300218. SZ	安徽安利合成革股份有限公司	0.0800	0.2760	−0.0215	−0.1746	118
300110. SZ	青岛华仁药业股份有限公司	0.0799	0.1423	0.0223	−0.0847	119
300068. SZ	浙江南都电源动力股份有限公司	0.0795	0.6987	−0.2100	−0.4093	120
300050. SZ	珠海世纪鼎利通信科技股份有限公司	0.0695	0.1859	−0.2047	0.0883	121
300277. SZ	深圳海联讯科技股份有限公司	0.0659	−0.0731	0.2500	−0.1110	122
300147. SZ	广州市香雪制药股份有限公司	0.0584	0.2906	−0.2025	−0.0296	123
300232. SZ	深圳市洲明科技股份有限公司	0.0536	−0.0083	0.0314	0.0306	124
300046. SZ	湖北台基半导体股份有限公司	0.0530	0.0211	0.1431	−0.1113	125
300177. SZ	广州中海达卫星导航技术股份有限公司	0.0345	−0.0662	0.0901	0.0106	126
300007. SZ	河南汉威电子股份有限公司	0.0186	−0.1507	0.0997	0.0696	127
300194. SZ	重庆福安药业(集团)股份有限公司	0.0142	0.1861	−0.0746	−0.0973	128
300117. SZ	北京嘉寓门窗幕墙股份有限公司	0.0135	0.3409	−0.1260	−0.2015	129
300156. SZ	天立环保工程股份有限公司	0.0126	0.1041	−0.0604	−0.0311	130
300157. SZ	恒泰艾普石油天然气技术服务股份有限公司	0.0123	0.0057	−0.1250	0.1316	131
300238. SZ	广东冠昊生物科技股份有限公司	0.0111	−0.4689	0.1012	0.3788	132

证券代码	公司中文名称	基础竞争力	规模竞争力	效率竞争力	增长竞争力	排名
300215.SZ	苏州电器科学研究院股份有限公司	0.0037	−0.0271	−0.0681	0.0989	133
300139.SZ	北京福星晓程电子科技股份有限公司	0.0018	0.0412	0.1460	−0.1854	134
300265.SZ	江苏通光电子线缆股份有限公司	0.0000	0.0887	−0.1484	0.0597	135
300269.SZ	深圳市联建光电股份有限公司	−0.0032	−0.0002	−0.0463	0.0433	136
300111.SZ	浙江向日葵光能科技股份有限公司	−0.0082	0.5185	−0.2410	−0.2856	137
300057.SZ	汕头万顺包装材料股份有限公司	−0.0132	0.2832	0.0290	−0.3253	138
300045.SZ	北京华力创通科技股份有限公司	−0.0190	−0.0790	−0.0006	0.0606	139
300279.SZ	无锡和晶科技股份有限公司	−0.0212	−0.2784	0.0399	0.2174	140
300066.SZ	江西三川水表股份有限公司	−0.0216	0.0944	0.0264	−0.1424	141
300175.SZ	朗源股份有限公司	−0.0254	0.0298	0.0367	−0.0919	142
300230.SZ	上海永利带业股份有限公司	−0.0261	−0.1831	0.1991	−0.0421	143
300062.SZ	福建中能电气股份有限公司	−0.0262	−0.0552	0.0312	−0.0021	144
300189.SZ	海南神农大丰种业科技股份有限公司	−0.0264	0.1311	−0.2090	0.0515	145
300114.SZ	中航电测仪器股份有限公司	−0.0288	0.0777	−0.0508	−0.0557	146
300245.SZ	上海天玑科技股份有限公司	−0.0368	−0.2569	0.1773	0.0429	147
300196.SZ	江苏长海复合材料股份有限公司	−0.0385	0.0592	−0.0141	−0.0837	148
300180.SZ	上海华峰超纤材料股份有限公司	−0.0436	0.1709	−0.0480	−0.1665	149
300225.SZ	上海金力泰化工股份有限公司	−0.0475	0.0361	0.0111	−0.0947	150
300271.SZ	北京紫光华宇软件股份有限公司	−0.0521	0.1120	−0.0110	−0.1531	151
300059.SZ	东方财富信息股份有限公司	−0.0538	0.1306	−0.1780	−0.0064	152
300049.SZ	内蒙古福瑞中蒙药科技股份有限公司	−0.0688	−0.1034	0.0717	−0.0371	153
300143.SZ	广东星河生物科技股份有限公司	−0.0781	−0.1738	−0.1439	0.2396	154
300165.SZ	江苏天瑞仪器股份有限公司	−0.0853	0.0835	−0.1677	−0.0010	155
300208.SZ	青岛市恒顺电气股份有限公司	−0.0870	−0.2172	0.0820	0.0483	156
300034.SZ	北京钢研高纳科技股份有限公司	−0.0951	0.0332	0.0754	−0.2037	157
300162.SZ	深圳雷曼光电科技股份有限公司	−0.0954	−0.1867	−0.1464	0.2377	158
300078.SZ	杭州中瑞思创科技股份有限公司	−0.0998	0.1030	−0.0641	−0.1387	159
300036.SZ	北京超图软件股份有限公司	−0.1069	−0.1657	0.0468	0.0120	160
300248.SZ	郑州新开普电子股份有限公司	−0.1111	−0.3522	0.0908	0.1502	161
300148.SZ	天舟文化股份有限公司	−0.1149	−0.2363	0.0037	0.1178	162
300261.SZ	苏州雅本化学股份有限公司	−0.1219	−0.2307	−0.0040	0.1128	163
300199.SZ	深圳翰宇药业股份有限公司	−0.1241	−0.1584	−0.0470	0.0813	164
300249.SZ	四川依米康环境科技股份有限公司	−0.1244	−0.3224	0.0566	0.1413	165
300234.SZ	浙江开尔新材料股份有限公司	−0.1299	−0.3901	0.1761	0.0842	166
300091.SZ	江苏金通灵流体机械科技股份有限公司	−0.1372	0.2040	−0.0900	−0.2512	167

续表

证券代码	公司中文名称	基础 竞争力	规模 竞争力	效率 竞争力	增长 竞争力	排名
300164. SZ	西安通源石油科技股份有限公司	−0.1486	0.0771	−0.1010	−0.1246	168
300206. SZ	深圳市理邦精密仪器股份有限公司	−0.1493	0.0639	−0.1754	−0.0378	169
300103. SZ	西安达刚路面机械股份有限公司	−0.1495	−0.1517	0.0503	−0.0480	170
300260. SZ	昆山新莱洁净应用材料股份有限公司	−0.1521	−0.1085	0.0242	−0.0679	171
300266. SZ	杭州兴源过滤科技股份有限公司	−0.1693	−0.1752	−0.0134	0.0193	172
300231. SZ	北京银信长远科技股份有限公司	−0.1718	−0.4465	0.3432	−0.0685	173
300233. SZ	山东金城医药化工股份有限公司	−0.1722	0.2350	−0.1169	−0.2902	174
300123. SZ	太阳鸟游艇股份有限公司	−0.1768	−0.0174	−0.2502	0.0908	175
300192. SZ	苏州科斯伍德油墨股份有限公司	−0.1800	−0.1874	0.0013	0.0061	176
300229. SZ	北京拓尔思信息技术股份有限公司	−0.1924	−0.1814	0.1146	−0.1255	177
300280. SZ	南通锻压设备股份有限公司	−0.1962	−0.0368	0.0139	−0.1733	178
300009. SZ	安徽安科生物工程(集团)股份有限公司	−0.2138	−0.1667	0.0990	−0.1461	179
300216. SZ	湖南千山制药机械股份有限公司	−0.2264	−0.1476	−0.0991	0.0202	180
300200. SZ	北京高盟新材料股份有限公司	−0.2315	−0.0517	−0.0958	−0.0840	181
300169. SZ	常州天晟新材料股份有限公司	−0.2361	0.0522	−0.1704	−0.1179	182
300272. SZ	上海开能环保设备股份有限公司	−0.2368	−0.3241	0.0486	0.0387	183
300181. SZ	浙江佐力药业股份有限公司	−0.2401	−0.1341	−0.0474	−0.0585	184
300030. SZ	广州阳普医疗科技股份有限公司	−0.2458	−0.2035	0.0473	0.0050	185
300056. SZ	厦门三维丝环保股份有限公司	−0.2516	−0.3132	−0.0995	0.1611	186
300241. SZ	深圳市瑞丰光电子股份有限公司	−0.2632	−0.2356	−0.0864	0.0588	187
300153. SZ	上海科泰电源股份有限公司	−0.2710	0.0530	−0.1017	−0.2223	188
300191. SZ	潜能恒信能源技术股份有限公司	−0.2712	−0.2260	0.0308	−0.0761	189
300129. SZ	上海泰胜风能装备股份有限公司	−0.2754	0.2253	−0.2056	−0.2951	190
300155. SZ	广东安居宝数码科技股份有限公司	−0.2783	−0.0665	−0.0657	−0.1461	191
300132. SZ	福建青松股份有限公司	−0.2814	−0.0888	−0.1311	−0.0615	192
300152. SZ	徐州燃控科技股份有限公司	−0.2827	0.0269	−0.1894	−0.1202	193
300209. SZ	天泽信息产业股份有限公司	−0.2894	−0.2381	−0.0808	0.0294	194
300120. SZ	天津经纬电材股份有限公司	−0.2989	−0.0829	0.0106	−0.2266	195
300176. SZ	广东鸿特精密技术股份有限公司	−0.3085	−0.0635	−0.0923	−0.1527	196
300093. SZ	广东金刚玻璃科技股份有限公司	−0.3122	−0.0505	0.0855	−0.1762	197
300040. SZ	哈尔滨九洲电气股份有限公司	−0.3235	0.0939	−0.2484	−0.1690	198
300031. SZ	无锡宝通带业股份有限公司	−0.3273	−0.0458	−0.0970	−0.1846	199
300174. SZ	福建元力活性炭股份有限公司	−0.3440	−0.2813	−0.0723	0.0096	200
300254. SZ	山西仟源制药股份有限公司	−0.3454	−0.1786	−0.0504	−0.1164	201
300163. SZ	宁波先锋新材料股份有限公司	−0.3482	−0.2834	−0.1432	0.0784	202

续表

证券代码	公司中文名称	基 础 竞争力	规 模 竞争力	效 率 竞争力	增 长 竞争力	排名
300205.SZ	武汉天喻信息产业股份有限公司	−0.3574	0.1133	−0.3381	−0.1326	203
300131.SZ	深圳市英唐智能控制股份有限公司	−0.3639	−0.1394	−0.2412	0.0168	204
300213.SZ	北京佳讯飞鸿电气股份有限公司	−0.3641	−0.1061	−0.0811	−0.1769	205
300151.SZ	深圳市昌红科技股份有限公司	−0.3649	−0.1186	−0.2224	−0.0239	206
300250.SZ	杭州初灵信息技术股份有限公司	−0.3810	−0.5342	−0.0283	0.1815	207
300187.SZ	湖南永清环保股份有限公司	−0.3871	−0.0904	−0.1544	−0.1423	208
300054.SZ	湖北鼎龙化学股份有限公司	−0.4061	−0.1929	0.0640	−0.2772	209
300246.SZ	广东宝莱特医用科技股份有限公司	−0.4072	−0.4706	0.0855	−0.0222	210
300087.SZ	安徽荃银高科种业股份有限公司	−0.4207	−0.2226	−0.0978	−0.1003	211
300252.SZ	深圳金信诺高新技术股份有限公司	−0.4268	−0.0309	−0.1573	−0.2385	212
300264.SZ	深圳市佳创视讯技术股份有限公司	−0.4270	−0.2779	−0.0641	−0.0850	213
300270.SZ	杭州中威电子股份有限公司	−0.4282	−0.5086	−0.0516	0.1321	214
300089.SZ	广东长城集团股份有限公司	−0.4460	−0.0397	−0.1968	−0.2095	215
300055.SZ	北京万邦达环保技术股份有限公司	−0.4462	0.1490	−0.2683	−0.3269	216
300021.SZ	甘肃大禹节水集团股份有限公司	−0.4552	−0.1876	−0.1398	−0.1278	217
300247.SZ	安徽桑乐金股份有限公司	−0.4554	−0.2640	0.0136	−0.2051	218
300253.SZ	上海金仕达卫宁软件股份有限公司	−0.4591	−0.3602	0.0118	−0.1106	219
300033.SZ	浙江核新同花顺网络信息股份有限公司	−0.4618	−0.0894	−0.2412	−0.1312	220
300141.SZ	苏州工业园区和顺电气股份有限公司	−0.4672	−0.3203	−0.0743	−0.0726	221
300167.SZ	深圳市迪威视讯股份有限公司	−0.4679	−0.2444	−0.1292	−0.0943	222
300016.SZ	北京北陆药业股份有限公司	−0.4681	−0.3138	0.1409	−0.2951	223
300236.SZ	上海新阳半导体材料股份有限公司	−0.4761	−0.4671	0.0939	−0.1029	224
300173.SZ	松德机械股份有限公司	−0.4786	−0.2456	−0.0526	−0.1804	225
300075.SZ	北京数字政通科技股份有限公司	−0.4830	−0.3143	−0.1167	−0.0520	226
300065.SZ	北京海兰信数据科技股份有限公司	−0.4867	−0.2184	−0.2291	−0.0392	227
300184.SZ	武汉力源信息技术股份有限公司	−0.5011	−0.3358	−0.0294	−0.1359	228
300239.SZ	包头东宝生物技术股份有限公司	−0.5170	−0.4657	0.0614	−0.1126	229
300161.SZ	武汉华中数控股份有限公司	−0.5261	−0.0228	−0.1753	−0.3280	230
300074.SZ	华平信息技术股份有限公司	−0.5345	−0.3208	−0.0504	−0.1633	231
300028.SZ	成都金亚科技股份有限公司	−0.5407	−0.2080	−0.0562	−0.2765	232
300242.SZ	广东明家科技股份有限公司	−0.5433	−0.4702	−0.0465	−0.0267	233
300032.SZ	金龙机电股份有限公司	−0.5434	−0.1251	−0.1536	−0.2647	234
300101.SZ	成都国腾电子技术股份有限公司	−0.5499	−0.2054	−0.0919	−0.2526	235
300094.SZ	湛江国联水产开发股份有限公司	−0.5505	0.3012	−0.3878	−0.4639	236
300172.SZ	南京中电环保股份有限公司	−0.5506	−0.1624	−0.0382	−0.3500	237

证券代码	公司中文名称	基础竞争力	规模竞争力	效率竞争力	增长竞争力	排名
300035.SZ	湖南中科电气股份有限公司	-0.5524	-0.1828	-0.0751	-0.2945	238
300109.SZ	博爱新开源制药股份有限公司	-0.5525	-0.4552	-0.0111	-0.0862	239
300038.SZ	北京梅泰诺通信技术股份有限公司	-0.5604	-0.0949	-0.1592	-0.3063	240
300178.SZ	深圳市腾邦国际票务股份有限公司	-0.5650	-0.1717	-0.1831	-0.2102	241
300076.SZ	宁波GQY视讯股份有限公司	-0.5761	-0.0846	-0.2328	-0.2587	242
300106.SZ	新疆西部牧业股份有限公司	-0.5877	-0.1665	-0.1870	-0.2343	243
300051.SZ	厦门三五互联科技股份有限公司	-0.5946	-0.2891	-0.1781	-0.1273	244
300223.SZ	北京君正集成电路股份有限公司	-0.6163	-0.1602	-0.1478	-0.3083	245
300018.SZ	武汉中元华电科技股份有限公司	-0.6337	-0.2837	-0.0699	-0.2800	246
300108.SZ	通化双龙化工股份有限公司	-0.6357	-0.5544	-0.0286	-0.0528	247
300201.SZ	徐州海伦哲专用车辆股份有限公司	-0.6616	-0.2625	-0.1536	-0.2456	248
300262.SZ	上海巴安水务股份有限公司	-0.6678	-0.4786	0.0349	-0.2241	249
300140.SZ	西安启源机电装备股份有限公司	-0.6781	-0.1288	-0.2048	-0.3445	250
300067.SZ	上海安诺其纺织化工股份有限公司	-0.6816	-0.2262	-0.1302	-0.3252	251
300282.SZ	北京汇冠新技术股份有限公司	-0.6862	-0.6444	0.0025	-0.0443	252
300044.SZ	深圳市赛为智能股份有限公司	-0.6881	-0.3285	-0.1078	-0.2518	253
300053.SZ	珠海欧比特控制工程股份有限公司	-0.6888	-0.3385	-0.0931	-0.2572	254
300063.SZ	广东天龙油墨集团股份有限公司	-0.6898	-0.1935	-0.2183	-0.2780	255
300149.SZ	江门量子高科生物股份有限公司	-0.6932	-0.3722	-0.1258	-0.1952	256
300137.SZ	河北先河环保科技股份有限公司	-0.7032	-0.2970	-0.1755	-0.2307	257
300211.SZ	江苏亿通高科技股份有限公司	-0.7190	-0.3541	-0.0961	-0.2688	258
300081.SZ	恒信移动商务股份有限公司	-0.7267	0.1124	-0.3800	-0.4591	259
300227.SZ	深圳光韵达光电科技股份有限公司	-0.7297	-0.5771	-0.0159	-0.1367	260
300098.SZ	广东高新兴通信股份有限公司	-0.8161	-0.2444	-0.1962	-0.3755	261
300179.SZ	河南四方达超硬材料股份有限公司	-0.8190	-0.4496	-0.1295	-0.2399	262
300107.SZ	河北建新化工股份有限公司	-0.8249	-0.1860	-0.2871	-0.3519	263
300121.SZ	山东阳谷华泰化工股份有限公司	-0.8323	-0.2972	-0.2263	-0.3088	264
300235.SZ	深圳市方直科技股份有限公司	-0.8334	-0.7583	0.0521	-0.1272	265
300112.SZ	深圳万讯自控股份有限公司	-0.8665	-0.4178	-0.1937	-0.2550	266
300220.SZ	武汉金运激光股份有限公司	-0.8672	-0.6420	-0.1128	-0.1124	267
300092.SZ	四川科新机电股份有限公司	-0.8764	-0.3216	-0.1945	-0.3603	268
300061.SZ	上海康耐特光学股份有限公司	-0.9173	-0.4069	-0.3115	-0.1989	269
300086.SZ	海南康芝药业股份有限公司	-0.9456	-0.2263	-0.3924	-0.3269	270
300013.SZ	江苏新宁现代物流股份有限公司	-0.9581	-0.4605	-0.2450	-0.2525	271
300052.SZ	深圳中青宝互动网络股份有限公司	-0.9653	-0.4176	-0.3859	-0.1618	272

续表

证券代码	公司中文名称	基 础 竞争力	规 模 竞争力	效 率 竞争力	增 长 竞争力	排名
300084. SZ	兰州海默科技股份有限公司	−1.0075	−0.4446	−0.2940	−0.2689	273
300085. SZ	深圳市银之杰科技股份有限公司	−1.0511	−0.5936	−0.1802	−0.2773	274
300042. SZ	深圳市朗科科技股份有限公司	−1.0830	−0.2851	−0.2956	−0.5023	275
300069. SZ	浙江金利华电气股份有限公司	−1.1205	−0.4951	−0.2662	−0.3592	276
300095. SZ	江西华伍制动器股份有限公司	−1.1674	−0.2823	−0.3764	−0.5087	277
300116. SZ	陕西坚瑞消防股份有限公司	−1.2269	−0.6407	−0.2234	−0.3627	278
300073. SZ	北京当升材料科技股份有限公司	−1.2808	−0.2918	−0.3603	−0.6287	279
300097. SZ	大连智云自动化装备股份有限公司	−1.3008	−0.6280	−0.2639	−0.4089	280
300023. SZ	西安宝德自动化股份有限公司	−1.7236	−0.8196	−0.3006	−0.6034	281

中国皮书网

发布皮书研创资讯，传播皮书精彩内容
引领皮书出版潮流，打造皮书服务平台

栏目设置：

☐ 资讯：皮书动态、皮书观点、皮书数据、 皮书报道、皮书新书发布会、电子期刊
☐ 标准：皮书评价、皮书研究、皮书规范、皮书专家、编撰团队
☐ 服务：最新皮书、皮书书目、重点推荐、在线购书
☐ 链接：皮书数据库、皮书博客、皮书微博、出版社首页、在线书城
☐ 搜索：资讯、图书、研究动态
☐ 互动：皮书论坛

www.pishu.cn

中国皮书网依托皮书系列"权威、前沿、原创"的优质内容资源，通过文字、图片、音频、视频等多种元素，在皮书研创者、使用者之间搭建了一个成果展示、资源共享的互动平台。

自2005年12月正式上线以来，中国皮书网的IP访问量、PV浏览量与日俱增，受到海内外研究者、公务人员、商务人士以及专业读者的广泛关注。

2008年10月，中国皮书网获得"最具商业价值网站"称号。

权威报告　热点资讯　海量资料

当代中国与世界发展的高端智库平台

皮书数据库 www.pishu.com.cn

皮书数据库是专业的社会科学综合学术资源总库，以大型连续性图书皮书系列为基础，整合国内外其他相关资讯构建而成。包含七大子库，涵盖两百多个主题，囊括了十几年间中国与世界经济社会发展报告，覆盖经济、社会、政治、文化、教育、国际问题等多个领域。

皮书数据库以篇章为基本单位，方便用户对皮书内容的阅读需求。用户可进行全文检索，也可对文献题目、内容提要、作者名称、作者单位、关键字等基本信息进行检索，还可对检索到的篇章再作二次筛选，进行在线阅读或下载阅读。智能多维度导航，可使用户根据自己熟知的分类标准进行分类导航筛选，使查找和检索更高效、便捷。

权威的研究报告，独特的调研数据，前沿的热点资讯，皮书数据库已发展成为国内最具影响力的关于中国与世界现实问题研究的成果库和资讯库。

皮书俱乐部会员服务指南

1. 谁能成为皮书俱乐部会员？

- 皮书作者自动成为皮书俱乐部会员；
- 购买皮书产品（纸质图书、电子书、皮书数据库充值卡）的个人用户。

2. 会员可享受的增值服务：

- 免费获赠该纸质图书的电子书；
- 免费获赠皮书数据库100元充值卡；
- 免费定期获赠皮书电子期刊；
- 优先参与各类皮书学术活动；
- 优先享受皮书产品的最新优惠。

社会科学文献出版社 皮书系列
SOCIAL SCIENCES ACADEMIC PRESS (CHINA)

卡号：0996981653397813

密码：

（本卡为图书内容的一部分，不购书刮卡，视为盗书）

3. 如何享受皮书俱乐部会员服务？

（1）如何免费获得整本电子书？

购买纸质图书后，将购书信息特别是书后附赠的卡号和密码通过邮件形式发送到 pishu@188.com，我们将验证您的信息，通过验证并成功注册后即可获得该本皮书的电子书。

（2）如何获赠皮书数据库100元充值卡？

第1步：刮开附赠卡的密码涂层（左下）；

第2步：登录皮书数据库网站（www.pishu.com.cn），注册成为皮书数据库用户，注册时请提供您的真实信息，以便您获得皮书俱乐部会员服务；

第3步：注册成功后登录，点击进入"会员中心"；

第4步：点击"在线充值"，输入正确的卡号和密码即可使用。

皮书俱乐部会员可享受社会科学文献出版社其他相关免费增值服务

您有任何疑问，均可拨打服务电话：010-59367227　QQ:1924151860

欢迎登录社会科学文献出版社官网(www.ssap.com.cn)和中国皮书网（www.pishu.cn）了解更多信息

社会科学文献出版社　　　　　　**皮书系列**

　　"皮书"起源于十七八世纪的英国，主要指官方或社会组织正式发表的重要文件或报告，并多以白皮书命名。在中国，"皮书"这一概念被社会广泛接受，并被成功运作、发展成为一种全新的出版形态，则源于中国社会科学院社会科学文献出版社。

　　皮书是对中国与世界发展状况和热点问题进行年度监测，以专家和学术的视角，针对某一领域或区域现状与发展态势展开分析和预测，具备权威性、前沿性、原创性、实证性、时效性等特点的连续性公开出版物，由一系列权威研究报告组成。皮书系列是社会科学文献出版社编辑出版的蓝皮书、绿皮书、黄皮书等的统称。

　　皮书系列的作者以中国社会科学院、著名高校、地方社会科学院的研究人员为主，多为国内一流研究机构的权威专家学者，他们的看法和观点代表了学界对中国与世界的现实和未来最高水平的解读与分析。

　　自20世纪90年代末推出以经济蓝皮书为开端的皮书系列以来，至今已出版皮书近800部，内容涵盖经济、社会、政法、文化传媒、行业、地方发展、国际形势等领域。皮书系列已成为社会科学文献出版社的著名图书品牌和中国社会科学院的知名学术品牌。

　　皮书系列在数字出版和国际出版方面也是成就斐然。皮书数据库被评为"2008～2009年度数字出版知名品牌"；经济蓝皮书、社会蓝皮书等十几种皮书每年还由国外知名学术出版机构出版英文版、俄文版、韩文版和日文版，面向全球发行。

法 律 声 明

　　"皮书系列"（含蓝皮书、绿皮书、黄皮书）由社会科学文献出版社最早使用并对外推广，现已成为中国图书市场上流行的品牌，是社会科学文献出版社的品牌图书。社会科学文献出版社拥有该系列图书的专有出版权和网络传播权，其LOGO（▇）与"经济蓝皮书"、"社会蓝皮书"等皮书名称已在中华人民共和国工商行政管理总局商标局登记注册，社会科学文献出版社合法拥有其商标专用权。

　　未经社会科学文献出版社的授权和许可，任何复制、模仿或以其他方式侵害"皮书系列"和（▇）、"经济蓝皮书"、"社会蓝皮书"等皮书名称商标专用权的行为均属于侵权行为，社会科学文献出版社将采取法律手段追究其法律责任，维护合法权益。

　　欢迎社会各界人士对侵犯社会科学文献出版社上述权利的违法行为进行举报。电话：010－59367121，电子邮箱：fawubu@ssap.cn。

社会科学文献出版社